天津市

YEARBOOK OF TIANJIN BEICHEN

北辰年鉴

2019

北辰区人民政府 主办
北辰区地方志编修委员会办公室 编

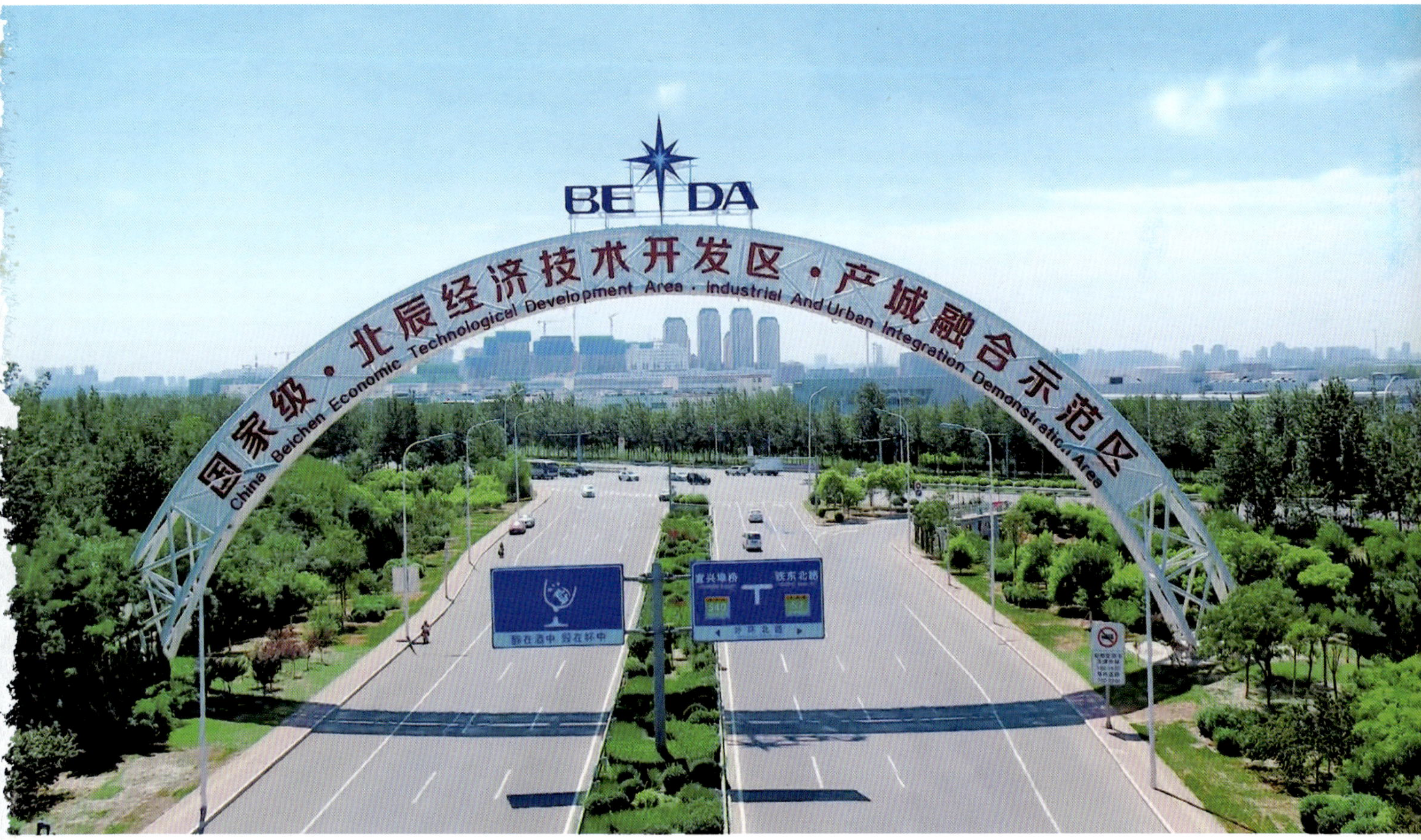

图书在版编目（CIP）数据

天津市北辰年鉴．2019 / 北辰区地方志编修委员会办公室编．-- 北京 ：方志出版社 .2020．3
ISBN 978-7-5144-4165-9

Ⅰ．①天… Ⅱ．①北… Ⅲ．①北辰区—2019—年鉴 Ⅳ．① Z522.13
中国版本图书馆 CIP 数据核字（2020）第071002号

天津市北辰年鉴（2019）

编　　者：北辰区地方志编修委员会办公室
责任编辑：顾　洁
出 版 者：方志出版社
地址　北京市朝阳区潘家园东里9号（国家方志馆4号）
邮编　100021
网址　http：//www.fzph.org
发　　行：方志出版社图书经销中心
电话（010）67110500
经　　销：各地新华书店
印　　刷：天津午阳印刷股份有限公司
开　　本：889×1194　　1/16
印　　张：27.5
字　　数：736千
版　　次：2020年3月第1版　　2020年3月第1次印刷
印　　数：001～700册
ISBN　978-7-5144-4165-9　　定价：180.00元

北辰区地方志编修委员会

主 任 委 员：王宝雨

副主任委员：陈　健　李洪东　裘　地　马希荣　李书秀　郭献军

委　　　员：刘春斌　王　芳　高文申　邵立兵　林家欣

苗永贵　沈纯来　穆怀增　张　凯　刘文利

王振卫　庞铁强　董学琛　徐继清　吴佩立

郑丽莉　张振海　周义澄　霍志刚　张忠利

魏贺明　郭万超　刘彦森　张　月　马金凤

段玉环　闫　林

办公室主任：刘振义

《天津市北辰年鉴》编辑人员

主　　编：刘振义

副 主 编：高　昶　许文艳

责任编辑：刘秋香　庄倩倩　赵　菁　姚　婷

封面题字：刘树强

编辑说明

一、《天津市北辰年鉴(2019)》坚持以马克思列宁主义、毛泽东思想、邓小平理论、“三个代表”重要思想、科学发展观、习近平新时代中国特色社会主义思想为指导，坚持辩证唯物主义和历史唯物主义的立场、观点和方法，坚持解放思想、实事求是原则。全面、系统、翔实地记述北辰区各部门、单位及各镇、街的主要工作和新业绩、新经验，为领导决策提供依据，为各行各业提供有价值的资料和文献信息，同时也为史志编修提供资料。

二、《天津市北辰年鉴(2019)》是在中共北辰区委领导下，由北辰区人民政府主办，北辰区地方志编修委员会办公室承办征集、采撷、编纂、出版、发行等工作。

三、《天津市北辰年鉴(2019)》是北辰区地方综合年鉴的第十七卷，记载时限为2018年1月1日至12月31日。为保证事物的完整性和年鉴的时效性，对一些事物的记述适当做了上溯或下延。版别为编著年份。

四、《天津市北辰年鉴(2019)》采取语体文表述，分类编辑，由类目、分目、条目组成。设特载、专记、大事记、北辰概览、中共北辰区委、北辰区人民代表大会、北辰区人民政府、政协北辰区委员会、中共北辰区纪委北辰区监察委、民主党派·工商联、社会团体、法治、军事、经济管理、农业、工业·建筑业、商贸服务业·旅游业、金融、交通运输、北辰经济技术开发区、环境保护·气象、城乡建设与管理、科学技术、教育、文化体育、卫生、精神文明建设、社会生活、镇·街道、人物·荣誉、统计资料、附录等类目，除建目录外，另编索引。

五、《天津市北辰年鉴(2019)》资料主要由全区各部委办局、镇街及有关部门编写、提供，经供稿单位审核并署名作者；少部分资料由本书编辑人员收集；统计资料由区统计局提供；各镇街行政区域面积数据由区民政局提供；组织机构及领导人名录由区委组织部、区人大常委会办公室、区政协办公室提供。采用的数据以统计部门提供的为准，未列入统计范围的，以业务主管部门的为准。

六、《天津市北辰年鉴(2019)》力求图文并茂。所用照片主要由各镇街、部委办局及有关单位提供，部分由区地志办编辑拍摄，标注署名，不清楚署名的标注提供单位。

北辰名片 2018

- 1953 年 5 月 14 日独立建制成区
- 面积 478.48 平方千米
- 户籍人口 42.9 万人
- 辖 9 镇 7 街道,126 个行政村,125 个社区居委会
- 实现地区生产总值 944.9 亿元
- 实现外贸进出口额 230.7 亿元
- 实际利用外资(新口径)18157 万美元
- 实现民营经济增加值 647.7 亿元
- 实现总体居民人均可支配收入 36980 元
- 商品房销售面积 103.3 万平方米
- 累计拥有钻级酒店 20 家
- 北辰区被评为国家级健康促进区
- 北辰区被评为全国公立医院综合改革真抓实干明显地方
- 北辰区被评为(良好)国家公共文化服务体系示范区
- 赵庄子村被评为全国生态文化村
- 北辰区获批首届天津市文明城区

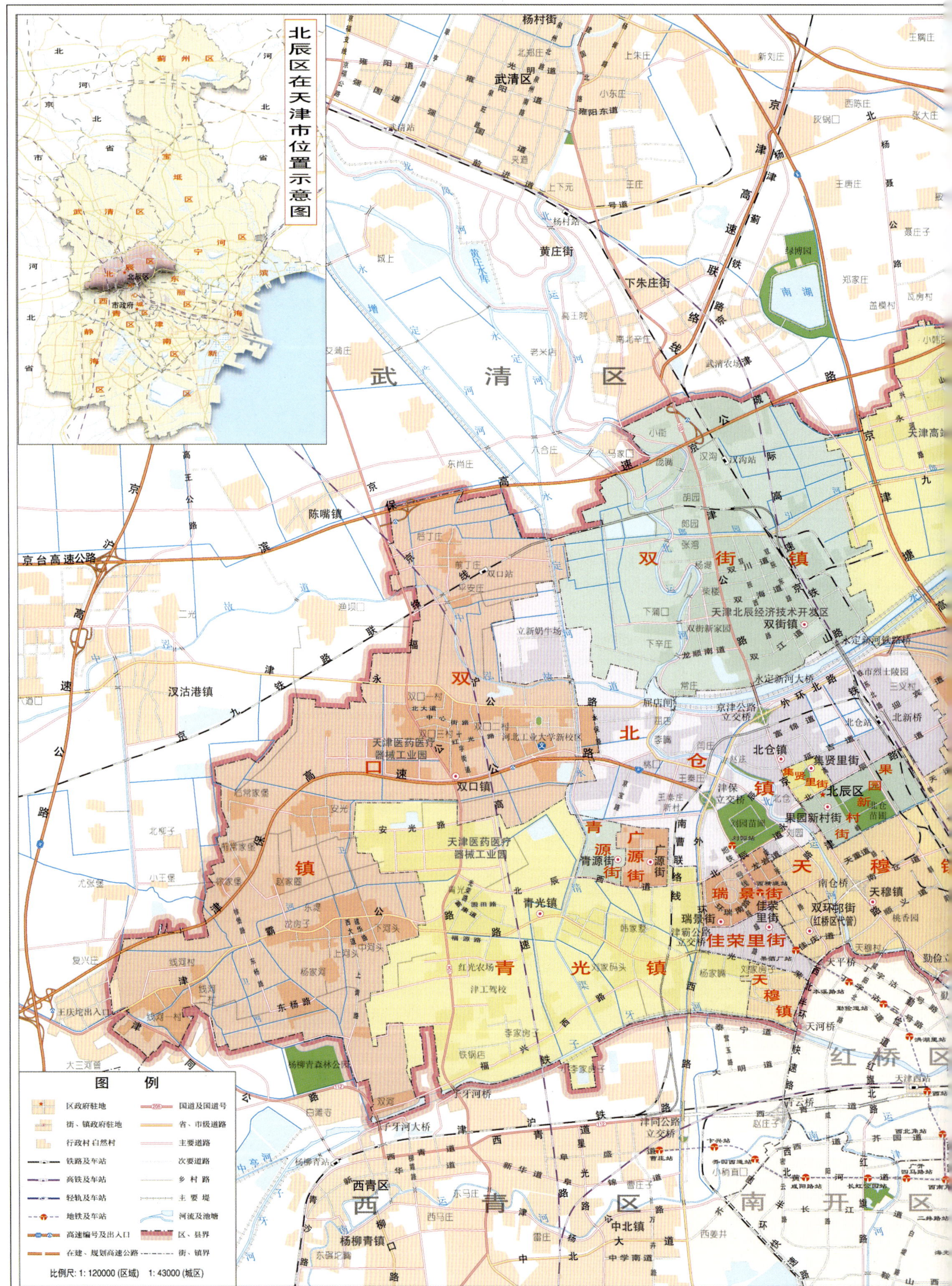

审图号：津S（2018）004

行政界线仅供参考，不作法律依据。

审图号：津S（2018）004

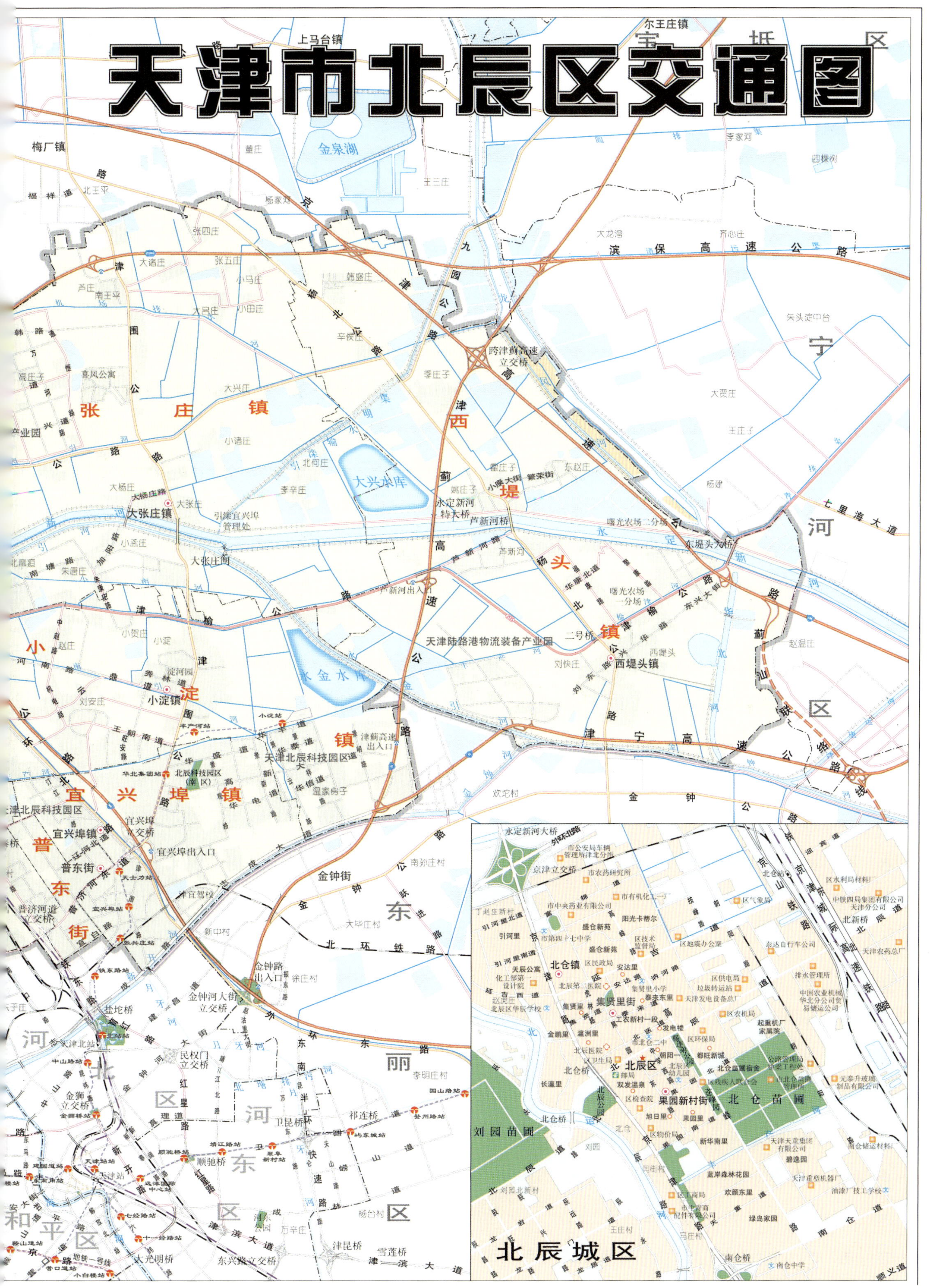

行政界线仅供参考，不作法律依据。

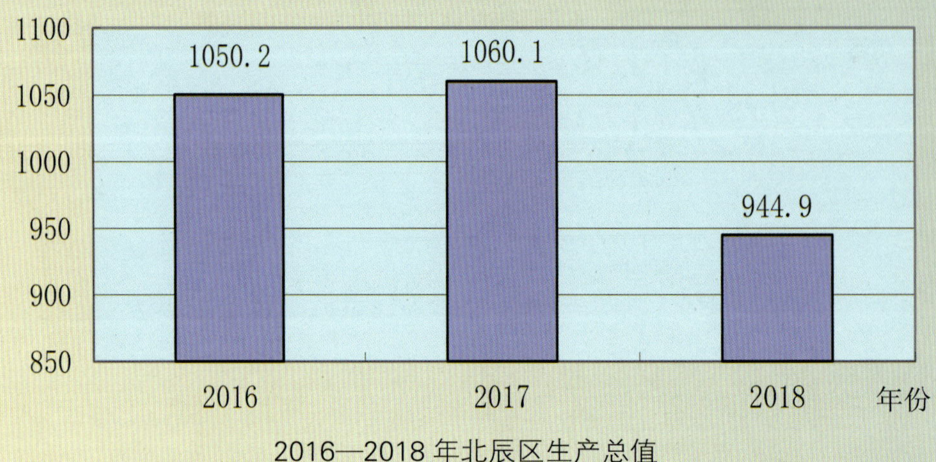

2016—2018 年北辰区生产总值

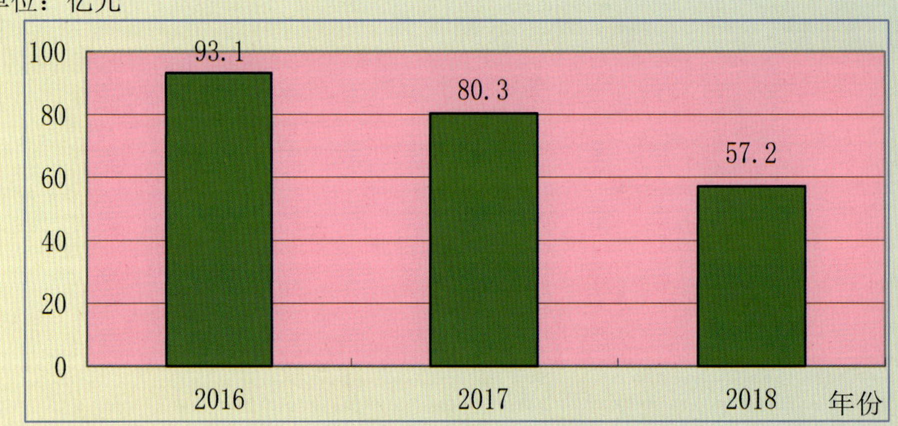

2016—2018 年北辰区区级一般预算收入

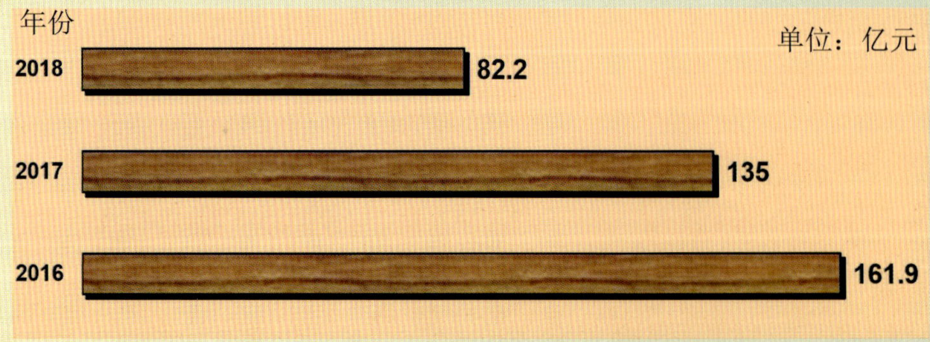

2016—2018 年北辰区批发和零售业增加值

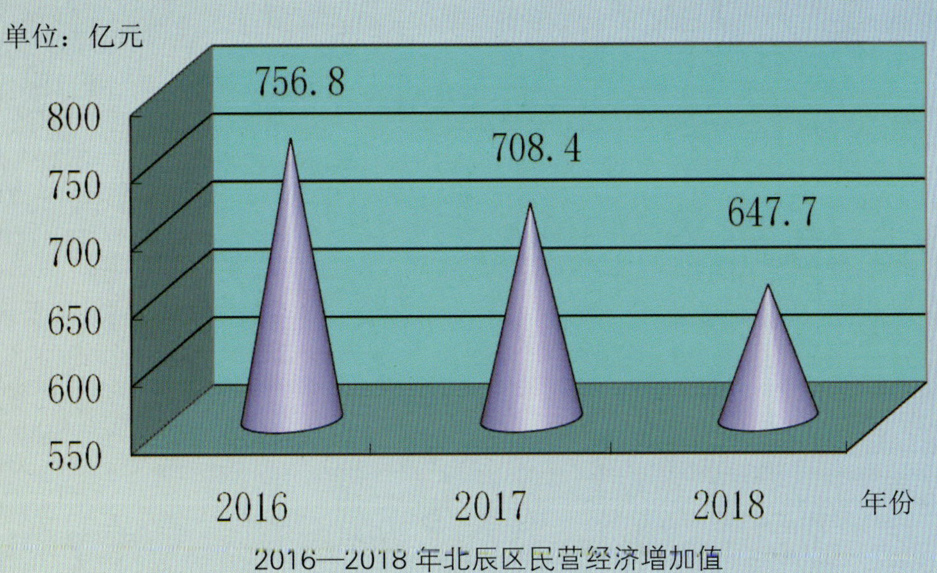

2016—2018 年北辰区民营经济增加值

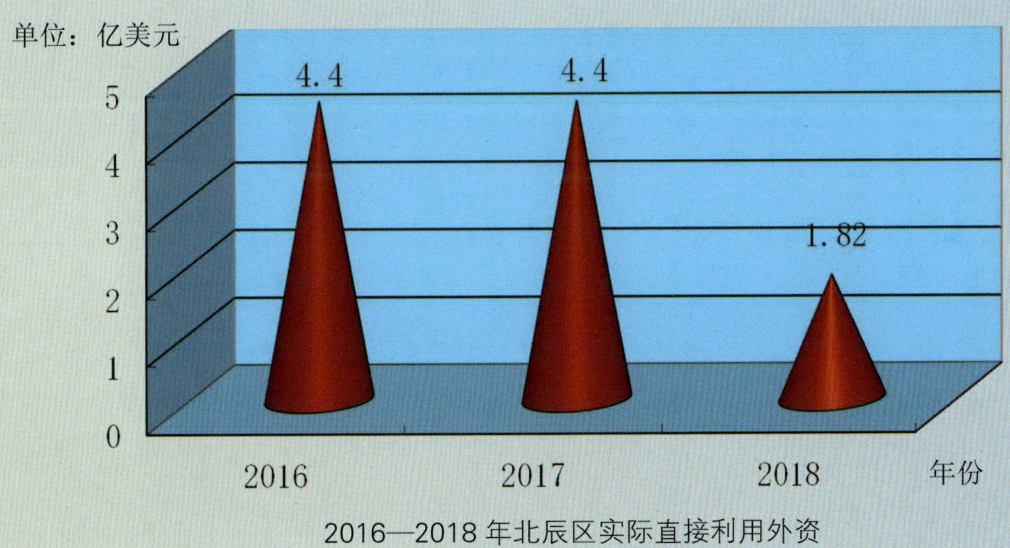

2016—2018 年北辰区实际直接利用外资

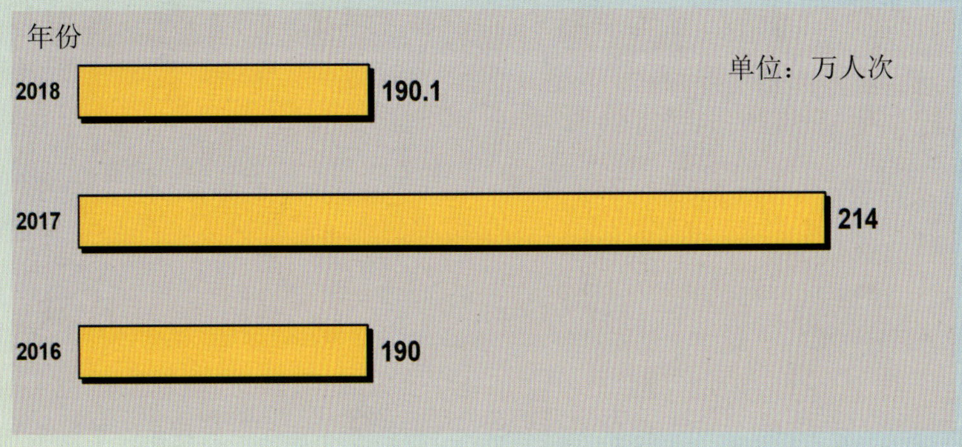

2016—2018 年北辰区接待游客总数

2018 年 1 月 10 日，天津市北辰区第十七届人民代表大会第三次会议会场（摄影：付语）

2018 年 1 月 8 日，中国人民政治协商会议天津市北辰区第九届委员会第二次会议会场（摄影：付语）

北辰名片 2018

- 1953 年 5 月 14 日独立建制成区
- 面积 478.48 平方千米
- 户籍人口 42.9 万人
- 辖 9 镇 7 街道，126 个行政村，125 个社区居委会
- 实现地区生产总值 944.9 亿元
- 实现外贸进出口额 230.7 亿元
- 实际利用外资（新口径）18157 万美元
- 实现民营经济增加值 647.7 亿元
- 实现总体居民人均可支配收入 36980 元
- 商品房销售面积 103.3 万平方米
- 累计拥有钻级酒店 20 家
- 北辰区被评为国家级健康促进区
- 北辰区被评为全国公立医院综合改革真抓实干明显地方
- 北辰区被评为（良好）国家公共文化服务体系示范区
- 赵庄子村被评为全国生态文化村
- 北辰区获批首届天津市文明城区

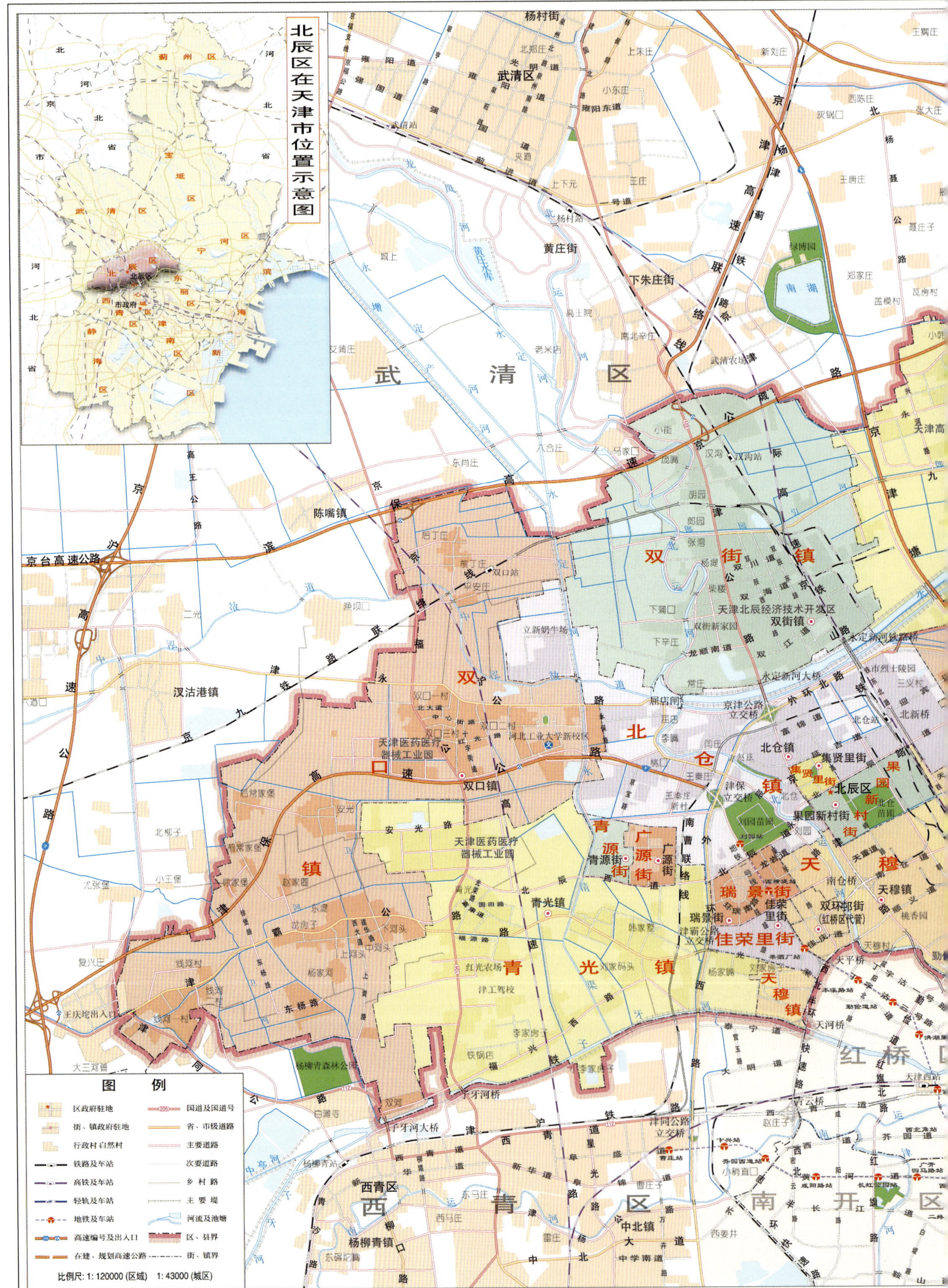

审图号：津S（2018）004

2018 年 2 月 11 日，北辰区纪委召开十一届四次全会会场（摄影：于世博）

2018 年 12 月 13 日，北辰区科学技术协会第五次代表大会会场（区科协提供）

经济建设

2018 年，大张庄镇无人机喷洒农药　　（摄影：高兆崧）

2018 年 9 月，天津信誉楼百货北辰店外景（摄影：庄倩倩）

2018 年 6 月 28 日，北辰区举行“激情世界杯，欢乐夜北辰”啤酒节活动现场
（摄影：刘青林）

2018年9月19日，天津陆港通达物流有限公司与京铁物流有限公司举行大北环铁路西堤头物流基地合作运营项目签约仪式

（开发区提供）

2018年10月29日，长荣集团与伊藤忠物流集团签订战略合作协议

（工信委提供）

2018年11月2日，天物北辰大厦举行招商启动仪式　（摄影：胡光欣）

2018年11月19日，北辰经济技术开发区在商务中心召开首届BEDA-海外意向企业投资合作论坛战略合作签约仪式　（开发区提供）

2018年，韩家墅3号地项目施工现场(区建设开发公司工程二部提供)

2018年，李家房子二期项目施工现场(区建设开发公司工程二部提供)

2018年12月28日，丁赵A地块(丁赵新苑)取得准入证 (摄影:赵晨)

2018 年 9 月，九园公路西延工程铺设沥青混凝土（摄影：王德辉）

2018 年 10 月 27 日，龙兴桥全线贯通（区新闻中心提供）

2018年1月20日，北辰区举行“传承的力量”迎新春娃娃庙会。图为开幕式上的演奏表演　　　　（区教育局提供）

2018年4月12日，京津冀三区市举行中小学科技教育合作共建签约仪式（区教育局提供）

2018年5月31日，北辰区教育系统举行“传承中华文化诵读经典美文”最炫国学风汇报演出暨庆祝六一儿童节大会

（区教育局提供）

2018 年 5 月 22 日，北辰区教育局、北辰区科协在第四十七中学体育馆联合举办“北极星杯”首届北辰区青少年机器人大赛

（区科协提供）

2018 年 6 月 15 日，北辰法院法官受聘辖区学校法制副校长，为同学们讲解法律知识

（摄影：周永军）

2018 年 7 月 12 日，京津冀足球邀请赛在北辰区举行

（区教育局提供）

2018 年 1 月，果园新村街道举办第六届时尚达人秀
（果园新村街道提供）

2018 年 3 月 2 日，双街镇举办万民同乐大联欢花会展演活动　　（摄影：陈立兴）

2018 年 4 月 10 日，佳荣里街道首届海棠文化节暨创建全国文明城区攻坚启动开幕
（摄影：齐林）

2018 年 4 月 26 日，青光镇青光村举行“讲文明 树新风”创全国文明城区文艺展演

（摄影：刘栋）

2018 年 4 月 28 日，共青团北辰区委举办“不忘初心跟党走 青春建功新时代”纪念五四运动 99 周年大会 （摄影：吴凡）

2018 年 6 月 12 日，普东街道第三届“感悟抒怀 书香普东”诗诵会初赛现场 （摄影：穆寅）

2018 年 5 月 13 日，北辰区第四届全民健身运动会暨全民健身快步走活动启动 （摄影：杨兵团）

2018 年 7 月 26 日，北辰区在区工人俱乐部举行“北运河之夏”第十三届和谐文化大舞台文艺展演闭幕式暨颁奖晚会 （区文旅局提供）

2018 年 12 月 12 日，北辰区卫计委在瑞景大酒店承办天津市公立医院综合改革经验交流会，并在大会作发言 （摄影：杨兵团）

2018 年 10 月 14 日，北辰区在西堤头镇泉水湾度假庄园举行六小龄童艺术馆天津馆开馆落成典礼

（区文旅局提供）

2018 年，干部群众参观北辰区科技成果超市

（摄影：杜飞腾）

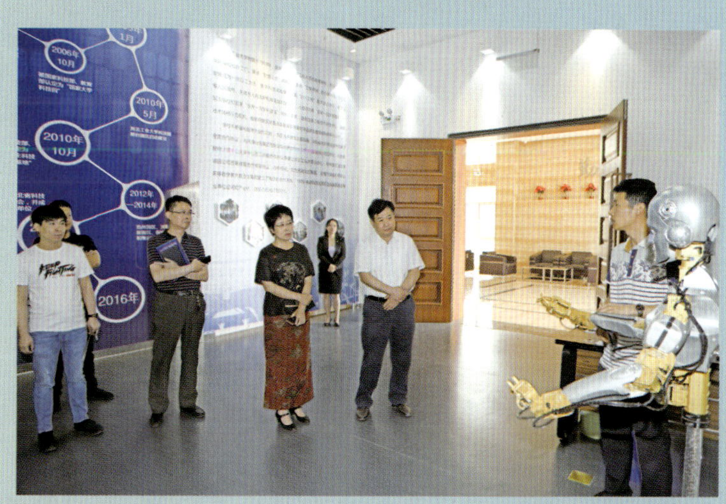

2018 年 11 月 23 日，北辰区在区工人俱乐部举行庆祝改革开放 40 周年交响音乐会

（区文旅局提供）

社会建设

2018 年 3 月 26 日,民建北辰区工委在第四十七中学举行捐款活动　　　(摄影:张骏)

2018 年 11 月 24 日,北辰公安分局举行扫黑除恶"敢死队"宣誓授旗仪式(公安分局提供)

2018 年,天津市北辰区税务局 24 小时办税服务厅
(摄影:宗向荣)

2018 年 3 月 5 日，北辰区举办“春风行动”大型专场招聘会（摄影：王新宇）

2018 年 4 月 24 日，大张庄镇还迁区全景（摄影：刘建）

2018 年 11 月 15 日，北辰区举办第四届企业职工技能大赛（摄影：张婷婷）

生态文明建设

2018 年 6 月 14 日，施工中的双青公园　　（摄影：杨朝）

2018 年 9 月 23 日，平安庄村清扫保洁后的中心大街　　（摄影：杨朝）

2018 年 6 月 20 日，北辰区环保局在天士力制药公司进行第二次全国污染源普查入户清查工作　　（摄影：陆彦彬）

2018 年 10 月 31 日，北辰区市容委与光大国际公司举行生活垃圾与餐厨垃圾协同处理 PPP 项目签约仪式（摄影：赵亮）

2018 年 11 月 20 日，北辰区在区实验幼儿园举行垃圾分类进校园宣传　　（摄影：赵亮）

2018 年 1 月 26 日，北辰区召开年鉴工作会（摄影：刘奇）

2018 年 7 月 3 日，北辰区地志办接待四川省成都市地志办一行，双方就精品志书编修，名村志、名镇志编修及年鉴编纂工作进行交流座谈（摄影：刘奇）

2018 年 11 月 1 日，北辰区举办地方志分志丛书编修培训班（摄影：刘奇）

目录

特载

专记

大事记

北辰概览

中共北辰区委

北辰区人民代表大会

北辰区人民政府

政协北辰区委员会

中共北辰区纪委　北辰区监察委

民主党派·工商联

社会团体

法　　治

军　　事

经济管理

农　业

交通运输

北辰经济技术开发区

环境保护·气象

城乡建设与管理

科学技术

教　　育

文化体育

卫　　生

精神文明建设

社会生活

镇·街道

人物·荣誉

统计资料

附　　录

特载

政府工作报告

——在北辰区第十七届人民代表大会第五次会议上

北辰区人民政府区长　王宝雨

2019年1月10日

一、2018年工作回顾

2018年是贯彻党的十九大精神的开局之年，是改革开放40周年。一年来，我们以习近平新时代中国特色社会主义思想和党的十九大精神为指导，以“三个着力”重要要求为元为纲，认真贯彻落实市委、市政府的决策部署，坚持稳中求进工作总基调，全面贯彻新发展理念，按照区委“创新竞进、效益优先，推动高质量发展”的总要求，干实事、抓重点，打基础、利长远，推动全区改革发展稳定迈上新台阶。地区生产总值持续向好，区级一般公共预算收入稳定增长，全社会固定资产投资领跑全市，高质量发展的态势正在形成，保持了经济社会持续健康发展。

（一）加快新旧动能转换，发展质量效益明显提升

大力推进质量变革、效率变革、动力变革，调整优化产业结构，努力实现高质量发展。

项目开发建设成效显著。坚持把大项目、好项目作为动能转换的治本之策，主攻大数据、云计算、智能制造等高端产业，瞄准现代物流、跨境电商、绿色循环等新兴业态，利用规划招商、基金招商、以商招商等多种方式，全力以赴招大引强选优。先后赴北京、上海、深圳、浙江等地开展招商活动，引进爱旭科技、瑞康医药、富士康智能建造、绿地全球贸易港等一批高端项目，朝亚大数据、SMC气动元件、精雕数控等项目开工建设。全年引进新项目578个、总投资736亿元，新开工5000万元以上项目92个，19个重点项目竣工投产。积极融入京津冀协同发展，与中建交通、中冶科工、中科控股等一批央企国企达成务实合作，引进华科泰医疗、国科恒泰等首都项目86个，总投资24.6亿元。坚持引资引智引才一体推进，落实“海河英才”计划，发放准迁证3572张，办理落户登记1306人、人才绿卡36张，引进各类高层次人才652人。北辰开发区引擎作用日益凸显，在全国国家级经济开发区综合发展水平考核中位列第24名，科技创新单项成绩列全国第8名。

产业发展质量不断提升。工业支撑作用更加明显，装备制造、现代医药、新能源新材料、电子信息等四大支柱产业实现产值占规上企业总产值的77%。继续加大“散乱污”企业整治力度，制定出台《工业园区围城问题治理工作实施方案》，对43个工业园区进行分类治理，计划保留6个、整合16个、取缔21个，已完成张献庄、李家房子和红光农场3个园区拆迁取缔。深化供给侧结构性改革，坚决淘汰落后产能，压减炼钢产能100万吨，严厉打击非法生产“地条钢”行为。加快发展现代服务业，天物大厦、信誉楼百货投入运营，喜来登酒店、永旺梦乐城主体封顶，绿地缤纷城开工建设，星河COCOPARK一站式体验购物中心签约落地。盘活空置楼宇2.2万平方米，运营楼宇达到37座、154.3万平方米，实现税收14亿元。外贸进出口稳步增长，完成进出口总额234亿元。充分利用“广交会”“投洽会”“津洽会”“华博会”等展会资源，加大招商推介力度，组织区内83家企业参加首届进博会，成交额3200万美元。

科技金融创新持续发力。新增科技型中小企业689家、小巨人企业18家，累计分别达到7356和413家，新培育市级企业技术中心6家。“撒手锏”产品、市级重点新产品和驰名商标，均位居全市前列。强化“科技成果超市”服务功能，与20家企业签署《产学研合作协议》，3个项目实现成果转化。用好直通硅谷创新创业大赛成果，在美国硅谷理想校园设立人才工作站，22支获奖团队落

户北辰。制定出台《促进企业信用贷款及知识产权质押贷款实施办法》，创新推出“辰智贷”融资模式，解决高技术、轻资产企业融资难题，帮助9家企业落实贷款3200万元。鼓励企业上市直融，新增上市挂牌企业7家，总数达到67家。

乡村振兴战略扎实推进。制定《北辰区乡村振兴战略规划》，全面启动“五大工程”“六化六有”建设。全力推进农村人居环境整治、全域清洁化等重点工作，治理脏乱村庄39个，更新改造9个村安全饮水设备，建设移动式水冲厕所22座，新建改建乡村公路21条，清理河道沟渠15.5公里，完成乡村绿化1862亩。大力发展设施、观光、种源等现代都市型农业，建成南美白对虾养殖、双街蚯蚓养殖、李辛庄千亩稻田等6个农业重点项目，农业生产与精深加工、休闲体验、旅游观光等相关产业融合发展，促进了农业增效、农民增收。西堤头镇赵庄子村获评全市唯一“全国生态文化村”。深入推进农村集体产权制度改革，87个行政村完成改革任务。扎实开展扶贫攻坚，对23个市区级困难村进行新一轮结对帮扶，采取购置长远生计用房等方式，为15个市级困难村每年增加收入22.5万元。按照全市统一部署，扎实推进东西部扶贫协作，我区对口帮扶的4个县中，河北兴隆、西藏丁青和甘肃正宁已实现脱贫，甘肃华池有望今年摘帽。

（二）加快区域开发建设，城市载体功能明显增强

坚持高起点规划、高标准建设、高效能管理，促进产城融合发展，提升城市形象品质。

规划引领作用日益凸显。编制完成京津冀协同发展背景下北辰区产业空间布局规划，对“十三五”规划纲要实施情况进行中期评估。以全市总规修编为契机，修编我区总体规划，开展“城市双修”“海绵城市”、综合管廊、特色服务业等专项规划编制，完成京滨城际北辰站点、北运河环外段重点地区城市设计和郊野公园二期方案设计，规划体系日趋完善。

土地整理开发稳步推进。条块结合全力推进土地收储，新增收储土地3197.6亩，收储总量达到2万余亩，完成供地1767亩。中储城邦、金侨二期、融创御园等在建项目加快推进，中粮昆仑御、星河国际、绿地栖湖公馆等新项目加紧建设，全区商品房在建面积达到842万平方米。全力推进国家级产城融合示范区建设，基本完成5.9平方公里核心区地上物拆迁，总投资199亿元的苏宁云商、得力结算中心、伊藤忠物流等45个项目开工建设。

基础设施建设提速增效。全力推进市级重点工程建设，加快杨北公路拓宽改造、九园公路西延东扩、飞翔路、朝阳路、高峰路等道路建设，影响外环线拓圆工程的剩余民宅全部拆除。基本完成淮东路、文庆道等6条主次干道建设，龙兴桥竣工通车，地铁5号线投入运营。启动双立路综合管廊和核心区1号能源站工程，统筹推进电力、燃气、供水、供热等配套设施建设，有序推进北辰东道综合管廊、津蓟互通立交桥等33个项目前期工作。

城中村改造和示范镇建设取得新突破。全力推进城中村改造和示范镇建设，组织全区52个单位、200多名机关干部深入一线开展动迁工作，举全区之力实施拆迁“清零”行动，11个城中村基本实现“清零”。今年以来，城中村、示范镇共完成拆迁54万平方米，新开工安置房46.8万平方米，122万平方米具备还迁条件，53.5万平方米实现还迁，出让经营性土地800余亩。

“双违”治理力度空前。借助创文创卫良好氛围和扫黑除恶疾风厉势，以前所未有的决心和力度，全力推进“双违”治理。全年拆除引滦沿线、刘园地铁场站、顺义西道、航空学校等片区违法建设173万平方米。拆除“大棚房”293亩、清除违法用地327亩，形成了拆迁治违的强大声势。

（三）加快污染治理防控，生态环境面貌明显改善

积极践行“绿水青山就是金山银山”的理念，坚决打好污染防治攻坚战，扎实推进生态文明建设。

生态环境质量持续向好。坚持科学治污、源头治污、铁腕治污，狠抓环保督察反馈问题整改落实。在全市率先启动“环保管家”服务模式，建立生态环境综合监管平台，建设完成“天眼”系统，不断提高科技治污水平。持续推进大气污染防治，督导112个在建工地认真落实“六个百分之百”，治理裸露地块261处，全区空气质量明显提升。坚决防止“散乱污”企业回潮反弹，新排查“散乱污”

企业93家，全部搬迁取缔。完成“煤改电”2.77万户，35蒸吨以下燃煤设施全部“清零”，完成5台100蒸吨燃气锅炉低氮改造，120家餐饮单位安装油烟净化设施。大力推进“河长制”“湖长制”管理，治理8条河道黑臭水体，实施8个片区雨污分流改造，完成大双再生水厂主体工程建设，启动大双污水处理厂扩建工程，铺设雨污管网126公里，污水日处理能力达到24万吨。建设水质自动监测站8座，24家企业安装在线监控设备，184家企业完成废水直排改造，全区水环境质量明显改善，在全市地表水质月度考核中均处于前列。制定土壤污染治理与修复规划，完成天津农药厂、同生化工厂等重点地块土壤调查。

市容环境面貌有效提升。加强城市精细化管理，全区40条主干道路全部实现机扫水洗。完成天马道、万科花园路和中学西路等10条道路、13.5万平方米破损路面整修。加大环卫基础设施投入，采购雾炮车、高压冲洗车等各类环卫车辆135辆，建成改造6座垃圾转运站，增设果皮箱、垃圾桶、马路座椅等城市家具。大力开展绿化美化，新建双青公园、辽河道公园，新增和提升城市绿地28万平方米，造林绿化1.61万亩。

“双创”工作成果显著。扎实推进全国文明城区和国家卫生区创建工作，规范取缔龙武道、千里堤、佳宁道等5座占路市场和9475处占道经营、店外经营摊点，新建高峰农贸市场和柴楼菜市场，改造提升菜市场12座，整治违法广告牌匾3.3万处。打造81个无违建社区，创建6个美丽社区，宝翠花都社区工作法荣获“全国十佳”。施划京津路、辰昌路等15条重点道路禁停线1.3万延米，对第二儿童医院周边等重点区域进行综合整治。持续加大公益广告投放力度，设置大型“双创”城市景观20处，上万名志愿者参与“双创”活动，形成了全民共创的良好氛围。

(四) 加快民计民生改善，群众生活水平明显提高

始终牢固树立以人民为中心的发展思想，着力改善和保障民生，把80%以上财力投向民生领域，群众获得感、幸福感和安全感不断提升。

社会保障体系日益完善。低保、低收入家庭实现应保尽保，医疗、生育、失业、养老、工伤保险基本实现全覆盖，城乡居民养老保险新增参保4676人，城乡居民医疗保险参保人数达27万人，全年发放各类保障金5933万元。新增就业34526人，妥善安置就业困难人员4387人。新建和提升5个社区老年日间照料中心。提升改造83个片区、721幢、342.6万平方米的老旧小区及远年住房，5.2万户居民直接受益，我区被评为全市旧楼区改造长效管理工作示范区。新增3条、优化8条公交线路，群众出行更加便捷。

各项社会事业协调发展。光华国际学校开工建设，加快推进北辰道公租房、双青新家园配套学校和幼儿园接收工作。教育教学水平稳步提升，高考成绩再创新高，本科上线率达到79%，高出全市5个百分点，600分以上考生达到218人。蝉联市中小学运动会团体总分“十二连冠”，实验中学和霍庄中学分别被评为国家级心理健康示范校和国防教育示范校。深入实施医疗卫生体制改革试点，扎实推进公立医院综合改革和薪酬制度改革，成为全市唯一受到国务院表彰的公立医院综合改革先进区。北辰医院获评三甲医院，我区是全市唯一拥有两所区属三甲医院的区。创新镇村卫生服务一体化管理模式，在全市率先实现村级医疗卫生机构医保联网刷卡全覆盖，深化医联体建设，家庭医生签约20.7万人。积极创建国家公共文化服务体系示范区，建成区美术馆、非遗展览馆，区文化中心即将投入使用，镇街高标准文体中心实现全覆盖，基层公共文化设施设置率达到100%。扎实推进全民健身活动，举办区第四届全民健身运动会，承办9项全国性、区域性体育赛事，建成10个笼式足球场和7个多功能运动场，村居“健身园”实现全覆盖。竞技体育再创佳绩，在十四届市运会上取得金牌总数第二、团体总分第一的好成绩。

社会局面保持和谐稳定。着力加强和创新社会治理，严格落实信访维稳责任制，全力推进信访积案化解，市交办的51件信访积案全部办结，化解率100%。十九届三中全会和全国“两会”期间，实现进京零上访。创新综治警务网格融合工作机制，实行村居综治办、警务室一体化办公，构建“1+3+N”综治警务网格社会治理模式，开展“进门”大清查专项行动，经验做法在全市推广，人民网、《法制日报》等中央媒体予以报道，“北辰综治”APP被评选为全国“雪亮工程”十大创新案例，我区获

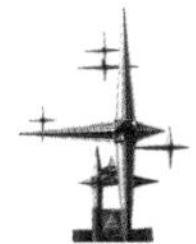

评“全国社会治理创新优秀城市”。扫黑除恶专项斗争取得丰硕成果，摧毁黑恶势力团伙39个，破获涉恶案件307起，全区治安状况明显改善，刑事警情与两年平均值相比下降31.8%，连续8个月保持命案零发生。深入推进“七五”普法，公共法律服务体系进一步完善，小街村荣获“全国民主法治示范村”称号。扎实推进安全北辰建设，开展城市安全风险评估，绘制全区安全风险电子分布图，构建“大安全”工作格局。持续开展安全生产和消防隐患大排查、大整治，未发生火灾亡人事故，安全生产形势持续好转。“军队停偿”工作创造了北辰经验、北辰模式，得到军委首长和市领导充分肯定。组建退役军人事务局和镇街、村居联络站，成立关爱退役军人协会，完成烈属军属和退役军人家庭悬挂光荣牌工作，退役军人优抚安置和服务保障体系更加完善。国防动员和双拥工作进一步加强，民族、宗教、侨务和妇女儿童、关心下一代、红十字、残疾人、档案、地方志等工作取得新成绩。

（五）加快政府职能转变，行政服务效能明显改进

认真学习宣传贯彻党的十九大精神，深学真信笃用习近平新时代中国特色社会主义思想，落实全面从严治党主体责任，扎实推进“两学一做”学习教育常态化制度化，深入开展“维护核心、铸就忠诚、担当作为、抓实支部”主题教育实践活动，党员干部“四个意识”不断增强，维护权威、捍卫核心、对党忠诚的政治立场更加鲜明。严格落实中央八项规定精神，坚持不懈纠正“四风”，深入开展不作为、不担当专项治理和反对形式主义、官僚主义专项整治，加强党风廉政建设，认真履行“一岗双责”，综合运用监督执纪“四种形态”，强化审计监督，确保政府系统秉公用权、廉洁从政。自觉接受人大、政协的法律监督、工作监督和民主监督，充分发挥人大代表、政协委员和党外人士参政议政作用，加大代表建议和委员提案办理力度，83件建议提案全部办复。圆满完成121个村、125个社区基层组织换届，党组织书记、主任全部实现“一肩挑”。支持工会、共青团和妇联等人民团体更好地开展工作。加大政务公开力度，主动公开政府信息7311件。认真履行“三重一大”决策程序，提高政府决策科学化、民主化、法治化水平。扎实推进“一制三化”改革，实行容缺后补、以函代证、多项合一、联合办理等工作机制，推出47项承诺审批事项，149个行政许可事项均可实现网上办理，提升审批效能，激发市场活力。新增市场主体1.3万家，新增民营企业4723户。深入开展“双万双服促发展”活动，认真落实“津八条”“辰十条”，组织600余名干部服务帮扶2439家企业，解决实际问题2543个。稳妥推进国有企业改革，出清出让10家低效企业。完成双街镇经济发达镇行政管理体制改革试点，天穆镇试点改革正式启动。

各位代表，过去的一年，面对错综复杂的国际环境和依然严峻的国内经济形势，面对艰巨繁重的改革发展稳定任务和前进路上的各种风险挑战，我们敢于涉险滩、啃硬骨头，逢山开路、遇水架桥，一个“钉子”接着一个“钉子”钉，一锤接着一锤敲，以不干则已、干则必成的决心和勇气，攻坚克难、奋力前行，在推动高质量发展上迈出了坚实步伐。成绩来之不易，是习近平新时代中国特色社会主义思想科学指引的结果，是市委、市政府和区委正确领导的结果，是区人大、区政协监督支持的结果，是全区广大干部群众团结奋斗的结果。在此，我代表区人民政府，向全区人民，向各位人大代表、政协委员，向驻区部队和驻区各单位，向所有关心支持北辰发展的社会各界人士，表示衷心的感谢和崇高的敬意！

在总结成绩的同时，我们也清醒地认识到，全区发展和政府工作还存在一些差距和不足：一是思想不够解放，视野不够开阔，直面挑战的劲头不足，创新求变的招法不多；二是产业转型升级进展不快，工业大而不强，现代服务业比重偏低，园区围城问题比较突出，淘汰落后产能任务艰巨；三是城市化进程相对滞后，城中村改造和示范镇建设亟待提速，基础设施和公共服务欠账较多，城市功能品质有待提升；四是民生领域存在短板弱项，城乡发展不够平衡，一些环境突出问题尚未得到根本解决，与人民群众的新期待尚有差距；五是影响社会和谐稳定的因素较多，社会治理存在薄弱环节，安全生产、维护稳定压力较大；六是全面从严治党主体责任落实不够到位，政府系统干部队伍中不作为、不担当和形式主义、官僚主义现象依然存在，体制机制不够完善，服务效能有待提高。对于这些问题，我们一定高度重视，在今后工作中切实加以解决。

二、2019 年主要任务

2019年是新中国成立70周年，是全面建成小康社会关键之年，也是北辰实现高质量发展的攻坚之年。世界经济正在经历深刻调整，不确定不稳定不协调因素依然很多，国内经济总体平稳、稳中有升，但下行压力依然较大。天津发展正处在负重前行、滚石上山的战略性调整阶段，市委、市政府部署实施的一系列重大举措，积极效应已初步显现，全面深化改革和“三大变革”所集聚的能量正在逐步释放。北辰地处京滨综合发展轴的核心位置，手握“三张好牌”，区位优势和政策优势明显，发展空间和发展潜力巨大，正处在大有可为的历史机遇期。船到中流浪更急，人到半山路更陡。只要我们以坚如磐石的信心、只争朝夕的劲头、坚韧不拔的毅力，撸起袖子加油干，就一定能够开创北辰高质量发展的崭新局面。

政府工作的指导思想是：以习近平新时代中国特色社会主义思想为指引，深入贯彻党的十九大和十九届二中、三中全会精神，以“三个着力”重要要求为元为纲，抢抓京津冀协同发展重大机遇，坚决贯彻中央和市委、市政府的决策部署，以全面从严治党为统领，坚持稳中求进工作总基调，坚持新发展理念，肩负起解决改革发展中的难题和实现高质量发展的双重任务，加快产业向高端转型、城郊向都市转型，按照区委“创新竞进，奋力攻坚，以优异成绩迎接建国70周年”的总要求，创造性抓好各项工作落实，努力建设繁荣富裕、文明和谐、宜居美丽的新北辰。

全区经济社会发展的主要预期目标是：地区生产总值增长4%左右，区级一般公共预算收入增长5%左右，固定资产投资增长8%左右，居民人均可支配收入增速高于地区生产总值增速，完成节能减排降碳年度目标。

按照习近平总书记在中央经济工作会上提出的“巩固、增强、提升、畅通”八字方针，重点在以下五个方面升级加力。

（一）在推动高质量发展上升级加力，构建现代经济体系

主动融入京津冀协同发展。在协同发展大局中谋划推进各项工作，深化协同发展产业布局规划，主动承接非首都功能转移。加强与央企、国企和中关村、亦庄等优质资源聚集区深度合作，设立北京招商工作部，组织策划一批招商活动，引进更多优质首都项目。结合产业发展需求，强化与京津冀高校和科研院所联系，推进人才、技术等资源共享，促进科研成果孵化转化。采取建立分支机构、联合办医、合作办学等模式，大力引进北京优质教育、医疗等公共服务资源，主动开展京津冀区域性文体交流活动。全力推进京滨第二城际等重点工程建设，积极融入京津冀大气、水、土壤污染联防联控联治和大交通体系、城市群建设。

全力以赴招大引强选优。以高质量项目支撑高质量发展，瞄准行业各细分领域的领军企业，围绕我区主导产业和战略性新兴产业，强化精准化招商和定制化服务，修订完善招商引资政策，打好招商组合拳，加速聚集一批行业龙头企业和优质关联项目。实际利用内资160亿元，利用外资1.86亿美元。建立项目联审机制，把好项目引进质量关和效益关。培育壮大招商队伍，提高招商引资专业化水平。大力实施项目带动战略，采取领导包项、部门联动、现场服务等多种形式，加快项目建设进度，力促富士康、绿地贸易港等项目尽快开工。深入实施“海河英才”行动计划，吸引聚集高科技企业和高层次人才。

推动传统产业优化升级。推进“互联网+智能制造”、大数据应用示范等工程，开展工业企业“上云”行动，通过科技创新、技术改造、两化融合等手段，推动主导产业创新升级和传统产业改造提升。围绕全市重点打造的7条人工智能产业链，结合我区产业优势，力争在大数据、机器人、智能终端等关键领域取得突破。实施创新型企业领军计划，分级分类遴选一批“雏鹰”企业、“瞪羚”企业和科技领军企业，进行梯度培育和精准扶持。认定科技型中小企业350家，国家级高新技术企业30家。发挥“科技成果超市”作用，组织区内企业与高等院校开展产学研对接，推动科技成果就地转化。全力打好“三去一降一补”组合拳，建立健全长效机制，加快推进钢铁产能退出，推动26家危化企业关闭搬迁，严防“地条钢”问题死灰复燃。深化国有企业改革，促进区属国企瘦身强体、提质增效，年内启动80家、完成30家“僵尸”

企业、低效企业的整合重组和出清出让。加快工业园区提升改造，破解“园区围城”问题，年内启动胡园、郎园、飞龙3个园区取缔工作，加快编制鸿仓、京宝、万发等6个整合园区城市设计和产业规划。完善国有资产管理体制，加强政府平台融资管控，建立健全“借用管还”机制，严防发生债务风险。健全金融服务体系，加强银政银企合作，拓宽融资渠道，改善融资环境。鼓励支持企业上市直融，推动6家企业股改挂牌上市。用足用好“辰智贷”政策，扩大知识产权融资规模，为更多成长型企业提供资金支持。

提高服务业层次规模。依托我区制造业优势，大力发展现代金融、现代物流、大数据等生产性服务业，全力推进陆路港现代物流基地等项目加快建设，朝亚大数据一期工程建成投产。抓住区域开发建设有利契机，引进建设高水平生活性服务业，推动夜间经济发展，加快建设星河COCOPARK购物中心，喜来登酒店、大通绿岛生活广场投入运营。发展壮大楼宇经济，盘活闲置楼宇2万平方米，加快金融创新大厦和天物大厦等楼宇产业导入，把北辰楼宇招商服务中心打造成为楼宇招商合作的示范窗口。

实施乡村振兴战略。以规模高效农业、休闲观光农业、安全生态农业、种源科技农业为重点，引进建设一批农业高端项目，新建提升一批农业龙头企业，培育壮大一批农业知名品牌。建设3个重点农业项目，落实2个种源科技项目。实施农产品加工业提升行动，大力发展产地加工、精深加工，鼓励农超对接、会员服务、家庭农场等直供直销方式，提高农产品附加值。举办第四届旅游文化节，运用“旅游+”“生态+”“互联网+”，发展休闲农庄、特色民宿，打造乡村生态旅游产业链，在“小五堡”、东赵庄和双街河西等片区进行田园综合体试点建设，促进农村三次产业融合发展。全面完成农村集体产权制度改革，保障农民财产权益。健全自治、法治、德治相结合的乡村治理体系，培养造就一支懂农业、爱农村、爱农民的“三农”工作队伍。下大力推进结对帮扶工作，实施“1+N”发展模式，增强村集体“造血”功能。强力推进全域清洁化治理，实施农村人居环境整治和农村农业面源污染治理三年攻坚行动，提升改造“四好农村路”20公里，实施村镇输水管线、入户配套工程和农村饮水提质工程，建设主干管网35.8公里，新建4处节水工程，新增节水灌溉面积2100亩。加强农村公共文化设施建设，培育文明乡风、良好家风、淳朴民风，提高乡村文明程度。优化调整示范镇建设规划，保留生态环境较好的村庄，按照新农村建设标准进行提升改造，留住绿水青山，留住乡愁。扎实推进东西部扶贫协作和对口支援工作，助推甘肃华池县脱贫摘帽。

（二）在加快城市化进程上升级加力，提升城市形象品质

更好发挥规划引领作用。结合重点片区开发建设，深化完善国土空间规划，加快建设“一张蓝图、多规合一”管理平台，编制环外地区非建设用地利用规划，优化中心城区道路及人行系统专项规划，加快推进京滨城际北辰站综合交通枢纽规划设计，提升各类规划整体水平。制定完善耕地占补平衡统筹管理实施方案，多措并举补充耕地占用指标，合理安排重点片区开发时序，为项目建设提供用地保障。

提速重点片区开发建设。用足用好城市建设管理体制改革试点政策，加快土地收储出让。年内收储建材集团、天物集团等土地3000亩，出让淮东路、文庆道、克尔伦公司等地块1500亩。按照整体筹谋、分步实施的思路，围绕龙门东道、北辰道、淮东路、铁东路沿线等重点片区，进行集中连片开发，同步导入高端业态，启动大型文化设施建设，打造一批体现时代特点的优质工程。按照“一带两镇三基地”的功能定位，高水平建设国家级产城融合示范区。重点抓好5.9平方公里核心区开发建设，力促北科建等签约项目尽快开工。加快建设绿地全球贸易港、富士康智能制造产业园、苏宁智慧物流电商产业园、中兴创新科技产业园等重大项目，集聚更多高端业态，打造京津之间产业发展新高地。统筹推进大张庄和双街示范镇建设，加快推进光华国际学校、绿地缤纷城、盛景星级酒店等生活服务设施和九园公路与京津塘互通立交等基础设施建设，打造宜居宜业人居环境，提升区域整体发展水平。

全力推进城中村改造和示范镇建设。加快城中村改造步伐，统筹推进还迁房、经营性公建和配套工程建设，力争实现工农新村、刘家房子三期、桃花寺、闫马等地块近百万平方米安置房还迁入住，累计完成10个村还迁任务。统筹谋划长远生计用房，同步做好招商定位和产业导入，促使经营性公建尽快发挥作用、产生效益。着力破解示范镇建设难题，完善各示范镇与平台公司协议，强化政府主导作用，促进平台依法依规良性运转。积极争取市配套政策支持，加快建设、还迁、复垦等工作进度，争取实现温家房子、张湾安置区55万平方米还迁入住。深化与绿地集团战略合作，适时启动双口示范镇建设。新开工城中村配套公建17万平方米、示范镇安置房50万平方米，出让土地1300亩，努力形成快拆、快建、快还、快出让的良性循环。

加快基础设施建设。全力推动外环东北部调整线工程建设，确保新外环全线贯通。重点攻坚九园公路下穿京沪高铁钢桥、杨北公路跨永定新河大桥等节点工程，确保外环线国道功能外迁项目全线通车。积极推动地铁4号线建设。完成朝阳路、高峰路、潞江东路、新峰路等道路建设，启动武静路拓宽改造和铁东路上跨龙门东道立交工程。加强电力、燃气、供水、排水、通讯等配套设施建设，全面推进“1001”工程，建成核心区1号能源站，提升区域载体功能。

始终保持拆迁治违的高压态势。紧紧抓住拆迁这个制约城市化进程的关键环节，以更大的决心和力度，实施重点地块“清零”行动，对新增违建“零容忍”，坚决遏制少数人不合理诉求绑架公共利益，借助扫黑除恶强大声威，再掀“双违”治理新高潮，坚决斩断伸向土地的黑手。已启动的城中村拆迁地块和涉及示范镇还迁、出让、配套建设的地块全部“清零”，影响重点工程建设的堵点难点全部打通，全年完成各类拆迁拆违200万平方米以上，其中城中村30万平方米以上、示范镇60万平方米以上。

（三）在打赢污染防治攻坚战上升级加力，改善生态环境质量

打好蓝天、碧水、净土保卫战。强化空气污染源头治理，严格落实工业污染、燃气锅炉、挥发性有机物、工地扬尘、餐饮油烟、汽车尾气等治理措施，完善“散乱污”企业长效管控机制，促进空气质量持续好转，PM2.5降幅达到市规定标准。全面落实河长制、湖长制管理，开展河湖“清四乱”专项行动，深化黑臭水体治理，加强饮用水水源地保护，实施污水空白区管网建设，完成重点工业区和企业雨污分流改造，加快大双、双青污水处理厂扩建和新区污水处理厂、大双再生水厂建设，不断改善水环境质量。加强与市有关部门和市属国企沟通对接，加快推动天津农药厂、同生化工厂等地块土壤修复。

强化生态环保监管执法。建立健全职能部门和镇街开发区环境监管工作体系，强化属地负责、联合执法、群众举报、网格巡查和责任追究，推动环境监管关口前移。运用“科技+环保”手段，优化环境质量监测网络，发挥智能环保在线监控平台作用，推动环境污染防治“一张图”管理。坚持重拳出击、铁腕执法，全面加大环保执法力度，完善环保行政执法与刑事司法衔接机制，依法严厉打击环境违法行为。

加强城市精细化管理。坚持标本兼治、建管并重，打造更多的市容环境亮点。完善提升“户集村收镇运区处理”收运体系，加快推动生活垃圾分类工作，加大环卫设施建设力度，确保垃圾协同处理项目上半年开工。增配环卫设备和城市家具，提高道路扫保质量。持续推进厕所革命，新建改造9座二类公厕。完成新村街“城市双修”试点工程。加强数字城管建设，建立数字化城市管理监督指挥中心。加强和创新社区物业管理，推广使用网格化社区管理服务平台及手机APP，逐步实现数据采集、系统应用智能化，打造10个精品社区，再创4个美丽社区。实施大绿大美工程，新增和提升绿地2.3万平方米。提升郊野公园建设管理水平，新建京津路入市口游园，结合道路绿化、村庄绿化、片林绿化、以圃代绿等工程，完成造林绿化2.52万亩，营造大绿野趣、郁郁葱葱、鸟语花香、生机盎然的生态景观。

（四）在保障和改善民计民生上升级加力，增加群众幸福指数

健全完善保障体系。实施更加积极的就业创业政策，聚焦高校毕业生、农民工、退役军人等重点群体，搭建供需对接平台，提供全方位公共就业服务，确保就业局势持续稳定。继续推进“大救助”体系建设，开展“精准救助百日会战”行动，完善低保在线审批流程，加强低保救助精准管理，实现应保尽保。深入挖掘社会保险扩面资源，推进全民参保，完善被征地农民参保机制，实现参保全覆盖。扩大养老服务有效供给，提高医养结合覆盖面，开展养老院服务质量建设专项行动，推动养老服务标准化，新建提升4个老年日间照料中心。加强红十字和残疾人工作。落实拥军优属政策，增强现役官兵及退役军人的荣誉感，力争蝉联“双拥模范城”称号。

全面发展社会事业。贯彻落实全国教育大会精神，办好人民满意教育。实施义务教育学校现代化达标和学前教育资源建设攻坚工程，完成1所小学和5所幼儿园接收工作，推动金侨小学加快建设，启动北仓幼儿园翻建工程和中储小学前期手续。加强小区配套幼儿园建设，鼓励社会力量办园，通过规划新建、扩充改造、租赁租借、有偿回购、清查回收等举措，增加优质幼儿园供给，新增学位1700个。建设平安校园、智慧校园，实现中小学、幼儿园智能监控全覆盖。实施品牌特色学校建设工程，深化普通高中课程教学改革，全面实施素质教育，提高教育教学质量。有序推进教育改革，筹建华辰、实验和普育教育集团。发挥“津派教育家研究基地”和“名师工作室”作用，优化教师人才梯队培养模式。深入推进医疗卫生体制改革，抓好中医院全国现代医院管理制度试点工作，继续推动区域医联体和基层医疗机构服务能力建设，深化家庭医生签约服务。全力提升医疗质量，强化医疗安全管理，巩固医疗卫生行业行风建设成果，构建和谐医患关系。加快推动新中医院和双口镇社区卫生服务中心建设，启动建设新村街、宜兴埠镇社区卫生服务中心。巩固国家公共文化服务体系示范区创建成果，加快推进“五馆一院”建设和村居文化设施达标工程，举办第十四届“北运河之夏”和谐文化大舞台文艺演出和第六届“天穆杯”小品展演活动，加强非物质文化遗产传承保护，丰富群众文化生活。举办区第八届运动会，加快推进“五个一”体育设施和镇街体育公园建设，加强村居“健身园”建设管理，为全民健身提供有力保障。做好地方志修编和档案管理等工作。

持续改善群众生活。继续开展远年住房和老旧小区提升整治，完成35个片区、61万平方米老旧小区改造，完善朝阳楼、果园楼两个片区12.65万平方米居住功能。全力推动环外剩余片区煤改电工程，确保群众温暖过冬。加快双青新家园非经营性配套公建建设，提升片区服务功能。新建2座标准化菜市场，启动天穆综合市场建设，方便群众生活。加快完善公交线网布局，新增1条、优化8条公交线路，推广智能化公交站牌，增加停车设施，让群众出行更加便利。

深入推进多城联创。把“创文创卫”“双安双创”等创建活动紧密结合、统筹推进，突出问题导向，深度治理“七乱”顽疾和“八小”行业，大力整治交通秩序、市场秩序和公共秩序，完善协调联动长效机制，巩固提升创建成果，确保创文工作走在全市前列，力争达到国家卫生区标准。大力实施城乡卫生整洁行动，继续推进农村户厕改造和卫生村、健康村创建工作。培育和践行社会主义核心价值观，落实全市促进精神文明建设条例和文明行为促进条例，实施市民文明素质提升工程，开展文明交通、文明旅游和文明餐桌等系列行动，选树文明市民、文明家庭、文明单位等先进典型，广泛开展志愿服务活动，积极营造联创联建浓厚氛围。强化食品、药品、农产品质量安全和特种设备安全监管，继续推广“明厨亮灶”，严厉打击制假售假行为，进一步净化市场环境。

（五）在加强和创新社会治理上升级加力，巩固安全稳定局面

全力维护社会和谐稳定。坚持“战区制、主官上”，落实维稳第一责任，坚持领导干部包案接访下访制度，完善矛盾纠纷化解机制，用心做好初访工作，集中攻坚化解信访积案，把矛盾问题解决在基层，化解在萌芽状态。重点做好敏感节点时期信访维稳工作，当好首都政治安全“护城河”。

加强社会治安综合治理。深入开展“七五”普法，扎实推进法治北辰建设，创新发展新时代“枫桥经验”，推动社会治理重心向基层下移。完善“1+3+N”综治警务网格融合机制，深化“进门”大清查行动，强化警防、技防、群防三张网建设，推进“雪亮工程”扩容提档，壮大平安志愿者队伍。严厉打击非法金融活动，有效防范金融风险。坚决打击各类违法犯罪，纵深推进扫黑除恶专项斗争，坚持有黑必扫、有恶必除、有乱必治、有伞必打，全力创建“无黑”城区。

时刻绷紧安全生产这根弦。坚持“隐患就是事故、事故就要处理”，严格落实安全生产责任制，健全安全隐患排查治理体系，围绕高层建筑、物流园区、人员密集场所、危化企业和出租厂房等重点区域，开展大排查大整治，消除各类安全隐患，严防发生重特大安全事故。进一步加强应急管理，增强应急救援和处置能力，确保人民群众生命财产安全。

三、建设人民满意政府

提升政治站位。深入学习贯彻习近平新时代中国特色社会主义思想和党的十九大、十九届二中、三中全会精神，牢固树立“四个意识”，坚定“四个自信”，践行“两个维护”，认真开展“不忘初心，牢记使命”主题教育，推进“两学一做”学习教育常态化制度化。坚决贯彻中央大政方针和市委、市政府决策部署，确保区委各项部署落地见效。切实履行管党治党主体责任和“一岗双责”，进一步加强党风廉政建设，推进审计监督全覆盖，有腐必惩、有贪必肃。严明政治纪律和政治规矩，严肃党内政治生活，扎实抓好市委专项巡视反馈问题整改落实，坚决铲除圈子文化、码头文化和好人主义滋生土壤，营造海晏河清的政治生态。

坚持依法行政。结合新一轮政府机构改革，进一步优化职能配置，创新体制机制，合理划分事权，理顺权责关系，提高服务效能。完善“三重一大”决策程序，发挥政府法律顾问作用，提高政府决策科学化、民主化和法治化水平。加强法治政府建设，自觉接受人大法律监督、工作监督和政协民主监督，认真落实代表委员建议提案，广泛听取党外人士意见建议，全面推进政务公开。更好发挥工会、共青团、妇联、科协等群团组织作用，认真落实党的民族、宗教和侨务政策。更加注重用改革的办法、开放的举措解决难题，更加注重利用市场和社会力量开展工作，更加注重运用大数据、互联网等新技术优化服务，让制度创新成为政府工作常态。

优化营商环境。坚持“两个毫不动摇”，大力发展民营经济，放宽市场准入，增强市场活力。支持鼓励企业创新转型、增资扩能，打造公平公正的竞争环境，培育壮大骨干民营企业。认真落实“津八条”、民营经济“19条”和“辰十条”，坚持“产业第一、企业家老大”的理念，持续开展“双万双服促发展”活动，健全帮扶企业长效机制，构建亲清新型政商关系，营造人人都是营商环境、个个都是开放形象的良好氛围。启动政务服务中心建设，深化“一制三化”行政审批制度改革，加快“政务一网通”建设，全面推行承诺审批制度和审批服务标准化，调整更新“五减”“四办”事项清单，提高审批效率，确保线上线下办理无缝对接。深化工程建设项目审批制度改革成果，完善“一张蓝图、一个系统、一个窗口、一张表单、一套程序”项目审批机制，优化“多规合一”“多评合一”“多测合一”“多图联审”等改革措施，严格落实联合验收，依托市工程建设项目审批管理平台，实行“一网通办”。

持续改进作风。严格落实中央八项规定及其实施细则精神，锲而不舍查纠“四风”，着力整治形式主义、官僚主义。强化宗旨意识，大兴学习之风、调研之风、亲民之风、尚能之风，真心真意为群众办实事、解难题。建立健全政府工作责任体系，完善抓落实长效机制，强化督导检查和绩效评价，打通执行落实“最后一公里”。持续开展不作为不担当问题专项治理，以疾风厉势治庸治懒治无为。坚持“三个区分开来”，激励干部敢担当、真作为，营造干事创业强大气场。

专记

北辰年鉴
2019

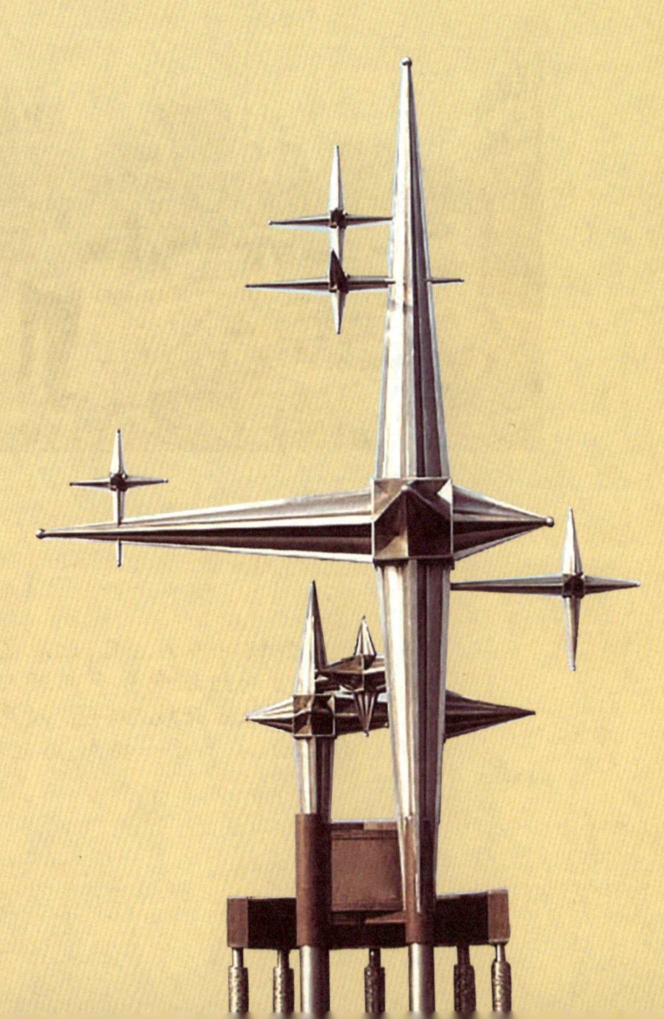

2018年3月29日，双口镇召开创建全国文明城区动员部署大会
（双口镇提供）

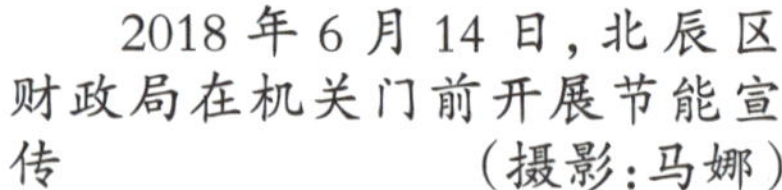
2018年6月14日，北辰区财政局在机关门前开展节能宣传　（摄影：马娜）

2018年8月，北辰区市容委设置创文城市雕塑　（摄影：于家勇）

2018年9月6日，北辰区市场监管局组织党员干部深入大通绿岛社区开展“双创”入户宣传活动　（摄影：谷亚楠）

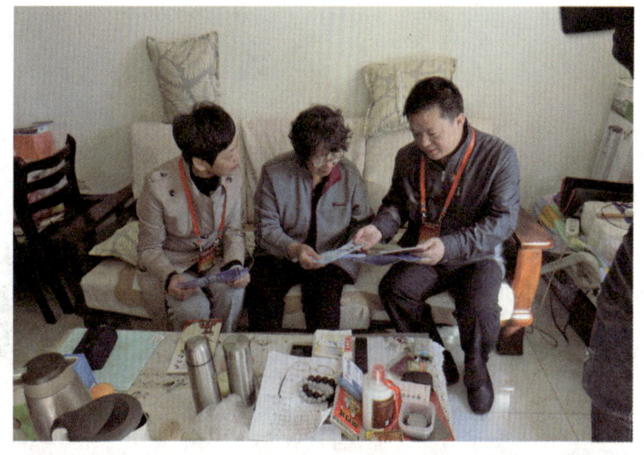

2018 年 10 月 27 日，国土北辰区分局到包联社区荣翔园开展“包楼门”宣传活动　　（摄影：王蕊）

2018 年 10 月 27 日，北辰区发改委与顺义南里社区结合“双创”工作开展“共建美丽北辰、共享美好生活”志愿服务活动　　（摄影：张怡然）

2018 年 11 月 10 日，北辰区统计局与共建单位熙景园社区，联合开展双创“万名干部进社区、党员群众齐参与”义务劳动志愿服务活动（区统计局提供）

2018 年，北辰区人民检察院组织党员干部进社区开展“双创”志愿服务活动　　（摄影：李翼午）

2018 年 3 月 2 日，青光镇团委组织“双创”志愿服务活动（摄影：刘栋）

2018 年 7 月 18 日，大张庄镇组织志愿者到还迁区集中开展“双创”志愿服务活动 （摄影：刘建）

2018 年 12 月 26 日，佳荣里街道全体干部“双创”进行夜间入户宣传

（佳荣里街道提供）

2018 年 9 月 4 日，青（广）源街道召开“双创”问题点位自查专项会

（青源街道提供）

北辰区“双创”工作纪实

【概况】 2018年，北辰区全力推动“双创”暨创建全国文明城区、国家卫生区工作，强化担当，主动作为，深入落实各项创建任务，全年召开11次“双创”调度会。

【重要举措】 3月16日，区召开创建全国文明城区动员部署会议。市委宣传部副部长、市文明办主任于景森，区委书记冯卫华出席会议并讲话；区委副书记、区长吕毅对创建全国文明城区工作进行动员部署，区政协主席王亚令、市文明办副主任赵华出席，区委副书记、区委办公室主任陈健主持会议。冯卫华强调，创建全国文明城区，时间非常紧迫，任务相当繁重。全区上下要发扬“钉钉子”精神，强化组织领导加强统筹协调，加大财力保障，深入宣传发动，严格督导考核，以严的措施、实的作风推进各项工作，确保实现各阶段创建目标。会上，与会人员共同观看《文明北辰——北辰区创建天津市文明城区纪实》专题片，区级领导为先进单位和先进个人代表颁奖，区市容园林委、交警北辰支队、北仓镇、果园新村街道、宝翠花都社区等单位作表态发言，优秀志愿者代表宣读倡议书。

6月23日，召开创建全国文明城区、国家卫生区中期推动会，传达学习全市创建全国文明城区中期推动会精神，对“双创”工作进行再动员、再部署。区委书记冯卫华出席会议并讲话，区委副书记、区长王宝雨，区人大常委会主任王志平，区政协主席王亚令，区委副书记、区委办公室主任陈健参加会议。冯卫华强调，创建全国文明城区和国家卫生区，事关全区群众的福祉，关系北辰的未来。各部门各单位要进一步压实责任，加大财力保障，强化督查考核，咬定目标，奋力攻坚，扎实做好创建全国文明城区、国家卫生区各项工作，以“双创”工作的实际成效，为“五个现代化天津”建设做出北辰的贡献。王宝雨主持会议，陈健传达全市创建全国文明城区工作推动会精神，王亚群、马希荣分别汇报近期相关工作进展情况，并安排部署下一阶段的重点任务，天穆镇、佳荣里街道、区建委、区卫计委4个单位分别作表态发言，与会人员一同观看北辰区“双创”工作专题片。

9月12日，召开创建全国文明城区、国家卫生区中期现场推动会，传达天津市创建全国文明城区工作推动会会议精神，推动北辰区全面加快创建工作进程。区委书记冯卫华出席会议并讲话，区委副书记、区委办公室主任陈健，副区长马希荣出席。会前，与会人员实地走访佳荣里社区、龙武道、王庄市场、蓝岸森林、富锦华庭等点位，调研“双创”工作进展情况，现场推动问题解决。冯卫华指出，“双创”工作启动以来，各部门各单位强化担当、主动作为，深入落实各项创建任务，北辰区“双创”工作稳步推进，取得阶段性成效。但同时也要看到，工作中的问题和薄弱环节依然存在，需要更务实的举措、付出更大的辛苦，推动创建工作往深里走、往实里走。

11月8日，召开“大干20天迎接第三方创卫评估”工作部署会。副区长马希荣出席。会上播放市级评审督导组第三次暗访专题片，区市场监管局、区卫计委分别部署“三小”“四小”整治合力攻坚方案，区商务委、区市容园林委分别部署菜市场专项整治方案、厕所与垃圾池专项整治方案。

12月3日，召开“双创”工作推动会，查摆问题，压实责任，动员全区上下推动“双创”工作再上新台阶。区委书记冯卫华主持会议并讲话，区委副书记、区委办公室主任陈健，副区长马希荣出席。冯卫华指出，创建工作已进入精细治理、提质增速的关键阶段，各部门各单位要把这项工作摆在更加突出的位置，围绕创建目标，担当作为、合力攻坚，不断提升北辰城市形象，确保创建工作取得圆满成功。会上，与会人员观看暗访视频，专家组反馈暗访情况，并对北辰区“创卫”

工作进行全面点评。

【主要工作】 强化社会面宣传，投资近3000万元，在交通干道、主干道口、中心公园、居住社区、人员密集场所、建筑围挡，设计制作具有区域文化元素、自然协调美观，体现社会主义核心价值观、中华民族传统美德、讲文明树新风等内容的宣传载体画面、公益广告、景观小品近万处。组织社区工作者和志愿者加大入户宣传频次，发放《文明北辰市民手册》《致市民一封信》《北辰文明二十条》《诚信服务在行动》《青少年手册》《创文社会调查问卷》《文明宣传系列图册》、宣传海报、文明地图、环保宣传袋等近200万份。

利用“两台一报”、“微北辰”“文明北辰”公众号、《北辰创文信息》《北辰基层宣传参考》、各新媒体公众号广泛宣传创文工作。推出“创文月份”主题活动，在母亲节、助残日、环境日、科技周等期间，开展各类主题活动和群众性文化文艺活动800余场。弘扬志愿服务精神，全区成立志愿服务组织419个，志愿者10.48万名，开展交通劝导、文明祭扫、环境清整、草根文艺展演等志愿服务4649次。

开展社区清脏治乱专项治理，拆除违章建筑1719处50余万平方米，清理垃圾杂物660吨，修复破损路面5.8万平方米，打造无违章社区81个；开展道路交通环境专项治理，取缔占道经营、店外经营摊点9475处，整治违法广告牌匾3.3万处，查扣非法机动三轮车175辆，施划交通标线1.3万米，设置共享单车泊位312处；开展菜市场环境专项治理，取缔自由市场4处，改造提升菜市场11处，新建集贸市场2个，其中新建的高峰市场面积1.1万余平方米，成为市民购物首选地；开展重点区域综合治理，惩治非法号贩子，改造提升灯箱广告、消防设施和基础硬件，完善道路交通标志和停车设施；开展食品安全专项治理，规范早餐车经营，推行明厨亮灶工程，打造食品安全示范镇街。建立区邻里守望平安微信群，推行“1+3+N”综治警务网格治理和“北辰综治”APP，建成“区综治中心—镇街中心—社区（村）居委会—志愿者”四级管理模式、“进门”清查信息数据全程网上闭环系统。

【突出活动】 团区委申请专项资金30万元，在108个社区精心打造未成年人活动站。开展传承红色基因、“学讲话　诵经典　树家风”、青少年自护教育等活动100余场，服务青少年2000余人。开展中高考减压、青春灯塔等有针对性的心理咨询和教育活动26场，服务家长及未成年人1200余人。组织40个单位、160余名团员青年开展文明交通执勤等活动。利用周末时间开展义务劳动，助力创文联系点位瑞达里社区全面提升软硬件设施、环境，查摆问题点位，研究改进方向，居民满意度逐步攀升。

区人民检察院组织60余名干警前往普济河道、普济河东道和果园东路3个路段开展秩序、环境维持工作。做好劝导文明交通，摆放自行车，清理垃圾、小广告、烟头等志愿服务工作。组织60名党员干警分3个批次深入到辖区内的集贤里街道瀛台里社区和瀛洲里社区，开展“双创”志愿服务行动。党员干警每人包一个楼门，向每户居民发放“双创”宣传手册和小礼品，给居民讲解“双创”工作相关知识，发挥先锋模范作用，践行检察人员核心价值观。

区财政局依据区文明办、创文办项目资金需求，审核项目申报依据及绩效评价目标，保障创文创卫工作开展。参与创建活动，先后开展“珍爱信用记录、参与诚信创文”“扮靓生活环境、共见美好家园”“做文明交通人、助双创进行时”“党员干部包楼门、助力双创靠大家”“万名干部进社区、党员群众齐参与”等主题活动，引导干部增强协同共建、主动融入的责任意识，发挥财政志愿者先锋模范作用，营造“共创共建共享”的创建局面。

区税务局利用税务大厅面向全区纳税人的优势，开展创文宣传活动，纳税宣传资料和创文宣传资料一同发放；过好“我们的节日”，清明讲文明祭扫、七夕讲正确的爱情观、家庭观，中秋亲手制作传统美食，重阳节开展敬老敬亲讲堂。选派2名年轻党员干部到创建全国文明城区领导小组办公室工作，从行政经费中拿出4万余元投入到公益广告宣传、提示指示牌制作、残疾人坡道改造、消防设施优化等方面。全年出动380人次参与卫生清理、不文明劝导工作。在办税服务厅设立学雷锋志愿服务岗，联合社区开展志愿服务活动，分别深入金凤里社区和泰来东里社区开展志愿服务，帮助社区清理环境卫生，入户宣传创建全国文明城区相关知识，奉献爱心，传递文明。

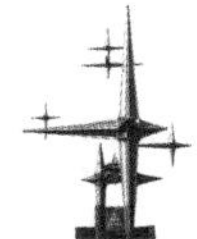

区市场监管局新建农贸市场快检室8个，实现全区17个农贸市场快检室全覆盖。加强食品“三小行业”社会宣传工作，张贴“双创”宣传海报6万余张，发放文明餐桌桌牌1万余个，覆盖经营户3400余户。按照“双创”标准对9000余户食品经营单位食品安全公示信息、“三防”设施、环境卫生等“双创”指标进行逐户规范。先后开展两轮次社区入户宣传，出动党员干部156人次，联合大通绿岛社区居委会，发放“双创”调查问卷、倡议书、告市民群众一封信及宣传礼品，走访居民2500余户，发放宣传材料、宣传礼品1.25万份。

国土分局开展局内宣传、整治活动，全年出版健康教育宣传6栏（次），制作创卫宣传横幅2条、宣传牌20余块，宣传小标语50余个。开展除“四害”、环境整治活动，落实“门前三包”责任制；开展“双创”包联活动，组织党员干部、入党积极分子深入荣康园、荣翔园社区开展主题党日活动3次，参与人数200人次，其中与荣康园开展的联合党日被区机关工委评选为“最佳党日”，受到通报表彰；组织全体人员分批次深入荣翔园开展“双创”入户宣传活动3次，活动覆盖小区全部住户，发放宣传单、调查问卷1000余份；组织党员干部、志愿者2次深入荣翔园开展市容环境清整活动，参与人数90人次，清理社区楼道小广告、小广场路面垃圾、杂物。

区合作交流办开展“双万双服促发展”工作，深入践行“产业第一、企业家老大”的理念，以落实“天津八条”和“北辰十条”为主线，深入领导包联企业调研服务，帮助企业破解发展瓶颈，创造更加优质的营商环境，助推企业不断发展壮大。为联建共建单位安达里社区开展服务，按照“优势互补、合理利用”的原则，分析自身优势并紧密结合社区实际，开展“助力创文、卫生大清理”等联合党日活动3次，开展志愿服务、爱心慰问等活动12次，援助困难党员群众8人次。

区气象局开展“双创”志愿者服务活动。10月27日、11月2 日和11月10日，分3次至阳光卡蒂尔社区，为社区居民发放《北辰市民文明手册》《入户调查问卷》《一封信》，向社区居民宣传“双创”工作。按照区文明办的要求，更换宣传展板、清扫环境卫生、整理材料档案。组织全体干部职工清整院内院外环境。“双创”领导小组不定期对院内外、办公楼的环境卫生进行检查。 并通过手机短信和电子显示屏对“双创”工作进行长期持续的宣传和倡导，受众面向全区，宣传范围更加广泛和全面。

区市容委对北辰道、京津路等主干道路栽植应季花卉30余种，26万余株。制作完成10处创文景观。根据景观标志特点，用造型独特的金叶榆、大型球类植物作点缀，凸显创文内涵；在11个公园内制作安装“讲文明、树新风”宣传牌180组和文明旅游提示牌210个；提升改造树穴1131个。刊播“双创”公益画面236幅，督促沿街企业刊播“创文”画面930平方米。在京津路和北辰道的6个重要路口，设置9个大型创文宣传精神堡垒。

区综合执法局多次召开专题会议，研究部署双创工作，分解任务，对各镇街双创问题点位进行督办，督促整改。通过办宣传栏，张贴双创宣传标语，组织开展形式多样的宣传活动，广泛宣传。制定全面的双创宣传材料，包含社会主义核心价值观、讲文明树新风、志愿服务、关爱未成年人、道德模范、文明旅游、文明诚信、生态文明、文明服务（礼仪规范）、文明餐桌、节水节电节能标识、健康教育宣传栏等。

区红十字会利用学雷锋日、人体器官捐献宣传周宣传季、“5•8”世界红十字日、“6•14”世界献血者日以及“世界急救日”等重大节日，开展红十字健康知识普及、红十字会法宣传、义诊咨询、应急救护培训、人道救助等志愿服务活动30余场，传播人道精神，营造“双创”氛围。

北仓镇制作各类宣传牌匾2000余块、发放宣传材料2万余份，整改问题点位2000余个。对七小行业进行5轮规范整顿，提升改造封闭式菜市场2个。投入3100万元，提升改造盛仓、阳光卡蒂尔、仕名、天辰公寓等14个居民小区硬件，实施屋面防水、路面整修、车棚修建、楼道粉刷、停车设施、海绵城市等40余项改造工程。增强垃圾清运处置能力，启建垃圾临时存放点1处，新购置大型垃圾挤压车2部，压缩式对接垃圾车2部，垃圾转运箱10个，垃圾桶3500个，落实垃圾全天候巡收制度。

青光镇提升海吉星市场整体环境，专项治理瑞顺市场，拆除违章建筑110间。开展群租房、群住房治理，清理租住人口2000余人。提升瑞鑫家园6000余平方米绿地，清除占路经营点位1600余处、灯箱牌匾140余个、布标幔帐90余处、“僵尸非机动车”200余辆。开展农村全域清洁化工程，建成3个临时垃圾中转站，清理脏乱点位530个，清运垃圾182吨，完成9处旱厕改造，新增移动公厕2座。

大张庄镇开展志愿服务活动100余场次，加大公益广告投放力度，形成全民共创局面。开展卫生大清整大扫除大清洗行动，解决消除环境痼疾顽症，清理垃圾堆点、绿地圈占120处，清运垃圾11050吨，苫盖裸露地面6万平方米，清理各类僵尸车辆68辆，清理占道经营摊贩172处，灯箱牌匾213块，规范治理露天烧烤13处。拆除违建13处1.4万平方米，整改违法用地3300平方米，完成滨保高速桥下8400平方米空间治理。完善垃圾清运体系，投入150余万元，提升改造九园公路垃圾转运站。落实主干道垃圾卫生保洁服务外包，新建大张庄村垃圾存放点。新建农村公共厕所5座。

西堤头镇投入37万余元，配备小型钩臂车2辆，购置小垃圾转运箱39个，完成10个行政村垃圾收运系统的改造。投入149.98万元，购买保洁服务。投入资金70余万元，苫盖裸露土地25万平方米，购买并修建河道防护网1500余米。全年向双口垃圾填埋场运送车辆2634辆次。配备消防水带水枪和雾炮车1辆，解决秸秆焚烧灭火及拆迁降尘问题。全镇公共厕所数量达到123座。开展环境综合整治、占道经营整治、乱停乱放非机动车集中整治等行动，整改完善相关创文点位312处，整改率100%。组织世界人口日宣讲、义诊活动、健康知识讲座等14次，开展防范非法集资、电信诈骗、禁毒、反邪教等治安防范宣传25次，发送宣传材料4000余份。

瑞景街道投入188.9万元，在街域18条道路上设立双创宣传1900余处。以“我们的节日”为主题，指导各社区开展文化活动共计55场次。参加文明人评选活动，评出“中国好人”和“天津好人”各1名。开展“星期五志愿服务活动”50余次。聘请24名“双创”监督员，对街域和社区市容环境管理等问题进行监督。投资190余万元，对5个保障房社区楼道全部进行粉刷。

大事记

北辰年鉴
2019

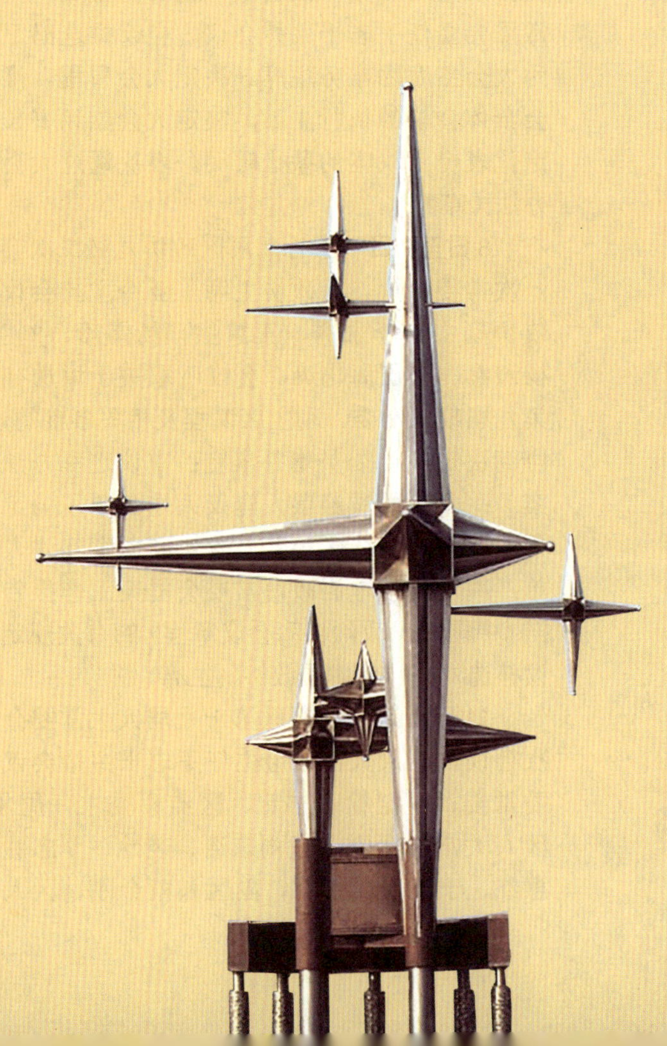

2018年大事记

1月

6日 召开北辰区第十一届委员会第六次全体会议暨全区经济工作会议，会议由区委常委会主持。会议听取并讨论区委常委会2017年工作报告和党建工作报告，审议通过《中共天津市北辰区委2018年工作要点》。区委书记冯卫华代表区委常委会作讲话。区委副书记、区长吕毅传达市委十一届三次全会暨全市经济工作会议精神。

8日 举行北辰区第十七届人民代表大会第三次会议主席团第一次会议。主席团主席、区人大常委会主任王志平主持会议。会议推选冯卫华等为大会主席团常务主席。决定大会日程。推选大会全体会议的执行主席。决定大会副秘书长。决定代表提出议案的截止时间。表决通过大会选举办法（草案）。

8日至9日 举行北辰区政协九届二次会议第一次常委会议。区政协主席王亚令主持会议，区政协副主席李书秀、王慧生、杨国珍、刘兰凤、杨淑鑫、马国海出席。会议听取关于增加补选区第九届政协常委、副主席议程及相关事宜的说明；协商决定政协委员增补事宜；审议选举办法（草案）；表决通过监票人建议人选名单，确定总监票人；审议补选区第九届政协副主席建议人选名单；决定调整本届政协常委会提案工作报告。根据《中国人民政治协商会议章程》的有关规定，会议补选刘晓琴为本届政协副主席。

11日 召开北辰区第十七届人大常委会第十次会议。区人大常委会主任王志平主持会议，区委常委、区纪检委书记、区监察委主任周承光，区人大常委会副主任刘宗浩、裘地、李志胜、祁惠红、于静出席会议，副区长刘金刚、区人民法院院长张长山、区人民检察院检察长李卫东列席会议。根据党中央确定的《关于在全国各地推开国家监察体制改革试点方案》，会议选举任命郑丽莉、李文彩、孙华红为区监察委员会副主任，牛鹏翔、孟祥华、徐国胜、任学霞、王勇为区监察委员会委员，王志平为其颁发任命书，新当选的区监察委员会副主任和委员进行宪法宣誓，并做供职发言。会议选举任命王京梅为区人民法院副院长。会议书面审议区检察院《关于控告申诉检察工作情况的报告的审议意见落实情况的报告》。会议还通过其他人事任免事项。

是日 天津市北辰区监察委员会正式挂牌，标志着区监察体制改革取得阶段性重要成果。新成立的区监察委员会领导班子由9人组成，与区纪委合署办公，实现对所有行使公权力的公职人员的全面监察。

是月 召开中央环保督察反馈问题整改工作推动会，副区长胡学春出席。会议要求，各镇街开发区和有关单位要切实增强责任感、紧迫感，明确整改时间表、路线图和责任人，加快推进整改治理工作进度。要全面落实属地管理责任、部门监管责任、企业主体责任和领导干部责任，持续用力、标本兼治，全力推动反馈问题整改和环境污染治理取得成效。要不断改善生态环境质量，全面提升全区生态文明建设和环境保护水平，加快建设天蓝、气净、水清、地绿的生态宜居北部新区，确保打赢污染防治攻坚战。

是月 北辰区教育局与西藏昌都市丁青县教育局签订对口帮扶协议，在校际间建立“手拉手姊妹校”，并将在学校管理、教学改革、课堂教学等领域开展交流合作。仪式结束后，西藏昌都丁青县教育局负责人和与会的15所学校校长，参观区普育学校，学生们表演京韵大鼓、剪纸艺术、手工陶瓷、脸谱画和杨柳青年画等，并向其赠送亲手制作的工艺品。

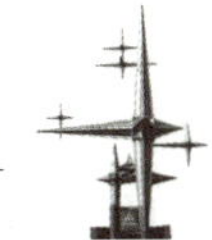

2 月

11日 全市中小企业工作会议在北辰区召开。会议深入学习贯彻党的十九大精神和习近平新时代中国特色社会主义思想，落实市委十一届二次、三次全会和全市企业家工作会议决策部署，总结2017年工作，部署2018年重点任务。副市长康义出席并讲话。市中小企业局党组书记、局长薛辉作总结部署。副区长胡学春出席。会后，副市长康义率相关负责人赴长荣健豪云印刷科技有限公司调研，了解企业生产经营情况。

24日 召开2018年落实全面从严治党主体责任暨组织宣传统战工作会议，压紧压实管党治党政治责任，安排部署2018年组织、宣传、统战工作，推动全区党的建设各项工作再上新台阶。区委书记冯卫华出席会议并讲话，区委副书记、区长吕毅主持会议，区政协主席王亚令，区委副书记、区委办公室主任陈健，区领导陈永义、毛汉发、周承光、刘钊、王亚群出席。

3 月

7日 北辰区召开2018年人大代表建议、政协委员提案暨20项民心工程交办会，区委副书记、区长吕毅，区领导裘地、胡学春、刘晓琴出席。会议就区十七届人大三次会议和区政协九届二次会议期间，收到的人大代表建议和政协委员提案进行交办，对2018年北辰区20项民心工程具体任务进行安排部署。

12日 区委书记冯卫华会见来北辰区考察的全球CEO俱乐部主席李京平一行。区委副书记、区长吕毅参加。冯卫华对李京平一行到北辰考察表示欢迎，并简要介绍北辰区基本情况。

13日 市委组织部副部长、市“两新”组织工委书记陆为民率调研组来区，就外商投资企业、律师事务所、社会办医院党建工作进行调研，区委书记冯卫华，区委常委、区委组织部部长刘钊陪同。调研组一行先后来到泰伦特生物工程股份有限公司、弗兰德传动系统有限公司、五君律师事务所和北门医院进行调研，全面了解“两新”组织学习宣传贯彻党的十九大精神情况，并仔细询问党支部组织生活、党员发展和教育管理等方面情况。

是日 北辰区残疾人联合会第七次代表大会召开。市残联副理事长李津海，区委常委、区委宣传部部长王亚群，副区长马希荣出席。大会选举产生区残联第七届主席团委员、主席、副主席等，审议通过区残联工作报告。大会强调，新当选的委员们要全面贯彻落实党的十九大精神，以习近平新时代中国特色社会主义思想为指导，以构建各方面广泛参与的残疾人事业发展新格局为主线，以满足残疾人最关心、最直接、最现实的利益需求为主攻方向，坚持政府主导、托底保障，市场供给、多元服务，社会帮扶、残健融合，统筹协调、均衡发展，使广大残疾人更加普遍充分地享有改革发展成果，努力开创全区残疾人事业发展新局面。

15日 中信康恒环境股份有限公司董事长兼CEO龙吉生一行到北辰区考察，双方就进一步深化合作进行交流。区委副书记、区长吕毅，副区长胡学春参加。

29日 区委书记冯卫华会见来北辰区考察的远洋集团总裁李明一行。区委副书记、区委办公室主任陈健，区领导王慧生参加。冯卫华对李明一行到北辰考察表示欢迎，他说，在北辰区委、区政府和远洋集团的共同努力下，2017年宜兴埠旧村改造项目实现突破性进展，拆迁、建设、还迁等各项工作稳步推进，成果喜人。2018年，区委、区政府继续下大力量推动宜兴埠旧村改造项目，选调骨干力量加大拆迁建设力度，开通绿色通道加速项目手续办理，确保宜兴埠旧村改造这项民心工程早日完成。

4 月

1日 市委常委、市委组织部部长喻云林来区检查指导村级组织换届选举准备工作。区委书记冯卫华，区委副书记、区委办公室主任陈健，区领导毛汉发、刘钊等陪同。

14日　新华社大型主题采访组来北辰区，就“美好生活新变化”主题进行调研采访。区委常委、区委宣传部部长王亚群，副区长胡学春陪同采访。区环保局、青光镇主要负责人就目前全区环境治理情况、成效及当前面临的问题和解决方案作全面介绍。

17日至21日　北辰区委书记冯卫华带领北辰区党政代表团赴深圳、武汉等地招商引资、推介考察项目。副区长胡学春，区政协副主席杨淑鑫参加。在深圳，代表团一行首先来到中兴通讯股份有限公司，考察企业生产车间和产品展示厅，详细了解企业生产运行情况和与北辰合作项目的进展情况。

21日至24日　北辰区对口支援单位——西藏自治区昌都市丁青县党政代表团来北辰区考察，区委书记冯卫华会见丁青县县委副书记、县长罗广前，双方就进一步深化对口支援工作进行交流。在北辰考察期间，丁青县协雄乡与小淀镇签订“携手奔小康”结对帮扶协议，丁青县党政代表团实地考察天士力控股集团有限公司、北辰区妇女儿童保健中心、北辰医院、华辰学校、长荣健豪云印刷科技有限公司、天津光明梦得乳品有限公司、双街农业示范园，北辰区副委书记、区委办公室主任陈健，区领导陈永义、马希荣、胡学春等参加座谈会或陪同考察。

28日　副市长李树起带领市相关部门负责人来北辰区调研都市现代农业发展情况，北辰区委书记冯卫华，区委副书记、区委办公室主任陈建，副区长刘金刚陪同。李树起一行先后来到双街村古街和双街现代农业示范园，对双街镇大力发展都市型现代农业示范区的做法和取得的成绩给予高度评价，希望北辰区大力推广双街镇的先进经验，力争在全区范围内再打造一批新的农业亮点项目，助推农业转型升级，实现农业增效、农民增收。

5月

9日　吴振等市级老干部来北辰区参观考察，区委书记冯卫华，区委副书记、区委办公室主任陈健，区委常委、区委组织部部长刘钊陪同。老干部一行实地参观考察天发重型水电设备制造有限公司、北辰郊野公园和东赵庄村都市渔业产业园，并听取北辰区经济社会发展情况的汇报。

18日　北辰区第十七届人大常委会召开第十三次会议。区人大常委会主任王志平主持，区人大常委会副主任刘宗浩、李志胜出席会议，副区长张健，区人民法院院长张长山、区人民检察院检察长李卫东列席会议。会议决定任命王宝雨为北辰区人民政府副区长，并表决通过关于王宝雨为北辰区人民政府代理区长的决定和其他人事任免决定。王志平向王宝雨和14名新任职人员颁发任命书，王宝雨和其他新任职人员进行宪法宣誓。会议还审议《关于提请审议〈天津市北辰区人民代表大会常务委员会人事任免办法〉修正案（草案）的议案》、审议《关于提请审议张树强请求辞去北辰区第十七届人大常委会委员职务的议案》、审议《关于提请审议吕毅请求辞去北辰区人民政府区长职务的议案》、审议《关于提请审议〈北辰区人大常委会关于召开天津市北辰区第十七届人民代表大会第四次会议的决定（草案）〉的议案》。

19日　北辰区召开全区领导干部会，旨在深入学习贯彻习近平新时代中国特色社会主义思想和党的十九大精神，按照全市深入贯彻落实习近平总书记“三个着力”重要要求推进大会精神，总结成绩，分析形势，找差距、补短板，动员全区广大党员干部群众，聚焦“三个着力”，践行“三个着力”，落实“三个着力”，全力做好改革发展稳定、保障和改善民生和全面从严治党各项工作，在奋力推进习近平新时代中国特色社会主义思想在津沽大地扎实实践中展现北辰作为、作出北辰贡献。区委副书记、区政府党组书记、副区长、代理区长王宝雨，区人大常委会主任王志平，区政协主席王亚令，区委副书记、区委办公室主任陈健等区领导出席会议。

31日　韩国仁川保健环境研究院代表团来北辰区参观交流，副区长马希荣陪同。马希荣对韩国代表团来北辰区参观交流表示欢迎，希望双方在公共卫生领域进一步加强沟通交流，建立深入和广泛的合作机制，发挥各自优势和特色，促进两地公共卫生事业健康发展。代表团表示将学习北辰经验，加强两地间的联系，开展更加广泛深入的合作。代表团先后到北辰医院、北辰区疾控

中心参观，了解北辰区公共卫生发展情况。

6月

1日 市建委党委书记、主任宋力威一行来北辰区，就加快推进北辰区在建市重点工程相关事项召开座谈会。区委副书记、区长王宝雨出席。宋力威对北辰区在支持市重点工程建设方面做出的努力给予充分肯定。希望北辰区再接再厉，加大工作力度，助推市重点工程建设提速。

5日 甘肃省正宁县代表团一行来北辰区对接考察扶贫协作工作，区委书记冯卫华，副区长刘金刚参加。代表团一行实地考察区商务委楼宇经济发展中心、天士力大健康展览体验馆、双街现代农业示范园，详细了解北辰区经济社会发展情况，双方就下一步对口帮扶工作进行深度对接。

14日 市水务局党委书记孙宝华带领有关处室负责人来北辰区开展调研服务并召开座谈会。区委书记冯卫华，区委副书记、区委办公室主任陈健，区领导毛汉发、胡学春参加。座谈会上，调研组一行听取北辰区水务工作情况汇报，双方就河道治理、管网提升改造、污水排放等问题进行深入交流讨论，现场协调解决相关问题。孙宝华就进一步做好水污染防治等重点任务提出意见建议。

14日 区委书记冯卫华会见来区调研援藏工作的市政府合作交流办二级巡视员张莉一行，区委副书记、区委办公室主任陈健参加。冯卫华表示，北辰区将不断完善援藏工作机制，抓好基础设施建设、项目支持、人才培养等重点任务，进一步提高援藏工作水平。

28日 汾阳市委副书记、市长吴晓东率领市政府考察团一行到北辰区考察，北辰区委副书记、区长王宝雨陪同。王宝雨对汾阳市政府考察团一行到北辰区考察表示欢迎。吴晓东表示，将学习借鉴北辰区好的做法和经验，推进两区深入合作，实现共同发展。考察团一行实地考察天津长荣健豪云印刷有限公司和天津光明梦得乳品公司，详细了解项目的建设和运行情况，并听取北辰区经济社会发展情况的汇报。

是日 天津市首个知识产权质押融资项目--“辰智贷”在北辰区金融创新大厦举行签约仪式。天津市知识产权局局长齐成喜，北辰区委副书记、区长王宝雨，副区长胡学春出席。签约仪式上，中环电炉、恒丰达、森罗、拓甫、嘉斯特等企业与中国工商银行、中国光大银行签订知识产权质押融资协议，融资金额2000余万元，为《北辰区促进企业信用贷款及知识产权质押贷款实施办法（试行）》出台以来签订的首批协议。

7月

1日至3日 北辰区委副书记、区长王宝雨带队赴浙江省玉环市和临海市参观考察工业园区和部分企业，北辰副区长胡学春参加。王宝雨一行先后来到玉环市小微企业园、密杏环东工业点提升改造现场，考察学习园区建设经验，并走访调研玉环市普天单向器有限公司、临海市伟星新材集团总部，详细了解企业在北辰新建项目及增资扩能等情况，并就相关事宜开展交流。

4日 北辰区召开国税地税征管体制改革座谈会，国家税务总局天津市税务局第二督导组副组长郭春涛、北辰副区长胡学春出席。会议指出，中央办公厅印发的《国家地税国税征管体制改革方案》提出，要按照“先立后破、不立不破”的原则，采取“先挂牌再落实定职能、定机构、定编制，先合并国税地税机构再接收社会保险费等非税收入征管职责”的步骤，逐项重点工作、逐个时间节点抓好落实，确保2018年底前完成全部改革任务。会议要求，北辰区各相关单位，要抓好社保费非税收入征管职责划转，加大对新税务机构支持力度，全力构建优化高效统一的税收征管体系。要坚持改革与工作两不误两促进，营造积极支持参与改革的良好环境。会上，各相关单位做了表态发言。

是日 天津市卫计委副主任王浩一行来北辰区督导国家卫生区创建工作，北辰副区长马希荣陪同。王浩一行先后视察新华里社区居委会、李先生牛肉面、一东美发店和双发菜市场，对食品安全、传染病防治、市容环境管理、农副产品市场、病媒生物防治等工作进行了解。

5日 国家税务总局天津市北辰区税务局挂牌

成立，标志着原天津市北辰区国家税务局、原天津市北辰区地方税务局正式合并。北辰副区长胡学春出席挂牌仪式。

11日　北辰区全面启动引滦水源红线保护区内占压建筑物治理行动，北辰副区长胡学春到现场指导工作。

18日　天津市人民检察院党组书记、检察长宫鸣一行来北辰区调研，北辰区委书记冯卫华，区委副书记、区委办公室主任陈健，区委常委、区委政法委书记张玉蕾，区人民检察院检察长李卫东陪同调研。宫鸣一行参观北辰区人民检察院文化浮雕、法治文化展、院史展和“辰检心驿”未成年心理咨询室暨一站式取证工作室等，并召开座谈会听取北辰区人民检察院2018年工作情况汇报。

19日　天津市委检查组就北辰区贯彻落实中央和天津市委关于统一战线工作决策部署情况进行调研，北辰区委书记冯卫华，区领导陈永义、杨国珍陪同。冯卫华对天津市委检查组一行来北辰调研表示欢迎，检查组一行对北辰区在贯彻落实中央和天津市委关于统一战线工作决策部署方面的做法和取得的成效给予高度评价，并就今后工作提出要求。会上，北辰区委常委、区委统战部部长陈永义汇报北辰区统战具体工作，北辰区相关单位和部门进行交流发言。

20日　天津市换届办督导组来北辰区督导调研村级组织换届选举工作。督导组首先传达天津市委书记李鸿忠关于村级组织换届选举工作批示精神和天津市委常委、组织部部长喻云林讲话要求，随后听取北辰区换届办综合协调组、正风肃纪组、综治维稳组和信访接待组工作汇报，查阅资料档案，并就线索来源、案件查办、部门联审等方面工作进行指导交流。

8月

21日　北辰区召开教育系统2018-2019学年工作会议，区委副书记、区委办公室主任陈健，副区长马希荣出席。会上公布各单位千分考核和文明校园评选情况，并对获奖单位进行表彰。

28日　天津市工业和信息化委员会联合区工信委在北辰区举办智能制造与工业互联网发展专题培训暨智能制造专项政策宣讲贯彻会议，各镇及北辰经济技术开发区内重点工业企业参加。会议邀请市、区工信委有关负责人及相关咨询服务机构工作人员，围绕“两化”融合、智能制造和工业互联网相关政策、实施路径、行业应用等方面内容进行讲解、案例分析和现场答疑，帮助与会企业深刻认识发展工业互联网的必要性和紧迫性，理解掌握工业互联网的本质，提升“互联网＋”思维推动制造转型发展的能力。

9月

4日　天津市教育系统学生近视眼防控工作现场会在北辰区召开，会议深入贯彻落实习近平总书记关于学生近视重要批示指示精神，就全市教育系统实施中小学生近视眼防控“六大工程”作出安排部署。副市长曹小红，区委副书记、区长王宝雨，副区长马希荣出席。会上，北辰区教育局就中小学生近视眼防控工作主要做法进行介绍。

20日　北辰区举办离退休干部第33届趣味运动会，360多名老同志参加12个项目的比赛，展示北辰区离退休干部积极向上、大力支持全区各项工作开展的精神风貌。区委常委、区委组织部部长刘钊出席活动并致词，代表区级领导班子向老同志们表示亲切的问候。

28日　公安北辰分局组织民警、辅警到天津市烈士陵园举行公祭活动，北辰区副区长、公安北辰分局局长张健出席活动。在庄严的烈士英烈墙前，公安北辰分局的民警和辅警肃立默哀，向英烈敬献花篮，深切缅怀公安烈士。大家举起右手，重温入警誓词，用崇敬的心情瞻仰烈士浮雕，感受他们为人民群众平安幸福做出的积极贡献。

29日　第三届全国建筑机器人论坛在北辰区举行，北辰区副区长赵久占出席论坛并讲话。本次论坛以“创新驱动，智造未来”为主题，由中国自动化学会建筑机器人专业委员会主办，河北工业大学承办，吸引来自全国各大高校、科研院所和企事业单位的相关领域专家学者前来交流探讨，旨在促进建筑机器人及建筑智能化技术发展。

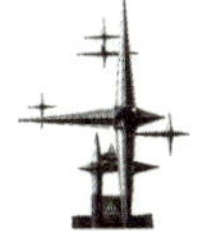

10月

9日 北辰区副区长赵久占带领区审批局、区规划局、区建委等相关部门负责人在行政许可服务中心窗口现场开展“大力提高审批服务效率服务大众创业万众创新”现场接待日活动，了解企业诉求，现场帮助企业解决实际困难，推进审批服务便民化，打造一流营商发展审批服务环境。共接待来访企业相关人员54人次，解答企业设立、项目立项、环评办理、税收政策、消防验收等问题65个，后续跟进处理诉求8个。

14日 由团市委、市体育局、市青联主办，天津市青年宫、青少年体协、团区委、北辰区文广局、北辰区津彩青少年素质教育服务中心承办的2018年天津青年体育嘉年华暨第七届天津青年体育节、第三届北辰区文化旅游体育节在北辰区津彩青少年素质教育服务中心开幕，团市委书记王峰、市体育局党委副书记王洪，区委副书记、区委办公室主任陈健，区委常委、区委宣传部部长王亚群，副区长马希荣，市青联秘书长王健等出席开幕式。在开幕式上，来自天津市各高校和全区各镇街的民间文体组织现场表演街舞、篮球操、跆拳道和花键互动等节目，展现青少年积极向上的精神风貌和体育运动带给大家的无穷魅力。在本届体育节上，趣味足球赛、赛龙舟、皮划艇、真人cs、环岛定向寻宝等5个项目的比赛同时开赛，共有来自42支代表队的742名运动员参加赛事角逐。

11月

7日 北辰区召开新一轮结对帮扶困难村工作推动会，区委副书记、区委办公室主任陈健，区委常委、区委组织部部长刘钊出席会议。会议要求，北辰区各相关单位要认真贯彻全面从严治党要求，提高思想认识，密切联系实际，有效解决在帮扶工作中存在的突出问题，勇于担当负责、细化工作措施、坚持精准发力，确保取得实实在在的成效。要紧紧围绕新一轮困难村帮扶工作“六项任务”、“十项行动”的具体目标，突出重点任务，全力抓好落实，在加快产业项目建设、增加村集体和农民收入、基础设施建设、完善基层治理机制、强化兜底保障上下功夫。要强化组织协调、落实工作责任、加强督查考核、严格干部管理、强化宣传引导，为开展帮扶工作营造良好的氛围。会上，各相关单位分别汇报结对帮扶困难村工作的进展情况及下一步工作目标。

13日 北辰区召开集中整治形式主义官僚主义部署推动会。北辰区委副书记、区委办公室主任陈健，区委常委、区纪检委书记、区监察委员会主任周承光，区委常委、区委组织部部长刘钊，区委常委、区委宣传部部长王亚群出席会议。会议传达天津市委集中整治形式主义、官僚主义部署推动会会议精神。北辰区纪委监委机关、区委组织部、区委宣传部、区委督查办有关负责人结合各自职责任务，对开展集中整治做具体安排，佳荣里街道、区发改委主要负责人做表态发言。

是日 北辰区委书记冯卫华会见来北辰区调研的国家统计局天津调查总队党组书记、总队长王萍萍一行。冯卫华代表区委、区政府感谢天津调查总队对北辰区经济社会发展的大力支持。王萍萍表示，天津调查总队担负着很多涉及到党政发展和国计民生的专项调查，在完成上级交办各项任务的同时，将不断加强与地方的沟通协作，为北辰发展献计出力。

15日 北辰区召开十一届区委第八轮巡察工作动员部署会。区委常委、区纪检委书记、区监察委员会主任、区委巡察工作领导小组组长周承光对本轮巡察工作进行动员讲话，区委常委、区委组织部部长、区委巡察工作领导小组副组长刘钊宣布巡察组授权任职决定及巡察任务分工，会上传达习近平总书记在中央政治局常委会会议听取十九届中央第一轮巡视情况汇报后的重要讲话精神和中纪委书记、中央巡视工作领导小组组长赵乐际在十九届中央第二轮巡视工作动员部署会上的讲话精神。

22日 北辰区第十七届人大常委会召开第二十次会议。北辰区人大常委会主任王志平主持会议，区人大常委会副主任刘宗浩、李志胜、祁惠红出席会议。副区长马希荣，区人民法院院长张长山、区人民检察院检察长李卫东，区监察委有关负责人和部分镇街负责人大工作的干部列席会议。会议选举庞镭为北辰区人民政府副区长，尹国华为北辰区监察委员会委员、副主任。王志平分别向二人颁发任命书，并举行宪法宣誓仪式。

是月 北辰区庆祝改革开放40周年交响音乐会在区工人俱乐部举行。此次音乐会邀请天津歌舞剧院歌剧团交响乐团进行演奏，天津歌舞剧院副院长、国家一级指挥、著名指挥家董俊杰担任指挥，北辰区委常委、区委宣传部部长王亚群，副区长马希荣，区政协副主席杨国珍、马国海出席音乐会。

12月

3日 北辰区政府举行宪法宣誓仪式，激励教育政府工作人员忠于宪法、遵守宪法、维护宪法，依法履职尽责。北辰区委副书记、区长王宝雨监誓，35名由北辰区政府任命的国家工作人员依法进行宪法宣誓。

8日 中国共产党天津市北辰区第十一届委员会第七次全体会议召开。会议以习近平新时代中国特色社会主义思想为指导，深入贯彻落实党的十九大和十九届二中、三中全会精神，全面落实中央关于深化党和国家机构改革各项部署及市委十一届四次全会部署要求，审议通过《天津市北辰区机构改革方案（送审稿）》，同意上报市委审批；审议通过全会决议。会议由区委常委会主持。区委书记冯卫华代表区委常委会就做好北辰区机构改革工作讲话，并对《天津市北辰区机构改革方案（送审稿）》作说明。区委副书记、区长王宝雨，区人大常委会主任王志平，区政协主席王亚令，区委副书记、区委办公室主任陈健出席会议。

13日 北辰区召开科协第五次代表大会。会议审议通过天津市北辰区科学技术协会第四届委员会工作报告，选举产生第五届委员会。天津市科协党组成员、副主席卢双盈，北辰区委副书记、区委办公室主任陈健出席会议并讲话。北辰区副区长赵久占、市科协二级调研员刘传科出席会议。陈健希望科协组织要认真履行职能，不断开创各项工作新局面。广大科技工作者要无私奉献，为加快推进北辰科技进步与创新作出新贡献。各相关单位切实加强和改善党的领导，为科协组织充分发挥作用创造必要的条件。大会选举产生北辰区科协新一届领导机构。

26日 北辰区举行集中签约仪式，4个新项目落户北辰区。天津市副市长姚来英，北辰区委书记冯卫华，区委副书记、区长王宝雨，区委副书记、区委办公室主任陈健，区领导庞镭、胡学春会见企业代表并出席签约仪式。此次集中签约的4个项目分别是富士康智能建造／百年住宅＋机器人科技产业园、绿地天津全球贸易港、北辰东道道路综合管廊及附属工程和双口示范小城镇项目，总投资332亿元。

北辰概览

北辰年鉴
2019

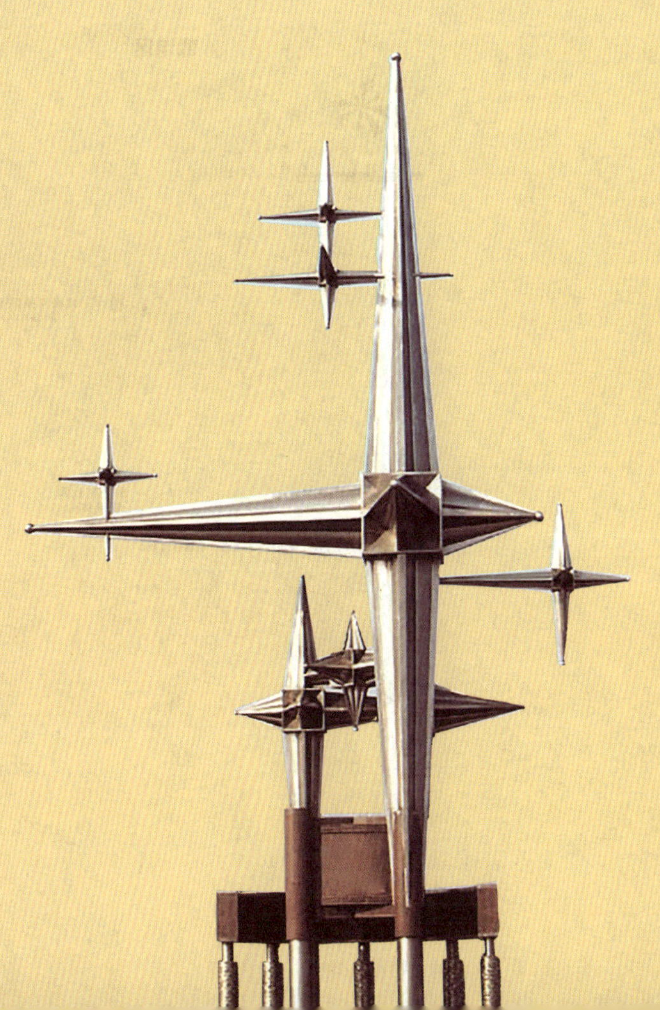

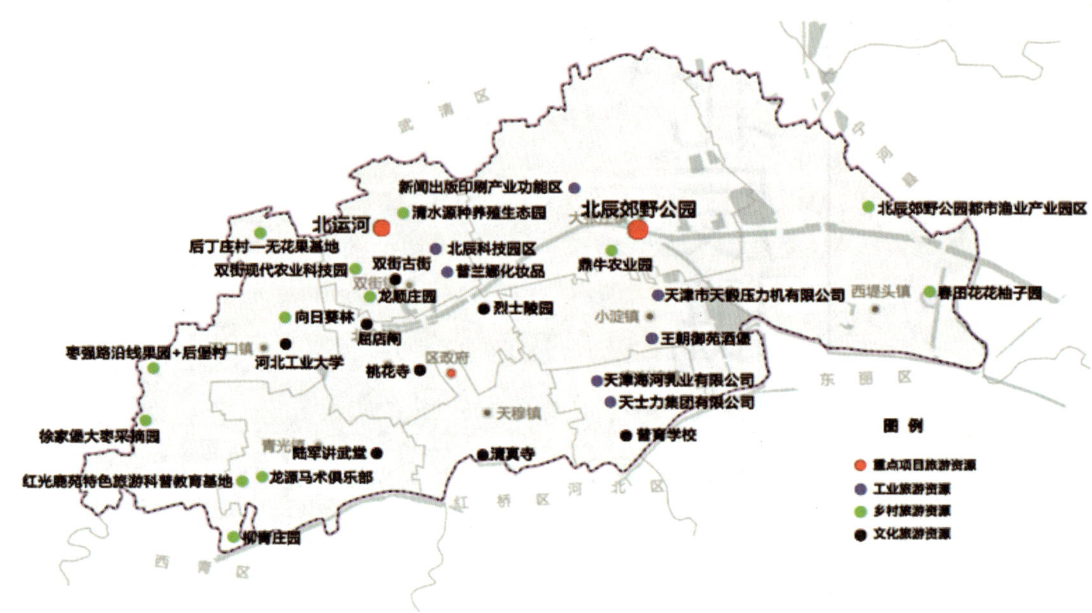

主要旅游资源分布

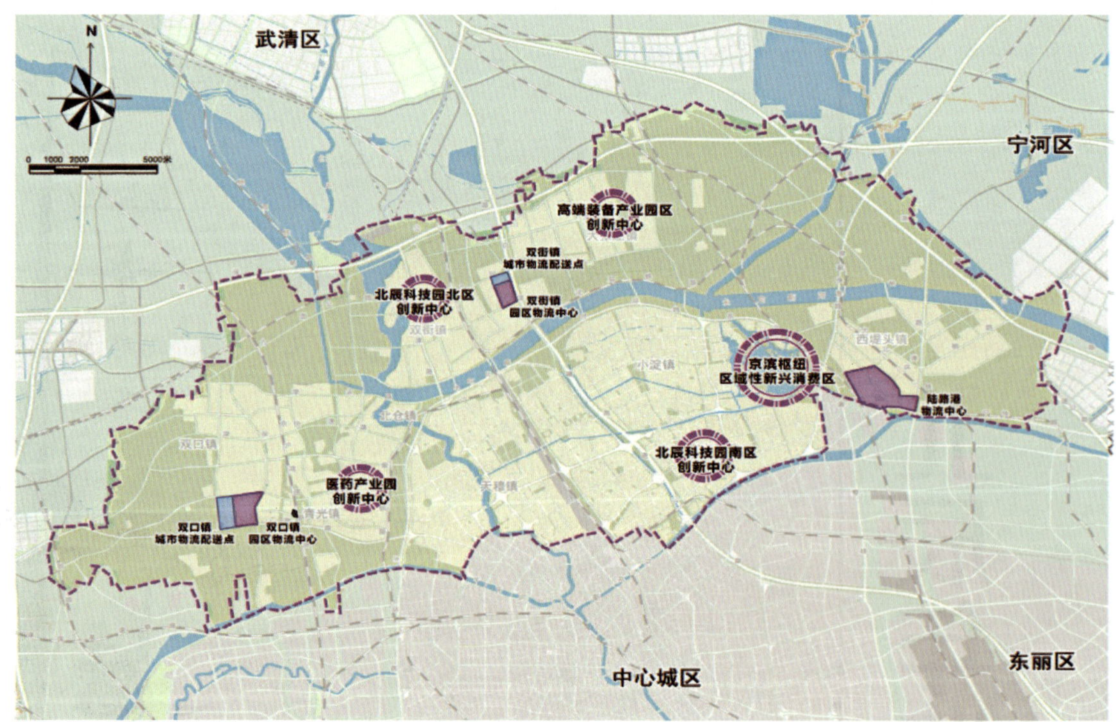

北辰生产性服务业布局

概　况

北辰区——天津北部的一颗新星。地处市中心区北部，京津黄金走廊和京津塘高科技产业带的重要节点，是天津城市北移的承载区，也是资金、资本项目涌入天津滨海新区的重要承载地，已经成为滨海新区的产业支撑区和经济发展区，同时是连接京津、辐射华北、通达全国的重要交通枢纽。全区总面积478.48平方千米，常住人口86.5万人。

建置　区划

【位置】 北辰区位于天津市城北，北运河畔。东与宁河县相邻，东南隔金钟河、新开河与东丽区相望，南与河北区、红桥区相连，西南隔子牙河与西青区相界，西、北与武清区接壤。地理坐标为北纬39°10′～39°21′，东经116°56′～117°24′。

区政府驻北辰道389号。

【建制沿革】 1953年5月始建津北郊区，1955年6月称北郊区。1958年8月，组建幸福（北仓）、兴淀两大人民公社，幸福公社划归红桥区，兴淀公社划归河北区。1962年2月恢复北郊区建制。1992年3月改称北辰区。

【行政区划】 2001年9月（含9月）前，北辰区辖12镇（天穆、北仓、双街、双口、上河头、青光、宜兴埠、小淀、大张庄、南王平、西堤头、霍庄子）和2街（果园新村、集贤里）。是年10月，根据市民政局《关于同意调整建制镇行政区划的批复》，撤销上河头镇，并入双口镇，撤并后名称为双口镇；撤销南王平镇，并入大张庄镇，撤并后称为大张庄镇；撤销霍庄子镇，并入西堤头镇，撤并后称为西堤头镇，北辰区辖9个镇、2个街。2003年5月，成立普东街。2005年9月，增设佳荣里街，2007年7月更名为瑞景街。2012年6月，瑞景街一划二，增设佳荣里街。2014年10月，增设青源、广源街。

2018年末，北辰区辖9个镇、7个街，126个行政村，125个社区居委会。

2018年末北辰区行政区划情况表

表1　　　　单位：个

镇街名称	村名	数量	社区居委会	数量
天穆镇	阎街、马庄、王庄、南仓、吴嘴、郭辛庄、天穆、柳滩、勤俭村、霍嘴、白庙、东于庄、张兴庄、刘房子、西于庄	15	欢颜里、方舟、普天东里、桃香园、顺义南里、光明道、大通绿岛、佳宁里、柳滩、蓝岸森林、金门里、辽河园、瑞宁嘉园、外园、北寺、天穆东苑、天辰新苑、金苑公寓、辰发花园、悦林名邸	20
北仓镇	屈店、桃口、王秦庄、董新房、桃花寺、刘园、李嘴、周庄、阎庄、丁赵庄、赵虎庄、北仓、三义村	13	引河里第一、引河里第二、天阳、金凤里、长瀛御龙湾、盛仓、阳光卡蒂尔、讷河里、富锦华庭、泽天下	10
双街镇	小街、汉沟、庞嘴、胡园、郎园、上蒲口、张湾、杨堤、柴楼、双街、下蒲口、沙庄、下辛庄、西赵庄、常庄	15	双街新家园、万源星城、柴楼新庄园、小街新苑、上河花园、半湾半岛	5

续表

单位：个

镇街名称	村名	数量	社区居委会	数量
双口镇	双口一村、双口二村、双口三村、安光、后常家堡、前丁庄、后丁庄、平安庄、上河头、中河头、下河头、东堤、杨家河、岔房子、线河一村、线河二村、双河、徐家堡、郝家堡、前常家堡、赵家圈	21	—	—
青光镇	青光、铁锅店、李家房子、刘家码头、韩家墅、杨家嘴	6	红光农场、顺通	2
宜兴埠镇	第一街、第二街、第三街、第四街、第五街、第六街、第七街、第八街、第九街、第十街	10	东马道、宫西街、红旗路、民贤里、南菜园、秋晨家园、翠金园、宜赵路、欧铂城	9
小淀镇	赵庄、刘安庄、小贺庄、小淀、温家房子	5	秀河园、嘉阳花园	2
大张庄镇	小韩庄、刘马庄、刘招庄、仁和营、高庄子、二阎庄、董连庄、吕庄、芦庄、南王平、喜逢台、下殷庄、北孙庄、大杨庄、大张庄、大诸庄、大吕庄、大兴庄、小诸庄、张四庄、张五庄、小马庄、小田庄、北何庄、李辛庄、北麻疙瘩、南麻疙瘩、朱唐庄、张献庄、小杨庄、小孟庄	31	—	—
西堤头镇	东堤头、西堤头、刘快庄、芦新河、霍庄子、姚庄子、东赵庄、季庄子、辛侯庄、韩盛庄	10	—	—
果园新村街	—	—	旭日里、朝阳里、新华里、双发温泉花园、东升里、都旺新城、霞光里、果园里、丹凤里、辰庆家园、辰兴家园、辰悦家园	12
集贤里街	—	—	集贤里、虎林里、泰来东里、拜泉里、安达里、红云新里、泰来西里、北医道、发电楼、瀛台里	10
普东街	—	—	万科花园新城、田园小区、普康里、都市桃源、万达新城、普兴里、国宜北里、金宜里、国宜里、宝利新苑、富宜里、强宜里、今日家园、普东新苑、秋怡家园、红荔花园、宸欣家园、宸宜花园、淮兴园、淮盛园、祥和园、民宜里、天士力花园、	23

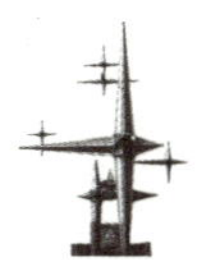

续表1 单位：个

镇街名称	村名	数量	社区居委会	数量
瑞景街	—	—	瑞盈园、奥林匹克花园、瞰景园、瑞康、宝翠花都、紫瑞园、顺驰翡翠城、瑞益园、熙景园、秋瑞家园、江南春色	11
佳荣里街	—	—	人民家园、瑞贤园、瑞秀园、佳欣里、瑞达里、燕宇、井田公寓、佳荣里、佳园新里、佳安里	10
青源街、广源街	—	—	盛康园、盛安园、荣康园、荣居园、荣馨园、荣溪园、荣雅园、荣翔园、荣翠园、盛泰园	10

自然环境与资源

【气候】 2018年度气温偏高，降水偏多，日照时数偏多，霾天气有明显减少，空气质量明显改善。年度内较为突出的气候特征是：冬季气温偏高，降水略偏多，日照偏少，大雾天数多；春季气温显著偏高，降水偏少，日照时数偏多；夏季气温偏高，降水显著偏多，日照略偏多；秋季气温略偏高，降水略偏多，日照偏多，大雾天数多。

年平均气温为13.9℃，比历年平均12.6℃偏高1.3℃。年极端最高气温39.0℃，出现在6月9日，≥35℃的高温天气出现27天，其中5月3天、6月11天、7月9天、8月4天；年极端最低气温-13.6℃，出现在1月23日。年降水量676.5毫米，比历年平均524.5毫米偏多近30%，该站一日最大降水量130.9毫米，出现在8月9日。年日照时数2550.7小时，比历年偏多217.5小时。无霜冻期（霜冻期为地面最低温度≤0℃）：2017年终霜冻日出现在2月23日，初霜冻日出现在11月15日，无霜冻日期为265天，较历年日数183天偏多82天。

【灾害天气】 2018年，北辰区内主要出现春季干旱、暴雨、高温、大雾、大风、沙尘等灾害天气。

【春季干旱】 2018年春季（3月1日至5月16日），全区降水15.7毫米，较历年同期（47.8毫米）偏少近70%。特别是3月下旬至5月中旬，降水异常偏少，3月26日至5月16日，降水量仅5.8毫米，偏少80%以上，为1958年建站以来历史同期第三少值。2018年春受降水偏少、气温偏高、日照偏多及大风天气多等因素的综合影响，土壤失墒加剧，旱情持续发展，未灌溉农田表层土壤出现3厘米～5厘米干土层，旱情持续发展。春玉米等旱地作物等墒播种，播种进度偏慢；已经出苗的棉花和露地蔬菜等秧苗因缺水出现萎蔫现象；高温大风影响水稻移栽缓苗；麦田普遍灌溉，小麦尚未出现明显旱情，但持续干旱增加小麦遭受干热风危害的风险。

【暴雨】 年内，北辰区主要遭遇3次暴雨天气过程，部分镇街24小时降水量超过50毫米，并伴随雷电和大风等强对流天气，城市交通造成影响。

6月21日夜间开始出现降水天气，并伴有雷电。截至24日07时，全区普降大雨，局部地区出现暴雨，最大降雨量93.9毫米，出现在科技园东区监测点，全区16个自动气象站≥50毫米的暴雨站点7个。平均降雨量为54.3毫米，最大小时雨强38.2毫米（科技园东区23日9～10时）。

受高空槽影响，7月6日11时，自西向东先后出现降水，到7日04时降水基本结束。该次过程全区普降大雨，局部暴雨，平均降水量为44.9毫米，最大雨量出现在岔房子，雨量为62.2毫米，最大小时雨强出现在辛侯庄，为22.3毫米／小时。16个自动气象站≥50毫米的暴雨站点5个，≥25毫米的大雨站点10个。

10月7日至10日，全区普降暴雨，个别地区大暴雨，平均降雨量89.5毫米。此次过程具有持续时间长、影响范围广等特点。出现平均风力4级、阵风6级～7级东北风。连续降雨、大风及降温天气给城市运行、交通运输及公众生活造成极大影响。

【高温】 5月至8月期间，均有35℃以上高温天气出现，总日数为27天，高温天气集中出现在6月。6月15日至19日出现持续高温，最高气温维持在37℃上下。15日全区15个区域自动站全部达38℃以上，其中小淀、辛侯庄、科技园东区的监测点更是高达40℃以上，气象局本站为38.6℃，为1958年建站以来6月中旬历史同期第四高值（1961年39.2℃，1988年39.4℃，2000年39.0℃）。

【大雾】 全年1月、2月、3月、10月、11月均有大雾出现，总数31天，月平均6.2天。秋冬季节多发的大雾天气对交通和人体健康产生严重不利影响。10月27日，因大雾频发，公路交通严重受阻，途经的多条高速公路被迫封闭。

【大风】 全年平均大风日数3天。秋、冬和冬、春季节交替时节，冷空气活动频繁，因此大风出现最多的是5月。据统计，2018年全区共出现大风天气26个站次。

【沙尘】 5月有浮尘或扬沙天气出现，但未出现沙尘暴。沙尘天气导致大气环境质量和能见度显著下降，进而给交通和人体健康带来不利影响。

【水利资源】 北辰区是护卫津城的水利屏障。解放后，先后挖竣多条河渠，修建几大水库，泄水、蓄水能力明显增强。屈店闸成为国家级水利枢纽工程，江泽民、朱镕基、温家宝等党和国家领导人先后考察。2018年，北辰区有一级河道6条（北运河、永定河、永定新河、北京排污河、子牙河、新开河—金钟河）、二级河道10条（永青渠、郎园引河、丰产河、杨村机场排水河、中泓故道、永金引河、淀南引河、外环河、卫河、郎机渠，其中外环河与卫河为市管河道）。有大兴水库、永金水库2座，总库容量1686万立方米。地下淡水可开采量为1600万立方米。

【土地资源】 北辰区地属华北平原，权属面积478.48平方千米。2018年年末，常用耕地面积18010公顷，占土地总面积的37.64%。其中水田34公顷，水浇地11347公顷。

人口与民族

【人口】 2018年末，全区常住人口86.5万人，户籍人口429390人，城镇人口154907人，乡村人口274483人。是年人口出生率6.67‰，自然增长率0.2‰。

【民族】 全区人口除汉族外，有41个少数民族。少数民族中，人口最多的为回族，17936人；人口500人以上的还有满族、蒙古族、朝鲜族3个民族；人口50人以上500人以下的有壮族、土家族、维吾尔族、苗族4个民族。

政治建设

【概况】 2017年，坚定不移推进全面从严治党，坚持思想建党和制度治党紧密结合，动员全区广大党员干部群众进一步增强“四个意识”，坚决贯彻落实党中央和市委决策部署，统一思想，团结拼搏，奋发有为，真抓实干，加快推进美丽北辰建设，以北辰之“进”为“海河号”航船破浪前行做出新贡献。

2018年，以习近平新时代中国特色社会主义思想和中共十九大精神为指导，以“三个着力”重要要求为元为纲，贯彻落实市委、市政府的决策部署，坚持稳中求进工作总基调，全面贯彻新发展理念，按照区委“创新竞进、效益优先，推动高质量发展”的总要求，干实事、抓重点，打基础、利长远，推动全区改革发展稳定迈上新台阶。

城乡建设

【城乡规划】 2018年组织编制19项规划，其中13项形成最终成果。完成并上报综合管廊、城市双修和海绵城市的规划方案及设计工作。推动东北部调整线拆迁及各项工作。

【道路交通】 北辰区交通便捷，基础设施发达。距天津新港50千米，距天津机场16千米。

至2018年年末，北辰区有省级公路5条，总长度83.832千米，区级公路5条，总长度18.447千米，乡村公路427条，总长度455.755千米。经区境建有7条铁路（京山、津蓟、津霸、南曹、京津城际、北环、京沪高铁京津联络线），设有4个铁路客货运站和全国最大的铁路编组站。3条高速公路（京津塘、津保、津蓟）、3条国道（京津、京福、津榆）、7条省道和市级公路（津霸、津永、津围、杨北、外环线、九园公路、西北半环快速路）

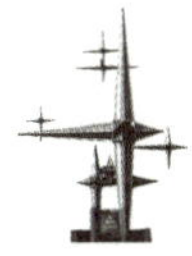

纵横交错。地铁1号线、3号线贯穿境内。2018年，新开通勤快车公交线路3条，通过“调延改增”方式，对8条公交线路进行优化。光荣道、科峰路、延吉南道等5个项目竣工通车，推进外环东北部调整线、九园公路西延东扩等市级重点工程，新建公路14.4千米，扩建改造26.1千米，路网密度达每百平方千米170千米，处于全市领先水平。全年货运量3013.4万吨，货物周转量263769.1万吨千米。客运量159.0人次，旅客周转量5050.0人千米。

【基础设施】 2018年，协助完成地铁5号线终点站和产城融合示范区9条配套道路立项。完成运河东路、津围路、宜白路、均强路、天平路辅路等10条道路7.2万平方米道路维修工作。配合完成地铁5号线北辰段线路及8站1场建设。市级文明工地12个，全市示范观摩工地4个，国家优质工程奖1项。协助推动融创御园、永旺等重大招商引资项目落地。引进推广农民工管理系统。天津公交新能源基地充电站内的新能源车辆维修保养基地、综合楼和公交站投入使用。

【市容建设】 2018年，完成京津城际地区核心区1号能源站方案设计和特许经营权招投标工作。清理刘家码头、大张庄村、青光村等全区脏乱点位。完成京津公路7.8万平方米绿化提升改造，外环线内侧17万平方米绿化提升改造。在天穆镇修建公厕2座、垃圾池3座，完成环内居民生活散煤治理8408户。

经济发展

【农业农村】 2018年，实现农业增加值6.0亿元，比上年下降6.9%，全年全体居民人均可支配收入36980元，比上年增长6.1%。实施农业综合开发项目6个，项目总投资6660万元。全区有雨农蔬菜种植专业合作社等市级社20家，天津市鼎牛农业科技发展有限公司为被认定为区级农业龙头企业。全年完成绿化造林面积278.93公顷。落实天津市福高畜牧养殖业有限公司等3家养殖场治理任务；实施农作物秸秆粉碎还田11333.33公顷。利用远程教育平台开展农业专业技术人员知识更新培训12期。完成农业实用技术培训489人次、农村实用人才带头人培训220人、新型职业农民培训40人、农民成人学历教育培训260人。落实粮食补贴面积6673.33公顷，补贴资金950.48万元。发展设施、观光、种源等现代都市型农业，加快西堤头渔业产业园、绿圣蓬源农业物联网等8个重点项目实施。

【招商引资】 2018年，多次组织召开项目评审会，邀请天津市技术市场协会科技咨询专家委员会成员对区内项目进行评审。赴浙江金华市参加十二届中国仓储业大会暨第九届中国保税物流发展论坛并召开津浙物流业座谈交流会、赴上海参加天津市举办的“津沪合作交流座谈会”、赴成都参加市政府驻成都办事处举办的经济合作恳谈会。全年引进千万元以上项目320个，协议投资总额700亿元，其中亿元以上项目80个；首都资源项目160个。

【工业及产品】 工业为区域经济支柱产业，形成装备制造、生物医药、新能源新材料、电子信息为支柱行业的产业格局。

2018年，开发千万以上项目413个，亿元项目24个。制定出台《北辰区新一轮中小企业创新转型行动计划（2017—2020年）》，完成268家企业实施创新转型。华信机械等25家企业的25个产品获批市“专精特新”产品。7家企业技术中心被认定为天津市第二十五批市级企业技术中心。

【园区开发建设】 1992年北辰区创建经济开发区，翌年创建科技园区，1995年科技园区晋升为国家高新技术产业园区，1998年北辰经济开发区与高新技术产业园区合并，改称国家·天津北辰科技园区。2013年晋升为国家级经济技术开发区。2014年整合开发区和示范园区，组建新的开发区管委会和总公司。先后被评为全国竞争力百强开发区、全国新能源产业园区百强、中国产业园区最具投资园区。

2008年北辰区规划建设风电产业园，2009年规划建设医药医疗器械工业园和陆路港物流装备产业园，3个产业园均列入天津市级示范工业园区。2014年，实施“一区四园”规划，共有经济技术开发区核心区、滨海高新区北辰科技园、高端装备产业园、医药医疗器械工业园、陆路港物流装备产业园“一区四园”五大板块。装备制造业示范基地入选工业和信息化部第五批36家“国家新型工业化产业示范基地”。高端数字装备高新技术产业化基地被评为天津市“国家高新技术产业化基

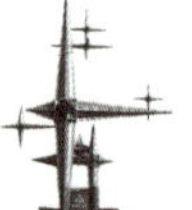

地”。以天士力集团为龙头的北辰区中药及保健品制品基地被认定为国家级“中药及保健品出口示范基地”。

2018年，加速推进国家级产城融合示范区建设。北辰经济技术开发区在商务部2017年国家级经济技术开发区综合发展水平考核评价中名列第20位。全年实现规模以上工业总产值503.73亿元，本级财政收入12亿元，固定资产投资44.69亿元，商品销售总额187.66亿元，社会消费品零售总额3.87亿元。

【商贸服务业】 北辰区拥有沃尔玛物流中心、蓝海商贸城、钢铁物流园、烟草配送中心等10余个大型物流产业和汽车销售产业带等专业市场。建有瑞景鞋城、普济河道中环花鸟鱼虫市场、刘房子花卉市场、韩家墅农副产品批发市场以及新村等菜市场、农贸市场和华润万家北辰店、乐天玛特超市、物美大卖场等大型超市、商场。形成长瀛御龙湾、双新社区等10多处社区商业中心，其中万源星城社区、双街新家园社区、双新社区为国家级示范社区商业中心。2018年，全年服务业实际直接利用外资1533万美元。

至年底，全区建有16个社区商业中心；新评3家国家钻级酒家酒店，水溪源餐饮管理有限公司、泰福成大酒店被评为国家五钻级酒家，龙山绍酒楼被评为国家四钻级酒家。北辰区钻级酒家累计20家。

【旅游观光】 20世纪80年代建有集贤公园、苍峰园、杨连弟公园。进入21世纪，运河两岸陆续修建滦水园、御河园、娱乐园、北辰公园、双街紫御园等。外环线外，建有桃花园、小淀公园、宜兴埠公园、讲武堂花园等。天士力集团、王朝葡萄酒业、海河乳业3家企业成为国家级工业旅游示范点。2016年，成立区旅游发展委员会。2018年，全年接待游客190.1万人次，减少11.2%；全区旅游收入达1.32亿元，减少3.8%。年末全区共有星级宾馆3家；旅行社10家；A级及以上景区2个。相继开展“相约快乐后堡，喜乐元宵佳节”文化旅游活动、“春游美丽后丁，共植绿色希望”后丁庄公益植树游活动、龙源马术风筝节、龙顺庄园七彩油伞艺术节、后堡村至鳟烧烤节、第五届“龙顺杯”包粽子大赛、2018天津双街古街美食文化节、都市渔业园区旅游节暨夏季环湖马拉松、助力全运天津市马术俱乐部联赛及马术草地音乐节等活动；举办“大美北辰迎全运，休闲旅游郊野行”北辰区第三届旅游文化节及旅游文化节系列活动。

【金融服务】 2018年年末，驻区31家银行，存款余额954.8亿元，贷款余额887.1亿元，存贷比92.9%。建立金融创新大厦，逐步实现“银企对接”“直融沙龙”“一站式服务”以及多功能路演培训职能，为企业提供一站式服务。至年底，引进投资机构、金融服务外包机构、会计师事务所等金融服务类机构25家，举办银企对接活动40余场，组织会议及培训活动20余场。新增启动股改企业14家，新增完成股改企业12家，新增“新三板”挂牌企业9家新增天交所和OTC挂牌企业共10家。

社会事业

【教育】 北辰区是天津市近代教育发祥地之一，拥有10余所百年老校。北辰区先后被授予“全国推进义务教育均衡发展工作先进地区”“全国家庭教育工作示范区”“全国教育信息化实验区”“国家级特殊教育‘医教结合’项目实验区”等称号。第四十七中学被北京大学认定纳入“权威的中国顶级中学名录”。“北辰教育网”获天津市唯一的“全国教育门户网站地市级五十佳”网站称号。成为首批国家级职业教育和成人教育示范区和全市唯一一个全国学前教育改革发展实验区。

2018年，北辰区有小学37所，初中10所，九年一贯制学校2所，十二年一贯制学校1所，高中5所（含2所完中校），中职学校2所，特殊教育学校1所，体育中学1所，中学实践基地、小学实践基地各1所，成人学校14所，广播电视大学1所，进修学校1所，教研室1所，教科室1所，少年宫1所，装备站1所，老年大学1所。各级各类幼儿园92所，其中国办幼儿园13所，镇街中心园14所，市级示范幼儿园2所，市一级幼儿园16所。托幼点142个。全区学生总数近69138人，幼儿园17158人，小学31387人，初中10731人，高中阶段6465人，中职学生近3397人。完成12所义务教育学校现代化达标验收，教育人才培养成效显著，7人入选天津市“未来教育家奠基工程”，40人被评为市级骨干教师。高考本科上线人数为1346人，本科上线率79.22%，高出全市本科平均上线率5%，

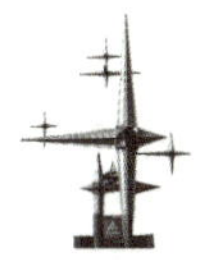

比上年提高0.62%。在天津市中小学运动会上连续12年蝉联冠军。

【科技】 北辰区实施“科教兴区”“可持续发展”等战略，科技工作不断开创新局面。北辰区多次被评为国家级科技成果推广示范区、全国百县畜牧兽医科技示范工程单位、全国科技工作先进区、全国科技进步示范区、全国县（市）科技进步考核科技进步先进县（市）、国家知识产权试点城区等。

2018年，新认定天津市科技型企业689家（位列环城四区第一），累计认定7356家；新认定科技“小巨人”企业18家，累计认定413家；国家科技型中小企业评价新入库397家。国家级高新技术企业新认定106家。4家企业产品获得天津市“撒手锏”产品认定，累计认定45项。全区申请专利8957件，其中发明专利2407件。专利授权4678件，其中发明专利授权383件。每1万人拥有有效发明专利41.27件。完成第32届北辰区科技活动周，组织参加第33届天津市青少年科技创新大赛，51项作品在大赛中获奖。

【文化】 北辰区地灵人杰，文化底蕴深厚，素有昔日皇家粮仓之美誉。曾有白马寺、碧霞宫等名胜，北运河及沿岸更留下了诸多诗文和民间传说故事。清朝几代皇帝泛舟运河南巡均经由境内，康熙皇帝留下了《点绛唇》的佳美篇章。北辰区形成“天穆杯”全国小品展演、现代民间绘画、“北仓杯”环渤海地区青年歌手大赛、广场舞蹈、群众文学创作五大文化品牌，“天穆杯”小品展演成为全国群众文化品牌。北辰区被文化部命名为现代民间绘画之乡、中国民间文化之乡。刘园村祥音法鼓会被列为国家级非物质文化遗产名录。16个非物质文化遗产项目被确认为市级非物质文化遗产项目。北辰区被市委宣传部命名为首批天津市文化产业示范园。

2018年，第三批国家公共文化服务体系示范区创建成功。先后举办“北辰杯”京津冀暨环渤海地区青年歌手大赛、第十三届“北运河之夏”和谐文化大舞台文艺展演、“文化有约 畅响北辰”2018北辰区“百姓风采秀”文艺展演等活动，组织闫街少林功夫拳、两翼猿拳、刘快庄形意拳、穆氏花毽、穆氏盛斋元酱制品制作技艺、田氏船模制作技艺、李嘴同和高跷、刘安庄同心高跷8个项目申报并入选第四批天津市级非物质文化遗产代表性项目名录，区市级非遗项目增加至25个，位居全市前列。北辰区图书馆开发的数字图书馆手机APP正式上线。

【卫生】 北辰区不断推进卫生医疗事业，先后被评为全国初级卫生保健合格区、全国乡镇计划免疫优秀达标区、全国农村中医工作先进区、全国新型农村合作医疗先进（试点）区、全国农村中医药工作先进单位、国家卫生应急综合示范县（市、区）、国家级妇幼健康优质服务示范县（市、区）、2014—2016年度全国计划生育优质服务先进单位等。全区建有区级医院2家，均为三级甲等医院。建有天穆骨科、北门医院等特色民营医院。

2018年，推进公立医院综合改革和薪酬制度改革，成为全市唯一受到国务院表彰的公立医院综合改革先进区。北辰医院获评三甲医院，北辰区是全市唯一拥有两所区属三甲医院的区。创新镇村卫生服务一体化管理模式，在全市率先实现村级医疗卫生机构医保联网刷卡全覆盖，深化医联体建设，家庭医生签约20.7万人。至年底，全区共有各类卫生机构65个；其中，医院20个，社区卫生服务中心14个，门诊部27个。村卫生医疗点58个。卫生机构床位2207张；其中，医院1992张，社区卫生服务中心215张。

【体育】 北辰区群众体育、竞技体育蓬勃发展。以穆家军、穆祥雄为代表的穆家军称雄中华泳坛数十年，举重、滑冰、摔跤、武术、体操、自行车等项参与居民不断增多，且多在国际国内赛事中获奖。北辰区多次被评为全国首批体育先进区。创建绿色健身站点32个，出台《北辰区青少年体育训练基地资金使用管理办法》《外聘教练员管理制度》《集训队安全管理条例》等管理规章制度。连续4年举办郊野公园公益骑行游活动，新建和修缮健身园330处，建成笼式足球场30个。至年底，共有室外全民健身公园、广场28个，全年举办全民健身活动160次，合计10万余人次参加。

2018年北辰区国民经济和社会发展统计公报

天津市北辰区统计局

2018年是贯彻中共十九大精神的开局之年，是改革开放40周年。全区上下以习近平新时代中国特色社会主义思想和中共十九大精神为指导，以“三个着力”重要要求为元为纲，坚持稳中求进工作总基调，全面贯彻新发展理念，干实事、抓重点，打基础、利长远，推动全区改革发展稳定迈上新台阶，保持经济社会持续健康发展，高质量发展的态势正在形成。

一、综合

地区生产总值小幅下降。初步核算，全年全区生产总值（GDP）944.9亿元，按可比价格计算，比上年下降0.4%。分三次产业看，第一产业增加值6.0亿元，下降6.9%；第二产业增加值526.2亿元，下降0.8%；第三产业增加值412.7亿元，增长0.3%。三次产业结构为0.6∶55.7∶43.7。

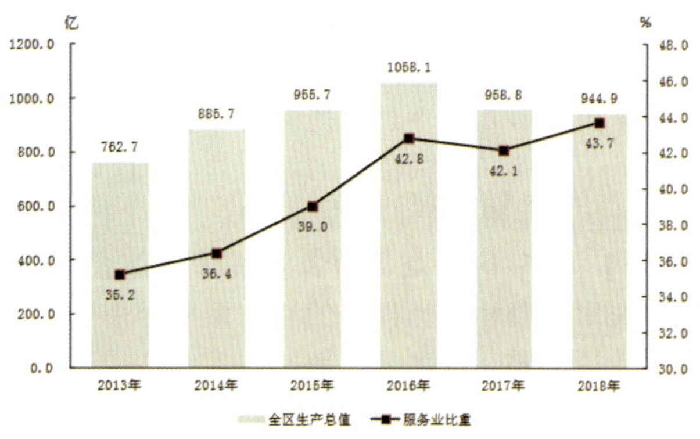

2013年至2018年全区生产总值和服务业比重示意图

财政收入结构改善。全年一般公共预算收入57.2亿元。其中，税收收入46.6亿元，占一般公共预算收入的比重为81.5%，比上年提高22个百分点。从主体税种看，增值税14.8亿元，企业所得税6.7亿元，个人所得税1.4亿元。全年一般公共预算支出80.2亿元。其中，城乡社区支出18.3亿元，教育支出15.0亿元，医疗卫生与计划生育支出8.1亿元，社会保险和就业支出7.5亿元，其他　　元。

固定资产投资快速增长。全年全社会固定资产投资比上年增长23.5%。分产业看，第一产业投资增长7.2%；第二产业投资增长34.5%，第三产业投资增长21.5%。分构成看，房地产完成投资增长28.3%，项目投资增长12.1%。

以新技术、新产品投资作为新动能转换的重要储备。2018年，朝亚大数据项目、乐金电子手机核心结构部件生产项目、耀皮汽车玻璃特种玻璃加工项目等一批符合先进制造业、新一代信息技术产业发展方向的高端项目先后开工建设。新技术、新产品投资将有效引导企业提升改造传统产业，引领北辰区工业进一步向先进制造、智能制造方向迈进。

高技术产业发挥重要引擎作用。全区大力培育工业特色产业，狠抓产业集聚、科技含量和项目建设等关键环节，在提升优势产业的同时，注重发展高端新型产业，大力培育特色支柱产业，基本形成了先进装备制造、生物医药、新能源新材料等为主体的工业体系，高技术产业迅猛发展，已成为引领工业经济创新发展的新引擎。全区高技术产业产值占规模工业的10.9%，比2017年提高0.3个百分点。

供给侧结构性改革持续推进。“去库存”步伐加快，规模以上工业产销率为101.4%，比2017年提高0.3个百分点。“去产能”稳步推进，四季度我区规模以上工业产能利用率提高到70.2%，钢材产量同比下降8.2%。“去杠杆”步伐稳健，规模以上工业资产负债率为55.7%，比2017年下降0.9个百分点。“降成本”工作扎实开展，规模以上工业企业百元营业收入成本85.4元。

民营经济保持良好发展势头。截至年末，全区民营经济市场主体62844户，增长11.8%；民营企业27296户，增长6.3%；（国地税）民营经济税收合计75.7亿元。全年民营经济增加值647.7亿元，占全区比重达到68.5%。

二、农业

城镇化的提高不断促进工业化水平，改善农

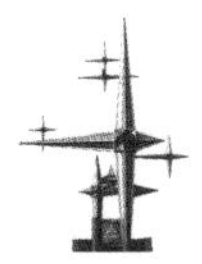

民的生产生活条件，为农业产业升级和农民致富奠定了基础。全区扎实推进乡村振兴战略，大力发展设施、观光、种源等现代都市型农业，建成南美白对虾养殖、双街蚯蚓养殖、李辛庄千亩稻田等6个农业重点项目，农业生产与精深加工、休闲体验、旅游观光等相关产业融合发展，促进了农业增效、农民增收。

三、工业和建筑业

战新产业引领工业转型升级。战略性新兴产业是引导未来社会经济发展的重要力量，2018年年报认定战略性新兴产业企业91家，战略性新兴产业工业总产值同比增长12.1%，占规模工业的25.4%。从战新产业分类来看，高端装备制造业实现产值总量最高，占全部战新企业工业总产值的40.3%。

优势产业发挥支撑作用。全年优势行业（装备制造业、生物医药产业、新能源新材料业、电子信息产业）产值占规模以上工业的77.9%，比2017年提高5.3个百分点，其中：装备制造业、生物医药产业、新能源新材料业、电子信息产业产值占规模以上工业比重分别达到50.5%、8.2%、16.7%和2.5%。

企业盈利能力稳步提高。在26个工业行业大类中，有22个行业盈利。其中，医药制造业、黑色金属冶炼和压延加工业、专用设备制造业等10个行业利润总额超亿元。规模以上工业企业资产负债率为55.7%，比2017年下降0.9个百分点，流动资产周转率为1.5次，比2017年加快0.3个点，企业资产利用效率进一步提高。

建筑业平稳发展。全年建筑业增加值59.6亿元，下降2.5%（可比价增速）。全区有总承包和专业承包资质的建筑业企业96家，建筑业总产值24.5亿元，竣工产值14.7亿元，比重达到60.0%；其中，在外省市完成产值5.2亿元，比重达到21.2%。

四、批发零售和住宿餐饮

全年批发和零售业增加值82.2亿元，下降6.7%；住宿餐饮业增加值30.7亿元，增长3.7%。

消费品市场稳步发展。全年批发和零售业社会消费品零售额214.5亿元。全区亿元以上批发市场实现交易额133.3亿元。双街的庞大汽车园和小淀的浩鹏汽车园已经发展成为天津北部地区汽车交易的龙头，较大的优惠力度和较好的服务吸引了全国各地的客户前来消费，保障了天津市北辰区消费品市场的平稳发展。

大众餐饮消费保持活跃。全年住宿和餐饮业营业额49.4亿元，增长10.1%。其中，限额以下住宿和餐饮业营业额47.1亿元，增长11.0%，占全区营业额的95.3%；限额以上住宿和餐饮业营业额2.3亿元。

五、交通和旅游

基础设施建设提速增效，全力推进市级重点工程建设，加快杨北公路拓宽改造、九园公路西延东扩、飞翔路、朝阳路、高峰路等道路建设，影响外环线拓圆工程的剩余民宅全部拆除。基本完成淮东路、文庆道等6条主次干道建设，龙兴桥竣工通车，地铁5号线投入运营。启动双立路综合管廊和核心区1号能源站工程，统筹推进电力、燃气、供水、供热等配套设施建设，有序推进北辰东道综合管廊、津蓟互通立交桥等33个项目前期工作。全年货运量3013.4万吨，货物周转量263769.1万吨千米。客运量159.0人次，旅客周转量5050.0人千米。

2018年，全年接待游客190.1万人次，减少11.2%；全区旅游收入达1.32亿元，减少3.8%。年末全区共有星级宾馆3家；旅行社10家；A级及以上景区2个。

六、金融、保险

2018年年末，全区31家银行存款余额为954.8亿元，比年初增加14.3亿元，其中：居民储蓄存款余额为481.2亿元，增加44.3亿元；贷款余额为887.1亿元，比年初减少3.2亿元，存贷比92.9%。外币存款余额50035万美元。

全年财产保险金额664.8亿元，保险费3.4亿元，理赔26680件，共计2.0亿元。

七、开发开放

招商引资成效显著。紧紧抓住京津冀协同发展战略机遇，坚持把大项目、好项目作为动能转换的治本之策，主攻大数据、云计算、智能制造等高端产业，瞄准现代物流、跨境电商、绿色循环等新兴业态，利用规划招商、基金招商、以商招商等多种方式，全力以赴招大引强选优。先后赴北京、上海、深圳、浙江等地开展招商活动，引进爱旭科技、瑞康医药、富士康智能建造、绿地全球贸易港等一批高端项目，朝亚大数据、SMC气动元件、精雕数控等项目开工建设。全年引进新项目578个、总投资736亿元，新开工5000万元以上项目92个，19个重点项目竣工投产。积极融入京津冀协同发展，与中建交通、中冶科工、中科控股等一批央企国企达成务实合作，引进华科泰医疗、国科恒泰等首都项目86个，总投资24.6亿元。坚持引资引智引才一体推进，落实“海河英才”计划，发放准迁证3572张，办理落户登记1306人、人才绿卡36张，引进各类高层次人才652人。全年新批外商投资企业23家，合同外资额2.15亿美元，实际直接利用外资1.82亿美元。其中，服务业实际直接利用外资1533万美元，占比8.44%。

外贸总额出现回升。全年外贸进出口总额230.7亿元，增长3.5%。其中，进口63.2亿元，增长6.9%；出口167.5亿元，增长2.3%。从出口方式看，一般贸易出口88.5亿元，占全区出口的52.9%，比上年减少了1.4个百分点；加工贸易出口65.8亿元，占全区出口的39.3%。一带一路贸易情况进出口总额56.3亿元，下降7.1%。其中，进口5.6亿元，同比下降38.1%；出口50.7亿元，下降1.6%。

八、房地产、环境保护

房地产调控效果显现。全年房地产业增加值66.5亿元，下降8.3%。房地产开发投资同比增长28.3%。商品房销售面积1033493平方米，下降27.7%；商品房待售面积243514平方米，同比增长92.2%。

生态环境面貌明显改善。坚持科学治污、源头治污、铁腕治污，狠抓环保督察反馈问题整改落实。在全市率先启动“环保管家”服务模式，建立生态环境综合监管平台，建设完成“天眼”系统，不断提高科技治污水平。持续推进大气污染防治，督导112个在建工地认真落实“六个百分之百”，治理裸露地块261处，全区空气质量明显提升。坚决防止“散乱污”企业回潮反弹，新排查“散乱污”企业93家，全部搬迁取缔。完成“煤改电”2.77万户，35蒸吨以下燃煤设施全部“清零”，完成5台100蒸吨燃气锅炉低氮改造，120家餐饮单位安装油烟净化设施。大力推进“河长制”“湖长制”管理，治理8条河道黑臭水体，实施8个片区雨污分流改造，完成大双再生水厂主体工程建设，启动大双污水处理厂扩建工程，铺设雨污管网126公里，污水日处理能力达到24万吨。建设水质自动监测站8座，24家企业安装在线监控设备，184家企业完成废水直排改造，全区水环境质量明显改善，在全市地表水质月度考核中均处于前列。制定土壤污染治理与修复规划，完成天津农药厂、同生化工厂等重点地块土壤调查。加强城市精细化管理，全区40条主干道路全部实现机扫水洗。完成天马道、万科花园路和中学西路等10条道路、13.5万平方米破损路面整修。加大环卫基础设施投入，采购雾炮车、高压冲洗车等各类环卫车辆135辆，建成改造6座垃圾转运站，增设果皮箱、垃圾桶、马路座椅等城市家具。大力开展绿化美化，新建双青公园、辽河道公园，新增和提升城市绿地28万平方米，造林绿化1.61万亩。截至年末，全区建成区绿地率35.15%，人均公园绿地面积13.76平方米。

九、文化教育卫生

文化体育事业协调推进。积极创建国家公共文化服务体系示范区，建成区美术馆、非遗展览馆，区文化中心即将投入使用，镇街高标准文体中心实现全覆盖，基层公共文化设施设置率达到100%。扎实推进全民健身活动，举办区第四届全民健身运动会，承办9项全国性、区域性体育赛事，建成10个笼式足球场和7个多功能运动场，村居“健身园”实现全覆盖。竞技体育再创佳绩，在十四届市运会上取得金牌总数第二、团体总分第一的好成绩。截至年末，全区有公共图书馆和文化馆各1个，全年新购图书60370册，藏书达到316千册，藏书价值近300万元，发放借书证15820个，全年举办各种读者服务、文艺展览讲座等活动283次。共有室外全民健身公园、广场28个，全年举办全民健身活动160次，合计10万余人次参加。

教育教学水平稳步提升。高考成绩再创新高，本科上线率达到79%，高出全市5个百分点，600分以上考生达到218人。蝉联市中小学运动会团体总分“十二连冠”，实验中学和霍庄中学分别被评为国家级心理健康示范校和国防教育示范校。光华国际学校开工建设，北辰道公租房、双青新家园配套学校和幼儿园接收工作加快推进。截至年

末，全区共有中等职业教育学校3所，普通中学20所，小学39所，特殊教育学校1所。中等职业教育招生1258人，在校生4508人，毕业生1835人。普通中学招生5557人，在校生16429人，毕业生4949人。小学招生5503人，在校生31379人，毕业生4514人。特殊教育学校在校生167人，幼儿园在园幼儿16937人。

医疗卫生体系不断完善。深入实施医疗卫生体制改革试点，扎实推进公立医院综合改革和薪酬制度改革，成为全市唯一受到国务院表彰的公立医院综合改革先进区。北辰医院获评三甲医院，我区是全市唯一拥有两所区属三甲医院的区。创新镇村卫生服务一体化管理模式，在全市率先实现村级医疗卫生机构医保联网刷卡全覆盖，深化医联体建设，家庭医生签约20.7万人。截至年末，全区共有各类卫生机构65个；其中，医院20个，社区卫生服务中心14个，门诊部27个。村卫生医疗点58个。卫生机构床位2207张；其中，医院1992张，社区卫生服务中心215张。

十、人口和人民生活

人口规模保持稳定。截至年末，全区常住人口86.5万人，比上年末增加0.4万人，其中城镇人口79.3万人，城镇化率为91.6%。

全区户籍人口429390人，比上年末增加11669人，其中：城镇人口154907人，乡村人口274483人。全区共有43个民族，其中，汉族、回族、满族人数居前三位。

全区人口出生率为6.67‰，比上年减少1.45个千分点；人口自然增长率为0.2‰，比上年减少1.77个千分点。

居民收入消费稳步提高。全年总体居民人均可支配收入36980元，同比增长6.1%，其中，城镇居民人均可支配收入38158元，同比增长6.5%。全年总体居民人均消费性支出28980元，同比增长7.9%，其中，城镇居民人均消费性支出30193元，同比增长8.5%。

社会保障能力不断提升。实施全民参保计划，医疗、生育、失业、养老、工伤保险基本实现全覆盖，截至年末，养老保险缴费人数15.3万人，比上年末增加7252人；医疗保险缴费人数16.5万人，增加6771人；工伤保险缴费人数14.5万人，增加3333人；生育保险缴费人数14.8万人，增加27130万人；失业保险缴费人数14.3万人，增加27881万人。

注：本文地区生产总值是全市在地口径初步核算数。地区生产总值和各产业增加值按当年价格计算，其增长速度按可比价格计算。

组织机构负责人名录

（2018年1月1日至2018年12月31日）

中共北辰区委

书　记：冯卫华

副书记：吕毅（至4月）、王宝雨（4月始任）

常　委：冯卫华、吕毅（至4月）、王宝雨（4月始任）、陈健、陈永义、毛汉发、周承光、王亚群（女，回族）、张玉蕾（女）

委　员：（按姓氏笔画为序）

马云洪、王芳（女）、王亚令、王亚群（女，回族）、王志平、王宝雨（4月始任）、王振卫、毛汉发、吕毅（至4月）、刘文利、刘永炬、

刘金刚、刘金亮、李卫东、李国春、
李德明、沈洁、张凯、张健、张长山、
张玉蕾（女）、陈岩、陈健、陈永义、
周承光、胡学春、高学东、魏贺明（女）

候补委员：（按得票多少为序）

马金凤（女）、米洪健、苏德禄、吴佩立、
张水亭、郑丽莉（女）

区委工作部门

纪委书记：周承光
区委办公室主任：陈健
保密办（保密局）主任（局长）：沈纯来（满族）
机要局（国家密码管理局）局长：何云泽
组织部部长：刘钊
老干部局局长：刘树强
宣传部部长：王亚群（女，回族）
文明办主任：刘季春
统战部部长：陈永义
台办主任：韩春雁
政法委书记：张玉蕾
防范办主任：白绍云
研究室主任：范国伟
督查办主任：王加新
机关工委书记：陈健
编委办主任：苗永贵
区委网信办主任：李悦（女，至8月）
庞仲欣（女，8月始任）

区委事业单位

档案局（馆）局长（馆长）：刘振义
党史研究室主任：霍贵兴
党校校长：冯卫华

北辰区人大常委会

主 任：王志平
副主任：刘宗浩、裘地、李志胜、祁惠红（女）、
于静（女，民建，兼）
委 员：（按姓氏笔画为序）
王春来、王春玲（女）、王艳丽（女）、
王瑞强、冯运英（女）、朱民（女）、
李莉（女）、邱忠义、张月（女）、
张涛、张庆顺、张国庆、张德军、
陈尔平（女）、赵成文、赵金锁、
赵绍军、耿玉凤（女）、顾宁（女）、
殷福星、翁欣（女）、郭芃、黄洪生、
韩文革、阚胜勇

区人大常委会工作机构

办公室主任：张德军
财经城建工委主任：赵成文
内务司法工委主任：康晓光（7月退休）
代表联络室主任：王瑞强
教科文卫工委主任：韩文革
法制室主任：车玉萍（9月始任）

北辰区人民政府

区 长：吕毅（至4月）、王宝雨（4月始任）
副区长：刘金刚、马希荣（女，民盟）、胡学春、
张健

区人民政府工作部门

政府办主任：郭献军
发改委党委书记、主任：穆怀增
工信委党组书记、主任：刘宝林
商务委党组书记、主任：霍志刚
教育局党委书记：黄福义（至8月）
郑丽莉（女，8月始任）
局长：郭建新
科委党组书记、主任：魏贺明（女）
民政局书记、局长：周义澄
司法局党组书记、局长：张忠利
财政局党组书记、局长：吴佩立
人力社保局党组书记、局长：董学琛（女）
房管局党委书记：赵学壮
局长：谢瑞强
建委党委书记、主任：王振卫
建设工程质量安全监督管理支队支队长：
梅洪海（7月退休）
环保局党组书记：高俊杰
局长：张振海
市容园林委党委书记：刘春刚
主任：何凤林

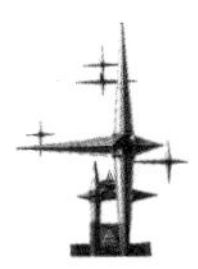

农经委党委书记：张凯
主任：张志旺
水务局党委书记：霍俊伟
局长：郑永建
文旅局党组书记、局长：高文申（至12月）
文化市场执法大队队长：刘宝亮
卫计委党委书记：刘文利
主任：赵长龙
审计局党组书记、局长：张柏林
统计局党组书记、局长：徐继清（女）
安监局党组书记、局长：王志勇
运管局党组书记、局长：殷小锋
综合执法局书记、局长：陈刚
信访办党组书记、主任：张树强
合作交流办党组书记、主任：陈炳坤（至10月）
刘勇声（12月始任）
人防办党组书记、主任：郭海洪（达斡尔族）
金融工作局党组书记、局长：张昊君
政务服务办公室：苏德禄

区人民政府派出机构

果园新村街道党工委书记：王勇
办事处主任：鞠振强
集贤里街道党工委书记：米洪健（至10月）
丁庆兰（12月始任）
办事处主任：王宝树
普东街道党工委书记：张水亭
办事处主任：闫春红
瑞景街道党工委书记：丁庆兰（女，至12月）
办事处主任：王凤革
佳荣里街道党工委书记：王春玲（女）
办事处主任：边少羽
青源街道党工委书记：赵金锁
办事处主任：李凤娥（女）
广源街道党工委书记：空
办事处主任：李凤娥（女）
天津北辰经济技术开发区党工委书记、
管委会主任：赵增琦
天津北辰经济技术开发区总公司党委书记：
胡学春（兼，8月始任）
总经理：刘春海

区人民政府事业单位

建设开发服务中心党组书记、主任：郭洪赞
土地整理中心主任：刘立军
信贷担保服务中心主任：赵春来
公路建设养护中心：魏玉国

政协北辰区委员会

主　席：王亚令
副主席：李书秀、王慧生、刘晓琴（女，民进）、
杨国珍（女，回族）、刘兰凤（女）、
杨淑鑫(民盟，兼)、马国海(无党派，兼)
秘书长：王书文
常　委（按姓氏笔画为序）：
于长友（回族）、丰爱东、王进友、
王宝龙、计宏伟、左维红（女）、边凤民、
任学勇、刘长龙、闫凯境（蒙古族）、
严贤发、张子坤、张文丽（女）、张振海、
张墨菊（女）、陈莉明（女）、周再明、
赵春来、凌焕成、董学智、韩春雁（女）、
景久祥

区政协工作机构

办公室主任：王书文
研究室主任：王振业
专委会第一办公室主任：李作营
专委会第二办公室主任：白绍云
委员联络室主任：张立海
提案委员会办公室主任：赵学壮

北辰区人民团体

团区委书记：庞仲欣（女，至8月）
张月（女，9月始任）
区妇女联合会主席：马金凤（女）
区总工会党组书记：裘地（兼）
主席：裘地（兼）
区工商联党组书记：李顺利（12月始任）
主席：杨淑鑫（兼，民盟）
区残疾人联合会理事长：吴佩岑
区红十字会常务副会长：张景江
老龄委办公室主任：宋波（女）

科协书记、主席：段玉环（女，8月始任）

北辰区政法机构

人民法院院长：张长山
人民检察院检察长：李卫东

镇

天穆镇党委书记：马云洪
镇长：李士久
北仓镇党委书记：刘永炬
镇长：门洪凯
双街镇党委书记：毛汉发（至11月）
王晨（11月始任）
镇长：周晓军
双口镇党委书记：米洪健（12月始任）
镇长：张迎新
青光镇党委书记：于斌
镇长：付振柱
宜兴埠镇党委书记：高学东
镇长：李志勇
小淀镇党委书记：沈洁
镇长：杨杰
大张庄镇党委书记：邵大年（12月始任）
镇长：陈亮
西堤头镇党委书记：李国春（4月始任）
镇长：张富国

其他

国家统计局北辰调查队队长：张永超
国有资产监督管理委员会书记：
李顺利（回族，至12月）
主任：吴佩立
天津市规划和自然资源局北辰分局书记、局长：
郭万超
税务局书记、局长：陈岩
市监局书记：杨海（至3月）
胡志国（5月始任）
局长：胡志国
公安分局书记、局长：张健
政委：景久祥
气象局书记、局长：韩学亮
天津市公安消防总队北辰支队支队长：马全军
政委：武志刚（3月始任）
区人民武装部部长：祖文奎（至8月）
李贵存（8月始任）

（区委组织部、区人大办公室、区政协办公室各有关单位提供）

中共北辰区委

北辰年鉴

2019

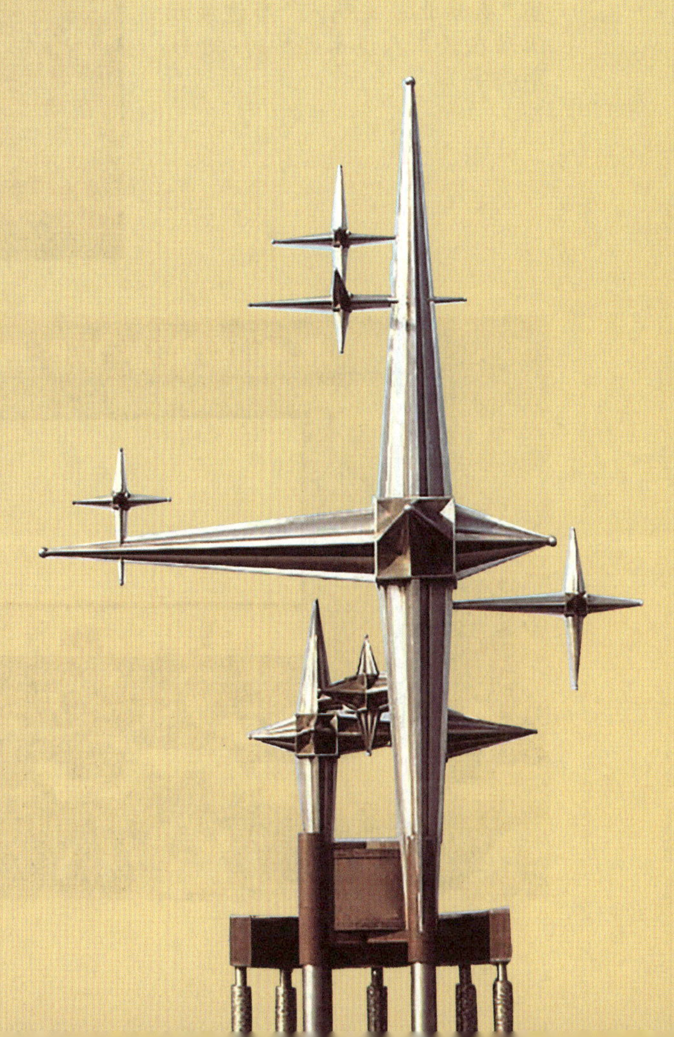

2018年3月5日，北辰区“学雷锋 三关爱”暨“创建文明城区 你我共同参与”志愿服务集中示范活动在工人俱乐部广场举办　　（摄影：李啸宇）

2018年4月3日，第三十三届“感动北辰文明人”事迹展示活动在区工人俱乐部举行（摄影：李啸宇）

2018年5月30日，北辰区保密工作培训会在区机关5楼会议室举办
（摄影：陈方洋）

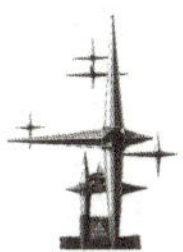

2018 年 6 月 11 日，“想唱就唱 唱出网络公益新力量”北辰区第二届大学生网络公益歌曲大赛决赛在天津城市建设管理职业技术学院举行 （摄影：牟文鹏）

2018 年 6 月 30 日，北辰区委办机关总支委员会与霞光里社区联合举行“不忘初心 牢记使命”主题党日志愿者服务活动 （区保密局提供）

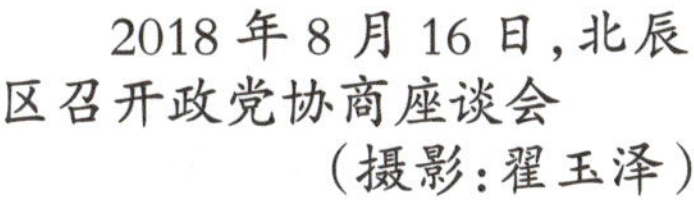

2018 年 8 月 16 日，北辰区召开政党协商座谈会 （摄影：翟玉泽）

2018年10月24日,2018年度北辰区级机关党组织书记培训班在区委党校报告厅举行(摄影:张彦超).

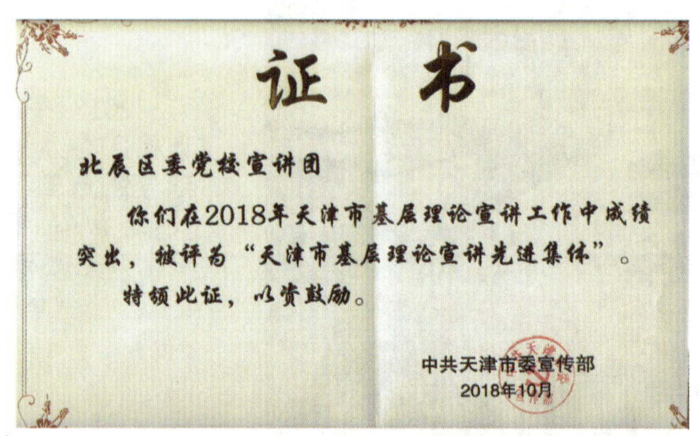

证书

北辰区委党校宣讲团

你们在2018年天津市基层理论宣讲工作中成绩突出，被评为“天津市基层理论宣讲先进集体”。

特颁此证，以资鼓励。

中共天津市委宣传部
2018年10月

2018年10月,北辰区委党校被评为“天津市基层理论宣讲先进集体”
(摄影:王海川)

2018年11月29日,北辰区委网信办开展“辰盾-2018”北辰区网络安全应急支撑队伍协同演习
(摄影:穆怡)

2018 年 12 月 13 日，北辰区首届“运河书香”诗词大会总决赛在区工人俱乐部落幕（摄影：李富强）

2018 年 12 月 17 日，“奉献新时代·志愿新征程”2018 年天津市学雷锋志愿服务“五个 10”先进典型宣传展示活动在区工人俱乐部举行　（摄影：李啸宇）

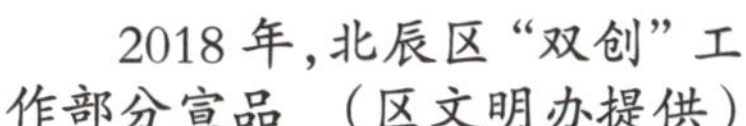
2018 年，北辰区“双创”工作部分宣品　（区文明办提供）

重要会议

【区委十一届六次全体会议】 1月6日，北辰区委召开第十一届委员会第六次全体会议暨全区经济工作会议。全会由区委常委会主持，区委书记冯卫华向全会报告区委常委会2017年工作并讲话，区委副书记、区长吕毅传达市委十一届三次全会暨全市经济工作会议精神，区人大常委会主任王志平，区政协主席王亚令，区委副书记、区委办公室主任陈健出席。

会议深入学习贯彻中共十九大精神和中央经济工作会议精神，认真贯彻落实市委十一届二次、三次全会部署要求，回顾总结2017年工作，深入分析面临形势，安排部署2018年任务，听取并讨论区委常委会2017年工作报告和党建工作报告，审议通过《中共北辰区委2018年工作要点》和《中国共产党天津市北辰区第十一届委员会第六次全体会议决议》，动员全区广大党员干部群众，锐意进取、埋头苦干，推进改革发展稳定各项工作，努力建设繁荣富裕、文明和谐、宜居美丽的新北辰。

会议强调，中共十九大提出了新时代党的建设总要求，对推进党的建设新的伟大工程作出顶层设计，展现了党中央全面从严治党的大思路、大方略。要深刻理解把握总要求的基本内涵，坚持和加强党的全面领导，把党的政治建设摆在首位，全面推进党的政治建设、思想建设、组织建设、作风建设、纪律建设，把制度建设贯穿其中，深入推进反腐败斗争，培育积极健康的政治文化，营造良好政治生态。

【区委十一届七次全体会议】 12月8日，北辰区委召开第十一届委员会第七次全体会议。会议由区委常委会主持。区委书记冯卫华代表区委常委会就做好北辰区机构改革工作讲话，并对《天津市北辰区机构改革方案（送审稿）》作说明。区委副书记、区长王宝雨，区人大常委会主任王志平，区政协主席王亚令，区委副书记、区委办公室主任陈健出席会议。会议以习近平新时代中国特色社会主义思想为指导，深入贯彻落实党的十九大和十九届二中、三中全会精神，全面落实中央关于深化党和国家机构改革各项部署及市委十一届四次全会部署要求，审议通过《天津市北辰区机构改革方案（送审稿）》，同意上报市委审批；审议通过全会决议。北辰区委委员、区委候补委员出席会议。

【村级组织换届选举工作会议暨深入开展不作为不担当问题专项治理部署推动会】 4月13日，北辰区召开村级组织换届选举工作会议暨深入开展不作为不担当问题专项治理三年行动部署推动会。区委书记冯卫华出席会议并讲话，区人大常委会主任王志平、区政协主席王亚令出席，区委副书记、区委办公室主任陈健主持会议，区领导陈永义、毛汉发、周承光、刘钊出席。

【国有企业抓党建促改革发展工作推动会】 7月5日，北辰区召开国有企业抓党建促改革发展工作推动会。北辰区委常委、区委组织部部长刘钊出席。

会议指出，要深入学习贯彻习近平总书记关于加强国有企业党的建设重要思想和对天津工作“三个着力”重要要求，切实增强国有企业抓党建促改革发展的政治责任感和历史使命感。要以提高国有企业发展质量和效益为着力点，加强和改进党对国有企业的全面领导，强化领导班子建设，为国有企业做强做优做大提供坚强组织保证。要到工程现场、生产一线、车间班组中听取意见，找准抓党建促改革发展的思路办法和创新举措，以强烈的责任担当，扎实推进抓党建促改革发展各项任务落实。会上，北辰区国资委、区土地整理中心等单位主要负责人分别作交流发言。

【2018年上半年“一府两院”工作情况通报会】 7月26日，北辰区召开2018年上半年“一府两院”工作情况通报会，进一步加强北辰区人大、北辰区政协对“一府两院”工作的监督和指导。北辰区委

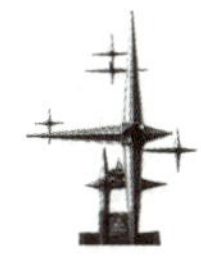

副书记、区长王宝雨出席会议，并通报2018年上半年北辰区经济社会发展情况。北辰区人大常委会主任王志平、区政协主席王亚令出席会议并讲话，北辰区委副书记、区委办公室主任陈健主持会议，北辰区级领导刘宗浩、裘地、祁惠红、刘晓琴、刘兰凤、杨淑鑫、马国海，北辰区人民法院院长张长山、区人民检察院检察长李卫东出席。

【网络安全和信息化工作会议】 8月9日，北辰区召开网络安全和信息化工作会议。北辰区委书记冯卫华出席并讲话，区委副书记、区长王宝雨，区人大常委会主任王志平，区政协主席王亚令，区委副书记、区委办公室主任陈健等北辰区级领导出席。

冯卫华就做好北辰区网络安全和信息化工作提出四点要求：要深入学习领会习近平网络强国重要思想，切实增强做好网信工作的思想自觉和行动自觉；要强化网络生态综合治理，坚决筑牢网络安全防线；要全面提升信息化建设水平，引领北辰经济社会高质量发展；要坚持和加强党对网信工作的绝对领导，为做好新时代网信工作提供坚强保障。

北辰区委副书记、区长王宝雨主持会议，区委副书记、区委办公室主任陈健传达全国和天津市网络安全和信息化工作会议精神，北辰区委常委、区委宣传部部长王亚群就《天津市北辰区网络安全强区战略实施意见》做说明，北辰区网信办、天穆镇、工信委、公安北辰分局围绕工作职责分别做发言。

【北辰区村和社区组织换届选举工作总结会】 10月19日，北辰区召开全区村和社区组织换届选举工作总结会。区委书记冯卫华出席并讲话，区人大常委会主任王志平，区委副书记、区委办公室主任陈健，区级领导毛汉发、周承光、刘钊、刘宗浩、张健、刘兰凤参加。

冯卫华强调，基层党组织是政治组织，是落实党的全面领导的神经末梢，是基层各类组织的领导核心。要进一步增强政治引领，教育和引导党员干部增强“四个意识”，坚定“四个自信”，坚决维护习近平总书记核心地位，坚决维护党中央权威和集中统一领导，自觉推动党的路线方针政策在村居落地生根。

区委副书记、区委办公室主任陈健主持会议并传达天津市村级组织换届选举工作总结会精神，区委常委、区委组织部部长刘钊就全区村和社区组织换届选举工作做总结。与会人员一同观看《北辰区村和社区组织换届选举工作纪实》专题片。

【天津市扫黑除恶专项斗争第八督导组督导北辰区动员会】 11月28日，召开天津市扫黑除恶专项斗争第八督导组督导北辰区动员会。市督导组组长李维怀、副组长孟繁兰以及督导组其他人员出席会议。北辰区委书记冯卫华主持会议并作表态发言，区委副书记、区长王宝雨，区委副书记、区委办公室主任陈健，区级领导周承光、张玉蕾、张健，区人民法院院长张长山、区人民检察院检察长李卫东出席。

北辰区扫黑除恶专项斗争领导小组各成员单位主要负责人，各镇街、开发区党政主要负责人、分管负责人，各派出所所长，区属医院、中小学、企事业单位主要负责人等170余人参加动员会。与会人员现场参加扫黑除恶专项斗争基础知识测试，并观看北辰扫黑除恶专项斗争专题片。

扫黑除恶专项斗争第八督导组进驻北辰后，主要采取听取工作汇报、公布举报方式、见面谈话、召开座谈会、查阅资料、线索核实、现场调查、明察暗访等方式开展督导工作。

【集中整治形式主义官僚主义部署推动会】 11月13日，北辰区召开集中整治形式主义官僚主义部署推动会。北辰区委副书记、区委办公室主任陈健，区委常委、区纪检委书记、区监察委员会主任周承光，区委常委、区委组织部部长刘钊，区委常委、区委宣传部部长王亚群出席会议。

会议全面贯彻习近平总书记关于坚决整治形式主义、官僚主义的重要指示精神，认真落实中纪委、市委关于开展集中整治工作的相关要求，安排部署全区集中整治工作，持之以恒推进作风建设，在北辰区营造求真务实、干事创业的浓厚氛围。陈健要求，北辰区各单位、各部门要坚决贯彻落实习近平总书记重要指示精神，准确把握全区面临的工作形势，增强做好集中整治的责任感和紧迫感。

会议传达天津市委集中整治形式主义、官僚主义部署推动会会议精神。北辰区纪委监委机关、区委组织部、区委宣传部、区委督查办有关负责人结合各自职责任务，对开展集中整治做具体安排，佳荣里街道、区发改委作表态发言。

（区地志办整理）

重要工作与活动

【推进“两学一做”常态化制度化】 开展“维护核心、铸就忠诚、担当作为、抓实支部”主题教育实践活动，成立6个工作组和8个督导组，召开5次领导小组协调会和督导组工作会。牵头制定全区实施方案和农村、社区、机关、国有企业、医院、学校、“两新”组织等7个分类指导方案，组织督导组对2240个基层支部普遍督导4次以上，查找突出问题，督促抓好整改。各级党组织书记作宣讲、讲党课7094次，专题辅学和党课送学860余次，党建应知应会知识测试1600多次。

（郝英杰）

【机关党组织到社区报到活动】 会同区委组织部下发《关于认真做好机关等单位党组织到驻地社区报到工作的通知》，全区71个机关党组织、5000多名机关党员到驻地社区报到，全年开展志愿服务、党课、慰问等共建活动150余次，慰问困难党员200人次，帮助解决群众实际难题30个，切实做到让党组织有责，在职党员有为，使居民群众受益，取得社区欢迎、群众满意的效果。

（李　丽）

组织建设

【概况】 2018年，北辰区委组织部紧紧围绕贯彻落实新时代党的组织路线，聚焦主责主业、强化责任担当，切实在加快美丽新北辰建设中彰显组织工作价值。

【学习宣传贯彻中共十九大精神】 制订《关于深入学习宣传贯彻党的十九大精神的通知》，印发学习宣传贯彻十九大精神责任清单和专题培训方案，举办处级干部专题班和基层党组织书记培训班，分期分批对党员干部进行系统培训，累计培训1200多人次。推进中共十九大精神进企业、进农村、进机关、进校园、进社区、进军营、进网络，采取领导干部宣传与专家学者宣讲、党支部书记宣讲、先进典型宣讲等多种形式，把党的十九大精神讲清楚、讲明白。

【干部队伍建设】 抓好干部教育培训。在全区253名干部中遴选40名优秀年轻干部组成辰青班，到拆迁、信访、创文等急难险重工作岗位摔打锤炼。以产城融合规划建设、文化体系建设等为重点，举办领导干部大讲堂11期，培训处级以上领导干部4000余人次。树立正确选人用人导向。累计调整处级干部12批次、169人次。协调行政编13名，在全市率先筹建区巡察办。协助纪检委，从有关部门选配11名优秀处级干部，充实派驻纪检机构力量。选派2名副处级领导干部到河北、甘肃开展帮扶。扎实开展机关事业单位工作人员2017年度考核工作，完成1637名科级以下公务员和7723名事业单位工作人员考核，对61名记三等功和787名“2017年度基层优秀干部”予以通报表扬。制定《北辰区关于推动区属机关企事业单位间干部交流的意见》，打破身份限制、部门界限，推动干部合理流动。制定容错纠错实施办法，为真抓实干者撑腰鼓劲。深入推进巡视整改落实。深化圈子文化和好人主义专项整治。严格落实处级领导干部调配意向（正反向）调查制度和干部经常性考察制

度，坚决防止带病提拔。抽调精干力量，成立13个督导组，对78个处级单位民主生活会材料进行严格把关，重新开好两个专题民主生活会。制定《北辰区规范和落实处级以上党员领导干部参加党的双重组织生活的规定》，推动组织生活真正严起来、实起来。

【干部监督管理】 加大个人有关事项报告抽查核实力度，分7批次核查159人次，提醒10人，函询36人，给予诫勉以上组织处理6人。抓好违反任职回避专项整治，消化整治69组任职回避情况。制定《北辰区因私出国（境）管理办法》，严格因私出国（境）管理。强化干部选拔任用全过程监督，对10名党委（党组）书记进行离任检查，取消5名科级干部任命。加强组织信息化建设，在全市率先实现档案库房智能化、干部档案数字化和干部信息系统化，全市在北辰区召开组织系统信息化建设现场会，推广经验做法。

【基层组织建设】 完成村级组织换届选举工作，采取严格标准选好人、“三上三下”选准人、回请下派选能人等方式，把双高双强的“一肩挑”人选找出来用起来，宜兴埠镇成为全市整建制完成换届的第一镇，北辰区换届质量和进度均走在全市前列。扎实做好结对帮扶和“双联”工作，6个市级帮扶村集体收入全部达到50万元以上，通过市级部门验收。安排部署新一轮结对帮扶困难村工作，确定市级结对帮扶困难村15个、区级结对帮扶困难村22个。抽调11名干部，到困难村开展帮扶、接受锻炼。开展“村霸”问题专项整治，共排查问题2个，涉案人员2名。深入推进7个街道、120个社区建立大工委、大党委，组织开展“双报到”活动，145个单位党组织、3469名在职党员到社区报到，认领4100余个服务岗位。高标准建成开发区3个党群服务中心，平均面积达2300平方米。面向全国招聘50名“两新”专职党务工作者，其中硕士研究生18人。持续推进“两新”组织党建工作，累计组建“两新”组织党组织865个，覆盖率分别达到88%和95%。举办农村、社区、机关党组织书记和“两新”专职党务工作者培训班4期，培训党务骨干450人次，提高抓基层党建业务水平。

【党员队伍建设】 印发《关于在农村发展党员工作中实行报告回避考察制度的实施办法（试行）》，深化农村多年不发展党员和党员队伍老化问题整改。组织2期发展对象集中培训班，培训党员发展对象400余名，全年发展党员360余名。加强党内激励关怀帮扶，各级党组织累计走访慰问生活困难党员、老党员2400余人，发放慰问金约618万元。做好党费收缴使用管理工作，制发收缴清理党费使用方案，举办区级党费业务培训班，培训200余人。开展失联党员规范管理和组织处置“回头看”，再次全面排查失联党员。强化党员日常教育管理，对全区3.1万名党员和2000余个党组织基本信息进行采集。稳妥处置5名不合格党员，对5名限期改正期满的党员进行期满评议，畅通党员队伍出口。

【人才工作】 制定北辰区“2+8+1”人才政策体系，最大限度激发人才活力和人才红利。首次评选表彰10名具有突出贡献的高层次人才，积极引进各类高层次人才629人，其中具有硕士研究生以上学历196人，具有副高级专业技术职称65人。培养选拔“131”人才56人。落实“百万技能人才培训福利计划”，培训专业技能人才1.2万余人，获得市政府补贴4800万元。制定《北辰区拔尖人才库建设实施办法》，加强区内国家级、市级企业重点实验室、博士后工作站等高层次人才载体建设，申报认定千企万人企业22家。

（郝英杰）

【老干部工作】 加强培训工作，通过理论辅导、文件解读、业务传授等方式，进一步提高离退休干部党支部书记的政治修养和能力素质。做好离退休干部支部书记2018年度工作补贴的发放工作。完成3个试点社区离退休干部支部书记审批手续。开展以“组织一次集中学习，安排一次学习辅导，撰写一篇学习体会，召开一次座谈交流，举办一次答卷测试，开展一次宣讲活动”为内容的“六个一”活动，教育引导老同志强化思想武装。继续坚持“逢八必学”制度，全年共开展活动19次，其中理论学习11次，聊天协会开展活动8次。组织离退休干部参加《中老年时报》举办的“学习党的十九大精神知识竞赛答题”活动。

组织宣讲团老干部开展宣讲。区关工委宣讲团老同志围绕“社会主义核心价值观”“党的十九大”“两会”等主要内容开展宣讲活动。王玉恩、张振荣被市委老干部局聘为宣讲员。2018年，北辰区老干部宣讲团成员先后深入农村、社区、企

业、学校进行宣讲百余场，受教育人数8000人次。配合市局完成安馨2018京津冀银发达人大型评选活动。

坚持“四必访”慰问制度。全年共看望生病住院老干部15人，给17名老干部过生日。按时预发离休干部医疗周转金，对待有特殊困难的老干部或遗孀积极开展帮扶工作。做好“四就近”拨款工作，全年安排103人，总价值20600元。

购置书画协会、台球协会、乒乓球、运动会器械等协会日常用品，全年组织服务各类讲座和比赛活动220余次。先后组织“放歌新时代 共圆中国梦”老干部迎新春联欢会、举办“翰墨讴歌新时代”离退休干部书法展、天津市离退休干部第六届“北辰杯”台球邀请赛活动、纪念改革开放四十周年诗词朗诵会、“学习讲话精神 弘扬伟大思想”——北辰区离退休干部纪念马克思诞辰二百周年书法展、“不忘初心跟党走 凝心筑梦新时代”——北辰区离退休干部庆祝中华人民共和国成立69周年暨纪念改革开放四十周年书画摄影展、北辰区离退休干部第33届趣味运动会、庆祝老年节暨金秋祝寿大会文艺联欢会等。书法协会老干部先后到上河花园、霞光里社区开展写春联送福字活动；组织老干部文艺骨干到霞光里社区、泽天下社区参加文艺演出活动；组织乒乓球协会、沙狐球协会老干部分别参加天津市离退休干部第四届“河西杯”乒乓球邀请赛、天津市离退休干部“同心 聚力 筑梦”第十五届沙狐球邀请赛，乒乓球赛获得第三名、沙狐球赛获得第一名。

（袁亦晗）

区直机关党建

【机关组织建设】 加强对机关党组织换届和班子成员调整的督促和指导，任免机关基层党组织书记23人，指导22个机关基层党组织完成新建、撤销、调整和换届工作，机关基层党组织按期换届率达到100%，班子成员出现空缺做到及时补齐。

【机关党员发展】 落实《中国共产党发展党员工作细则》，严把考察关、公示关、预审关、谈话关和审批关，完成材料预审450人次，指导区级机关接收预备党员177人，预备党员转正180人。6月、9月与区委组织部、区委党校共同举办5期发展对象短期集中培训班和预备党员“筑基”培训班，共计180名发展对象和201名预备党员参加培训。

【党员教育管理】 开展纪念建党97周年“不忘初心、牢记使命”最佳党课、最佳党日评选活动，七一期间，全区机关党组织书记讲党课76次，开展党日活动158次，举办区级机关第六届“心向党·不忘初心 牢记使命”主题演讲比赛。以传统文化、爱国主义教育为专题，举办机关干部大讲堂2期，机关2000名党员受益。举办2018年度机关党组织书记培训班，全区180名机关基层党组织书记参加培训，区委副书记、区委办公室主任、机关工委书记陈健出席并作专题党课。核实党员身份9人，转接党组织关系269人次，处理违纪违法党员11名。

（李　丽）

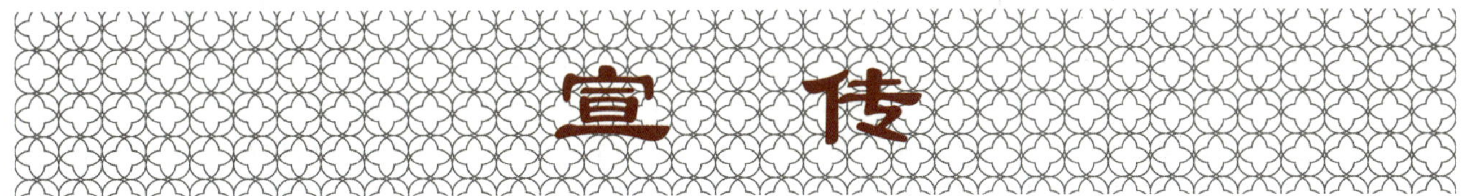

宣 传

【概况】 2018年，北辰区宣传思想文化战线高举习近平新时代中国特色社会主义思想伟大旗帜，坚持以学习宣传贯彻中共十九大精神为主线，牢牢把握“两个巩固”的根本任务，围绕中心、服务大局，贯彻落实市委、区委关于宣传思想文化工作的决策部署，为建设繁荣富裕、文明和谐、宜居美丽的新北辰提供强大思想舆论保障和精神文化支撑。

【思想理论建设】 围绕学习习近平新时代中国特色社会主义思想，邀请市委讲师团成员李少斐为区处两级中心组开展宣讲；举办“北辰大讲堂”12期；区级中心组学习研讨20次，形成体会文章72篇，在市级以上刊物发表16篇；各处级中心组学习研讨1056次，形成调研报告35篇；中心组成员带头深入基层单位进行宣讲300场(次)。编发《理论学习导刊》28期，配发《习近平谈治国理政》第一卷、第二卷6.6万册，推动基层理论宣讲骨干和各级党组织开展《习近平新时代中国特色社会主义思想三十讲》宣传宣讲1500场(次)；运用“微北辰”开展网络答题活动36期。1篇调研文章获市委宣传部二等奖，区委党校宣讲团荣获市级优秀基层理论宣讲团。区委专题研究部署意识形态工作11次，召开意识形态工作分析研判会2次，开展专题督查1次；完善区融媒体中心建设，加强对中心组学习和思想文化类报告会、研讨会、论坛、讲座等阵地管理，深入开展“清网”、“净网”、“清朗”、扫黄打非等专项行动，举报各类有害信息11.2万余条。

【社会宣传教育】 围绕中共十九大主题，结合深化中国特色社会主义和中国梦宣传教育、全国文明城区创建等工作，在交通干道、主干道口、中心公园、居住社区、人员密集场所、建筑围挡，张贴展示公益广告、景观小品近万处。组织开展第六届“心向党·不忘初心 牢记使命”主题演讲活动，累计举办220场。依托安幸生烈士故居、杨连弟烈士纪念馆等，开展爱国主义教育186场(次)，受教育干部群众15万人(次)；配合央视《国家记忆》栏目组制作杨连弟烈士专题纪录片。组织参与第二届“谈古论津”群众性主题展示、庆祝改革开放40周年“讲述百姓幸福奋斗故事”“宪法在身边”知识竞赛等活动。

【新闻舆论引导】 围绕“京津冀协同发展”“改革开放40周年”“高质量发展”等重大主题组织集中采访13次，在《天津日报》《今晚报》《天津新闻》等刊发整版专题报道25篇(次)；全年在市级以上媒体发稿2100篇，其中《人民日报》《经济日报》等媒体上中央级媒体发稿46篇。创文题材系列报道《城市的温度》荣获天津市好新闻三等奖，《为弱势群体撑起一片蓝天》获全市播音类二等奖。“两台一报”“两微一端”围绕学习贯彻习近平新时代中国特色社会主义思想和中共十九大精神，先后开设新闻专栏20个，刊发稿件726篇。集中开展“践行十九大 网宣北辰正能量”活动60场(次)。拍摄《美丽北辰》《幸福双街》《民心所向在“双创”》等专题片10个。完成“地条钢治理”“刘园地铁站违建拆除”“宝翠花都社区13579工作法”等拍摄制作任务。开发上线“津云·北辰”媒体融合平台，举办“津云·北辰”融媒体课堂30期。在全市率先挂牌成立区级融媒体中心，实现“两台一报”“两微一端”新闻资源共享。

【文明创建】 组织“万名干部进社区，党员群众齐参与”志愿服务和“党员干部包楼门”活动，发放《致市民一封信》等200万份，开展交通劝导、文明祭扫、环境清整等志愿服务4650次。推动开展社区清脏治乱、道路交通、菜市场、食品安全、重点区域等专项治理。以“讲文明 树新风”为主线，原创设计、张贴展示“北辰农民画”题材公益广告。选树第十三届北辰文明人310名，获评天津好人26名、“真情天津”候选人3名、中国好人榜3名；举办“感动北辰文明人”事迹展示活动，打造“一个人温暖一座城”网上精神文明建设品牌；选树北辰区首届道德模范、新乡贤和时代新人，初选60名提名候选人。在市级媒体宣传推广10名新乡贤人物。开展困难村创建文明村工作，组织服务“三农”“四下乡”活动，1000名农民受益，组织文明单位（村镇）结对帮扶困难村，14个困难村基本达到市级文明村建设标准。推动文明礼仪（服务）、文明交通、文明祭扫、文明旅游专项行动。印发《北辰区市民手册》16.5万册。在新华里、泰来东里等10个社区开展“文明旅游进社区”活动；推进清明节、中元节、寒衣节文明祭扫专项治理工作，引导居民到指定地点文明祭扫；组织148名志愿者在5个重要交通路口（20个执勤点位）开展“文明交通 你我同行”志愿服务活动。开展第三届“十项文明”系列创建评选，通报表扬200个先进项目；评选“双违”治理先进镇街9个、先进村居33个。加强未成年人思想道德建设，开展“扣好人生第一粒扣子”教育实践，征集推广优秀童谣200首，组织青少年志愿服务活动15场，孙睦涵获评天津市首批“新时代好少年”。在全市开展的“奋进新时代 改革再出发”歌咏、朗诵大赛，双街村、东堤头中学、北门医院进入决赛，《双街村——厉害了》荣获最佳表演奖。组织开展“学雷锋 三关爱”暨“创建文明城区 你我共同参与”志愿服务集中示范活动30场，受益群众万余人。推进文明新风宣传实践阵地建设，在2个镇（街）和8个村（居）试点建设新时代文明实践中心，开展宣讲和志愿服务46场。打造新华里社区、北辰公园等19个展示时代新风、服务基层群众“志愿服务V站”。打造“北辰文明网”，发布信息4000余条，访问量超过22万次，启用“文明北辰”微信公号，发送图文消息210篇，信息530余条，点击总量24万次。

（李啸宇）

政策研究与调研

【概况】 2018年，北辰区委研究室围绕区委中心工作，深入学习贯彻习近平新时代中国特色社会主义思想，完成各项工作。全年12篇调研报告在《天津体改研究》《天津农村》等市级刊物刊发。刊发《决策参考》3期，为领导决策提供参考和依据。

【重要文稿起草】 2018年，围绕区委中心工作，完成区委全委会报告、向外党人士汇报全面深化改革工作进展情况报告、市委第四轮巡视北辰区汇报材料、在市委现场办公会议上的汇报材料、2018年区委工作要点等重要文稿起草工作。受天津广播电台邀约，起草《现场会后话发展北辰篇》的访谈稿，并组织节目录制工作。

【政策性文件制定】 统筹全区各职能部门制订出台《北辰区关于落实“乡村振兴战略”的实施方案》，并提出32项具体任务；落实区委主要领导部署，制订《北辰区关于加强镇政府服务能力建设的工作方案》实施方案；起草制订《中共天津市北辰区委 天津市北辰区人民政府关于深入贯彻落实市委、市政府现场办公会精神，践行新发展理念推进高质量发展的实施意见》推动质量变革、效率变革、动力变革，实现北辰的高质量发展；根据中央和市委关于开展调查研究工作的部署安排，起草《北辰区关于加强和改进调查研究工作注重调查研究实效的实施意见》，对区、处两级领导干部调研工作提出新要求，大兴调查研究之风。

【重点课题调研】 按照区委2018年工作要点和区重点工作责任制分解表确定的目标任务，结合各自分管工作，区委书记带领区党政领导团赴广东参加两地交流座谈会和优化营商环境恳谈会，赴上海考察绿地集团总部和红星美凯龙集团，就北辰引进国际进出口贸易北方中心，双口示范镇开发建设与绿地集团合作，引进爱琴海购物中心和“梦天津”文旅项目等达成了意向。区委研究室围绕全区重大课题，发挥部门职能作用，对加快天穆村发展工作开展调研，起草《关于成立北辰区加快天穆村发展工作领导小组的意见》，梳理《加快

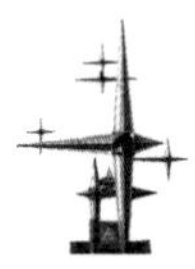

天穆村发展工作领导小组会议纪要》，制订《加快天穆村发展近期重点任务责任分解表》，在全区范围内征求意见后，下发责任部门，督促落实到位；制订《北辰区2018年全面深化改革工作督查方案》《区委全面深化改革领导小组成员调整方案》《北辰区2018年全面深化改革重点任务台账》，统筹协调全区重点改革任务的落实。

附：

改革开放再出发
——北辰区改革开放四十年回顾及展望

改革开放是当代中国发展进步的必由之路，是实现中国梦的必由之路。

在波澜壮阔的改革开放史中，2018年是独特的一年——改革开放40周年。习近平总书记在党的十九大报告中明确指出：坚持全面深化改革。随着中国特色社会主义进入新时代，我们的改革定力、历史经验、理论创新、制度建设、实践方略也都进入了新境界。40年来，在市委、市政府领导下，北辰区农村改革实现重大突破，对外开放取得丰硕成果，综合实力显著增强，城乡面貌日新月异，人民生活水平明显提高，经济社会发展取得令人瞩目的成就。

时序轮替中，始终不变的是奋进者的身姿；历史坐标上，始终清晰的是改革者的步伐。1978年，北辰农村的改革以经营体制和分配关系改革为突破点，以加快农村综合改革为新驱动力，掀开改革的大幕；不断推进新型工业化、农业产业化、农村城市化进程，加快社会主义新农村建设；以践行邓小平理论和“三个代表”重要思想为指导，树立和落实科学发展观，团结带领全区人民开创了科学发展和谐发展率先发展的新局面；全面贯彻习近平新时代中国特色社会主义思想和党的十九大精神，坚持新发展理念，推动质量变革、效率变革、动力变革，努力实现高质量发展……这些伟大的成就，无不来自于基层热土、植根于广大人民。

40年改变北辰

1978年，党的十一届三中全会召开，重新确立了解放思想、实事求是的思想路线，中国共产党用改革开放的伟大宣示把中国带入一个崭新的时代，也从此拉开了北辰农村改革开放的序幕，以经营体制和分配关系改革为突破点，从农村综合改革推进社会主义新农村建设，加快城乡统筹发展，到城市建设管理体制改革试点、国家级产城融合示范区、农村集体产权制度改革……40年来，北辰区凭着勇于创新、敢闯敢试，为经济社会发展提供了强大动力和坚实基础，进入历史上发展最好最快的时期。

经济实力跃上新台阶。坚定不移贯彻新发展理念，加大结构调整力度，推动转型升级，发展质量和效益不断提升。2017年实现地区生产总值1060亿元，比1978年的8296万元增长了1200多倍，区级一般公共预算收入80亿元，比1978年增长了350倍，农村常住居民人均可支配收入2.5万元，比1978年增长了150倍，固定资产投资1038亿元，内资到位376亿元，外资到位4.4亿美元，主要经济指标始终保持全市前列。

开发开放达到新水平。始终把招商引资作为战略之举，努力招大选优引强。近年来，引进了朝亚大数据、海德堡、SMC气动元件、克恩里博斯、采埃孚、西屋制动、江西铜业、苏宁云商、宝供国际商贸物流等一批高端项目，世界500强企业达到25家。积极融入京津冀协同发展，京津塘高架、蓟汕高速等跨域重点交通工程建成通车，助推京津冀“一小时”交通圈建设。承办第三届京津冀六区市县协同发展研讨会，与北京市商务委、投促局达成战略合作，组织百余场专题推介会，引进中关村可信产业园、博威动力、精雕数控等一批首都项目。促成五矿、远洋集团共同增资重启宜兴埠旧村改造，远洋集团京津冀总部落户北辰。北辰开发区晋升为国家级经济技术开发区，科技园区和高端装备制造产业园、医药医疗器械产业园列入全市“1+21”国家自创区范畴，陆路港被确定为全市物流发展“一区三港”之一，海关北辰办事处开关运行，国家级新闻出版装备产业园初具规模，开发区整体建设水平不断提升。

结构调整取得新突破。坚持“精一强二扩三”，着力优化产业结构。工业支撑作用更加明显，高端装备制造、现代医药、新能源新材料、电子信息四大主导产业产值占规模工业总产值达到70%

以上。年销售收入超亿元企业达到220家，我区被认定为国家新型工业化装备产业示范基地和全市千亿级装备产业基地。深入实施战略性新兴产业和两化融合三年行动计划，长荣印刷、中材装备被评为国家级两化融合管理体系贯标试点企业。服务业发展水平逐步提高，占全区经济比重达到45.2%。红星美凯龙商业综合体、天物大厦投入运营，喜来登酒店主体竣工，永旺梦乐城加快建设。培育亿元楼宇5座，全区运营楼宇达到36座、近200万平方米。大力发展设施、观光、种源等现代都市型农业，新建和提升现代农业特色园区20个，设施农业达到1666.67公顷，农业龙头企业和市级农民合作社分别达到15家和22家，现代农业与精深加工、休闲体验、旅游观光等相关业态融合发展，促进了农业增效、农民增收。民营经济加快发展，民营企业累计达到3万家，年收入超10亿元企业达到41家，3家企业入围中国民营企业500强，11家企业入选全市制造业80强。

创新驱动激发新动力。制定出台创新驱动行动方案，确立“一中心两区”发展定位和“三步走”战略目标。自主创新能力明显提升，完成1520家企业转型升级，科技型中小企业、规模过亿科技企业和国家级高新技术企业，分别达到7005家、401家和245家。17家企业进入全市领军企业行列，16家企业入选全市科技工业企业100强，数量和质量均居全市前列。市级以上重点实验室、工程中心和企业技术中心分别达到13家、12家和90家，市级名牌产品和驰著名商标分别达到118个和228件，除滨海新区外，均居全市各区首位。培育“撒手锏”产品40件，有效专利达到3382件。创建国家级众创空间2家、市级孵化器3家。建成“区科技成果转化超市”，成功举办直通硅谷创新创业大赛。我区被评为全国科技工作先进区、国家级科技成果转化示范区、国家知识产权试点城区和全国实施商标战略示范区。金融创新力度持续加大，在全市率先成立融资超市和天交所北辰运营中心，率先建立政府项目融资管理机制，建成金融创新大厦和“智慧北辰”指挥中心。大力推进企业直接融资，上市和挂牌企业达到66家，在15个区排名第一。

改革活力得到新释放。坚持用改革的办法解决问题，向改革要出路、要效益、要活力。深化供给侧结构性改革，完成“三去一降一补”任务，坚决打击非法生产“地条钢”行为，压减炼钢产能100万吨。制定出台深化“放管服”改革工作实施方案，扎实推进简易注销、“多证合一”等商事制度改革，采取网上申报、电话预约、延时服务、容缺后补等有效举措，提升审批效能，激发市场活力。制定出台深化国企改革实施意见和业绩考核、投资监管等5个配套文件，独立设置区国资委，完成2家国企清退整合。践行“产业第一，企业家老大”理念，制定服务企业家提升营商环境工作措施，营造企业家健康成长环境，弘扬优秀企业家精神，构建“亲”“清”新型政商关系。加快推进双街经济发达镇行政管理体制改革试点，将570项经济社会管理权限全部下放，激发试点镇加快发展内生动力。全面启动农村集体产权制度改革工作，天穆镇柳滩村、北仓镇闫庄村改革试点通过市级验收，50%的村完成改革任务，保障农民财产权益，壮大村集体经济实力。

城市建设迈出新步伐。坚持高起点规划、高水平建设、高效能管理，不断提升城市载体功能。编制北辰空间发展战略规划、城市总体规划、产业发展规划、控制性详细规划和73个专项规划，完成京津城际地区、新增环内地区、京滨城际北辰站点周边等重点区域城市设计，基本实现规划体系全覆盖。成功获批全市首个城市建设管理体制改革试点，累计收储土地1349.73公顷、供地564公顷，吸引了融创、恒大、中粮、华润等一批知名开发商，开工面积超过300万平方米，区域知名度和影响力显著提高。基础设施建设全面提速，外环东北部调整线、大北环铁路和地铁5号线、4号线等市重点工程加快推进，京津塘高架、蓟汕联络线、西站北联络线、志成道延长线竣工通车，京津高速东堤头出入口建成开通，地铁3号线投入运营。新建和改造九园公路、津武路、205国道等6条主干道路，完成果园南道、姚江东路、高峰南路等15条次支干道建设，新建公路14.4千米，扩建改造26千米，路网密度实现170千米/百平方千米，达到全市先进水平。新建2座消防站、13座变电站和8座城市雨水泵站，城市排沥能力达到173立方米/秒。在全市唯一获批国家级产城融合示范区，启动5.9平方千米核心区开发建设，打造产城融合发展的标杆。加快推进城中村改造和新

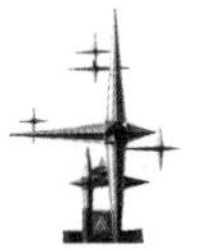

市镇建设，累计完成拆迁720万平方米，在建安置房和配套公建465.9万平方米，200万平方米主体竣工，150万平方米还迁入住，近4万名居民迁入新居。

生态环境发生新变化。积极践行“绿水青山就是金山银山”的理念，以前所未有的决心和力度推进污染治理，生态文明建设成效明显。关停取缔“散乱污”企业1938家，占全市关停取缔总数的五分之一。完成取暖散煤清洁能源替代1.48万户，拉网式排查燃煤设施899台并全部拆除，实现全区35蒸吨以下燃煤设施“清零”。 实施大气污染防治网格化管理，在全市率先实现各镇街开发区空气质量监测点全覆盖，空气质量有效改善。大力推进“河长制”管理，完成3条河道综合治理，实施8个片区雨污分流改造，新建2座污水处理厂和58.7千米配套管网，污水日处理能力达到26万吨，水环境质量不断改善。创建清洁村庄59个、美丽社区38个，4个镇被评为国家级生态镇。完成郊野公园一期工程，构筑天津北部生态长廊。大力开展绿化美化，完成14个桥下空间治理，新建双青公园、辽河道公园和11千米外环骑行绿道，新增和提升城市绿地572万平方米，造林绿化4933.33公顷，全区林地面积达到10733.33公顷，被评为全国生态建设突出贡献先进集体、全国造林绿化先进集体。

民计民生实现新改善。坚持每年实施一批民心工程，把75%以上财力用于民生领域。努力扩大就业规模，失业率控制在3.8%。医疗、生育、失业、养老、工伤保险基本实现全覆盖，城乡低保标准实现一体化。积极稳妥做好退役军人优抚安置工作，组建区退役军人事务局筹备组，在各村居设立联络站，成立关爱退役军人协会，为军队退役人员提供更加直接便捷的服务。教育教学水平稳步提升，全区幼儿园达到144所，中小学达到47所，高中校达到5所，与天津外国语大学、光华教育集团共同建设外大附属学校，完成义务教育和高中校现代化标准建设，建立全市首家教育云平台，中高考成绩连创新高，我区被评为全国信息化教育实验区、全国社区教育实验区、国家学前教育改革发展实验区、国家特殊教育改革实验区、国家级农村职业教育和成人教育示范区。医疗卫生体系不断完善，市第二儿童医院投入使用，市代谢病医院主体竣工，两所区级医院均进入三级医院行列，建成区疾病预防控制中心和妇幼保健中心，社区卫生服务中心全部实行“一卡通”，实施医疗卫生体制改革试点和公立医院综合改革，加快“三医联动”、分级诊疗和医联体建设，我区成为全市唯一一个受到国务院表彰的公立医院综合改革先进地区，被评为国家卫生应急综合示范区、全国妇幼健康优质服务示范区和全国农村中医药工作先进单位、全国人口和计划生育工作先进集体。扎实推进国家公共文化服务体系示范区创建工作，“五大文化品牌”影响力日益扩大，建成了区美术馆和区文化中心，各镇街全部建成一座高标准文化中心，全区三级公共文化设施设置率达到100%，我区被评为全国文化先进区和中国民间文化艺术之乡。群众性体育活动广泛开展，新建10个体育公园、60个多功能健身场所，我区运动员在市级以上比赛中共获奖牌1258枚，创历史最好水平，被评为全国群众体育先进单位。全力搞好全国文明城区、国家卫生城区创建工作，清脏治乱打造无违章社区，对京津路、辰昌路等15条重点道路施划了1.3万延米禁停线，对第二儿童医院周边等重点区域进行了交通综合整治，持续加大公益广告投放力度，上万名志愿者参与“双创”监督工作，形成了全民参与的良好局面。在一季度全市测评中，我区排在六个提名城区中的第三位，比2017年底上升了2个位次。我区获评首届天津市文明城区荣誉称号，被中央文明办确定为2018—2020年创建周期全国文明城区提名城区。国防动员和双拥工作进一步加强，首次荣获全国“双拥模范城”称号。

社会治理得到新提升。深入推进“法治北辰”和“平安北辰”建设，扎实开展“六五普法”，设立公共法律服务中心，完成15个基层司法所提升改造，创建15个市级法治示范村居。严格落实维稳第一责任，全力化解信访积案。创新综治警务网格融合，实行村居综治办警务室一体化办公，构建“1+3+N”综治警务网格社会治理模式，开展了“进门”大清查专项行动，有效破解环保治理、消防隐患排查中的一些难题，在全市形成有益经验，我区被评为“2017全国社会治理创新优秀城市”“北辰综治”APP被评选为全国政法智能化建设“雪亮工程”十大创新案例，创新成果在全市推广。圆满完成驻区部队“停偿”工作，创造了北辰模式、北辰经验，得到了军委首长和市委、市政府、警备区领导的高度认可。实施食品药品放心工程，确保人民群众饮食用药安全。落实安全北辰建设实施意见，深入开展安全隐患排查整改和危化品企业集中整治，安全生产形势持续好转。

党的建设得到新加强。坚持把讲政治摆在首位，强化“四个意识”，推动党的建设从宽松软走向严紧硬，管党治党责任进一步夯实。把学习贯彻习近平新时代中国特色社会主义思想和党的十九大精神作为首要政治任务，突出“广、深、活、实”四个字，深入开展“七进”工作，形成了学习宣传贯彻的热潮。成立履行全面从严治党主体责任领导小组，下设区主责办和成员单位，在区委办公室专设主责科，配备专职人员，制定相关制度，完善责任体系，推动主体责任抓具体、具体抓、抓在实处。狠抓市委“机动式”巡视反馈问题整改，81项整改工作全部落实落地，整改情况被市委评价为“优秀”。扎实推进“两学一做”学习教育常态化制度化，固化主题党日、规范党员领导干部双重组织生活等经验做法被中组部共产党员网、《天津日报》等多家媒体报道，市委组织部印发文件在全市推广。统筹推进各领域基层党组织建设，两新组织覆盖率100%，打造了宝翠花都等一批社区党建品牌。严格贯彻市委决策部署，全区村居党组织全部完成换届工作，全部顺利实现“一肩挑”。创新选人用人模式，举办“辰青班”，选派优秀年轻干部到急难险重岗位摔打锻炼，有效激发干部队伍活力。坚持党管人才原则，制定进一步集聚人才创新发展的实施意见等“2+8+1”政策文件，首次评选北辰区“十大拔尖人才”，进一步营造了“人人皆可成才、人人尽展其才”的浓厚氛围。用好监督执纪“四种形态”，在全市率先实现派驻纪检组“全覆盖”，建立“一办两组”巡察机构，创新巡镇带村模式，推动全面从严治党向基层延伸、向纵深发展。保持反腐高压态势，查处了一批侵犯群众利益的典型案件，政治生态不断净化。

改革开放的基本经验

改革开放的40年，是北辰崛起、跨越、腾飞的40年。40年的巨大成就，是党的思想路线和改革开放政策指引的结果，是市委、市政府正确领导的结果，是全区广大干部群众团结担当作为和拼搏奋斗的结果。回顾40年的实践，有许多有益的启迪和宝贵的经验。

第一，必须始终坚持中国共产党的领导。40年所取得的成就和进步，归根结底离不开党的坚强领导。中国共产党的领导是中国特色社会主义最本质的特征，没有共产党，就没有新中国，就没有新中国的繁荣富强。树立全局意识、责任意识，把抓改革作为一项重大政治责任，坚定改革决心和信心，扭住关键、精准发力，更好地担当起时代赋予的光荣使命。

第二，必须始终坚持解放思想不断与时俱进。思想理念是行动的先导，从以阶级斗争为纲到以经济建设为中心，从封闭半封闭到改革开放，从计划经济到中国特色社会主义市场经济，每一次变革无不是思想解放的成果。40年的发展历程，每前进一步，都首先取决于思想的解放、观念的更新和思路的创新。解放思想是党的思想路线的本质要求，是我们适应新形势、应对新挑战、完成新任务的强大思想武器。

第三，必须坚定不移追求推动高质量发展。推动高质量发展，是保持经济持续健康发展的必然要求，是适应我国社会主要矛盾变化和全面建成小康社会、全面建设社会主义现代化国家的必然要求，是遵循经济规律发展的必然要求。要着力把握发展规律、创新发展理念、转变发展方式、破解发展难题，努力实现经济质量与生态环境质量的同步提升；努力在增强创新能力、提高开放水平、改善生态环境、促进高质量发展上取得新突破。

第四，必须把改革作为根本动力不断深化。40年的发展、40年的巨变离不开改革创新。农村土地制度、农产品流通体制、农村财税和金融体制、农村集体产权制度等各项改革，为经济社会发展提供了强大动力。推动农村发展，必须不断深化改革。要坚持尊重农民意愿，发挥农民的主体作用和首创精神，积极推进体制机制创新，探索新思路、寻求新突破、开创新局面。

第五，必须把扩大开放作为战略之举毫不放松。北辰经济之所以能够实现跨越发展，在很大程度上取决于招商引资，一批国内外投资项目已

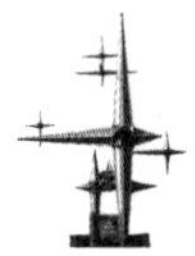

成为全区经济的最大增长点。实践证明，招商引资是生命线，好项目大项目是加快发展的关键所在。要坚定不移地扩大开放，坚定不移地抓好项目建设，为又好又快发展储备后劲。

第六，必须把生态环境建设摆到首要位置。落实绿色发展的理念，正确处理好经济发展和生态环境保护的关系，是实现高质量发展的一个重要维度。要强化“绿色决定生死”的理念，像保护眼睛一样保护生态环境，像对待生命一样对待生态环境，形成绿色发展导向，大力倡导绿色的生产方式和生活方式，坚决摒弃损害甚至破坏生态环境的发展方式，让良好生态环境成为经济社会持续健康发展的支撑点，实现人与自然的和谐、发展与生态环境的双赢。

第七，必须把和谐稳定作为必要前提齐抓共管。没有一个和谐稳定的社会环境，改革发展就无从谈起。北辰经济社会持续健康快速发展得益于和谐稳定的社会环境。“稳定就是发展”已形成共识。要紧紧围绕构建和谐社会的目标任务，持之以恒地抓好稳定工作，不断巩固发展和谐稳定的社会局面，确保改革开放和现代化建设顺利进行。

第八，必须把执政为民的根本宗旨落到实处。坚持以人为本，始终把发展和维护人民群众的根本利益作为一切工作的出发点和落脚点，着力解决好人民群众最关心、最直接、最现实的利益问题，是落实党的根本宗旨的必然要求。要继续实施民心工程，不断加大公共财政对农村的支持力度，进一步抓好群众就业增收工作，努力改善民生，使广大群众共享改革发展的成果。

建设繁荣富裕、文明和谐、宜居美丽的新北辰

当前，世情、国情、区情正在发生深刻变化。从国际来看，经济全球化在曲折中深入发展，世界经济呈现回暖向好态势，国际金融市场总体稳定，新一轮科技革命和产业变革蓄势待发，同时，不稳定不确定的因素还很多。从全国来看，党的十九大胜利召开，党和国家事业站在了新的历史起点上，开启了全面建设社会主义现代化国家新征程。我国经济发展进入新时代，已由中高速增长阶段转向高质量发展阶段，践行创新、协调、绿色、开放、共享发展理念，推动质量变革、效率变革、动力变革，是摆在我们面前的重大课题和紧迫任务。改革进入深水区，新旧矛盾交织，风险隐患增加，需要以更坚定更深入的改革创新来激发动力、活力和创造力。从天津来看，经过多年的建设发展，已经形成了难得的综合优势和基础条件，京津冀协同发展、“一带一路”建设、滨海新区开发开放等战略机遇叠加，“五个现代化天津”建设全面推进，正处于发挥比较优势、实现内涵式发展、加快现代化大都市建设的重要历史性窗口期。从北辰来看，一方面，处在大开发、大建设的重要阶段，处在转型升级、较劲爬坡的关键时期，长期积累的历史遗留问题、改革发展中面临的难题和群众生活中亟待解决的问题，给我们提出了艰巨的任务和严峻的挑战。另一方面，在京津冀协同发展的大背景下，手握城市建设管理体制改革试点、国家级产城融合示范区建设、天津北部新区开发建设“三张好牌”，区位优势、产业优势、空间优势、政策优势更加凸显，可以说机遇十分难得。只要全区上下勠力同心、振奋精神，在抢抓机遇中担当作为、在改革创新中谋求突破，就一定能够把握主动、抢占先机，开创各项工作的新局面。

今后五年，我们要全面贯彻党的十九大精神，以习近平新时代中国特色社会主义思想为指导，以“三个着力”重要要求为元为纲，按照中央和市委的决策部署，坚持稳中求进工作总基调，坚持新发展理念，坚持以供给侧结构性改革为主线，推动质量变革、效率变革、动力变革，肩负起解决改革发展中的难题和提高整体发展水平的双重任务，加快产业向高端转型、城郊向都市转型，努力建设繁荣富裕、文明和谐、宜居美丽的新北辰。

——坚持创新发展。千方百计提高自主创新能力，以人才优势赢得创新优势、竞争优势和发展优势，全力抢占产业制高点，加快培育新的经济增长点，使创新成为经济社会发展主要驱动力。

——坚持协调发展。主动融入京津冀协同发展国家战略，建设三地合作交流重要节点；加强与市内其他区域合作和衔接，促进域内城乡区域协调发展，增强发展整体性和协调性。

——坚持绿色发展。以生态文明建设为引领，加强生态环境建设与保护，推进绿色发展、循环

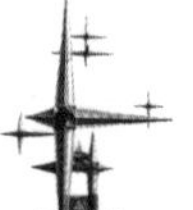

发展、低碳发展，加快建设美丽北辰，形成节约资源和保护环境的空间格局、产业结构、生产方式和生活方式，实现生态与经济融合发展。

——坚持开放发展。牢固树立国际视野，加大开发开放力度，不断释放改革红利。坚持引资、引技、引智有机结合，强化全产业链招商，加快推进项目建设，打好招商引资攻坚战。大力发展外向型经济，努力建设外贸强区。

——坚持共享发展。大力发展各项社会事业，促进公共设施布局均衡化和公共服务均等化，提高公共服务供给能力，完善社会管理，搭建公平、均等的公共服务体系，确保人民群众共享发展成果。

回顾40年发展历程令人鼓舞，展望未来发展前景催人奋进。新时代新征程、新时代新使命，中国仍需以改革进一步激发蕴藏于人民的创造伟力。“逢山开路，遇水架桥”，改革的脚步从未停歇。越是任务重、困难大，越要知难而进、迎难而上，把改革方案的含金量充分展示出来，让民众拥有更多获得感。九层之台，起于累土。习近平总书记指出，要把这个蓝图变为现实，必须不驰于空想、不骛于虚声，一步一个脚印，踏踏实实干好工作，努力开创北辰改革开放和现代化建设事业更加美好的未来。

（作者：北辰区委研究室）

【联系社区和全国农村固定观察点工作】 以服务群众联系社区工作为突破口，打通服务群众的“最后一公里”。做好丹凤里社区帮扶工作，举办联合党日活动，走访慰问社区困难居民，提供资金和物质帮助。完成农村固定观察点各项工作，完善升级北辰区农业新型经营主体信息库，梳理汇总4家农业新型经营主体经营状况和政策人才技术需求。根据农业部安排，组织村级调查员进行农村调查制度和农户调查制度专题培训，提供翔实可靠数据，为市区两级政府制定农村政策提供了参考依据。

（王　莹）

统一战线

【建立大统战工作格局】 制定《区级党员领导干部与党外代表人士联谊交友制度》，深化瑞景街统战试点和瑞益园统战文化特色主题社区试点成果，在天穆镇、开发区、卫生和教育系统等单位，探索统战工作进社区、进园区、进校区、进特色镇和重点领域的新经验。确定2018年为统一战线培训年，先后组织培训班17个近1300人次参训、纪念“五一口号”70周年和纪念改革开放40周年等特色主题活动12场，近600人参与。创建党外人士信息管理系统，构建“微信平台+统战官网+纸媒期刊+知识手册+宣传手册+宣传海报”多维度立体宣传模式，累计推送信息200余期。

【多党合作事业】 推动《中共北辰区委关于支持民主党派、无党派人士加强民主监督的意见》《民主党派直接向区委提出建议的制度》落实，制订《2018年北辰区政党协商计划》，召开协商会议5次，35条重要意见通过《党外之声》直报相关区领导，并推动反馈意见的落实。制定《北辰区统一战线成员调研保障机制》，支持围绕服务大局开展调研活动。坚持党派联席会议制度。组织党派联合调研，为北辰区特殊教育事业发展提供科学决策参考。支持党外人士开展精准扶贫、捐资助学等特色品牌活动，服务发展，回馈社会。

【非公经济】 贯彻习近平总书记在民营企业家座谈会的重要讲话精神，推动“津八条”“辰十条”的落实，举办企业家“议政建言会”“政策宣讲会”和“助力企业发展对接会”等10余场活动，成立会员企业法律援助办公室。举办非公经济人士理想信念教育实践系列活动，组织企业家参加培训和红色主题教育，引导民营企业家听党话、跟党走，坚定走社会主义道路的信心。积极参与“万企帮万村”精准扶贫行动，动员60个会员企业帮扶3个对

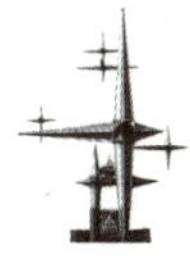

口帮扶县的60个村；组织会员企业建立100万元助学基金，资助兴隆县贫困家庭学生；免费为华池县20名贫困患者实施白内障复明手术。推动各镇街、开发区建立健全基层商会。与华池县工商联建立友好商会，拓展两地产业对接渠道。

【党外知识分子和新的社会阶层人士工作】 充实党外知识分子信息库，建立党外知识分子联络组活动规则，规范无党派人士认定的标准和流程，联系驻区高校和科研院所，完善区委联系党外知识分子的桥梁和纽带。构架实践创新平台。创建微信交流群，打造海天缘众创空间、辰新艺苑、辰新e家、辰新驿站4个新阶层人士实践创新基地，构成“1+4”的工作新格局。引导党外知识分子和新的社会阶层人士积极参与扶贫助困、非遗传承等工作，促进全区社会事业发展。

（郑　洋）

【民族宗教】 组织各级中心组专题学习宗教政策理论知识，邀请国家宗教局领导作“我国宗教问题的理论、政策和实践专题报告会”；举办培训班，明确基层工作职责。召开民族宗教工作联席会议4次，通报区内民族、宗教工作形势，分析涉及民族、宗教方面存在的问题和不稳定因素，协商解决问题的相应对策和措施。

开展“四进”活动，举办新修订的《宗教事务条例》培训班，组织“宗教界代表人士座谈会”和“卧尔兹交流研讨会”，引导全区宗教界人士和信教群众爱国爱教、正信正行。9月26日，举办北辰区宗教活动场所开展“四进”活动启动仪式，在全区6个宗教活动场所开展“国旗、宪法和法律法规、社会主义核心价值观、中华优秀传统文化‘四进’宗教活动场所”活动。开展民族团结进步创建工作，持续深化民族团结进步宣传“六进”活动，举办“同心同向同梦”民族特色学校民族团结进步汇报演出和演讲比赛，筑牢中华民族共同体意识。

以“民宗北辰”微信公众号为阵地，宣传共产党的民族宗教政策及北辰区的决策部署，推介民族宗教知识，弘扬民族文化，服务民族宗教界群众，原创栏目《团结创建》累计阅读量超过40000人次，以推介民族电影、传承民族文化、促进民族团结为主题的原创栏目《一族一影》累计阅读量超20000人次。民族中专等3所学校和津张清真肉类有限公司等4家企业被评为2018年天津市民族团结进步创建示范单位，天津市天方清真食品有限公司被评为全国民族团结进步创建示范单位。

改善宗教活动场所条件。筹集资金30万元，对区内宗教场所的房屋进行修葺加固和提升改造。筹集资金2万元，对天穆村少数民族困难群众进行慰问帮扶。协同公安、交管等部门做好盖德尔夜各清真寺周边和开斋节期间回民公墓的安全值守。开斋节期间到全区5座清真寺进行走访慰问，送去慰问品及慰问金共计10万余元。对区内幼儿园清真灶情况调研摸底，争取市民委幼儿园清真灶提升改造补贴款30万元。

（史　悦）

保密管理

【概况】 2018年，北辰区委保密委员会办公室（天津市北辰区保密局）认真贯彻落实中央和市、区委的部署要求，积极推动各项工作贯彻落实，确保全年未发生失泄密案件，维护了党和国家秘密安全。

【保密宣传教育】 开展保密法治宣传活动。全区82个基层单位共有3871名干部职工参加保密法治宣传教育活动。组织各单位积极参加市委保密办组织的保密法治知识竞赛活动，全区累计2570人参加答题；组织以“不忘初心，牢记使命，做国家秘密的忠诚守护者”为主题的征文活动，全区各单位积极响应，累计报送保密工作征文稿件31篇；组织各单位开展保密警示教育观片活动，全区累计开展观片活动70余场次；组织全区各单位在机关显著位置或社区、街道张贴保密宣传教育挂图60余套；区保密局向各镇街、教育、卫生系统配发保密宣传折页1800份，向社会大众宣传保密知识。通过一系列保密法治宣传教育活动的开展，全区领导干部、涉密人员、公务员和保密干部保密法治意识和保密能力得到显著提升，公民保密法治观念进一步增强，在全区营造了人人自觉保守国家秘密、维护国家安全利益的浓厚舆论氛围。开展军事设施安全保密法治宣传教育活动。组织区气象局利用北辰区气象信息手机短信群发系统为5200余用户推送军事设施环境安全保密法治常识，利用分布在学校、社区、企事业单位的48块LED显示屏，将军事设施安全保密法治标语和常识进行了为期一周的滚动播出；区保密局会同区武装部、区国安分局利用全民宪法日，开展军事设施安全保密法治宣传活动，向居民发放宣传手册1000余份。通过系列活动，强化了广大人民群众维护军事设施周边环境安全的自觉性，得到了党政机关和社会各界的广泛关注，形成全区上下“人人关心国防建设，人人维护军事设施”的良好氛围。

【保密培训】 举办北辰区保密工作培训会，全区各单位保密工作分管领导和保密干部约150人参加会议，重点围绕定密工作、保密自查自评、保密法治宣传教育等内容，提高各单位对保密工作重要性的认识及管理水平，为作好新形势下保密工作奠定基础。

【保密检查】 全年开展3项保密检查。开展高考保密专项检查工作，实地检查试卷保管室、各个考点的保密室，确保2018年高考工作顺利进行。组织机关、单位开展保密自查自评工作，通过采取现场保密技术检查、集中查阅档案资料的方式，检查全区80余个机关、单位的保密自查自评工作开展情况，确保保密管理要求落实到位。开展保密要害部门、部位年审，确保保密要害部门、部位人防、物防、技防措施配置符合保密管理要求。

（刘玲珊）

网络信息

【概况】 2018年，区委网信办进一步贯彻落实党的十九大精神，以习近平新时代中国特色社会主义思想特别是习近平总书记关于网络强国的重要思想为指导，抓严抓实网络意识形态工作，高标准筑牢网络安全防护网，推动全区信息化建设再创新高。

【网络宣传引导】 建成启用全市首个区级媒体融合平台——“津云·北辰”媒体融合中央厨房，迈出全区媒体融合发展关键一步。不断深化习近平新时代中国特色社会主义思想的网上学习宣传贯彻，在网信办官方微信公众号“网信北辰”开通“网上大学习”“青年大学习”和“深入学习习近平新时代中国特色社会主义思想网络答题活动”等专题专栏，集中开展“践行十九大 网宣北辰正能量”为主题的十九大精神“七进”活动。围绕“庆祝建党97周年”“创建全国文明城区和国家卫生城区”等主题，精心策划并推出专题专栏，借助直播、短视频、H5等形式，推出《圆梦双青》《梦娃萌萌哒》《青春检察梦》《十九大精神在心中》等分众化、差异化传播的现象级融媒体产品。推出特别专栏“北辰故事”26期，通过老照片展现改革开放以来北辰的发展变化，累计阅读量10万余次。携手“新浪天津”，2018年春节期间，推出“北辰的春节不一样”访谈和特色民俗展演视频29期。推出“敢担当 善作为”专栏20期，选取全区党政机关、企事业单位的带头人，宣传报道他们的先进事迹，激发全区人民干事创业的热情。推出以“中国好网民”为主题的系列报道——“一个人温暖一座城”专栏，挖掘北辰人的“中国梦”，通过讲述网民的精彩“网事”传播社会正能量，活动累计阅读量936万人次，营造人人争做好网民的浓厚氛围。

【网络安全保障与建设】 制订出台并实施北辰区关于加强网络安全和信息化工作的实施意见、北辰区网络强区战略实施意见。搭建完成网络安全态势感知平台，强化网络安全风险监测预警。拓展防护手段，组建专业团队，全面开展系统升级、

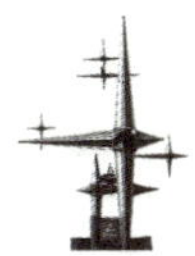

安全加固、安全通告、脆弱性检测等各项工作，分批将政务网内应用系统迁入政务云集中管理，提供统一安全防护。实施等保测评项目，对门户网站的物理安全、网络安全、主机安全、应用安全、数据安全及备份恢复、安全管理制度、安全管理机构、人员安全管理、系统建设管理和系统运维管理10大项、290小项进行测评，提高信息安全防护能力，降低被攻击的风险。创新检查方法，通过现场检查、远程扫描、单位自查同步开展的方式，深入全区各单位开展关键信息基础设施检查，梳理各类信息系统资产千余项，全面提升北辰区网络安全防控工作水平。强化考核评价，将网络安全工作纳入对各单位的年度考核，提高网络安全意识，落实网络安全责任。

【智慧北辰建设】 推动朝亚北辰云计算中心项目落户北辰，为开发区现有企业和落地项目提供安全、高效的云服务，为建设“智慧园区”提供有力保障。建成北辰区政务云，并进行扩容升级，服务于“津云·北辰”媒体融合中央小厨房、明厨亮灶、环保监管、智慧医疗、农民工工资监管、开发区门户网站等近20个重点应用系统，打造智慧北辰的“中枢大脑”。将部分单位业务迁入区政务云内运行，逐步推动信息化建设向集约化、高效协同发展模式转变。配合或指导相关单位建成符合各自业务需求的城市管理、综合治理、环境保护等应用系统。为“政务一网通”“一制三化”和“放管服”改革等工作做好信息化技术支撑，确保“互联网+政务”在线公共服务顺利推进。完成市级数据共享交换平台在全区的联通和部署，实现区级数据上传共享。

（李　毅）

党校教育

【概况】 2018年，北辰区委党校按照区委、区政府的部署要求，全面贯彻中共十九大和十九届一中、二中、三中全会精神，坚定不移地以习近平新时代中国特色社会主义思想为指导，毫不动摇举党旗、育党人、立党言、尽党责，全面提升党校工作水平，先后获得天津市基层理论宣讲先进集体、市委党校系统第十届科研成果组织奖、第三届北辰区文明机关等荣誉。

【干部培训】 聚焦主业主课，打造党员干部教育培训的主阵地。按照2018年度干部教育培训计划，配合区委组织部、区公务员局、区级机关工委，共举办各级各类培训班15期，培训轮训干部2500余人次；开办流动课堂，在70余个镇街、委办局等机关进行理论宣讲；同时用好“基地式”培训，利用双街村、瑞益园社区、双口矫治所以及与档案局联合共建的区情教育现场教学基地等8个基地，为村居、企业、学校等基层党员授课。截至2018年，已宣讲120次，培训党员干部近6000人。

2018年北辰区委党校主体班培训情况表

表1　　单位：人

序号	班次名称	时间	人数	组织单位
1	2018年北辰区第一期处级干部进修班	3月	38	区委组织部、区委党校
2	2018年北辰区优秀年轻干部培训班	3月	53	区委组织部、区委党校

续表 单位：人

序号	班次名称	时间	人数	组织单位
3	2018年北辰区第二期处级干部进修班	4月	39	区委组织部、区委党校
4	北辰区2018年第一期新党员“筑基”短期集中培训	5月	250	区委组织部、区机关工委、区委党校
5	2018年度第一期党员发展对象短期集中培训班	5月	250	组织部、机关工委、党校
6	北辰区机关党组织书记培训班	5月	150	组织部、机关工委、党校
7	北辰区新提任副处级领导干部学习贯彻党的十九大精神专题培训班	5月	15	区委组织部、区委党校
8	新一届村和社区“两委”成员任职培训	9月	121	区委组织部、区委党校
9	2018年北辰区第三期处级干部进修班	9月	38	区委组织部、区委党校
10	2018年第二期新党员“筑基”短期集中培训	9月	250	区委组织部、区级机关工委、
11	2018年度第二期党员发展对象短期集中培训班	10月	250	组织部、机关工委、党校
12	2018年科级领导干部任职培训班	10月	76	组织部、公务员局、党校
13	2018年北辰区第四期处级干部进修班	11月	39	区委组织部、区委党校
14	2018年度第三期党员发展对象短期集中培训班	12月	50	组织部、机关工委、党校
15	“两新”组织党组织书记及党务工作者培训班	11月	150	组织部、两新组织工委

【课程布局】 围绕党的十九大精神、《习近平新时代中国特色社会主义思想三十讲》、改革开放40年成就、《宪法修正案》等14个专题设置课题菜单，依托全区培训三级网络大格局开展宣讲。

2018年北辰区委党校主体班培训情况表

表2

专题名称	授课教师
深入学习贯彻党的十九大精神	党校教师
重读主席诗词 不忘我党初心	林雪雁

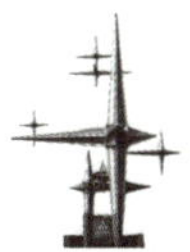

续表

专题名称	授课教师
高举习近平新时代中国特色社会主义思想的伟大旗帜	李玉山
不忘初心 牢记使命	付宇东
为新时代坚持发展中国特色社会主义提供宪法保障	胡艳霞
学习十九大党章	张静静
学习先辈风范 增强党性修养	王 莹
学习《习近平新时代中国特色社会主义思想三十讲》——坚定文化自信 践行社会主义核心价值观	林雪雁
学习《习近平新时代中国特色社会主义思想三十讲》——习近平新时代中国特色社会主义思想是党和国家坚持的指导思想	李玉山
学习《习近平新时代中国特色社会主义思想三十讲》——坚定不移贯彻新发展理念	胡艳霞
学习《习近平新时代中国特色社会主义思想三十讲》——坚持发展中国特色社会主义是当代中国发展进步的根本方向	付宇东
学习《习近平新时代中国特色社会主义思想三十讲》——努力掌握马克思主义思想方法和工作方法	张静静
学习《习近平新时代中国特色社会主义思想三十讲》——坚持党对一切工作的领导	王 莹

【调科研工作】 推进教研咨一体化，围绕市区委中心工作和理论热点难点问题，开展调科研工作。全年共撰写调科研文章17篇，其中市委党校系统调研科研立项2项均已结项、发表，市台办立项课题获得二等奖，市党建研究会科研项目2项获奖并做大会典型发言，市委党校行政学院系统纪念改革开放40周年论文评选2篇文章分获一、二等奖，获奖代表在会上发言，市领导学研究会2017年学术年会上5篇文章获优秀奖，1篇文章发表在《支部生活》上，1篇文章收录在《全国党校系统师资培训文丛》中；编辑《理论文苑》12期，作为基层党员学习参考。

（王海川）

党史编研

【概况】 2018年，北辰区委党史研究室以习近平新时代中国特色社会主义思想和中共十九大精神为指导，适应新时代史志事业发展的新形势，全面完成2018年各项目标任务。《奋斗的历程(1997—2002)》北辰区卷获天津市党史系统优秀成果三等奖；北辰区在全市党史主任工作会议上做典型发言。

【资料征编】 在《北辰史志》上开设“新时代 新征程”栏目，客观记录北辰区委、区政府及各单位学习贯彻中共十九大精神新经验、新举措、新成果。完成2017年《大事述要》，并上报市委党研室。征集纪念改革开放四十周年文章，其中6篇获市委党研室、市委老干部优秀奖。

【史志宣传】 内部刊物《北辰史志》全年发刊6期，编辑稿件35万字，免费发放全区各单位及村居。利用《天津日报·北辰之声》宣传平台，第一季度刊发“北辰人物”稿件。发挥“史志北辰”微信平台宣传作用，每周刊发北辰历史、北辰地情、史志动态等内容。

【调研服务】 开展“双万双服促发展”活动，深入企业调研，帮扶企业建立党员活动室，将“津八条”“北辰十条”落在实处。参与全区“双创活动”，以纪念建党97周年、中国人民抗日战争胜利纪念日等活动为契机，开展“北辰人物”流动展牌和十九大精神进校园、进社区、进机关、进基地，宣传党的历史。开展“党员包楼门”志愿服务活动、“万名党员联万户”活动。组织党员干部3次深入困难群众家庭，做好结对帮扶，确保扶贫工作落实到位。

（刘秋香）

北辰区人民代表大会

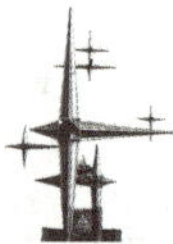

2018年1月9日，天津市北辰区第十七届人民代表大会第三次会议召开　（摄影：付语）

2018年1月10日，北辰区人大常委会主任王志平作区人大常委会工作报告　（摄影：付语）

重要会议

【人民代表大会】 2018年，北辰区人民代表大会共举行2次会议。2018年1月8日至10日，北辰区第十七届人民代表大会第三次会议在区龙顺庄园农博馆举行。应出席代表189人，实出席代表173人。会议通过北辰区人民政府工作报告、北辰区2017年国民经济和社会发展计划执行情况与2018年国民经济和社会发展计划草案的报告、北辰区2017年预算执行情况和2018年预算草案的报告、北辰区人大常委会工作报告、北辰区人民法院和人民检察院工作报告，并作出了相应的决议；选举产生了北辰区监察委员会主任，补选了北辰区第十七届人大常委会委员。

2018年5月29日，北辰区第十七届人民代表大会第四次会议在区机关五楼会议室举行。应出席代表189人，实出席代表167人。会议依法补选王宝雨为北辰区人民政府区长。

【常委会会议】 2018年，北辰区十七届人大常委会共召开12次会议。

1月11日，召开第十次会议。会议书面审议了区检察院《关于控告申诉检察工作情况报告的审议意见落实情况的报告》。表决通过人事任免事项。

2月28日，召开第十一次会议。会议通报了区人大常委会党组2017年度民主生活会情况。审议并通过了《关于修正〈天津市北辰区实施宪法宣誓制度办法〉的决定（草案）》的议案，并作出相应决定。审议并通过《北辰区人大常委会2018年工作要点》。表决通过人事任免事项。

3月28日，召开第十二次会议。会议集体学习十三届全国人大一次会议及习近平、栗战书在闭幕会上重要讲话精神；宪法修正案；监察法。表决通过了人事任免事项。审议通过《关于提请审议天津市北辰区人民代表大会常务委员会讨论、决定重大事项的规定（修订草案）》的议案，并作出相应决定。听取区政府关于2017年度环境状况和环境保护目标完成情况的报告。

5月18日，召开第十三次会议。会议审议并通过《关于提请审议〈天津市北辰区人民代表大会常务委员会人事任免办法〉修正案（草案）的议案》。审议并通过《关于提请审议张树强请求辞去北辰区第十七届人大常委会委员职务的议案》，并作出相应决定。表决通过人事任免事项。审议并通过《关于提请审议吕毅请求辞去北辰区人民政府区长职务的议案》，并作出相应决定。审议并通过《关于提请审议〈关于提名王宝雨为北辰区人民政府代理区长〉的议案》，并作出相应决定。审议并通过《关于提请审议〈北辰区人大常委会关于召开天津市北辰区第十七届人民代表大会第四次会议的决定（草案）〉的议案》，并作出相应决定。

5月25日，召开第十四次会议。会议听取并审议区人民法院《关于基本解决执行难工作情况的报告》。听取区政府关于北辰区《2016年度区级预算执行和其他财政收支审计查出问题整改情况的报告》。审议并通过《北辰区第十七届人民代表大会常务委员会代表资格审查委员会关于补选王宝雨为区十七届人大代表的代表资格审查报告》。审议并通过《关于提请审议北辰区第十七届人民代表大会第四次会议有关事项的议案》。

6月8日，召开第十五次会议。会议审议并通过区人民政府提请的人事任职议案，决定任命赵久占、郭健斌为北辰区人民政府副区长。

7月5日，召开第十六次会议。会议审议并通过《天津市北辰区人民政府关于提请审议北辰区2018年新增政府债券分配方案的议案》，并作出相应决定。审议并通过《天津市北辰区人民政府关于提请审议北辰区生活垃圾与餐厨垃圾协同处理项目“两评一案”的议案》，并作出相应决定。

7月31日，召开第十七次会议。会议听取和审议区政府关于北辰区2017年财政收支决算情况的报告，审查和批准2017年区级决算，并作出相

应决议。听取和审议区政府关于北辰区2017年度区级预算执行和其他财政收支审计工作的报告。书面听取区法院关于基本解决执行难工作情况报告审议意见落实情况的报告。审议并通过《关于提请审议穆祥友等请求辞去北辰区第十七届人民代表大会代表职务的议案》，并作出相应决定。

9月14日，召开第十八次会议。会议表决通过人事任职事项。审议并通过《天津市北辰区人民政府关于提请审议北辰东道道路、综合管廊及附属工程项目财政支出责任的议案》，并作出相应决定。听取并审议区检察院关于全面落实司法体制改革情况的报告。审议并通过《关于提请审议王方等同志请求辞去北辰区第十七届人民代表大会代表职务的议案》，并作出相应决定。

9月27日，召开第十九次会议。会议表决通过人事任免事项。听取并审议区政府关于2018年上半年预算执行情况的报告。听取关于北辰区贯彻执行《市人大常委会关于禁止燃放烟花爆竹的决定》情况的报告。听取并审议关于北辰区教育配套设施情况的报告。审议并通过《关于提请审议耿玉侠等请求辞去北辰区第十七届人民代表大会代表职务的议案》，并作出相应决定。

11月22日，召开第二十次会议。会议表决通过人事任免事项。听取和审议区政府关于医药体制综合改革试点工作情况的报告，并进行专题询问。审议并通过区政府《关于北辰区2018年区级预算调整方案（草案）的议案》，并作出相关决议。审议并通过区人民法院《关于提请审议确定北辰区人民陪审员名额的议案》，并作出相关决定。听取区政府关于农村集体产权制度改革情况工作的报告。听取区政府关于2018年人大代表建议办理落实情况的报告。审议《北辰区第十七届人民代表大会常务委员会代表资格审查委员会关于补选车玉萍等同志为区十七届人大代表的代表资格审查报告》。书面审议区人民检察院关于司法改革情况报告的审议意见落实情况的报告。书面审议区政府关于教育配套设施情况报告审议意见落实情况的报告。书面审议区政府关于2018年上半年预算执行情况报告审议意见落实情况的报告。

12月26日，召开第二十一次会议。会议补选天津市第十七届人民代表大会代表。审议并通过《关于召开北辰区第十七届人民代表大会第五次会议的决定（草案）的议案》。审议并通过《关于北辰区第十七届人民代表大会第五次会议有关事项的议案》。审议并通过《北辰区人民代表大会常务委员会工作报告》。审议并通过《天津市北辰区第十七届人民代表大会第五次会议关于设立天津市北辰区第十七届人民代表大会专门委员会的决定（草案）》。审议并通过《天津市北辰区第十七届人民代表大会第五次会议通过天津市北辰区第十七届人民代表大会专门委员会组成人员人选办法（草案）》。听取区政府《关于北辰区2018年预算执行情况和2019年预算草案的报告》。听取区政府《关于国家级产城融合示范区建设情况的报告》。书面听取部分市人大代表2018年履职情况述职报告。

【主任会议】 2018年，北辰区人大常委会召开主任会议16次，处理常委会重要日常工作。研究提请常委会会议审议的区人民代表大会议程、召开日期、主席团和秘书长名单、列席人员及其他建议事项；常委会向代表所做的工作报告和常委会年度工作安排；常委会决议、决定草案；决定常委会召开时间、议程、日程、列席人员等；对“一府两院”议案、任免案是否提交常委会会议审议；讨论以常委会名义召开的工作会议、组织视察及其他活动；决定常委会工作机构的建设及日常工作等；听取“一府两院”工作部门及政府重大事项有关工作报告情况。

决定任免

【重大事项决定】 根据区政府议案 2018年7月，审查批准《北辰区2018年新增政府债券分配方案》

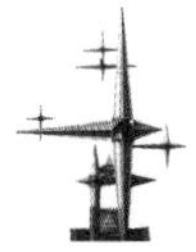

《天津市北辰区人民政府关于提请审议北辰区生活垃圾与餐厨垃圾协同处理项目财政支出责任方案》。2018年9月，审查批准《天津市北辰区人民政府关于提请审议北辰东道道路、综合管廊及附属工程项目财政支出责任方案》；11月，审议通过《确定北辰区人民陪审员名额的议案》。

【人事任免】 坚持党管干部和人大依法任免相统一，根据市区委的部署要求，及时加开区十七届人大四次会议，补选区人民政府区长。修改人事任免办法，规范任免程序，完善任免形式。严把任前法律知识考试、颁发任命书、宪法宣誓、供职发言四道关口，依法任免国家机关工作人员74名。根据代表出缺情况，依法补选区人大代表10名。

监督工作

【转型发展监督】 11月，听取区人民政府《关于农村集体产权制度改革工作情况的报告》，积极推动乡村振兴战略实施，让广大农民共享改革发展成果。12月，听取区人民政府《关于天津市北辰产城融合示范区建设情况的报告》，要求加快规划实施进度，加强基础设施建设，促进产业结构升级，努力建设成为生态型宜居宜业示范区，打造北辰发展新的增长极。

【预算审查监督】 聚焦防范化解金融风险，把好财政预算监督关，开展全口径审查和全过程监管。5月，听取区人民政府关于北辰区《2016年度区级预算执行和其他财政收支审计查出问题整改情况的报告》。7月，听取和审议区人民政府《关于2017年度财政收支决算情况的报告》，审查批准2017年度区级决算；听取并审议《关于2017年度区级预算执行和其他财政收支审计工作的报告》。9月，听取区人民政府《关于2018年上半年预算执行情况的报告》。11月，批准2018年度区级预算调整方案。12月，听取区人民政府《关于2018年度预算执行情况和2019年预算草案的报告》。充分发挥财政税收对经济社会发展的支持和引导作用。

【污染防治监督】 3月受市人大常委会委托，开展《中华人民共和国大气污染防治法》《天津市大气污染防治条例》执法检查，及时形成执法检查报告上报市人大常委会。3月，听取区人民政府《关于2017年度环境状况和环境保护目标完成情况的报告》；9月，听取区人民政府“关于落实《市人大常委会关于禁止燃放烟花爆竹的决定》情况的报告”，要求铁腕落实环保监管执法，持续开展环境综合整治，打好蓝天、碧水、净土保卫战。9月，跟踪视察《天津市学校安全条例》落实情况。

【民生工作监督】 听取和审议区人民政府《关于教育配套设施建设情况的报告》，要求进一步完善专项规划，建立考核机制，严格督促落实，确保教育配套设施建设项目如期完成，办好人民满意教育。11月，听取并审议了区人民政府《关于医药卫生体制综合改革试点工作情况的报告》，并围绕保障基层诊疗服务安全有效便捷、提高区属三级医院医疗服务水平、签约家庭医生服务等问题开展专题询问，全面推动医药卫生体制综合改革更加深入广泛，让人民群众享受优质医疗服务。

【法治建设监督】 5月，听取和审议区人民法院《关于基本解决‘执行难’工作情况的报告》，推动审判机关进一步加强执行工作，完善体制机制，促进解决案件执行难工作走在全市前列。9月，听取和审议区人民检察院《关于全面落实司法体制改革情况的报告》，推动司法体制改革落到实处、取得实效。

代表工作

【代表履职活动】 5月8日，区人大常委会内务司法工委组织部分常委会委员和人大代表对区法院开展基本解决执行难工作情况进行调研。5月22日，区人大常委会受市人大常委会委托，组织部分区人大代表对北辰区贯彻执行《中华人民共和国消防法》和《天津市消防条例》情况进行执法检查。6月13日，区人大常委会组织代表对全区防汛排涝准备工作情况进行视察。7月4日，区人大常委会受市人大常委会委托，区人大常委会执法检查组，到鼎牛农业放心菜基地和利多益来水产品生产基地，对北辰区贯彻《中华人民共和国农产品质量安全法》进行执法检查。11月8日，区人大常委会组织部分人大代表对代表建议办理情况、改善城乡人民生活“二十项民心工程”落实情况进行视察。11月28日，区人大常委会组织北辰区的市人大代表对宜兴埠镇文化展厅、龙兴桥、高峰农贸市场和一汽富维本特勒汽车零部件（天津）有限公司视察。11月，组织代表视察“20项民心工程”落实情况；6月，组织代表视察防汛排涝准备工作情况。

【联系代表】 常委会组成人员密切联系基层区人大代表，通过多种方式听取意见建议。扩大代表对常委会工作的有序参与，一年来，邀请代表200余人次，列席常委会会议，参加视察、调研、执法检查等活动。拓展履职渠道，召开“一府两院”工作情况通报会，为代表订阅《中国人大》《天津人大》《天津日报》。推进代表“进农村·进社区”活动，向原选区选民述职，听取选民对经济社会发展的意见建议，密切了代表与人民群众的联系。结合北辰双创活动，给区镇两级代表发出《创建文明城市、共建美好家园》倡议书700余份，号召人大代表在文明北辰创建中发挥示范引领作用。

【代表建议督办】 采取领导重点督办、中期适时推动、及时听取报告、年底视察检查等措施，加大督办力度，代表提出的47件建议中，已解决29件，占61.7%，正在解决13件，占27.7%；计划解决3件，占6.4%；留作参考2件，占4.2%。

能力建设

【信息宣传】 发挥好传统宣传阵地作用，定期在电视台、报纸刊发消息。着力建设“智慧人大”，用足用好新媒体手段，及时更新北辰人大网站内容，精心维护常委会组成人员微信群。开通“北辰人大”微信公众号，设置信息公开、时政要闻、履职动态、学习交流、代表风采等栏目，实时传送人大知识、法律法规和工作信息，深入宣传人大工作好经验新招法，传播人大好声音。

【基层基础建设】 落实全市推进区乡镇街道人大工作和建设会议精神，加强镇街人大组织建设，推动设立街道人大工委，充实工作力量，9镇6街全部配备专职人大工作人员。增强全区人大工作整体效能，指导镇街人大代表组活动26次，在2018年村居换届选举期间，常委会和各镇街人大组织主动发挥保障作用，人大干部积极参与工作，为全区村居换届依法全面实现党政“一肩挑”的任务做出贡献。

（张　雯）

北辰区人民政府

北辰年鉴

2019

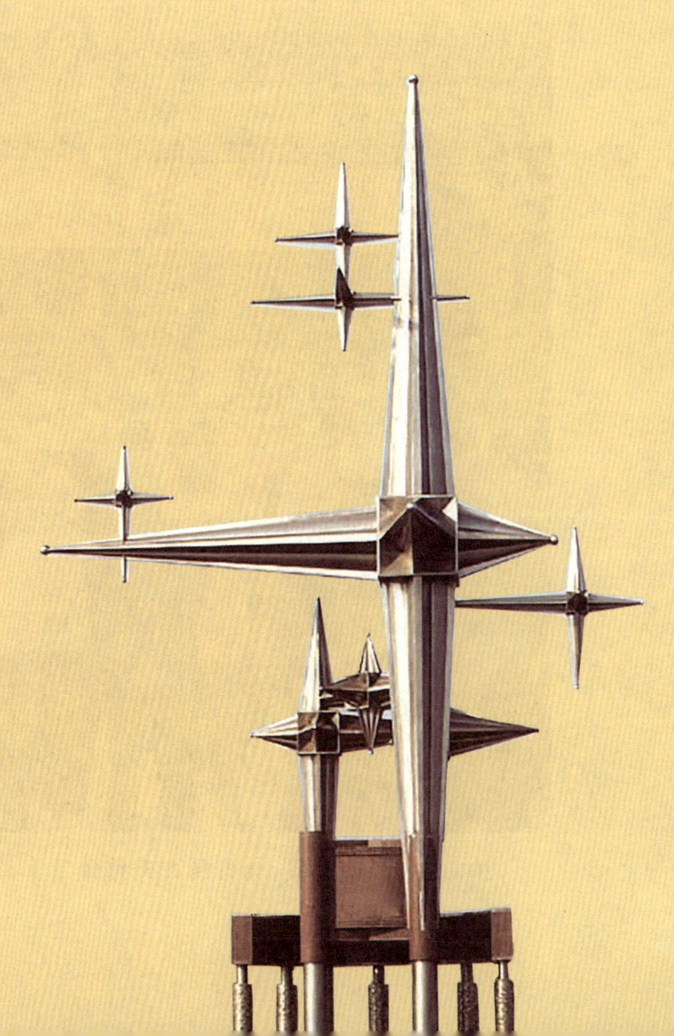

2018 年 12 月，北辰区在机关五楼会议室召开机构改革动员部署会议　（区编办提供）

2018 年 9 月 26 日，北辰区在天穆镇清真北寺举行宗教场所“四进”活动启动仪式　（区委统战部提供）

2018年1月，北辰区行政审批工作人员为企业办理相关手续 （区地志办提供）

2018年9月16日至18日，“创业中华 牵手京津冀——第十八届海外侨界高层次人才为国服务团活动”天津北辰发展论坛在区举办 （区委统战部提供）

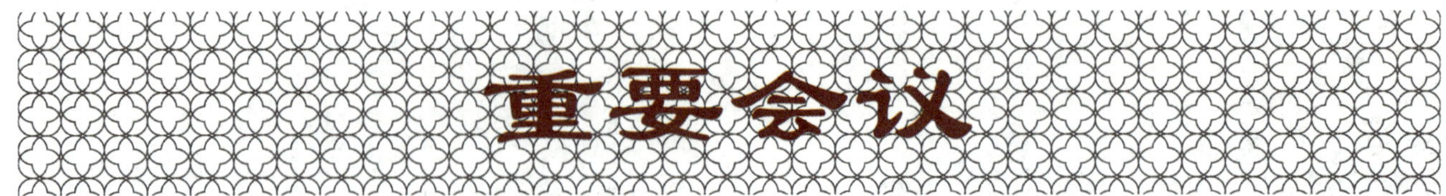

重要会议

【政府常务会议】 2018年，北辰区召开政府常务会18次。

2月27日，区委副书记、区长吕毅主持召开区政府第26次常务会，会议审议修订《天津市北辰区人民政府工作规则》，研究《北辰区人民政府领导班子关于加强自身建设的规定》、2018年重点工作分解、北辰区2018年20项民心工程、区人大十七届三次会议代表建议和区政协九届二次会议委员提案办理工作、《北辰区海绵城市专项规划》《北辰区2018年“双万双服促发展”活动工作方案》、《北辰区2018年对口帮扶工作实施方案》等文件。会议强调，要把思想和行动统一到市委、市政府的决策部署上来，进一步转变作风，深入企业，认真倾听和吸纳企业提出的有关配套、服务等方面的意见和建议，在服务企业、优化投资环境方面取得新的更大成效。

4月16日，北辰区政府召开第28次常务会。会议审议《北辰区创建国家卫生区实施方案（讨论稿）》《北辰区2018—2019年环外农村地区居民冬季清洁取暖工作实施方案（讨论稿）》《北辰区环境保护工作精细化管理实施方案（讨论稿）》《天津市北辰区专利工作三年行动方案（2018—2020年）（讨论稿）》，研究调整北辰区节能减排工作领导小组成员名单事宜。会议要求，各相关单位要坚持“属地管理、条块结合、以块为主”的原则，履行创建国家卫生区的主体责任，全面负责组织辖区创建活动，确保创建工作有序开展；要集中力量解决城乡市容卫生、交通秩序治理和大气污染防治等问题，着力做好试点示范工作，高标准打造创建国家卫生区亮点，广泛深入宣传创建活动，扎实完成各项创建目标任务。

6月8日，区委副书记、区长王宝雨主持召开区政府第31次常务会。会议听取推进中央环保督察反馈意见整改落实工作情况的汇报，审议《北辰区中央环保督察反馈意见整改落实自查自纠检查工作方案（讨论稿）》《北辰区引滦水源占压建筑物拆除工作方案（讨论稿）》《北辰区地表水环境质量考核办法（讨论稿）》《工业园区（聚集区）围城问题治理工作实施方案（讨论稿）》《天津市北辰区科技计划管理办法（讨论稿）》，研究关于延长《北辰区商务楼宇星级评定工作的实施意见》执行期限事宜。

7月23日，区委副书记、区长王宝雨主持召开区政府第35次常务会。会议审议《北辰区加快智能科技产业发展若干政策的实施细则》《首届中国国际进口博览会天津交易团北辰区分团工作方案》《北辰区全面落实湖长制实施方案》等，研究人事任免事宜。会议要求，加快发展智能科技产业，是深入贯彻落实习近平新时代中国特色社会主义思想特别是习近平网络强国战略思想的重要举措，是推动区域经济高质量发展的战略选择。各相关部门要不断加大政策支持，着眼企业需求，推动政策创新，为企业提供更多的金融创新服务，更好地服务智能科技产业发展。

8月23日，区委副书记、区长王宝雨主持召开区政府第36次常务会。会议传达学习了天津市生态环境保护大会、天津市信访积案化解集中攻坚工作总结会议和天津市深化“放管服”改革转变政府职能会议精神，研究《关于调整区政府议事协调机构组成人员》《北辰区实施“乡村振兴战略”行动方案（2018年—2020年）》《北辰区关于实施农村全域清洁化工程的工作方案》《关于调整我区部分单位权责清单的意见》和关于取缔我区市级以下工业园区（集聚区）并重新设立为市级以上工业园区分园及人事任免事宜，审议了《北辰区渣土管理办法》《北辰区渣土治理工作联席会议制度》《关于北辰区生活垃圾与餐厨垃圾协同处理项目控制性详细规划》《北辰区公立医院综合改革实施方案》。

10月18日，区委副书记、区长王宝雨主持召开区政府第38次常务会。会议传达了金湘军副市

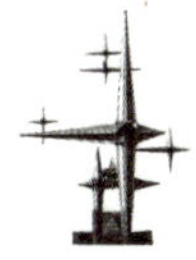

长在第三次全国国土调查电视电话会议（天津分会场）暨天津市第三次土地调查领导小组第一次全体会议上的讲话精神，学习统战工作领导小组宗教专题会议精神，审议《天津市北辰区推进东西部扶贫协作和对口支援三年行动方案》，并研究相关议题。会议强调，各单位、各部门要深入学习贯彻习近平新时代中国特色社会主义思想和中共十九大精神，进一步提高政治站位，坚持稳中求进工作总基调，深化供给侧结构性改革，持续推进降成本工作，把降成本与产业转型升级、提升持续发展能力相结合，以提高实体经济供给体系质量为重点，增强北辰区经济质量优势。要在降低制度性交易成本、税费成本和要素成本上协同发力，降低企业负担，推进实体经济企业综合成本合力下降，盈利能力明显增强。要加大宣传解读力度，通过“双万双服促发展”等举措，以“互联网+”思维，多角度将最新的优惠政策充分展示，以高效优质的服务助力纳税人健康发展，确保各项政策措施落地见效。

11月1日，区委副书记、区长王宝雨主持召开区政府第39次常务会议。会议听取前三季度全区经济运行情况汇报，研究了区政府领导分工事宜和《天津市北辰区钢铁产能退出方案》，安排部署相关工作。会议强调，今年以来，北辰区坚持以习近平新时代中国特色社会主义思想和中共十九大精神为指导，全面贯彻新发展理念，坚定不移推动高质量发展，经济发展显现向好势头。当前，面对严峻复杂外部环境，全区稳增长、促改革、调结构、惠民生、防风险各项工作任务十分艰巨，同时，正处在大开发、大建设和较劲爬坡、转型发展的关键时期。全区上下要坚持稳中求进工作总基调，坚定发展信心，坚持问题导向、结果导向、招法导向，强化责任担当，提高团队协作能力，落实好推动高质量发展各项举措。

12月25日，区委副书记、区长王宝雨主持召开区政府第42次常务会。会议传达学习《胡春华副总理在学习贯彻习近平总书记关于扶贫工作的重要论述研讨会上的讲话》，审议《天津市北辰区东西部扶贫协作和对口支援项目和资金管理暂行办法》《北辰区耕地保护责任目标考核办法》《北辰区“一张蓝图、多规合一”综合管理平台建设实施方案》等议题。会议强调，东西部扶贫协作和对口支援，是党中央、习近平总书记着眼于全面建成小康社会作出的重大决策部署，充分体现了中国特色社会主义制度优越性。各相关单位要进一步提高政治站位，在习近平新时代中国特色社会主义思想指引下，深入学习领会习近平总书记关于脱贫攻坚的重要指示精神，增强“四个意识”，站在服务党和国家事业全局、推动边疆和受援地区实现长足发展和长治久安的高度，牢固树立“一盘棋”思想，全面升级加力，助推打赢脱贫攻坚战。

【廉政工作会议】 5月28日，北辰区政府召开第二次廉政工作会议，区委副书记、代理区长王宝雨强调，2018年是贯彻落实中共十九大精神的开局之年，抓好党风廉政建设，是完成各项发展任务的重要保障，也是广大人民群众的热切期盼。全区政府系统要重整行装再出发，以永远在路上的执着，把全面从严治党不断引向深入，持续推进政府系统党风廉政建设和反腐败工作。会上，区建委、工信委、教育局、双街镇、普东街道作发言。

【中央环保督察反馈意见整改落实“回头看”工作推动会】 7月13日，北辰区召开中央环保督察反馈意见整改落实“回头看”工作推动会。区委副书记、区长王宝雨要求各部门、各镇街和开发区要牢固树立“一盘棋”思想，增强团结协作观念，增强主动性和创造性，主动查漏补缺、相互补台，主动帮助解决问题，真正做到齐心合力、尽职尽责。要以突出环境问题整改为抓手，举一反三、建章立制、改革创新，把经济社会发展同生态文明建设统筹起来，把环境管理融入各项政策制定、各项工作开展的全过程，坚持疏堵结合，严防边整改、边污染，做到边整改、边建设，建立防治污染、管控风险的环境管理长效机制。

【农村全域清洁化工作现场推动会】 9月18日，北辰区召开农村全域清洁化工作现场推动会。区委副书记、区长王宝雨强调，开展农村人居环境整治三年行动、实施农村全域清洁化工作，是深入贯彻习近平新时代中国特色社会主义思想，全面落实市委关于美丽天津建设总体部署的一项重要任务。全区上下要从讲政治高度，进一步提高政治站位，强化使命担当，结合环保督察问题整改、大力实施乡村振兴战略、开展“双创”行动、美丽乡村建设，以更严的要求、更高的标准、更

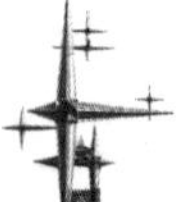

实的举措，动员各方力量，整合优势资源，推动各项工作落地见效。要分类施策，把全域清洁化工作作为环境保护的重中之重和当务之急，突出重点区域，主攻薄弱环节，不断巩固农村环境整治成果、持续加大农村环境卫生整治力度、不断加强生态环境保护、着力打造宜居宜业环境，为加快建设繁荣富裕、文明和谐、宜居美丽的新北辰提供有力保障。

【“大棚房”问题专项清理整治行动部署会】 11月30日，北辰区召开“大棚房”问题专项清理整治行动部署会。副区长刘金刚、胡学春出席。

会议要求，北辰区各相关单位要贯彻落实习近平总书记重要指示批示精神，严格按照天津市委对于清理整治“大棚房”问题工作要求，切实提高政治站位，深化思想认识，密切协同配合，从旗帜鲜明讲政治、坚决落实“两个维护”高度，深入清理整治“大棚房”问题；要严格规划管控，坚决打击以农业设施为名的各类违法违规用地行为，严控新增违法用地，加大力度完成复垦复种；要结合“扫黑除恶”专项斗争以及“不作为不担当”问题专项整治工作，高标准高质量做好“大棚房”清理整治工作，依法依规守住耕地保护红线。参加会议的各有关镇街负责人分别汇报“大棚房”问题清理整治和农业设施排查治理工作情况，并进行交流发言。

【安全生产工作部署会】 12月25日，北辰区召开安全生产工作部署会。区委副书记、区长王宝雨出席会议并讲话，副区长刘金刚对开展事故隐患排查治理集中行动进行安排部署，副区长、公安北辰分局局长张健主持会议。王宝雨强调，安全生产责任重于泰山，集中行动任务艰巨。北辰区上下要充分认识做好安全生产工作的极端重要性、紧迫性，切实以习近平新时代中国特色社会主义思想为指导，群策群力、常抓不懈，全力维护良好的安全生产环境，为建设繁荣富裕、文明和谐、宜居美丽的新北辰提供更加坚实的安全保障。

会上播放《近期火灾事故回顾》和《北辰区仓储物流企业（场所）明察暗访专题片》，区商务委、区房管局、宜兴埠镇、普东街道分别汇报分管领域和区域安全生产工作中存在的问题和防控措施。

（李　拓）

主要工作与活动

【政务信息公开】 2018年，北辰区主动公开各类政府信息9778件；向政府信息公开查阅服务中心报送文件31件；区档案馆政府信息公开查阅中心累计接待查阅公众73人次，接听查阅咨询电话24次。先后制定并实施了《北辰区重大建设项目批准和实施领域政府信息公开实施方案》《北辰区推进公共资源配置领域政府信息公开实施方案》和《北辰区社会公益事业建设领域政府信息公开实施方案》，加大了财政预决算公开、重大建设项目批准和实施等重点领域主动公开的力度。全年，公众向区政府、政府办申请信息公开226件，申请内容涉及城中村改造、房屋征收等方面，全部在规定时间内合法依规给予答复。

（李　拓）

【“双万双服促发展”活动】 9月2日，北辰区召开“双万双服促发展”活动推动会暨招商引资、深化“放管服”改革工作会议，结合深化“放管服”改革，对“双万双服促发展”活动进行再安排、再部署。北辰区委书记冯卫华出席会议并讲话，区委副书记、区长王宝雨作工作部署，区人大常委会主任王志平、区政协主席王亚令，区委副书记、区委办公室主任陈健出席会议。北辰区委副书记、区委办公室主任陈健主持会议，区发改委、行政审批局、合作交流办和北辰经济技术开发区负责人作发言。

全年安排处科级干部600余人，服务2439家实体企业和94个项目，累计实地走访企业28915户次，问题收集率全覆盖，解决实际问题2549件，

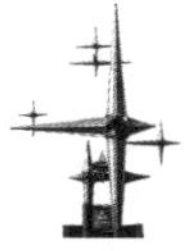

问题解决率98.91%，排名全市第二名。“环保管家”服务体系、“辰智贷”——知识产权质押融资模式通过了市级创新制度评审。

【京津冀协同发展】 组织编制完成京津冀协同发展背景下的产业空间布局规划，把握时间节点，在与市、区相关部门及平台企业调研基础上，吸收借鉴国内先进地区规划编制等经验，围绕区内载体资源，形成规划终稿。组织推动落实《天津市京津冀协同发展2018年工作要点》，积极推进产业、生态、交通、教育等领域协同。完成规划纲要评估工作。组织梳理推介北辰区交通资源优势，楼宇布局、水域、绿化覆盖等情况。2018年，北辰区引入首都项目86个，协议投资额24.6亿元，其中，50万元以上规模项目72个。

（耿　钧）

机构编制管理

【概况】 2018年，按照中央有关部署和天津市的工作要求，北辰区编办进一步创新机构编制管理，并推动完成一系列改革任务。

【党政机构改革】 11月，成立北辰区党政机构改革领导小组，由区委书记冯卫华担任组长，下设办公室和6个专项组，统筹协调推动全区机构改革工作。同时，组建工作专班，深入开展调查研究，听取各方意见，形成《天津市北辰区机构改革方案》，经区委常委会审议通过，按程序报天津市委审批。12月24日，天津市委、市政府印发《天津市北辰区机构改革方案》；12月28日，北辰区委、区政府印发《天津市北辰区机构改革实施方案》；12月30日，北辰区召开全区党政机构改革工作动员部署会议，区委书记冯卫华出席会议，提出进一步统一思想，明确机构改革各项任务。

【经济发达镇行政管理体制改革】 3月，双街镇完成综合执法监督平台和综合便民服务大厅软硬件建设并运行使用，重新制订双街镇权责清单面向社会公布。8月，双街镇通过市经济发达镇改革试点评估小组实地评估验收，考核结果评定为优秀。是月，在借鉴双街镇经济发达镇行政管理体制改革经验基础上，北辰区启动天穆镇行政管理体制改革工作。区编办组织各相关成员单位和赋权部门，研究制定实施方案及配套政策并梳理《赋权目录》权限事项，在征求天津市改革联席会议成员单位意见后，报北辰区政府常务会议审议并通过。12月26日，北辰区委办、区政府办联合印发《天津市北辰区天穆镇行政管理体制改革实施方案》，并正式印发实施《赋予天穆镇部分区级经济社会管理权限目录》共542项。

【重点领域体制机制改革】 年初，进一步健全北辰区监察委员会组织架构，明确职责配置，对照市纪委、监察委派驻机构设置情况，进一步调整完善区纪委、监察委派驻机构设置。3月，区编办推动落实环保管理体制改革，完成环保管理体制改革中涉及的机构编制调整工作。同时，进一步完善环保部门统一监督管理与属地主体责任、相关部门分工负责的协同配合制度，建立职责明晰、分工合理的环境保护责任体系。5月，区编办推进区国资委体制建设，制定区国资委、区文广局职能配置、内设机构和人员编制方案，完成人员转隶、职能划转等后续工作。优化执法机构设置，积极推动交通运输、农业水利、环境保护等重点领域综合行政执法改革工作，在各重点领域形成一支综合执法队伍的新格局。统筹谋划、协调推进生产经营类事业单位改革工作。7月，区编办研究确定纳入生产经营类事业单位改革事业单位名单，提出事业单位转企改制、撤销和退出事业单位序列的改革路径和方式等有关工作意见。

【权责清单动态调整】 组织各单位对涉及权责清单调整情况开展自查工作。全年分3批次对各单位征求权责清单动态调整意见，并按程序征求区权责清单管理联席会议成员单位意见，经政府常务会研究审定后，调整权责清单并面向社会公布。

全年共涉及调整职权408项，其中，增加职权105项，取消职权114项，修改职权189项。

【事业单位法人及统一社会信用代码管理】 完成2017年度事业单位法人年度报告公示工作，共涉及事业单位213家，事业单位年度报告公示实现全覆盖。进一步优化事业单位年度报告公示信息抽查方案，将"双随机"抽查比例提高至20%，坚持查改并行，针对核查中发现的问题，督促整改落实。全年为机关群团印制统一社会信用代码证29件，其中，初领9件，变更18件，注销2件。

【机构编制纪律专项检查】 全年对全区26个单位开展机构编制纪律情况的实地检查，通过直接问询、查阅资料、当面谈话、调查问卷等形式，查找和梳理各单位在机构编制、选拔任用、工资发放等方面存在违规违纪问题。经查共涉及11项机构编制问题，分别形成机构编制纪律专项检查情况报告，反馈至区委巡察办。

【机构编制精细化管理】 组织完成 2019年度机关事业单位用人需求计划申报工作，全面摸清人员底数，合理制定补充计划。进一步落实和加强机构编制实名制管理，严格履行出入编、职务变更、编制核准等各项工作制度。完善机构编制报表数据，加强机构编制情况运行分析，完善机构编制统计、台账、档案等相关基础资料建设，为科学决策提供依据。

（王丽程）

信访

【概况】 2018年，北辰区信访办共受理群众来信1230件，其中个体信1204件，联名信26件，在受理的来信中，自办6件，向各单位交办92件，转送1063件。受理群众来访554件，其中集体访89批1525人，个体访465件。智慧信访系统"三率"即：及时受理率为95.93%、按期办理率均为99.63%、群众满意率达91.88%。

【矛盾排查】 坚持做好半月矛盾纠纷排查制度，各镇街及相关单位每半月开展一次矛盾纠纷排查工作，及时上报矛盾纠纷排查台账，督促矛盾纠纷排查工作落实，提前做好情况预判；结合区重点工作开展情况，对拖欠农民工工资、延期交房、农村集体经济产权制度改革、农村居家养老政策调整人员核减、村级组织换届等开展专项矛盾排查，为相关部门开展工作提供参考。2018年，共计开展各类排查29次，其中，定期排查24次，专项排查5次。

【信访法治化建设】 研究制订并印发《北辰区关于进一步加强信访法治化建设的实施意见》，为全区信访工作法治化建设提供政策依据和目标任务。利用"宪法日""四下乡"等集中宣传有利时机，组织机关干部走进社区、走上街头进行信访法治宣传，引导广大群众合理合法表达诉求；积极开展"人民满意窗口"创建活动，规范了接待群众文明用语和工作程序，进一步融洽了干群关系，促进了信访事项化解。坚持"情理法"相结合，严格落实"三到位一处理"要求。

【信访宣传工作】 加强信访工作宣传，全年向市信访办报送信访信息、宣传稿件24件，在天津信访第3期刊发《多措并举化积案，千方百计解民忧，坚决打赢信访积案化解攻坚战》、第2018年第5期刊发《为民解忧诠释对党忠诚》；2018年9月28日、10月5日天津广播电视台实践出真知栏目播放北辰区经验作法《"枫桥经验在天津"之走进北辰区瑞益园小区》；积案化解典型经验在《天津市集中攻坚化解经验做和典型案例汇编》中刊发。2018年5月24日，中央信访工作联席会议简报第98期，刊发了北辰区信访积案化解攻坚经验做法《落实主官责任聚焦百日攻坚》。

（闫立春）

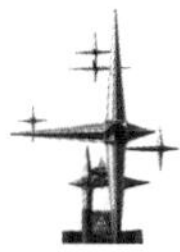

行政审批服务

【概况】 2018年，北辰区行政审批局紧紧围绕全年重点工作，着力深化“放管服”改革，全力推进“一制三化”审批制度改革，优化营商环境。2018年12月，按照区委《关于调整北辰区部分处级单位党的机构设置的通知》，设立中共天津市北辰区人民政府政务服务办公室党组，撤销中共天津市北辰区行政审批局党组。全年共完成全区固定资产投资项目审批671个，投资额663.61亿元。受理群众各类诉求42912件，按时接单率100%，按时办结率100%，在全市考核中继续保持前列。

【审批制度改革】 深化“五减”改革。推行以“减事项、减材料、减环节、减证照、减时限”为重点的“五减”改革，对区级182个公共服务事项、镇街195个事项逐项进行梳理，其中：行政许可事项减少了7个，减少材料55个；公共服务事项取消29项，区级下放至镇街16项。落实“四办”清单。推出许可事项马上办82项，一次办35项，就近办和网上办分别是232个类型项。公共服务事项马上办91项，就近办120项，网上办214项，一次办138项。推行承诺审批。只要企业群众作出承诺，60天内补齐材料，即作出行政审批决定，并发放有关证照和批文，共推出47项承诺审批事项，累计通过承诺审批办理128项。推动改革深入开展，牵头做好联合审批四个阶段流程再造，拟定《北辰区工程建设项目审批制度改革工作方案》，区政府已于12月13日印发。

【流程创新】 对民办非企业单位（社会服务机构）设立、变更、注销实行“多项合一、联合办理”改革，经政府常务会审议通过后执行，变串行审批为一次进件并行审批，变多次提交申请材料为只提交一套申请材料；对事项非主审要件实行“容缺后补”审批，先办理后补材料；以政府投资类公共服务类建设项目为突破口，实行“前期工作函”“施工登记函”以函代证。共办理“容缺后补”128项，“以函代证”7项，“多项合一”3项。

【经济发达镇行政体制改革】 与区编办等部门多次研究协商，制定《关于经济发达镇实行集中审批服务的相关配套政策》，明确责任分工，将67项行政审批职权赋予双街镇自主实施，目前双街镇综合便民服务中心已顺利运行。天穆经济发达镇的改革工作也已展开，审批局拟向天穆镇移交48项行政许可职权，方便企业群众就近办理。

【“互联网+”政务服务】 全部149个行政许可事项和214个公共服务事项在“天津市行政许可服务网上办事大厅”全部上网，具备网上办理条件。开通服务电话预约和微信公众平台查询功能，减少群众排队等候时间，提高审批效率。推进“无人审批”。在区行政许可服务中心、双街镇、瑞景街、天穆镇建设4个政务服务“无人超市”，利用互联网和智能系统，自动出具证件、证照、证书、批文、证明等结果。双街镇已建成，区政务服务中心、瑞景街、天穆镇也具备装机条件。

【服务举措】 主动走访服务企业，对口服务大张庄镇、瑞景街132家企业，通过政企互通平台搜集问题134个，问题搜集率达到100%，转接问题17个，全部给予答复解决；实地走访企业40家，召开协调会12次，组织政策宣讲10次，发放宣讲材料128份。联合开发区相关部门重新修订《企业重大变更登记事项联席工作办法》，联审时间缩短至1个工作日。开设“绿色通道”，服务大项目好项目，助力项目早落地、早开工。进一步扩大“政府买服务”事项范围，将环评、能评、专家评审等共14项内容纳入“政府买服务”事项范围，并已全面停止中介机构向企业收费，为企业节约成本150余万元。采取“政府买服务”的方式组建专业化领办帮办服务队伍，无偿为北辰区企业和群众提供咨询、代办等服务，全年服务办事群众万余人。结合清理证明事项和“群众办事百项堵点疏解行动”，共对区级和镇街的23项证明材料进行清理，堵点清单中的问题已全部解决。

【便民专线服务】 主动协调解决问题，定期召开协调会解决群众诉求。不断细化考核指标，发挥工单督办、检查作用。2018年受理群众各类诉求42912件，按时接单率100%，按时办结率100%，在全市考核中继续保持前列。

【商事制度改革】在“多证合一”的基础上推行“二十四证合一”，实行“一套材料、一表登记、一窗受理”的工作模式，实现跨部门信息共享，实现“让数据多跑路，让企业少跑腿”，最大限度便利企业群众。全年新注册企业5049家。

【活动建设】 2018年共开展支部组织生活31次；利用每周四集体学习时间，组织理论学习、法律大讲堂、道德大讲堂、业务培训、专题研讨、知识测试等活动63次；推进“凝心聚力”工程。组织主题演讲、知识竞赛、拓展训练等活动10余次，提高团队凝聚力、战斗力。

（刘　超）

外事侨务及港澳台事务

【外事管理】 持续打造“侨海同心·聚力北辰”对外交流系列活动品牌。举办“海外高层次人才为国服务团天津北辰行”等5场特色活动。

【港澳台事务】 推动“天津惠台52条措施”落实，解决实际问题15件。深化对台经贸文化交流。落实对台宣传年计划，与《旺报》开展合作，宣传北辰经济社会发展。编印《台资企业名录》，拍摄星共北辰——台湾诊室专题片。邀请国台办领导作“推进祖国和平统一进程”专题报告会，加深领导干部对两岸关系形势的了解，提升政策水平。

（郑　洋）

政协北辰区委员会

北辰年鉴

2019

2018 年 10 月 23 日，北辰区政协召开张伯苓与天津近代教育研讨会。上图为会场现场，下图为全国政协原常委、全国工商联原副主席、天津市人大常委会原副主任张伯苓嫡孙张元龙在会上发言

（摄影：胡日钢）

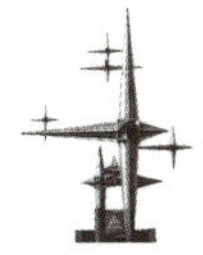

【概况】 2018年，北辰区政协在区委的领导下，以习近平新时代中国特色社会主义思想为指导，深入学习贯彻习近平总书记关于加强和改进人民政协工作的重要思想，探索新时代政协履职规律，团结带领参加人民政协的各党派团体和各族各界人士，履行政治协商、民主监督、参政议政职能，为促进北辰经济社会高质量发展做出贡献。经区委批准，组建区政协机关党组，并在区政协全会期间组建临时党委和临时党支部，实现党的组织机构在政协日常工作和即时性重要工作中的全覆盖。

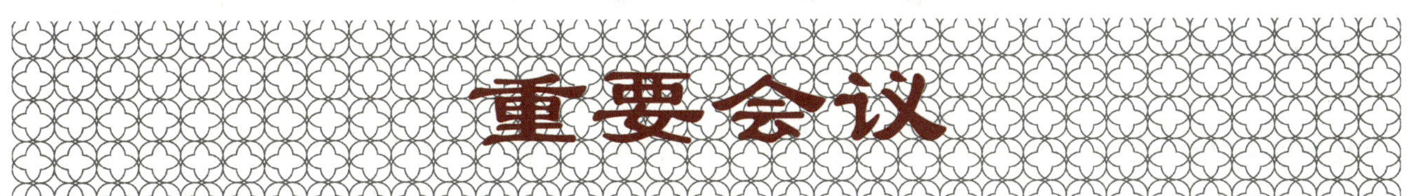

重要会议

【政协天津市北辰区第九届委员会第二次会议】 2018年1月8日，在北辰区龙顺庄园召开。区委书记冯卫华，区委副书记、区长吕毅，区人大常委会主任王志平出席会议。由区政协主席王亚令主持，区政协副主席李书秀受区政协常务委员会委托作常委会工作报告。此次会议回顾2017年工作，明确2018年区政协工作的指导思想，深入学习宣传贯彻中共十九大精神，以马克思列宁主义、毛泽东思想、邓小平理论、“三个代表”重要思想、科学发展观、习近平新时代中国特色社会主义思想为指导，突出团结和民主两大主题，紧紧围绕全区中心工作，充分发挥人民政协作为社会主义协商民主重要渠道和专门协商机构的作用，切实履行政治协商、民主监督、参政议政职能，为决胜全面建成高质量小康社会，建设繁荣富裕、文明和谐、宜居美丽的新北辰做出积极贡献。

【政协工作会议】 12月20日，北辰区委召开政协工作会议。区委书记冯卫华出席会议并讲话，区政协主席王亚令出席，区委副书记、区委办公室主任陈健，区领导陈永义、马希荣、李书秀、王慧生、刘晓琴、杨国珍、刘兰凤、杨淑鑫、马国海出席。冯卫华指出，北辰区委历来高度重视政协事业发展，不断加强和改进对政协工作的领导，坚持把政协工作与中心工作同部署、同推进，坚持重大决策、重要工作主动协商通报，坚持抓好提案办理、采纳意见建议，给予政协充分保障，有力推动了政协工作上台阶、上水平。全区政协组织和广大政协委员高举爱国主义、社会主义旗帜，牢牢把握团结和民主两大主题，充分发挥协调关系、凝聚力量、建言献策、服务大局的重要作用，为北辰经济社会发展做出重要贡献。

区委副书记、区委办公室主任陈健主持会议，区政协副主席李书秀传达中共中央办公厅印发的《关于加强新时代人民政协党的建设工作的若干意见》和中共天津市委办公厅印发的《关于加强新时代人民政协党的建设工作的实施意见》文件精神。区政协副主席刘晓琴，区政协办公室、经济一委，天穆镇党委、果园新村街道党工委、区卫计委党委负责人进行表态发言。

【北辰区2018年元宵节茶话会】 3月1日，举办北辰区2018年元宵节茶话会。区委书记冯卫华出席并讲话，区政协主席王亚令主持。冯卫华表示，2018年是全面贯彻中共十九大精神的开局之年，是改革开放40周年，是决胜全面建成小康社会、实施“十三五”规划承上启下的关键一年，也是北辰区坚持创新竞进、效益优先，推动高质量发展的重要一年。希望广大政协委员、各党派团体、各族各界人士，坚持不懈用习近平新时代中国特色社会主义思想武装头脑，坚决维护习近平总书记的核心地位，坚决维护中共中央权威和集中统一领导，始终在政治立场、政治方向、政治原则、政治道路上同以习近平同志为核心的中共中央保持高度一致，携手新时代、贯彻新理念、聚焦新目标、落实新部署，紧紧围绕发展大局，认真履职，主动作为，为全区各项工作上水平、上台阶做出更大贡献。

【张伯苓与天津近代教育研讨会】 10月23日，北辰区政协为深入研究张伯苓教育思想，进一步弘扬宣传北辰教育文化底蕴，在区政协601会议室召开“张伯苓与天津近代教育”研讨会。邀请市知名专家学者进行研讨交流，为弘扬北辰教育文化底蕴，研究传承张伯苓教育思想贡献力量。

协商民主

【专题协商】 围绕全区中心工作，确定“关于加快我区产城融合示范区建设”“关于北辰区海绵城市建设”“关于我区教育卫生配套设施建设”“关于加快我区旅游产业发展”4项重点调研课题。召开专题协商会议，面对面与区政府主要负责人进行专题协商，提出意见建议，促进党政科学民主决策。

【对口协商】 各专委会寓协商于各项活动之中，围绕推动经济高质量发展、环境综合治理、海绵城市建设、创建国家文明城区和卫生城区等课题，与专业委局实行对口协商。经济一委和经济二委视察西门子公司、天士力集团和金锚集团等企业，围绕推动企业高质量发展、促进民营经济健康成长等方面进行协商；城建环境委考察海绵城市规划建设情况，进行座谈交流；科教文卫委围绕饮水健康主题开展调研活动，与区疾控中心进行对口协商；民族宗教港澳台侨委和学习文史资料委结合创建文明城区工作开展考察活动，就发展区旅游产业进行协商；社会法制委听取区环保情况通报，围绕推动环保工作提出意见建议。

【民主监督】 组织政协委员围绕推进“扫黑除恶”工作、助推民营经济发展、创建文明城区和卫生城区、加快城市化建设、加强社区管理等重点工作和群众关注的热点问题，开展视察考察和履职监督活动。组织全体委员听取“一府两院”政情通报，为委员知情明政、履职尽责创造条件。协助区法院、区运管局、区商务委等11个单位聘任监督员46名。召开特约监督员座谈会，总结经验做法，促进特约监督员工作规范开展。区法院邀请特约监督员旁听庭审、亲临执行现场，推动法治北辰建设。

【团结民主】 发挥统一战线组织作用，支持和保障各民主党派、工商联、有关人民团体和无党派人士通过政协平台开展调研视察、协商议政、民主监督、政协提案等工作，在政协履职中发挥重要作用。举办各界人士元宵节茶话会，举办讴歌新时代书画邀请展，编发《书画精品集》，展示优秀作品百余幅，弘扬社会正能量，宣传新时代北辰书画艺术新成果。

参政议政

【提案办理】 坚持督办重点提案制度，加大协调督办力度，丰富协商办理形式，加强与承办单位和委员的协调沟通，将提案协商办理与专题调研、委员视察、委组活动、媒体宣传等有机结合起来，形成良性互动、整体推进，增强办理实效。提案办理由一次性办理转化为跟踪式办理，形成主动融入办理过程、及时了解办理进展、评价办理结果的良性工作机制。2018年，关于“企业科技创新”“加强非遗传承保护”“强化学校周边环境治理”“加强地下综合管廊建设”等一批事关发展、事关民生的提案得到落实，增强政协委员的满意度和人民群众的获得感。

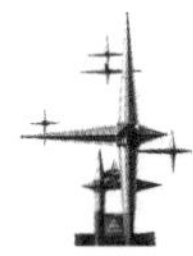

【服务经济社会发展】 投入全区“双万双服促发展”活动，成立活动领导小组和工作机构，明确职责分工。向企业宣传“津八条”和“辰十条”等政策，征求意见建议。邀请法律界人士就税法知识、合同管理、合同审查等方面为经济界委员作辅导培训，使委员了解企业生产经营所需的相关法律知识，促进委员企业健康发展。采取集中和分散相结合，请上来和走下去相结合，征求意见和及时反馈相结合的方式，为67家政协委员企业搞好服务。对于企业发展中遇到的问题，协调相关部门解决落实，为金锚集团等企业协调解决生产经营问题20余件。区政协主负责人参与全区重点工作，随区党政代表团赴甘肃省庆阳市正宁县、华池县调研考察对口帮扶工作。发动委员推进东西部扶贫协作。委员企业天士力集团投资建立多个湖羊养殖基地和中药材种植基地，为西部脱贫攻坚贡献力量。

活动培训

【培训研讨】 北辰区政协学习研讨成果在市政协专题研讨会上作典型发言。组织党组中心组、政协常委和委员、区政协机关党员干部专题培训，准确把握新时代人民政协的性质定位，深入学习贯彻落实习近平新时代中国特色社会主义思想。

举办政协常委专题培训班，邀请全国政协理论研究会常务理事原冬平、中央党校政治学教研部主任时和兴、中央民族大学民族理论与政策教研室主任严庆分别就学习贯彻习近平总书记关于加强和改进人民政协工作的重要思想、关于国家发展新的历史方位和当前我国民族宗教形势等作辅导报告，提高履职能力和参政议政水平。围绕学习贯彻中共十九届三中全会和全国政协十三届一次会议精神，邀请全国政协委员、河北工业大学副校长殷福星作专题辅导；组织委员参加市政协春秋讲堂培训活动，围绕中国经济高质量发展、改革开放四十年等专题，听取专家教授的辅导讲座；邀请市政协民宗委主任王竞，围绕做好新时代人民政协工作对全区领导干部作专题讲座，准确把握履职方向。

【文史研究】 挖掘张伯苓与宜兴埠近代教育历史渊源，填补张伯苓进入北洋水师以前的早期活动历史空白；举办“张伯苓与天津近代教育”研讨会；深入挖掘口述历史，赴东北大学和西南联大校史馆征集张伯苓口述史料。为邯郸丛台区政协培训指导口述历史工作。开展口述历史进基层活动，为天津体育学院、北辰区图书馆地方史研究全国联网、普东街道社区等开展公益讲座14场。《登高英雄杨连弟》口述历史片被中央电视台国际频道《国家记忆——致敬英烈》节目使用；《表演艺术家郭振清》口述史料被全国政协《纵横》杂志专题刊载。开展《北辰区政协志》编修工作，完成40万字初稿。

【联谊交流】 加强与市政协的沟通联系，全力配合市政协开展关于加强和改进人民政协工作重要思想研讨活动调研、“深化‘放管服’改革”专题调研和督办“关于建立天津市清真牛羊肉生产加工销售规范化市场管理体系”重点提案调研，接待呼和浩特市、邯郸市丛台区、珠海市金湾区等地区政协委员到区学习交流活动，接待天津市社会科学院历史所专家学者到区考察北运河文化遗迹，宣传北辰历史文化底蕴。参与天津市“共青团与政协委员面对面”活动，组织委员围绕青少年身心健康成长、维护青少年合法权益等方面深入调查研究，为“美丽天津、扮靓家园”活动献计出力。

【委组建设】 专委会和联络组围绕推动企业高质量发展、发展服务业、加强民族宗教工作、推动环境治理等开展一系列视察调研活动，提出大量有价值的意见建议。围绕全区经济社会发展课题和人民群众关注的问题，组织开展形式多样的视察调研活动，着力加强改进民主监督工作，深入群众、深入基层。以提案工作为抓手，加大督办力度，提高提案质量、办理质量和服务质量。深化“双万双服促发展”活动，服务企业高质量发展，开展精准扶贫和社会公益活动，帮助基层协调解决生产生活中的实际问题，增强人民群众的幸福感和获得感。

【委员活动】 发挥政协委员的主体作用、带头作用，展示新时代政协委员风采。刘长龙委员被人民日报社评为“2018最美奋斗者”，被全国文明办评为“中国好人”，丰爱东委员被市文明办评为“天津好人”。回庆委员作为全市基层战线担当作为的先进典型，被天津电视台、《天津日报》、《今晚报》等媒体专题宣传报道。凌焕成、穆莹、穆怀永、田晖等委员热心社会公益事业，捐资助教，帮扶困难群众，累计捐款捐物100余万元。

【合作共建】 组织机关干部至青光镇李房子村困难家庭进行帮扶，听取群众意见诉求，协调解决实际问题；捐款购买生活用品，为困难户送温暖、办实事、解难题。机关党支部与东升里社区党委开展联合党日活动，区政协主要负责人以“中国共产党的领导是历史和人民的选择”为主题，为政协机关和社区党员讲党课，向东升里社区捐赠党建理论书籍300余册，订赠《人民政协报》和《天津政协》刊物。

（胡曰钢）

中共北辰区纪委　北辰区监察委

北辰年鉴

2019

2018 年 10 月 31 日，中共天津市纪委第二执纪监督联系地区和部门 2018 年第 7 次例会在北辰区举行 （摄影：赵振）

2018 年 2 月 11 日，中共北辰区纪委召开十一届四次全会（扩大）会议 （摄影：于世博）

2018 年 11 月 29 日，北辰区举行各民族党派、工商联和无党派人士党风廉政建设和监察工作协商通报会　　（摄影：赵振）

2018 年 11 月 8 日，北辰区纪委监委举办“岗位大练兵”模拟谈话竞赛　　（摄影：赵振）

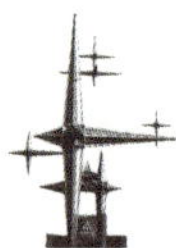

2018 年 12 月 13 日，北辰区纪委监委举行第一届特约监督员聘任暨培训会议　（摄影：赵振）

2018 年 12 月 20 日，北辰区举行新提拔任职区管领导干部党风廉政教育谈话会　（摄影：赵振）

【概况】 2018年，在市纪委监委和区委的领导下，北辰区各级纪检监察组织坚持以习近平新时代中国特色社会主义思想为指导，聚焦主责主业，忠诚履职履责，以动真碰硬的勇气和持之以恒的韧劲，创新实践、真抓实干，推进新时代纪检监察工作高质量发展，为全区改革发展稳定提供坚强政治保障。

【区纪委十一届四次全体（扩大）会议】 2月11日召开区纪委十一届四次全体（扩大）会议。区委常委、区纪委书记、区监委主任周承光作工作报告，在总结2017年全区党风廉政建设和反腐败工作的基础上，对2018年工作进行部署。区委书记冯卫华作重要讲话，提出五点要求：切实增强推进全面从严治党的责任感和紧迫感；坚决扛起管党治党政治责任；推动政治生活、政治文化、政治生态一体建设、一体规范、一体净化；强化监督执纪问责；打造让党放心、人民信赖的纪检监察干部队伍。

纪　检

【严明政治纪律政治规矩】 加强对党中央决策部署及市委、区委历次全会目标任务贯彻落实情况的监督检查，先后查纠相关单位落实管党治党不力等问题11个，对6个单位公开通报曝光。严明政治纪律政治规矩，严查“七个有之”等问题；打起协助责任。开展全区政治生态调研，协助区委落实全面从严治党两个责任实施意见、主责检查考核办法。12月26日，18个基层单位党委（党组）主要负责人向区纪委全会述责述廉，现场接受质询监督、民主评议，达到提醒警示的效果。

【落实监督首责】 注重纪律监督。践行监督执纪“四种形态”，用好“第一种形态”，在全市率先出台“党委（党组）运用‘第一种形态’实施办法”，相继开展公房公车、值班制度落实、单位固定电话捆绑手机使用情况专项检查，严肃查处违规违纪问题；拓展监察监督。确定监察对象28088人，聘任特约监察员30名。全年受理范围内信访举报1030件，做到件件有回音。开展农村政治生态专题调研，完成5个镇、49个村调研座谈和问卷调查并及时反馈问题，逐步建立村干部监察工作数据库，推进全面从严治党落实到“最后一公里”。紧盯村级组织换届，严肃纪律、严格审查，严肃处理阻挠破坏换届选举行为，给予党纪处分8人。探索推行村（居）特约监督员制度，聘任首批村特约监督员126名，组织集中培训，促进职能发挥，打通“监督末梢”；细化派驻监督。探索联合处置问题线索和交叉审理新模式，提高办案质量效率。各派驻纪检监察组共受理问题线索146个，核实问题线索93个，立案43件，给予党纪政务处分和组织处理84人。

【强化巡察监督】 落实市统配巡察、协作巡察任务，完成4轮巡察，其中常规巡察2个镇、2个街、20个委（办局），延伸巡察12个村（居），专项巡察9个村，机动巡察1个局，“回头看”巡察1个区属企业，发现问题561个，移交问题线索25个、问题1个、建议12条。针对巡察发现的手机卡绑定固定电话问题，推动全区开展举一反三专项清查，发现25个单位和部门存在此类问题，给予38人党纪处分、45人“第一种形态”处理，震慑作用明显。

【整治作风建设】 严肃查纠“四风”。围绕形式主义和官僚主义10种新表现逐级开展廉政谈话519人，组织集中整治，明确23项治理重点，强化监督检查，严肃追责问责。全年查处违反中央八项规定精神和“四风”问题62起，处理62人，给予党纪政务处分56人。严治慵懒无为。紧密结合“双万双服促发展”“创文创卫”等重点工作，深入开展不作为不担当问题专项治理，部署推动三年专项行动，累计查处不作为不担当问题85起，问责128人，其中给予党纪政务处分71人，通报曝光19个单位和12起典型案例，形成震慑。

【惩贪治腐】 依规依纪依法处置问题线索633件，立案246件，比上年增长68.5%，结案202件，党纪政务处分193人。涉及处级干部36人，移送司法机关13人，提起公诉12人，法院判决7人，对10人采取留置措施。深化基层治腐，围绕农村集体"三资"管理、民生惠民、征地拆迁、换届选举等领域腐败问题和不正之风，严肃查办李嘴、屈店等一批村级组织负责人侵害群众利益案37件。针对低保和困难残疾人慰问资金发放情况开展专项检查，对存在失职失责问题的26名干部严肃追责问责。合力扫黑除恶，全面排查2016年以来公职人员涉黑涉恶线索，开通"绿色通道"快转快查快办，重拳"破网打伞"。先后处置问题线索4件，对20人立案审查，对2人采取留置措施。

【宣传教育】 落实市区两级纪委监委网站集群要求，升级"廉韵津沽·极目辰光"网站。改版升级后的"极目辰光"微信公众号，关注人次达6400余人、最大阅读量达2000人次。编发宣传折页，组织参观天津警示教育展，拍摄警示教育片《"微权蚁腐"之害》和微视频公益广告《莫让生养我们的土地成为腐败滋生的温床》，召开廉洁文化创建现场展示推动会，着力打造"一镇一街一特色"廉洁文化品牌，举办廉洁文化建设成果展，编印廉洁文化作品集，形成崇廉拒腐强大宣传声势。

监 察

【监察体制改革】 1月11日，北辰区监察委员会挂牌成立。提升改造纪委监委合署办公用房、建设办案设施，于10月22日正式启用。建章立制定规，分批次建立处、科级党员干部廉政档案，实行动态管理。审慎使用各类调查措施，成功对10人采取留置措施，其中1起案件由立案留置转移送审查起诉至公开宣判全流程办结仅用时90天，成为运用监察法，实现纪法全线贯通、法法高效衔接的生动实践，被《中国纪检监察报》刊载。完善考核督查，出台《基层纪检监察组织监督检查审查调查工作考核办法和细则》，促进基层纪检监察组织全面履行职责。深化"三转"，实行镇纪委书记"月报到"制度，强化上级纪委对下级纪委领导，突出对基层纪检监察干部业务指导和人员管理。

【廉政建设】 严把选人用人政治关、品行关、作风关、廉洁关，回复党风廉政意见3654人次，对63名新任职区管干部开展"六个一"模式廉政教育，组建宣讲团深入基层为村居"两委"班子成员讲授廉政党课，解读新修订的《中国共产党纪律处分条例》，增强廉政勤政意识。

（王孟瑶）

民主党派·工商联

2018 年 9 月 2 日，民建北辰区工委举行参政议政工作座谈会 （摄影：张骏）

2018 年，民盟北辰区工委组织盟员到养老院进行慰问演出 （摄影：李云娜）

2018 年 10 月 19 日,"祖统工作 40 年的回顾与展望"座谈会在北辰区北门医院多功能厅内举行（摄影:田晖）

2018 年 11 月 27 日,民进北辰区工委举行"智慧火炬"教育帮扶活动启动仪式（摄影:马艳）

民革北辰区工委

【概况】 2018年，民革北辰区工委在民革市委会的领导和支持下，在区委统战部的帮助和指导下，深入学习贯彻中共十九大精神，以习近平新时代中国特色社会主义思想为引领，继承和发扬中山先生爱国、革命、不断进步精神，加强自身建设，履职尽责，各项工作都取得一定成绩。至12月，共有党员48名，另有申请人9人，设2个支部。

【组织建设】 制定《组织生活会议制度》《支部委员会及其工作职责》《支部委员会议事制度》等制度，规范组织生活。北辰区工委现有男性成员31名，占总数的64.6%，女性成员17名，占总数的35.4%。至年底，有1人担任市级人大代表，11人担任区级政协委员，占总数的23.9%。在学历方面，本科以上学历36人，占总数75%，高学历占比较高。在年龄结构上，60岁以上党员18人，占总数的39%，60岁以下党员30人，占总数的61%。严格遵守“成熟一位发展一位”的发展原则，组织新党员深入学习民革历史、《民革章程》，推荐他们参加市委会、市区级统战部及社会主义学院的理论学习，夯实理论基础。

【思想建设】 定期组织各种形式的学习，以提高全体党员思想政治水平。采取多种形式的思想宣传，增加党员凝聚力。工委党员参加区委统战部和工委组织的学习中共十九大精神座谈会，以及中共十九大精神培训班。通过组织党员参观周邓纪念馆，观影《厉害了，我的国》等丰富多样的学习形式，使党员了解民革历史、熟识统战工作政策、提高参政议政能力。发动党员为民革市委会和区委统战部提供信息、报道，全年完成《厉害了我的国——观后心得》《做思想宣传尖兵——思想宣传学习有感》《两岸一家亲　2018中华文化研习营——民革北辰区工委接待台湾客人》《仁心仁术坚守初心　为国医扬四海美名——记天津市人大代表天津北辰北门医院副院长》《理论先行，贵在实践——“五一口号”教育活动学习体会》《把方向强素质——同心大讲堂宪法修正案讲座心得》《瞻仰革命前辈事迹，践行十九大精神——西柏坡参观活动心得》《网上购物与现代出行——写在改革开放40周年之际》《共担历史责任　共创美好未来－民革市委会召开祖统工作报告会》《合作初心永不变，共创祖统新局面”——民革北辰区工委祖统工作回顾与展望》等近20篇。组织党员参加民革市委会举办的民革成立70周年知识竞赛活动，参加2018年京津冀民革组织的羽毛球、乒乓球比赛；参加区统战部、民革市委会纪念“五一口号”发布七十周年的书画展，入选13幅作品；参加区统战部纪念改革开放40周年报告会和市委会的宣讲会。做到每位党员人手一份《团结报》，让广大党员掌握民革信息，学习相关内容。

【活动服务】 带领党员走进西柏坡红色教育圣地，进行现场党史教学，并邀请民革市委会干部向党员讲解新党章、参政议政等理论知识，提高工委党员履职能力。区环保局工委党员，牵头开展秋冬季大气污染综合治理攻坚行动。工委党员参与制订《北辰区工信委2018年“双万双服促发展”活动工作方案》；搭建政企交流平台，组织召开“北辰区部分建材行业企业家座谈会”；建立北辰区汽车配套企业行业沙龙，搭建北辰区的汽车配套产业化链条。有针对性地开展调研走访活动，根据企业需求宣讲相应扶持政策，为30余家企业定制企业扶持、政策解决方案，解决实际问题。

组织医疗界专家，前往贵州省纳雍县，为百姓义诊。随民革中央奔赴张北县兴隆村开展精准扶贫帮扶工作，为隆化贫困家庭的孩子送去助学金及慰问品。卫生战线党员同北辰医院医疗专家组成志愿服务队，深入社区开展心脑血管疾病、应急救护等为内容的健康大讲堂。组织党员在集贤公园、红星美凯龙广场、大张庄镇卫生服务中心开展义诊咨询活动。举办以“春节送温暖”、庆“三八”、世界睡眠日等9个主题的主题宣传活动。

【祖统服务】 为就职于北门医院的台湾中青年做中共十九大精神和宪法精神宣讲，增强企业员工的“四个意识”。接待来自台湾地区中国医药大学和长庚大学的21名师生，参观北门医院的“台湾诊室”，为台籍学员演示北门的整脊特色技术，并协助完成海峡两岸关系协会主办的“2018年中华文化研习营”的活动。10月23日至25日，参加民革市委会组织的祖统工作会议，进一步了解两岸的现状，明确了今后祖统工作的方向。

（田 晖）

民盟北辰区工委

【概况】 2018年，民盟北辰区工委在中共北辰区委和民盟市委会的正确领导下，在区委统战部的支持帮助下，深入学习贯彻习近平新时代中国特色社会主义思想和中共十九大精神，开展组织建设、盟务活动和社会服务，调动盟员，凝心聚力、献计出力，各项工作都取得显著成效。

【组织建设】 落实“人才强盟”战略，发展高素质人才入盟，同时关注新盟员的培养和教育，为履行参政党职能提供智力资源保障。全年有14名先进青年加入盟组织，并参加培训活动。天辰公司支部于2018年1月成立“盟员之家”。至9月，民盟北辰区工委共有盟员175名，设有9个支部，3个“盟员之家”，其中，3人当选市政协委员、3人当选区人大代表、11人当选区政协委员。11月，盟市委主任孙晖到96中学支部、经济支部、天辰公司支部“盟员之家”，赠《民盟盟史》《张澜》《费孝通》等书30本，并提出要进一步完善各项规章制度，促进“盟员之家”的运作规范化、活动经常化，充分发挥“民盟之家”桥头堡、活力源、宣传窗、工作台、加油站的作用。

【思想建设】 3月，组织20位盟员观看电影《厉害了我的国》，胡艳霞等8位盟员撰写观后感；组织15人参观“纪念周恩来诞辰120周年暨周邓纪念馆建馆20周年馆藏文物精品展”活动。4月，霍宝栓、张国庆、曹学林等盟员前往重庆参加中央统战部纪念“五一口号”七十周年主题学习教育活动。6月，10余位盟员参加区委统战部举办的“不忘多党合作初心，开启历史新的征程”主题作品展览暨“同心书画院揭牌仪式”活动。11月，马希荣主委率领5位骨干参加盟市委举办2018年骨干盟员培训班。开展宪法学习宣传活动，天辰支部、教研支部、南仓中学支部等积极组织宪法学习。7月，组织25人参加统一战线同心大讲堂活动、参加天津社科院副院长钟会兵主讲的关于《宪法修正案》专题讲座。科技支部主委黄俊成于8月组织本所律师到西堤头镇4个村进行宪法修正案宣讲、普法宣传、义务接受法律咨询。为配合宪法宣传日，送宪法下基层，11月至12月初，在果园新村街道12个社区开展法律宪法讲座、法律咨询、法治讲座。工委委员张国庆为北门医院职工做普及宪法知识讲座，为促进社会和谐稳定做贡献。

【参政议政】 开展调研活动，履行职能、建言献策。马希荣《关于促进我市特殊教育事业发展的建议》、黄俊成《大力发展民营经济，构建亲清新型政商关系》的调研课题在盟市委立项，10月已结题。黄俊成应盟市委约稿，向天津市委、市政府提出“切实转变政府职能，促进民营企业又好又快发展”的调研报告。其撰写的《论法治思维与营商环境》的论文，被盟中央评为优秀论文，并被编入盟中央2018年优秀论文集发表，获得盟中央的表彰。市政协委员李佳萍“关于高校开展系统的青春期生殖健康与性教育保健工作的建议”和“关于加强《天津市控制吸烟条例》管控的建议”都被市政协立项为A类提案。工委牵头党派联合调研，提交《关于促进我区特殊教育事业发展的建议》调研报告，为北辰区特殊教育政策研究制定、教育体系构建、专业队伍打造、教育康复管理、就业渠道扩展等提供意见建议和决策支持。10月，马希荣主委带队对上海市2所特殊教育学校，苏州市1所普通融合教育学校、2所特殊教育学校进行走访调研。11月，在天津普瑞赛尔生物医药生物有限公司，与高新区支部开展联合调研活动。12月，黄俊成、杨立顺参加盟市委和市人大政协委员与盟员座谈会，作题为“打击侵占土地违法行为的探究”的发言。

加强学习，提高参政议政能力。7月，马希荣主委与6位工委委员、支部主委参加由盟市委主办的2018年参政议政工作会议暨培训班。10月，经济支部主委黄俊成，参加盟在四川举办的“民盟法治论坛”。赵艳梅的《关于解决新课改实施过程出现问题的建议》《统筹城市基础教育改革 推进优质教育教学资源共享》、鲍顺文的《关于加强农村公共服务建设的建议》、刘长龙的《建筑外墙外保温系统安全和修缮问题堪忧》4篇热点事件信息上报。全年共11篇活动信息被《天津盟讯》采用。

【社会服务】 经济支部刘长龙，为秋瑞家园火灾户修复房屋及门窗花费9万元，为社区大病患者李桂兰捐献电动病床和制氧机共计9500元，为脑死亡患者捐献电动轮椅及电动病床共计1万元整，为困难员工孟洋资助孩子学费1万元，为所管辖物业小区内困难户、大病户减免物业费总计20万元。为失独家庭武树森资助住院费1万元，并为其花费5000多元重新装修卫生间。清明前夕，刘长龙率领部分团队成员，义务为杨连弟公园塑像进行修缮。刘长龙等盟员在赴兴隆扶贫活动中，为当地小学生准备约8.6万元的200套棉衣棉裤、200双旅游鞋。2018年，刘长龙登上市委宣传部主办的“天津好人榜”和中宣部、文明办主办的“中国好人榜”，获得由人民日报社主办的乡村振兴第六届中国民生发展论坛暨第十二届中国国际公益慈善论坛“新时代最美奋斗者”。6月，卫生支部组织5名盟员到瑞景社区开展送医下乡活动，将防病治病理念送到社区，对残疾家庭进行捐赠。8月，天辰支部组织开展献爱心活动，捐助衣物、文具和书籍。11月，组织5名盟员在集贤社区开展志愿活动，为孤老户打扫卫生。12月，在西堤头镇开展“扶贫日”活动，广大盟员捐款捐物。科技支部、卫生支部、经济支部联合，在瑞益园开展义诊、法律咨询活动。

【支部活动】 6月，在爱馨养老院组织开展大型慰问演出活动。10月，在重阳节到来之际，联合多个画院在天艺画苑组织开展“纪念改革开放40周年——北辰区老年书画展”活动。南仓中学支部、天辰公司支部、职专支部、科技支部等分别开展学宪法、纪念五一口号70周年等专题学习。职专支部组织盟员到杨连弟公园开展“缅怀英烈，砥砺前行”活动。47中支部、南仓中学支部、职专支部、教研支部联合组织，赴北京国家博物馆参观《伟大的变革——庆祝改革开放40周年大型展览》。经济支部、科技支部、卫生支部联合组织部分盟员到红色基地参观学习。

（李云娜）

民建北辰区工委

【概况】 2018年，在中共北辰区委和民建天津市委会的正确领导下，在区委统战部的关怀指导下，工委深入贯彻学习中共十九大以来历次全会文件、习近平总书记系列重要讲话，以及中央统战工作会议精神，发挥民建经济界别优势，调动会员积极性，开展各项有意义的活动，履行参政党职能，围绕中心、服务大局，完成年初制定的各项工作任务。

【组织建设】 严格组织发展制度，吸引高素质人才入会，为培养优秀的后备干部做好准备。执行组织发展程序，注重申请人培养教育工作，各支部对入会申请人的培养期不少于6个月。安排工委中青年会员参加市委会各专门委员会，为他们提供平台，锻炼培养。至年底，工委共有会员165名，其中，有1人担任市级人大代表、5人担任区级人大代表；13人担任区级政协委员，含区政协常委1人。平均年龄35岁，硕士1人，本科7人。3月，启动“不忘初心、铭记会史”采访老会员，

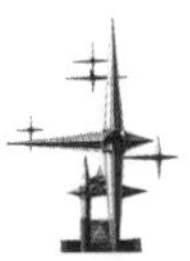

整理口述史活动。全年完成9次采访活动，为更好地培养后备人才奠定，基础，为留住更多珍贵的工委史料做出积极的努力。

【思想建设】 学习贯彻中共十九大精神，贯彻落实中央统战工作会议和民建第十一次全国代表大会精神。定期组织学习，工委和支部组织各种形式的学习座谈活动15次，培训班及外出学习考察活动9次。召开传达全国政协第十三届一次会议精神暨“双万双服促发展”工作会议。举办民建会章会史培训班。组织赴民建渝中区委开展学访调研活动，到中国民主党派历史陈列馆，中国民主建国会成立旧址陈列馆等党派历史教育基地参观学习，工委企业家支部与渝中区委九支部建立友好支部关系。组织“不忘初心跟党走，牢记使命再出发”赴西柏坡和中央统战部旧址学习培训活动。工委企业家支部赴民建陕西省渭南市临渭区委学访交流，建立友好关系。

参加民建市委会以及区委统战部组织的各项学习培训活动。参加民建市委会关于建设中国特色社会主义参政党主题教育宣讲活动，全国政协副主席、民建中央常务副主席辜胜阻作“增强政党制度自信，弘扬民建优良传统，努力建设中国特色社会主义参政党”主题教育宣讲。参加民建市委会主办的纪念改革开放40周年书画展及文艺演出活动。参观市委统战部主办的纪念改革开放40周年书画展活动。参加民建市委会纪念改革开放40周年大会、京津冀纪念改革开放40周年大会，参加北辰区统一战线同心大讲堂，《宪法修正案》专题讲座、梁启超的家风教育专题讲座活动。

【参政议政】 成立参政议政专委会，并制定相关制度，召开培训会及参政议政工作座谈会，走访其他区委，学习先进经验。在北辰区九届政协二次会议上，做题为《关于加强环境治理，提升北辰区经济发展质量的建议》的大会发言；民建界别的政协委员提出的提案，有7件立案，占大会立案总数的19.4%。副主委赵春来在市人大会议上，提交关于“成立天津市农业基金，助力天津农业发展再上新水平”“关于大力支持我市国有担保体系建设，助力中小企业及三农发展”“关于调整东纵快速路铁东路辰泰桥——普济河道立交桥路段限速问题”3个建议，均被受理。参加区委统战部组织的《发展以中医药为特色的大健康产业》历次党派联合调研活动。参加区政府组织人大代表、政协委员对2018年人大代表建议、政协委员提案和20项民心工程办理落实情况报告会。

【社会服务】 连续7年开展“同心·助学”主题活动，每年向第四十七中学10名品学兼优的贫困学生捐款2万元。累计捐款14万元，助力20名优秀困难学生进入大学。主委于静带领天津民建扶贫工作团队前往民建天津市委会对口的贵州省毕节市黔西县花溪乡钟山村进行精准扶贫，并向当地村民捐赠蜂箱和家具等，价值20余万元。

开展捐赠特殊会费启动仪式。主委于静个人捐款15万元，带动广大会员及会友以极高的社会使命感，共计捐款2.17万元。参与率97.43%。企业家支部会员参与率100%。

【会员风采】 在民建市委会举办的纪念“五一”口号以及改革开放40周年征文活动中，会员薛少谨撰写的《回顾辉煌历史展望美好未来 不忘合作初心牢记光荣使命》的主题征文，被民建中央网站采用，并获得民建市委会的表彰。2018年，主委于静的企业光明梦得乳品有限公司，获“民建市委会十佳民营会员企业”称号。会员王金萍、王强、张骏获“民建市委会百名优秀会员”称号。在民建市委会、京津冀民建共同举办的纪念改革开放40年大会上，会员金耀邦的现代京剧演出获得民建市委会表彰。

（关膺红）

民进北辰区工委

【概况】 2018年，民进北辰区工委在民进天津市委会和区委统战部的领导下，深入学习贯彻习近

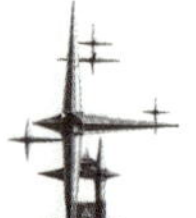

平新时代中国特色社会主义思想和十九大精神，加强会员思想政治教育，着力提高基层组织活力，不断增强履职能力，努力展现新时代新作为。

【组织建设】 整体调整支部，将原第一支部更名为天津第四十七中学支部、原第二支部更名为基础教育支部；将其余各领域的会员组成新增的联合支部；保留退休支部。各支部分别选举产生支部主委。配备1名专职干部（兼职），加强工委各项活动及日常工作的开展。全年发展3名新会。

【思想建设】 学习贯彻习近平新时代中国特色社会主义思想和十九大精神，组织会员以多种形式开展学习活动。工委领导班子带头学习，召开全体会员大会专题学习，参加市委会和区委统战部组织的专题讲座和培训。结合宪法修订，组织会员参加宪法修正案专题讲座，使会员对宪法修订的重大意义有更深刻的认识。组织会员参加区委统战部组织的纪念“五一口号”七十周年主题学习教育活动，重温多党合作历史，继承和发扬老一辈优良传统。

【参政议政】 参加区政协重点调研课题《完善我区教育卫生配套设施》的调研，调研成果在区政协年度专题协商会作汇报。参加区党派联合调研，赴上海、江苏，针对特殊青少年教育工作深入调研，调研报告《关于促进我区特殊教育发展的意见建议》得到区领导赞扬。工委主委参加区党政代表团赴甘肃省庆阳市正宁县、华池县东西部扶贫协作调研考察，探讨开展教育帮扶工作。制定“智慧火炬”教育帮扶活动规划，结对帮扶青光镇，为青光镇中小学贫困优秀生开展教育帮扶；召开“智慧火炬”教育帮扶活动启动仪式，并开展第一次教育帮扶活动；组织青光镇老师和中小学贫困优秀生一行20余人，参观河北工业大学校史馆、国家重点实验室。

【支部活动】 参加区卫计系统组织的义诊活动，参加市委统战部举办的统战知识竞赛，参加民进中央举办的会章知识问答，参加庆祝改革开放、讴歌新时代书画展。“重阳节”期间，工委班子成员看望退休老领导和生活困难会员，送去组织的关怀和节日的祝福。

（马　艳）

北辰区工商业联合会

【概况】 2018年，北辰区工商业联合会以习近平新时代中国特色社会主义思想为指导，深入学习贯彻习近平总书记系列讲话精神特别是对天津提出的“三个着力”的重要指示要求，把党的政治优势、组织优势、群众工作优势转化为推动民营企业发展的创新优势和竞争优势，推动非公经济组织向更高质量、更有效率、更加公平、更可持续发展迈进。

【服务会员】 把促进非公经济又好又快发展作为工商联工作的出发点，开展“双万双服促发展”活动，积极践行“产业第一、企业家老大”的服务理念。加大政策宣传力度，通过印制、发放“津八条”“辰十条”等“伴手”宣传小册子、折页“明白纸”，召开“座谈会”，举办相关政策讲座，利用“执常委微信工作群”等平台解读政策，强化对“惠企”政策的宣传和推动落实。开展科技综合服务，引导民营企业创新驱动发展。组织企业参加2018民营企业创新人才专场和秋季蓝领技术人才招聘活动，破解企业创新人才匮乏难题；组织参观河北工业大学和“科技成果超市”，开展“线上线下”研发成果与企业需求对接活动，衔接科技人才与企业创新主体，激发企业的创新活力和创造潜能。整合联内法律资源，成立区工商联法律援助办公室。推动建立由区政法委、区工商联牵头，公、检、法、司等部门组成的“北辰区民营企业家法律维权服务联席会议制度”，为民营企业家创业发展，营造良好的法律服务环境。

【主题活动】 结合纪念改革开放四十周年，采取红色教育、专题讲座、主题活动等形式，抓好非公经济人士特别是年青一代企业家的教育培养。

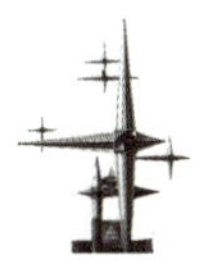

组织会员企业家赴甘肃南梁陕甘革命根据地开展“传承红色基因，接力改革伟业”教育活动、参观“抗大七分校”“军民大生产基地”，引导、教育企业家听党话、跟党走。以组织部分企业家参加市联“重走改革开放路”系列活动为契机，以“执常委微信工作群”为平台，开展“弘扬新时代企业家精神”大讨论活动，引导非公人士特别是年轻企业家再读“春天的故事”、续写“秋天的收获”。通过区广播电视台和《天津日报》（北辰之声），向全区会员企业发出《倡议书》，号召民营企业积极参与“万企帮万村”精准扶贫行动。企业家们以“义利兼顾、以义为先”的新时代企业家精神，自觉承担社会责任。区内71家企业与受援地区81个贫困村建立结对帮扶关系。天士力集团公司扶持华池县、正宁县贫困户加入湖羊养殖、中药材种植等产业扶贫项目。华北集团、长荣股份2家企业共同出资100万元，改善兴隆贫困学生的就学环境。中天联合、双高兴辰等民营企业为华池县列宁小学的贫困学生，捐赠价值近4万余元的棉衣和学习用品。8家会员企业参加“西藏贫困地区特产推介活动”，6名企业家为新疆贫困地区捐款5万元。14位会员企业家陪同市眼科医院医疗专家远赴甘肃省华池县，为贫困白内障患者实施复明手术、慰问术后病人，与华池县相关部门和当地企业，在产业合作、人才支援、劳务协作等方面进行深入对接沟通，推动产业帮扶向纵深发展。50多个民营企业深入受援地区，举办招聘专场和就业培训，提供就业岗位1706个，达成就业意向394人。10月17日，以全国扶贫日为契机，海吉星农贸市场为对口帮扶地区设立特色产品集中展示点，20余名企业家主动、积极认购特色产品、洽谈合作意向。

【商会建设】 强化工商联班子建设，召开第二次、第三次执委会，讨论、审议工商联年度工作安排和人事任免，组织班子成员交流座谈、征集意见建议，组织参观“利剑高悬、警钟长鸣”警示教育主题展。启动“建家工程”。贯彻落实中央和市委关于促进工商联所属商会改革和发展的指示精神，推动全区9个镇、7个街和开发区建立基层商会组织，在全市率先实现基层商会全域覆盖。新成立的商会同步建立党的组织，择优选配镇街机关党员干部兼任商会党组织负责人，配备专职秘书长。建立会员发展机制，将企业分布情况提供给各对应的基层商会，指导基层商会主动走访做好会员发展工作。

【调研工作】 注重把联系基层与调研重点问题、解决实际问题相结合。全年组织开展民营企业高质量发展调查、社会责任调查、军民融合发展情况调查、民企参与金融机构情况调查、创新驱动发展项目成果调查、民营企业科技创新人才调查207家（次），了解民营企业参与活动的基本情况，主要路径、方式、特点，存在困难和问题，为党委、政府制定促进民营经济发展政策、加强宏观管理和调控提供更加准确的数据支撑和信息参考。《弘扬优秀企业家精神，营造民企发展优良环境》的调研文章获得2018年度天津市工商联系统优秀调研成果。区人大和政协会议期间，工商联界别的人大代表和政协委员，围绕全区经济社会发展大局和广大人民群众普遍关心的热点问题，以集体、个人和联合议案提案的形式提出的15件议案，全部得到办复。

【非公人士培养】 推进民营企业家培养工程，把促进非公经济人士健康成长作为工商联工作的落脚点。优化基层商会骨干结构，对进入基层商会领导班子成员建议名单的60余名企业家开展考察和集中评审、出具综合评价意见。提升区民营企业的影响力，考察、推荐49名非公人士参加市拔尖人才、区高层次人才和北极星人才的选拔培养，推荐62名非公人士参加市妇联14大和区科协5大，推荐2名民营企业家担任天津市青年商会委员、5名企业家进入区青联第五届委员会委员建议名单、7名民营企业家加入区关爱退役军人协会。推荐19家民营企业参加市工商联“健康企业成长工程”、5家民营企业参加全联科技成果项目遴选活动。推荐的天士力控股集团入选全国“万企帮万村”精准扶贫先进单位、金星空气压缩机制造有限公司入选军民两用高新技术民营企业及产品目录，为民营企业参与社会事业和军民融合拓展渠道。

【对外合作交流】 发挥工商联民间外交优势，加强与外地工商社团的交流联系，推动企业间的互动交流和“内引外联”，引导民营企业积极参与国家重大战略。扩大民营企业对外交流渠道，与长春市九台区、甘肃省华池县工商联建立友好商会，组织会员企业家远赴陇东地区，与甘肃省华池县委农村部、经合局以及部分企业开展产业对接活动；北进吉林省长春市，与九台区达成两地企业互促共建共识。引导民营企业在积极参与国家发展重大战略中寻求发展机遇。组织民营企业参加“一带一路”国际合作洽谈会、天津新经济论坛、2018第二届世界智能大会、第三届军民两用技术创新应用大赛、军民两用技术成果展等合作交流活动78人次。

（王玉娟）

社会团体

北辰年鉴

2019

2018年3月6日，北辰区在工人俱乐部召开纪念三八国际劳动妇女节108周年纪念大会　（摄影：韩雯雯）

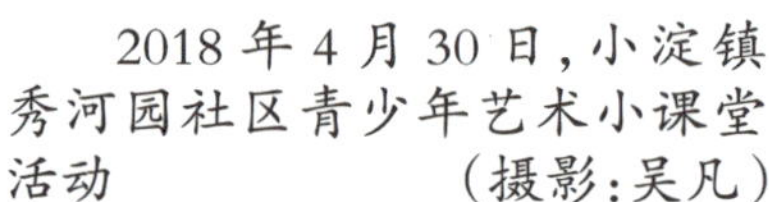
2018年4月30日，小淀镇秀河园社区青少年艺术小课堂活动　（摄影：吴凡）

2018年6月14日，北辰区妇联第一期“新农学堂”培训班在小淀镇温家房子村开班　（摄影：王爱娟）

2018 年 9 月 18 日，北辰区科协、区教育局联合在北辰区集贤里小学举办首届天津市青少年人工智能教育（无人机）成果展示北辰分赛区暨 2018 年北辰区全国科普日主场活动　　（区科协提供）

2018 年 11 月 14 日，北辰区妇联在瑞景街宝翠花都社区举办“垃圾分类宣教进社区”活动　　（摄影：韩雯雯）

2018 年 11 月 14 日，北辰团区委赴甘肃华池开展北辰华池小朋友手拉手活动　　（摄影：马越）

2018 年 11 月 27 日，举办北辰区 2018 年共青团和少先队干部培训班暨“青年大学习”活动

（摄影：牛馨雅）

2018年，举办第三十二届北辰区科技周启动暨广源街荣雅园科技馆开馆仪式 （区科协提供）

北辰区总工会

【概况】 2018年，北辰区总工会在区委和市总工会的正确领导下，努力为职工群众解难事、办实事，各项工作取得良好成效。

【建会入会】 围绕“企业所盼，职工所需”做好服务，增强企业建会、职工入会的主动性，推动企业普遍建会。截至9月30日，全区基层工会总数837个，会员88259人，新增会员2423人；深化职工之家建设，1家企业被评为全国模范职工之家，1名个人被评为全国优秀工会积极分子。

【工资集体协商】 开展“工资集体协商集中要约行动”专项活动，全区工资集体协议签订率为99.48%，超额完成任务指标；正常生产经营企业职代会建制率100%，年度召开率95.1%；开展“双万双服促发展”工作，共收到来信询问事宜13件，解答率和满意率均为100%。

【帮扶济困】 开展“两节”送温暖活动，共计慰问193名劳动模范和129名困难职工，发放慰问物资合计64.61万元；开展“五一”慰问活动，向106名困难职工每人发500元慰问金；开展“夏送凉爽”活动，发放18万元慰问物资；开展“金秋助学”活动，发放助学金22.6万元；累计办理工会会员卡9万余张。向镇街、开发区工会下拨专项帮扶资金共计240万元，累计培训基层工会干部3962人次。

【普惠政策】 为56名患大病职工提供重大疾病保障；为1100余名环卫工人进行免费体检，超额完成民心工程任务；初步建设完成新村街3家社区服务中心；开展招聘会14场，参会企业共计3000余家，达成就业意向6700余人次。年内，培训职工51500人次，包括外来务工人员和劳务派遣工5500人次。

【劳动竞赛】 开展“安康杯”竞赛，全区773个班组参赛，参赛职工1.8万名；组织425家单位开展“安康杯”竞赛知识答题活动，下发试卷1.1万份；组织370余名企业工会主席参加举办劳动保护专题培训班。

【弘扬劳模精神】 推荐评选2017年度全国“五一”劳动奖章1人，天津市“五一”劳动奖章2人，“五一”劳动奖状2个，工人先锋号3个，“津门工匠”1人，优秀职工66人，先进单位10个，先进集体10个；为70余名劳模进行免费查体，组织48名劳模前往北戴河疗养。

【活动建设】 开展“劳动模范进企业宣讲十九届三中全会精神”活动，举办8场宣讲会，总计600余名职工参加；组织开展“中国梦·劳动美——学习贯彻习近平新时代中国特色社会主义思想和党的十九大精神”主题演讲比赛16场次，48名职工参与决赛；参加天津市职工汉字书写大赛、天津市职工优秀文学作品征集活动和天津市第二届职工艺术节，共10余件作品获奖；组织开展北辰区第四届全民运动会企业职工组比赛，75个团队的369名职工参加了比赛；举办免费观影活动，惠及职工1200余人；创建职工书屋13个，超额完成民心工程任务。

（王　璐）

共青团北辰区委员会

【概况】 2018年，共青团北辰区委员会高举习近平新时代中国特色社会主义思想伟大旗帜，以习

近平总书记“7•2”重要讲话精神为指导，以强“三性”、去“四化”为主攻方向，强化青少年思想政治引领，深化共青团改革攻坚，服务青少年成长发展，凝聚青年、服务大局、当好桥梁、从严治团，团结带领广大团员青年为建设繁荣富裕、文明和谐、宜居美丽的新北辰奉献青春力量。

【基层组织建设】 至2018年年底，北辰区团委下辖基层团委36个，团工委8个，团总支3个，团支部742个。共青团员8896人，其中2018年新发展团员847人。有序推进村、社区共青团组织换届选举工作，换届后实现团支部书记由35周岁以下“两委”班子成员兼任。集贤里街团工委书记王智弘当选为共青团第十八次全国代表大会代表。规范机关团组织设置，建立区级机关团工委。制订《关于固化主题团日的实施意见》，印发《基层团组织工作手册》，推动“三会两制一课”制度，严肃团内政治生活，全年基层团支部开展主题团课800余场。开展违规发展团员核查整改工作，以“零容忍”的态度管团治团。制定团区委机关干部基层联系点制度、共青团和少先队干部培训意见，开设政治理论、基础团务、素质拓展、学访先进、警示教育等班次20余场，累计培训团队干部8000余人次，组织共青团政治理论知识测试300余人。

【思想政治教育】 开展习近平新时代中国特色社会主义思想、中共十九大精神专题培训10期，习近平总书记“7•2”重要讲话和团的十八大精神宣讲20场，“学总书记讲话，做合格共青团员”主题活动，《习近平的七年知青岁月》学思践悟、“纪念马克思诞辰200周年”座谈交流6场。举办“不忘初心跟党走 青春建功新时代”纪念五四运动99周年大会。开展系统培养实践。强化宣传引导，拍摄《团干部的自我革命》《青春的名义》《团聚青春力量，争当创文先锋》等宣传短片。在辰青e彩常态化开设微课堂和“青年大学习”专栏，8000人参与党的十九大报告、新宪法线上答题。编发《五月花海》5期、《共青团理论学习读本》9期。选树北辰区最美青年20人、共青团先进集体和个人33个。4家单位和4名个人获国家和市级“两红两优”称号，吕超越被评为“全国优秀共青团干部”。

【社会服务】 定点服务企业、走访青联委员企业6家，解决问题需求4个。联合区人社局等举办大型招聘会3场，提供岗位900余个。开展创业就业、岗位技能培训、青年创客直播等活动20期。建立高层次人才工作室2个。主动参与东西部对口帮扶，与华池、兴隆两地共青团签订农村青年致富带头人培训、少先队员手拉手等6个项目，投入帮扶资金24万元。承办“激情世界杯 欢乐夜北辰”啤酒节闭幕式和“全民健身 强国体育”天津市青年体育嘉年华暨第三届北辰区文化旅游体育节活动。开展志愿服务，制订《关于开展“爱满津城·志愿青春”北辰共青团3•5主题实践活动的安排意见》，组织开展结对帮扶困难村、“爱心助学”素质拓展、保护母亲河、环境清整等八类志愿服务活动80余场，服务群众6000余人。指导社会组织开展的“安居享”“乐德豆浆”项目获第四届中国青年志愿服务项目大赛银奖。

【权益保障】 服务重点群体，做好重点青少年群体排查工作，掌控动态情况，实施分类帮扶，开展爱心助学、圆梦大学、扮靓家园等品牌活动。维护合法权益，服务青年发展，落实《天津市北辰区辰青创客英才计划实施细则》，建立北辰区青年创业金融服务站，提升创业就业能力。积极搭建靠谱的交友平台。营造浓厚氛围，召开权益工作会，评选“四有两无”零犯罪社区、青少年维权岗23个。

【全团带队】 落实改革要求，制订《天津市北辰区少先队改革方案》，组织召开少先队北辰区第四次代表大会，选举产生新一届少工委、少理会领导班子。联合北辰区教育局团委、区少工委在清明节、端午节、中秋节、国庆节等节点，开展仪式教育，组织开展北辰区“津彩假日”红领巾夏令营、冬令营，“津和手拉手 书香飘校园”图书捐赠活动，十一三建队日全区示范性活动。选树2018年度“天津市优秀少先队辅导员”5名。

（牛馨雅）

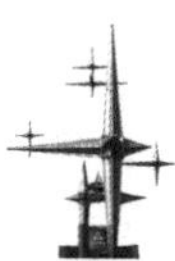

北辰区妇女联合会

【概况】 2018年，北辰区妇女联合会深入学习贯彻中共十九大精神和习近平新时代中国特色社会主义思想，按照妇联改革方案要求，保持和增强妇联组织和妇女工作的政治性、先进性、群众性，自觉用党的十九大精神指引妇联工作进入新时代、开启新征程、实现新作为，团结带领广大妇女在新时代中国特色社会主义伟大实践中贡献巾帼力量。

【思想引领】 将思想政治建设放在首位，发挥妇联组织优势，开展“巾帼心向党 建功新时代”中共十九大精神“八进”系列活动，举办巾帼大宣讲、形势政策大讲堂80余场，营造学习贯彻习近平新时代中国特色社会主义思想和党的十九大精神的浓厚氛围。充实妇联系统网评员、网宣员队伍，扩大星光璀璨网群，开展网络舆情引导，把党的主张和声音传递给妇女群众，引导广大妇女深刻理解党的大政方针和发展要求。

【妇女创业就业】 举办“春风行动”就业招聘会7场，589名女性达成就业意向。开展无边界媒体营销等妇女创业培训辅导服务3场，受益妇女260人。举办“新农学堂”培训班9期，培训妇女270余人次。开展手工编织、串珠、养老护理、插花等技能培训69场，培训妇女3600人次。申报天津市北辰区北斗星农作物种植专业合作社和天津市权海蔬菜种植专业合作社为天津市巾帼现代农业示范基地。组织人员赴河北省兴隆县雾灵山镇陶家台村举办手工编织技能培训。

【巾帼建功及岗位成才】 召开纪念三八妇女节108周年大会，表彰98个区级三八红旗手、30个区级三八红旗集体。4人被评为市级三八红旗手，2个单位被评为市级三八红旗集体。

【文明家庭大讲堂】 开展“文明家庭大讲堂”活动。举办亲子关系、家长素质、学前教育、婚姻关系、心理预防等知识讲座30场，受益家长8000余人次。

【寻找“最美家庭”活动】 开展寻找“最美家庭”活动，98户家庭被评为区级“最美家庭”，55户家庭被评为天津市“最美家庭”，其中4户家庭被评为市级“最美家庭”标兵户。崔建磊家庭荣获全国“最美家庭”，吕德俊家庭和于忠生家庭荣获“全国五好家庭”。开展最美家庭“好婆媳”选树活动，共评选出30对事迹突出、影响广泛的“好婆媳”典范。开展“新时代 好家风”传承好家风活动，在普东街普田文化活动中心建立家教家风创新实践基地，举办优秀家风基层巡展94场和“最美家庭”家风巡讲17场，受益万余人次。开展“文明家庭大讲堂”活动30场，受益家长8000余人。举办北辰亲子嘉年华活动启动仪式，社区、农村开展20场小型亲子嘉年华活动。

【深化关爱系列活动】 开展“送温暖 献爱心”活动，春节、母亲节期间慰问单亲困难母亲533人次，发放慰问金和慰问品共计27.88万元；帮扶困难妇女大病救助10名，发放救助金5.65万元。贫困妇女“两癌”救助31人，累计26.8万元。联合区妇幼保健中心启用国际“红丝带”公益项目善款10万元，为200名单亲困难母亲及困难妇女进行免费查体。推动公益保险项目，21885名妇女投保188.32万元，其中823名妇女受益，理赔金额113.62万元。累计为62名困难学生发放助学金14.2万元。投入资金29万元，在58个社区建立了儿童之家。儿童节期间，慰问3所幼儿园，赠送价值3万元的慰问金和玩具；走访、慰问3名农村留守儿童。开展少年儿童“五防”安全教育。为17273人进行“甲状腺”“先心病”免费筛查，开展“新生儿胆道闭锁筛查救治”“一家衣善”等公益项目。

【维护妇女儿童合法权益】 开展“三八”维权集中宣传活动，进行普法宣传教育百余场，发放宣传材料万余份。联合司法局举办女性特殊人员心理健康教育活动。强化妇女法律心理帮助中心服务功能，投入资金4.4万元用于心理咨询室建设，选派优秀心理咨询师为妇女群众提供免费心理咨询及家庭危机干预服务。增加心理咨询项目，共接待心理咨询187人次。开设“女子学堂”，举办心理健康、法律讲座92场。开展“平安家庭”示范户宣讲15场。举办“巾帼筑梦新时代 法润万家创平安”妇女维权十大典型案例宣讲。用心、用情、用力做好信访工作。

【妇联组织网络建设】 与区委组织部联合下发《关于做好农村、社区妇联组织换届选举工作的通知》，召开农村、社区妇联换届选举工作部署会，推进农村、社区妇联组织换届选举工作。截至10月底，121个村、125个社区全部完成妇联组织换届选举工作，选举产生妇联主席246、专兼职副主席1889名，共选出执委3490名，妇联主席进“两委”比例实现100%。与区委组织部联合发文，在有条件的机关全部完成了妇联组织组建改建工作，30个机关事业单位建立妇联，16个建立妇女小组。在瑞景街宝翠花都社区妇联试点开展妇联组织网格化建设管理工作，社区63个楼门全部成立妇女小组，织密了妇联组织网络，让妇联组织建设直抵“神经末梢”。

【妇联队伍建设】 推广精彩女性终身学习平台注册工作，2018年已有437人注册，超额完成工作任务。联合区委组织部举办全区处科级女干部、女企业家培训班，300余人参加。举办妇联系统干部岗位培训班，对各镇街、村社区妇联主席，委办局女干部共300余人进行岗位培训。开展“万名党员联万户”、机关党组织到驻地社区报到开展共驻共建、党员到居住地报到、妇女需求调研等工作，领导班子成员带头深入基层联系点宣讲十九大精神和习近平新时代中国特色社会主义思想17场。

【垃圾分类宣教】 开展“绿色生活在我家”活动，打造垃圾分类宣教试点社区——瑞景街宝翠花都社区，为社区1090户，每户配备两个分类垃圾桶，将垃圾分类工作延伸到每个家庭。组织开展“垃圾分类宣教进社区”活动，宣读《绿色生活在我家，垃圾分类靠大家》倡议书，观看垃圾分类知识展板和垃圾分类知识指导手册。

附1：全国“五好”家庭选介

吕德俊家庭事迹材料

吕德俊拥有一个幸福和睦的家庭，夫妻相敬如宾，女儿聪明可爱。他孝敬老人，善待他人，深受单位、邻里和社会的好评。作为集贤里街清扫队队长，一个有着22年党龄的基层工作人员，他工作勤奋，爱岗敬业，努力完成领导交办的各项工作，多次获优秀个人和先进工作者称号。

工作中，他为每个队员建立工作档案和健康档案，做到“四个知道、一个跟上”。他运用在部队学到的“军事化”管理模式，建章立制，实行日巡查、周点名、月例会制度，明确分工、奖罚分明。他组织队员们开展丰富多彩的读书读报活动、趣味运动会，他关心队员身心健康，帮助困难队员渡过难关。

生活中，他深知父母对子女的教育责任，深知和睦的家庭能给每一个家庭成员带来温暖。他与爱人坚持勤俭持家，从不铺张浪费，始终把对孩子的教育放在第一位，经常与孩子沟通交流，教育孩子学会做人，学会做事并健康快乐长大成人。

他是对党组织、对国家有着深厚的感情，这种感情积极地影响着每一个家人，全家人遵纪守法，慎诺守信是家庭的传统美德。

于忠生家庭事迹材料

家住在北辰区天穆外园的居民于忠生今年64岁，是油漆厂退休工人，妻子于美丽60岁，是食品三厂退休工人，儿子和儿媳开了一家小旅馆，孙子、孙女在学，这个六口家庭生活得幸福美满。多年来，于忠生、于美丽夫妇始终本着多一份爱心，多一份帮助，就为社区带来多一份的和谐，将助人为乐作为快乐之本。

他们三十年如一日的照顾邻居马伯林一家，帮助马柏林家庭跨过一道道坎。马柏林家有两个智障残疾孩子，儿子9岁才会走路，女儿生活不能自理。30年前于美丽就开始帮助他们，定期给他们打扫房间、做卫生，给马柏林的智力残疾女儿洗澡。2001年，女儿因病情严重导致大出血，于

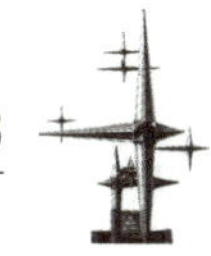

美丽就用双手给她清理所有血迹，就这样一直照顾女孩直至病故并帮忙料理了后世。2016年的一场大暴雨 ，马柏林家里进了很深的水，于美丽夫妇就把马柏林一家接到家里住了十几天，于美丽儿子于林负责给这个智力残疾哥哥洗澡洗衣服，儿媳妇负责给他们做饭，这期间马柏林还生了重病，住院期间也是于忠生一家人轮流去照顾，直到康复。

他们虽然不是一家人，因为有爱，胜似一家人。于忠生、于美丽一家人用“乐善好施、乐于助人”的实际行动书写了文明新风，促进社区和谐。

附2：全国最美家庭选介

崔建磊家庭事迹材料

崔建磊系公安北辰分局打击犯罪侦查支队四大队的民警，承担现场勘查、尸体检验、损伤鉴定工作。近年来，他共勘验各类现场1200余次，检验各类非正常死亡尸体近500具，接待活体损伤4000余人次，制作并发放各类鉴定文书1500余份，直接服务侦查破案500余例，平复家属疑惑、信访案件400余例，在国家、省级专业技术刊物上发表论文10余篇。妻子刘晶独自扛起家庭重担，操持家务，孝敬老人，教育孩子，从没有一句怨言。在妻子的支持下，崔建磊曾先后荣获个人嘉奖3次、侦查破案标兵2次、年度优秀公务员3次，为打击犯罪，维护社会和谐稳定做出自己的贡献，无愧于人民卫士的称号。

（杨艺云）

北辰区科学技术学会

【概况】 2018年，北辰区科学技术协会全面深化改革，围绕全国“科技三会”指示精神，开展各类科普活动，提升全民科学素质，举办各类科普活动121项；建设科普中国e站55个；评选“科普示范社区”10个；开展青少年科技竞赛，市、区两级共122个项目获奖；召开北辰区科协第五次代表大会完，成换届选举工作；指导建立基层科协组织7个；圆满完成全年工作任务。

【第32届科技活动周】 2018年5月18日至26日，举办以“科技创新 强国富民”为主题的第32届北辰区科技周活动。围绕智能科技科普、服务科技创新、提升全民科学素质三方面内容，开展区级重点活动25项，基层活动56项。在天津市第32届科技周工作考核中，区教育局等7家单位被评为优秀组织单位，荣国凤等6人被评为优秀组织者。

【全国科普日】 开展以“创新引领时代，智慧点亮生活”为主题的全国科普日活动，以首届天津市青少年人工智能教育成果展示活动北辰分赛为主场，开展线上线下活动40项，果园新村街人工智能机器人大赛入选“科普101”网易新闻百场直播。

【青少年科技教育】 举办区级青少年科技创新大赛、青少年科技类综合实践活动、首届“北极星杯”青少年机器人大赛，全区31所中小学校近1000余人次参加活动。在第33届天津市青少年科技创新大赛中获一等奖26项，二等奖44项，三等奖50项；集贤里小学科技组入选天津市第八届“科技传播之星”；华辰学校被认定为2018年天津航天特色学校。

【科普中国e站建设】 推动符合条件的社区、中小学校、乡村等建设科普中国e站55个，其中社区e站30个，校园e站18个，乡村e站7个。目前，辖区内30%以上社区、40%以上学校、10%以上乡村已覆盖科普中国e站。累计注册科普员308人，分享科普文章23263篇，基站270个，注册量在全市排名第2。

【北辰区科学技术协会第五次代表大会】 2018年12月13日，召开北辰区科学技术协会第五次代表大会，审议通过了天津市北辰区科学技术协会第四届委员会工作报告，选举产生了第五届委员会。产生了北辰区科协新一届领导机构，其中委员会委员35名。大会闭幕后，区科协第五届委员会召开第一次全体会议，选举产生了区科协第五届委员会常务委员会，常务委员会委员共13名，其中，主席1名，专职副主席1名，兼职副主席2名，挂职副主席1名。

【基层科协组织建设】 完成基层科协组织建设试点工作任务，成立集贤里街道科协1个，企业科协6个，其中：园区科协4个，企业联合科协1个。

（王　静）

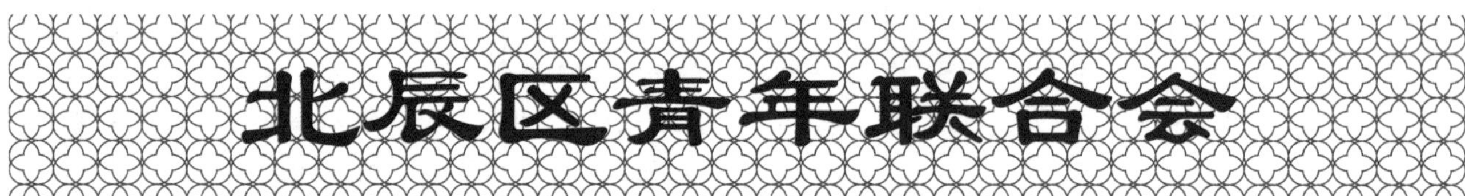

北辰区青年联合会

【概况】 北辰区青年联合会设有经济管理、科技金融、城市建设、教育文化、医药卫生、社会法制、爱国统一、公共管理八个界别，共有青联委员322人。

【思想引领】 组织委员学习习近平总书记“7·2”重要讲话等内容，筑牢思想根基，强化思想认同。以学习习近平总书记给南开大学8名入伍大学生回信精神为契机，拍摄《青春的名义》等委员学习感言纪录片，激励委员牢记习近平总书记对青年的殷切希望，勇当复兴路上生力军。

【志愿服务】 在委员中募集资金2万元，为华池100名困难青少年捐赠棉服。开展“津和手拉手 书香飘校园”活动，组织委员为新疆和田地区捐赠图书5000余册。主动参与“爱心助学”“圆梦大学”“扮靓家园”等品牌活动。开展“青春暖冬”活动，邀请委员深入困难青少年家庭开展走访慰问活动，面对面了解困难需求并为他们送去慰问品和祝福。

（李　龙）

法治

2018 年 10 月 2 日，公安北辰分局举行“2018 北辰护航一号”候鸟迁徙保护专项行动暨爱鸟护鸟志愿者聘任仪式（摄影：？）

2018 年 1 月 12 日，警税联络机制办公室实体运作启动仪式在区国税局举行（摄影：？ 公安分局）

2018 年 3 月 30 日，公安北辰分局在天穆镇刘房子旧物市场召开“扫黑除恶专项斗争现场座谈会”（摄影：？）

2018 年 5 月 11 日，公安北辰分局组织召开弘扬发展新时代“枫桥经验”·北辰百姓邻里守望平安行动启动仪式（摄影：？）

2018 年 10 月 31 日，一起侵犯商业秘密案件的被害单位向北辰区人民检察院赠送锦旗和感谢信

（摄影：王蒙哥）

2018 年 11 月 30 日，北辰区人民检察院在民族职专开展“法治进校园”宪法讲座　（摄影：郜文苑）

2018 年 4 月 26 日，北辰区人民法院深入社区开展防传销、防非法集资、防电信网络及金融诈骗普法宣传
（摄影：周永军）

2018 年 5 月 4 日，北辰区人民检察院组织青年干警赴天津觉悟社开展“追寻革命足迹 学习觉悟精神”主题团日活动
（摄影：王雨濛）

2018 年 12 月 4 日，北辰区人民法院刑事审判庭邀请果园新村道、集贤里道 20 余名群众，开展“扫黑除恶”专题宣讲活动　　（摄影：周永军）

2018 年 5 月 30 日，北辰区司法局举办以“弘扬宪法精神 建设法治北辰”为主题的法治文艺演出，深入武警某部，并向官兵赠送《中华人民共和国宪法》单行本　　（摄影：？）

2018 年 7 月 9 日，北辰区人民法院公开宣判首例涉恶案件　　（摄影：周永军）

2018 年 9 月 5 日，北辰区人民法院与区司法局联合举办“人民法院调解平台”专题培训会，全区 150 余名人民调解员参加培训　（摄影：周永军）

2018年11月27日，北辰区司法局、区法建办、区人民法院联合组织全区90个单位的主要负责人参加旁听庭审活动 （摄影:？）

2018年12月24日，北辰区司法局、区教育局、区人民检察院、区法建办在南仓中学联合举办预防校园欺凌专题讲座 （摄影:？）

2018年8月7日，北辰区委宣传部、区司法局、区法建办联合开展“宪法在身边”宪法知识竞赛活动。图为在区司法局举行初赛人员合影 （摄影:？）

2018年9月14日，北辰区司法局法制办组织开展法治审核人员培训会(摄影:张岩)

政法委及综治

【概况】 2018年，北辰区委政法委在中央和市、区委的正确领导下，深入学习贯彻习近平新时代中国特色社会主义思想，深化落实中央和市、区委决策部署，强化“四个意识”，坚定“四个自信”，践行“两个维护”，为全区经济社会发展创造安全的政治环境、稳定的社会环境、公正的法治环境、优质的服务环境，锐意进取，狠抓落实，各项工作取得明显成效。

【维护社会稳定】 针对全国“两会”、十九届二中、三中全会、上合组织青岛峰会、北戴河暑期、中非论坛、夏季达沃斯等重大活动和元旦、春节、清明节、“五一”、国庆等敏感节点期间，严格按照“上之上、加强+”的工作要求，保持“衣不解带、马不下鞍”的工作状态，全员无休，每日坚守岗位，通报预警线索，传达会议精神，反馈工作进展，全年收集基础信息1022条，向市委政法委、区主要领导报送信息512期，完成敏感时期零进京的政治任务。

【完善制度机制】 完善情报信息搜集、社会稳定风险评估机制，落实月例会、月分析和战时日报告等制度，坚持定期排查、专项排查、敏感时期集中排查相结合，排查网络。强化突出不稳定问题化解工作机制，对纳入市台账的5个重点问题，逐案推动落实领导包案化解制度，逐一成立疏导稳控专项工作组。

【推动稳评工作机制化】 推进社会稳定风险评估工作机制，完善稳评工作考核体系，全年向市委政法委报备稳评项目35项。开展村级组织换届选举工作和危化企业搬迁改造工作专项稳评，理清村级换届和危化企业搬迁改造稳定情况，预防和化解社会矛盾，处理潜在性、苗头性问题，保证换届选举工作和危化企业搬迁改造工作有序开展，风险可控。

【推动综治领导责任落实】 召开区委常委会、专题会、书记办公会等形式听取综治专题汇报，加大区、镇街财政投入。加强考核引领，引入负面清单，加大对扫黑除恶、惩治枪爆、农村赌博、信访稳定、特色创新的考核，全区9镇7街72个成员单位层层签订综治目标责任书。排查各镇街、各单位落实综治领导责任不力问题，对2个村居、4家企业行使一票否决权。

【创新综合治理特色模式】 深化“1+3+N”综治警务网格融合，完成“北辰综治”APP软件升级，“北辰管家”模式日臻成熟，“进门”大清查点位33万个、发现隐患9.8万个，办结率99.76%。壮大“北辰百姓”平安志愿者队伍。建立“邻里守望共筑平安四级微信群”2700余个，覆盖16万“北辰百姓”，每天推送警情通报、防范知识，不断密织群众“防护网”。“雪亮工程”提档扩容，新增监控点位322处、车辆抓拍系统92套、人脸识别系统230套，推动市第二儿童医院23套人脸识别系统并入平台，协助抓获逃犯26名，其中杀人犯2名，“探头站岗、鼠标巡逻”的技防体系初步形成。

【推进扫黑除恶专项斗争】 召开全区扫黑除恶专项斗争动员会，制订方案，健全机制，明确分工，在线索摸排、惩治处理、深挖彻查。组织召开区委常委会专题研究4次。各镇街、开发区、成员单位层层签订承诺书，逐级谈话“全覆盖”。支持配合市扫黑除恶专项斗争第八督导组开展工作。破获团伙36个，破案167起，刑拘307人，批捕99人，判决93人，收缴枪支17支，梁乃全、“1•15”“9•9”等案件效果良好，打出北辰扫黑除恶的强大声势。

【加强平安创建】 细化措施、明确标准、持续推动，全区共配备社区民警112名，建设警务室115个，警务室配备达标率100%。全区平安村（社区）创建率达72%，其中，23个困难村平安创建率达95.7%，为如期打赢脱贫攻坚战提供最优质的平安保障。

（吴雪婷）

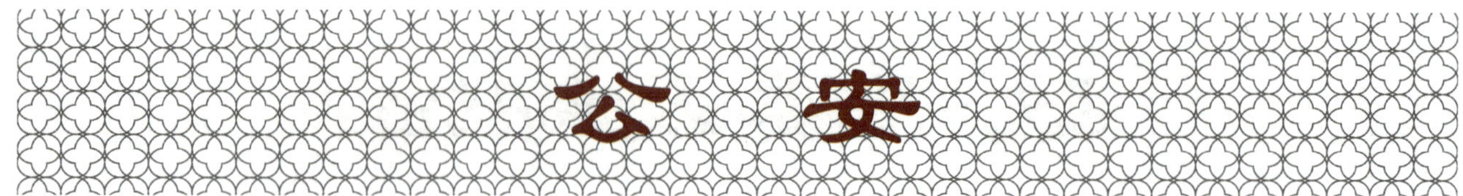

公安

【概况】 2018年，公安北辰分局以习近平新时代中国特色社会主义思想为统领，增强“四个意识”、坚定“四个自信”，做到“两个维护”，提高政治站位，主动担当作为，以更高的起点、更高的标准，圆满完成各项公安保卫任务，全力服务北辰区经济建设和民生发展。2018年4月，被市总工会授予天津市“五·一劳动奖状”。

【维护稳定】 做好各项安全保卫和维稳处置工作，维护全区社会政治稳定。妥善处置融创御园民工讨薪、“内涵段子”车友群体非法聚集、天房集团商品房业主维权聚集等一批敏感警情和群体性事件苗头。对各类易引发群体性事件的不稳定因素坚持源头治理，参与筹备北辰区退役军人事务局，做好对退伍军人群体和涉众型经济案件维权群体等重点群体的关心爱护、依法维权以及追赃挽损等工作。惩治处理扰乱公共秩序等违法犯罪人员，有效防止矛盾激化、事态升级。开展全区村级组织换届选举工作。选举期间未发生干扰、影响换届选举的治安和刑事案件，确保全区121个村级“两委”全部圆满完成换届选举工作。

【重大活动安保】 落实一级勤务和超常规巡控模式，加强社会治安管控，完成全国“两会”、青岛上合峰会、中非合作论坛、夏季达沃斯论坛、世界智能大会、北戴河暑期安保、“3·30”专项警卫任务等重要会议、敏感节点以及“两节”、清明节、开斋节、国庆节等大型节庆活动安保维稳任务。完成警卫任务59次，其中一级加强警卫任务6次，一级警卫任务43次，二级警卫任务9次，三级警卫任务1次，出动警力6400余人。

【矛盾纠纷化解】 加强社会矛盾纠纷滚动排查机制，加强各部门之间横向对接，牢固树立政权意识和法治意识，推动全区信访积案化解，严厉惩治以访牟利、聚集非访行为，对未结矛盾纠纷主动进行化解。全年共排查矛盾纠纷4475起，已结4455起，办结率达到99.6%。加强对有关人员的稳控工作，开展落地核查，确保发现及时、稳控到位、惩治有力、处置妥善。全年共拦截劝返非正常访人员200余人次，全区非正常访22人次，被清理对象16人次。

【反恐维稳】 加强对关注人员管理工作，落实48小时“四见”措施，核查比对关注人员身份背景，成功抓获涉嫌危害国家安全罪网上在逃关注人员。对全区反恐重点目标单位进行重新梳理和督导检查，开展应急处置演练活动，确保反恐重点单位、重点部位的绝对安全。

【严厉打击犯罪】 分局相继成立扫黑除恶、惩治涉税犯罪、打假等类案工作专班，全力开展“扫黑除恶”“惩治盗抢骗”“三打击一整治”“压发案百日会战”、打击“号贩子”专项清理整治、“雷霆一号”“雷霆二号”等一系列严打整治专项行动，严厉打击涉黑涉恶、电信诈骗、毒品犯罪、经济犯罪等严重危害公共安全、扰乱经济秩序、影响群众安全感的各类违法犯罪。全年共立案6324起，破案2287起，破案率36.16%。其中：速侦速破命案5起，侦破率100%。危害公共安全类立案255起，破案253起，破案率99.22%。侵犯公民人身民主权利类立案227起，破案195起，破案率85.90%。侵犯财产类案件立案4971起，破案1108起，破案率22.29%；妨害社会管理秩序类立案449起，破案414起，破案率92.20%。破坏市场经济秩序类案件立案377起，破案265起，破案率70.29%。毒品犯罪案件立现案43起，破现案43起，破案率100%。全年共刑事拘留1464人，比上年上升21.59%；逮捕747人，比上年上升60.3%；直诉843人，比上年上升24.89%；移送起诉1545人，比上年上升40.58%。共抓获网上逃犯172名，其中历年逃犯68人，外省逃犯91名。在全市绩效考核中，惩治食药环犯罪、破获部级督办刑事案件数（包括刑侦、经侦、毒品案件）、逮捕和直诉增长幅度排名第一，多项考核成绩领先。严厉惩治盗抢骗等多发性侵财犯罪。结合各项严打整治专项行动，共刑事拘留盗窃类犯罪嫌疑人202名，破案774起；刑拘抢夺类犯罪嫌疑人3名，破案4起；刑事拘留一般诈骗类嫌疑人46名，破案119起。惩治电信网络诈骗等新型侵财犯罪取得明显成效，共破获电信网络诈骗案件197起，刑事拘留犯罪嫌疑人58人，成功止付冻结被骗资金220万余元。严厉惩治网络贩枪犯罪。破获涉枪案件12起，刑拘13人，破获制枪窝点2个，缴获各类枪支14支，火动力枪支零件500余件，铅弹500余发，一举破获部级督办的刘某某制造枪支案。加大禁毒工作力度。共破获毒品犯罪案件40起，刑事拘留犯罪嫌疑人58名，其中部级目标案件1起，市级毒品目标案件1起，抓获毒品犯罪嫌疑人28人，缴获毒品10.5公斤，查获吸毒人员102名，其中采取强制隔离戒毒43人、社区戒毒措施的24人。创建“全国禁毒工作示范城区”工作。破获经济案件160起、刑拘174名犯罪嫌疑人，挽回经济损失4000余万元。侦破北辰区重点企业某机械（天津）股份有限公司员工涉嫌侵犯公司商业秘密案。此案被评为公安部保护知识产权年度十大经典案例，中共中央政治局委员、市委书记李鸿忠，市委常委、市委政法委书记赵飞、副市长，市委政法委副书记、市公安局党委书记、局长董家禄等各级领导分别做出批示并给予充分肯定。组侦破天津宣豪机电设备制造有限公司、天津市鑫升久旺商贸有限公司等公司特大虚开增值税专用发票案，抓获犯罪嫌疑人114人，破获案件60起，挽回税款1000余万元。全年分局共申请部督案件10起；发起集群战役3起，破获食药环案件123起，刑拘172人。破获“1•19”生产、销售假药案、“12•21”制售假酒案等大要案件，得到公安部等部门领导的批示表扬。

【扫黑除恶专项斗争】 开展和纵深推进扫黑除恶专项斗争。破获“1•15”专案、“9•9”专案、“11•11”专案等一系列大要案件，全年共刑拘9类涉恶犯罪嫌疑人369人，破获涉恶9类案件惩治326起，破获3人以上的黑恶势力团伙39个，惩治9类涉黑涉恶违法犯罪排在全市前列。破获以臧某某为首的称霸刘家房子旧物市场，涉嫌寻衅滋事、敲诈勒索的黑恶势力犯罪团伙；摧毁以陈某某为首的强占1.3万平方米国有土地，非法搭建“姚江路综合市场”及大量厂房、平房并对外出租，致使国家两条规划路历时四年无法贯通，给国家造成巨大的经济损失，并犯有聚众斗殴、寻衅滋事、故意伤害、敲诈勒索等罪行的黑恶势力犯罪团伙；铲除以麻某某、苏某某为首的强占天津地铁一号线刘园站区约20公顷国有规划土地，搭建违法建筑20余万平方米对外租售。拍摄《较量Ⅰ》《较量Ⅱ》专题宣传教育视频短片，配合区有关部门乘胜追击，推进“严厉打击土地和建设领域涉黑涉恶违法犯罪”专项行动，成立北辰分局扫黑除恶“敢死队”，对强占、侵占国家、集体土地从事违法建设活动进行严厉惩治，全区共收复被非法侵占的国家和集体土地173.33公顷。

【维护社会治安秩序】 开展9次京津冀集中清查行动、6次全区多部门多警种联动综合治理行动、13次全区性压发案巡逻堵卡集中统一行动、15次“围猎式”集中清理清查专项行动、18次全区多部门多警种联动综合治理行动、3次客运出租车全市集中统一清查行动，开展物回业集中清理清查统一行动、“2018北辰护航一号”、非洲猪瘟防控等专项行动。全年共查处治安案件4408起，治安拘留2082人，查处治安案件数和治安拘留的案件数全市排名第二和第一。加大对“黄赌娼假危”违法犯罪的打击力度，共破获赌博案件149起，治安拘留赌博人员327人、刑事拘留51人，罚款3人，收缴赌资49.09万元，收缴涉案赌博机372台；破获卖淫嫖娼案件171起，治安拘留卖淫嫖娼人员260人，刑事拘留10人；查获制贩假证各类嫌疑人共69人，刑事拘留35人，取保候审8人，治安拘留26人，缴获假证章7580个、造假原材料5000余件、造假设备、电脑、激光打印机等共计36台。关停无证经营旅馆58家，治安拘留58人；破获各类涉危案件101起，治安拘留89人，收缴液化气罐94个，汽油633桶。破获涉枪案件10起，刑事拘留15人、行政拘留1人，在全市公安机关“争创无涉枪涉爆案事件单位”大竞赛活动中，获得全市第一名。

【服务经济发展】 召开“双万双服促发展”落实人才引进、服务高校发展座谈会，全市公安机关首个驻高校人口服务管理办公室在天津职业大学落成。组织落实市“海河英才”计划落户新政，累计现场接待13478人，电话咨询12061人次，办理区人才户口准迁证3840个，其中学历型人才2952名、

急需型187人，创业型10人，资格型181人，技能型510人，为北辰区经济发展储备了强大的人才资源。强化流动人口服务管理工作。共受理居住证1万余个，签注1.4万余人；核查出租房屋2.1万余户、新登记1.2万余户；核查流动人口8.7万人，新登记7.5万余人。树立主动“上前一步”服务意识，帮助企业规范和完善安全防范制度。对企业从业人员全部进行实名盾登记和背景审查，为企业生产经营活动提供可靠的安全保障。加大全区消防安全监督工作，2018年全区共发生火灾134起，直接财产损失1858400万元，未发生有影响及亡人火灾。

【执法规范化建设】 深化执法办案管理中心建设。加强软硬件建设，保障执法服务，消除执法隐患、减少执法风险，北辰分局执法办案管理中心建设在市局全年绩效考核评比中获得第一名。加强民警执法培训和考核工作的基础上，加大案件质量督导检查力度，精确指导基层办案，提高执法办案能力水平。做好日常接访工作的，开展信访事项专项治理工作，倡导聘请第三方人员介入信访案件。共受理来信来访问题464件，比上年下降2.5%，查结率100%，息访率86.2%。成功化解疑难信访案件4件，化解率100%。

【警务网格化管理】 强化警企联合作战实验室在警务实战中的科技引领和技术保障作用，在2018年度市局绩效考核中获得基础信息化总成绩第一名。深化和完善综治警务网格融合“进门”大清查机制。完成“北辰综治”APP软件升级改版工作，实现四级管理模式和“进门”大清查信息数据全程网上运行的“闭环”工作机制，“北辰综治”被评为全国政法智能化建设“雪亮工程”十大创新案例。完成综治警务网格与民政、司法网格的融合，突出抓好“网上”北辰综治APP运行机制的完善和“网下”综治警务网格工作数据的核查推动，排除各类安全隐患风险点。全年综治警务网格工作中共“进门”检查点位305909个、发现隐患问题90309个，整改办结隐患问题90246个，办结率99.93%。深入贯彻中央和市委弘扬新时代“枫桥经验”的具体要求，按照区委、区政府部署，分局创新综合治理，探索实施新时期“邻里守望”警民互动的工作模式，在全区9个镇、7个街、15个派出所建立不同层次“邻里守望”共筑平安微信群共计446个、22661人，在区内6所大学建立覆盖700个班级的大学校园平安微信群。组织开展“津门平安力量”人力情报系统推广应用工作，物建信息员4136人。启动北辰百姓邻里守望平安行动，努力打造“北辰百姓”品牌，创建“北辰综治”新模式，北辰区被评为全国社会治理创新优秀城市。加快推进“雪亮工程”扩容提档工作，建成视频监控点位322处，超额完成全年重点工作任务。在全区22个小区、5个大型超市、御龙湾广场安装人脸识别系统230个、车辆抓拍系统92个，并建设智慧平安示范社区5个。在天津市第二儿童医院安装人脸识别系统26个，对北辰医院、北辰中医医院视频人脸资源进行整合。搭建全区图像应用、共享平台，实现全区图像资源整合应用。通过人脸识别系统抓获在逃人员30余名，其中杀人在逃10年以上的2名。

【活动建设】 落实市局《党委理论中心组学习规范》《民警政治理论学习规范》，建立党委中心组及成员学习记录、笔记电子档案和网上管理制度，健全北辰公安大讲堂、领导干部述学、民警理论学习党组织书记阅批点评等机制，加大理论学习的检查推动力度，开展“践行习近平新时代中国特色社会主义思想”大讨论、“大学习、大研讨、大培训”活动、“新时代天津公安精神”讨论、政治建警等专题教育活动。

落实党建主体责任，督促指导各党支部建立完善党小组，落实市局环城四区交警支队属地化管理改革要求，将交警北辰支队党员民警和党员警辅人员全部纳入分局党员管理，成立“扫黑除恶敢死队”战时党支部，确保分局党组织建设见底到边、全员覆盖。深化“五好党支部”创建和标准化达标建设，开展创先争优活动，开展“万名党员连万户”活动，与北辰区大张庄镇130多名低保户、低收入家庭建立帮扶机制。《公安北辰分局党委用好“三微”手段释放党建新活力》和《发挥战时党支部战斗堡垒作用以党建引领助推扫黑除恶专项斗争》作为基层党建工作亮点经验分别在市委组织部和公安部刊发。完善团组织“双推”机制，实施天津公安“新青年”人才发展计划，建立新青年人才发掘培养体系，发挥团员青年生力军作用。

【专项教育】 成立肃清黄兴国武长顺流毒影响“回头看”工作领导小组，召开2次全警动员部署会，4次党委专题会，2次推动会，组织各单位层层召

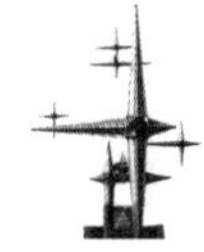

开领导干部会和民警会、警示教育会，研究制订“肃黄”“肃武”两个专题民主生活会整改方案，明确各个阶段的整改措施。各单位共制定“肃黄”“肃武”整改措施8874条，落实“肃黄”“肃武”整改任务4200个。组织各单位对涉及黄兴国武长顺的报刊、书籍、图片、音视频、文件等纸质及电子版资料进行集中清查和销毁。建立一套操作性强的“回头看”工作督导检查机制，确保“回头看”工作不走形式和过场并取得实效。

【励警惠警】 开展2015年—2017年度天津市公安系统优秀单位优秀人民警察评选表彰活动，为侦破“1•19”生产销售假药案件工作组记集体二等功，为普东派出所高磊记个人三等功，经分局党委研究，为网安支队、天穆派出所社区警务队、集贤里派出所社区警务队和交警支队西堤头大队等8个单位记集体嘉奖，为指挥室副主任倪瑾等14名同志记个人三等功，天穆派出所被评为模范基层单位，吴楠等11名同志被评为优秀人民警察，黄宝珠等7名家属被评为模范警属，崔建磊被评为市级和全国最美家庭户，徐燕被评为天津市最美女警，杨桂贤被评为天津市五好家庭称号、温建富当选2018年市局第一季度“津城警星”。开展随战即时表彰奖励工作，为宋凤鸣、陈兴、梁福忠等29名在各项安保工作中做出突出贡献的同志记个人嘉奖，表彰22名警辅人员。强化宣传典型工作，多角度、全方位搜集宣传安保工作成效和队伍中涌现出的先进典型，在《天津政法报》和天津卫APP发表先进集体和先进民警事迹有关文章，树立新时期北辰公安队伍的良好形象。落实分局执法勤务警员和警务技术职务序列改革相关工作，全年为842名执法勤务类民警和24名警务技术类民警完成执法勤务警员人员套改工作，开展执法勤务警员警务技术类民警职务晋升工作，开展对离退休干部、因公牺牲和烈士家属、困难民警及其家属的走访慰问活动。分局工会为全体民警购买生日蛋糕卡，提高分局民警每年体检标准。组织开展乒乓球、篮球、诗歌朗诵、书法、摄影比赛等一系列10余项文体竞赛活动。

【党风廉政建设】 开展不作为不担当问题专项治理三年行动和集中整治形式主义官僚主义两个专项治理行动，推进“深入整治‘四风’问题抓严抓实抓长作风建设”专项行动，巩固落实中央“八项规定”的成果。对各种不作为不担当和违法违纪问题坚持无禁区、全覆盖、零容忍，严肃查处一批违法违纪人员。全年纪委督察室共接处各类信访举报件141件（重复件31件）。按照“第一形态”问责56名民警，其中给予诫勉谈话4人，给予告诫约谈20人次，给予警示提醒24人，给予主体责任谈话6人次，批评教育责令作出检查2人。通过纪律审查给予党政纪处分4人，其中给予行政记过处分民警2人，给予行政警告民警2人。在查办案件中发现2名民警涉嫌违法，1人移送区纪委监委、1人移送司法。在扫黑除恶专项斗争中，分局纪委督察室与扫黑办紧密协作，成立“查伞”工作领导小组，梳理出已经查结的失职渎职类线索共计2条，涉及4人，正在侦办的民警涉黑涉恶问题线索3件，已开展初步核查工作，对相关案件涉案民警进行问责。

【推进“情指行”新模式】 完善“情指行”合指中心建设和多警联动一体化作战模式，加强对反恐维稳、惩治犯罪、治安防控、公共安全等工作的形势预测、事前预警、全程评估、动态处置等工作。强化特警尖刀机动队动中备勤武装处突巡控工作，加大社会面巡控密度，年内组织巡逻警力130700余人次、警车16400余辆次投入巡控工作。建立警情高发派出所约谈问责机制，推动全区整体警情持续下降。全年共接报110总警情121372起、刑事警情5633起、治安警情29699起，比上年全区警情平均值，分别下降9.43%、27.49%和39.30%。其中“两抢”警情下降71.81%，入室盗窃警情下降48.18%，盗窃电动车警情下降76.92%，扒窃警情下降67.11%，电信诈骗警情下降1.36%、举报卖淫嫖娼警情下降33.06%、举报赌博警情下降52.86%。组织开展压降发案百日会战。会战期间，全区刑事警情1098起，比上年下降46.98%；其中，入室盗窃警情比上年下降47.3%；“两抢”警情比上年下降75.0%；诈骗警情比上年下降10.6%；同时打处犯罪嫌疑人403人，比上年上升30.8%。破案数和刑拘数均超过预期目标。

【见义勇为】 全年确认见义勇为事件13起、奖励见义勇为人员22人次，其中确立市级2起，共发放奖励金2.7万元，其中申请市协会发放奖励金1.5万元。破获刑事案件4件，抓获违法犯罪嫌疑人4人，挽回经济损失1.41万元，抢救落水人员7

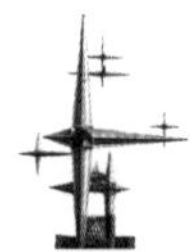

人，救助群众9人。

【打造“北辰公安”品牌】 创办平安北辰官方微博、平安北辰微信公众号、平安北辰官方抖音、平安北辰企鹅号、平安北辰头条号等自媒体平台。平安北辰今日头条客户端和平安北辰微信公众号连续多年被评为“天津政法十佳客户端”和“优秀政务微信”。2019年4月，平安北辰官方抖音号被公安部评为全国最具影响力警务官方抖音号。制订出台《天津市公安北辰分局两级涉警舆情引导处置工作实施意见》，对处理敏感、重大案（事）件舆论引导提出切实可行的方法和措施，有效避免了涉警舆情的负面影响和被动局面。

（高　威）

检察

【概况】 2018年，北辰区人民检察院依法履行法律监督职责，坚持以执法办案为中心，以队伍建设为根本，以强化管理为动力，以检务保障为支撑，推动各项检察工作取得了新的成效，侦监、公诉、民行、控申等主要业务工作均走在全市检察系统前列。获得“2018年度全国检察宣传先进单位”、“2017—2018年度天津市先进检察院”称号，并荣记集体三等功。

【扫黑除恶专项斗争】 坚持以高度的政治站位，强化责任担当，依法严厉惩治黑恶犯罪。全年共受理公安机关提请的黑恶势力犯罪案件3起6件，涉及敲诈勒索、聚众斗殴、寻衅滋事、故意伤害、强迫交易、非法持有枪支、重婚等罪名，涉案犯罪嫌疑人30名，批准逮捕25名，另外追捕2名；已提起公诉11名。坚持把扫黑除恶与反腐败和基层“拍蝇”结合起来，深挖“保护伞”，通过办案发现并向区监察委移送相关线索2件。

【服务保障经济发展】 惩治虚开增值税发票犯罪，批准逮捕犯罪嫌疑人37人；批准逮捕侵犯商业秘密、假冒注册商标等侵犯知识产权犯罪嫌疑人26人；批准逮捕非法吸收公众存款、保险诈骗等破坏金融秩序犯罪嫌疑人18人；批准逮捕生产、销售假药犯罪嫌疑人64人，批准逮捕生产、销售有毒有害食品和破坏环境资源保护犯罪嫌疑人19人。院7名处级以上干部分别与7家驻区企业建立定期联系，以走访交流、法律咨询、法治宣传以及中共十九大和全国“两会”精神宣讲等形式，深入企业提供涉检法律服务。强化源头治理，促进市场监管和诚信建设，向社会提供行贿犯罪档案查询服务1657次，涉及6364家企业、1844人。

【社会治安综合治理】 推动检察工作助推基层管理创新，开展“四下乡”集中示范服务、综合治理集中宣传日、全民禁毒宣传月、“12•4”宪法集中宣传周等法律宣传活动。深入辖区学校、社区开展“护守明天，津彩未来”“重阳节听故事、敬老人、学自护”等法治宣讲活动20余次，累计6000余人受到教育。服务辖区基层组织建设和社会建设，先后提供司法信息查询2000余人次，为确保相关工作的顺利进行提供了保障。

【严惩刑事犯罪】 全年共批准逮捕危害国家安全、公共安全、严重暴力、多发性侵财等各类刑事犯罪嫌疑人861人，提起公诉1054人。完成对“全能神”邪教组织犯罪案件的审查，批准逮捕30名犯罪嫌疑人。推动刑事案件认罪认罚制度试点工作，在侦查监督环节适用42人，在公诉环节适用774人。强化行政执法与刑事司法“两法衔接”工作，加强与行政执法机关的协调与沟通，与区市场和质量监督管理局、环保局、教育局、公安北辰分局等机关会签工作文件。加强与监察委工作衔接，成功办理全市监察体制改革后，首例由监察委采取留置措施后转由检察机关公诉部门宣布逮捕并审查起诉的案件。

【法律监督】 开展刑事侦查监督、立案监督和审判监督。依法不批准逮捕283人，不起诉81人，追捕犯罪嫌疑人22人，追诉犯罪嫌疑人9人，追诉犯罪单位6个，追诉漏罪13人。办理立案监督

案件73件75人。办理刑事申诉案件10件。累计发出《纠正违法通知书》和《检察建议书》66份。向有关单位制发《检察建议书》21份，建议办案机关对37名犯罪嫌疑人变更强制措施。加强监外执行检察工作，查阅司法行政机关监管档案850余册。加强财产刑执行检察工作，针对刑事裁判涉及财产部分而未移送立案的情形，督促相关单位审查立案。在刑事执行检察监督中，就相关司法活动存在的执法不规范问题提出整改意见269份，均被采纳。强化民事行政检察监督，受理并审查各类民事行政检察监督案件76件（含两件2017年未审结案件），其中办理支持起诉案件36件、民事生效裁判监督案件13件、民事执行监督案件25件。

【维护社会稳定】 落实涉检案件社会稳定风险评估机制，消除可能影响社会稳定的隐患。建立内部衔接通报机制，部门之间根据工作职责各司其职、相互配合，共同消除不稳定因素。做好全国两会、达沃斯论坛等重要时间节点的涉案风险隐患排查，制订工作预案，依法妥善处置涉检信访案件。全年累计处理群众来信来访252件，在办案过程中注重对涉案人员的释法说理工作，依法妥善处理集体访2件、告急访7件、缠访5件；对遭受犯罪侵害、无法通过诉讼获得赔偿、致使生活面临急迫困难的刑事案件被害人，实施司法救助3次，为维护辖区社会和谐稳定做出了贡献。

【公益诉讼】 排查收集公益诉讼案件线索42件，立案26件，向行政机关制发诉前检察建议15件，收到回复16件(含2017年制发建议2018年回复1件)，成功办理“瘦肉精”、废铅蓄电池处置等案件。与区市场和质量监督管理局、环保局等单位探索形成监督与支持并重的工作新格局，建立联席会议制度，加强分析研判，实现行政处罚备案和案件线索共享，确保食品安全、环境保护两个领域的公益诉讼案件办案程序顺畅。为确保公益诉讼监督效果，对办理的危害食品、药品安全刑事案件进行认真排查，对虽经刑事追诉但仍未消除危害公共利益的隐患，依法启动公益诉讼程序。如北辰区人民检察院在办理王某某等60余人制售假药一案时发现快递环节存在危害药品安全的隐患问题，及时向天津市邮政管理局制发检察建议，促使全市邮政系统制定出台相关的行业规范。此案件，成为全市首例向邮政寄递行业主管机关制发检察建议的公益诉讼案件。在区人民法院对一起食品安全刑事犯罪案件作出判决后，北辰区人民检察院及时通过公益诉讼督促相关部门使被告人受到“从业禁止”的判决落到实处，这是全市首起通过公益诉讼落实“从业禁止”判决的判例。公益诉讼工作经验被市人民检察院检察长宫鸣作为“大检察官推荐”在《检察日报》刊发。

附：当好公共利益“看护人”

为了进一步发挥检察公益诉讼作为国家利益和社会公共利益“看护人”的重要角色，天津市北辰区检察院按照最高检部署和天津市检察院要求，坚持双赢多赢共赢的监督理念，积极开展公益诉讼工作，充分履行检察监督职能，体现了检察机关在公益保护中的新作为、新担当。

区域联动，重拳出击，保障人民群众“舌尖上的安全”。今年以来，该院先后向行政机关制发涉及食品药品安全问题的诉前检察建议10件，督促行政机关对两名行政执法人员进行处理，对10余家销售不符合安全标准食品的市场主体立案查处，对两家食品仓库进行监督检查，对600家动物养殖户和屠宰场进行了排查，对10余种假药采取排查和管控措施。目前，该院办理的食品药品安全系列公益诉讼案件涉及市场经营主体、进货渠道、养殖加工、检验检疫、仓储运输、涉案食品药品排查管控等多个环节，均对行政机关存在的执法盲点问题制发了诉前检察建议，通过公益诉讼程序督促行政机关继续履行职责，实现了对食品药品安全的全过程保障。

为确保公益诉讼监督效果，该院对近期办理的危害食品药品安全刑事案件进行认真排查，对刑事追诉活动仍未能消除的危害公益的隐患依法启动公益诉讼程序。

穆某等3件、10人非法销售含“瘦肉精”的肉品，被依法判处刑罚且三年内禁止从事肉品销售活动，但其摊位的市场主体资格仍然存在，且有成熟的进货和销售渠道，危害肉品安全的隐患问题依然存在。对此，该院民行部门进行了深入调查，发现有关部门存在监管漏洞，随即向当地市场和质量监管局发出检察建议，要求限期整改。与此同时，该院及时跟进，共同研判排除经营主体、进货渠道、检验检疫等环节存在的风险隐患，加大了对涉案屠宰场所在地购进肉品的管控检验力度，重点对所售肉品有检验检疫证明但抽检不合格的问题进行专项检查，依法吊销了多名个体工商户营业执照，消除了危害肉品安全的隐患。

该院在对王某等60余人制售假药案件进行查处的过程中，发现涉案假药均是通过快递方式销售至全国多地，快递企业及其从业人员在揽件收寄过程中未遵守物品查验和身份核实的规范，为犯罪分子制售假药提供了可乘之机。对此，该院向邮政快递主管部门制发了诉前检察建议，要求其对快递领域收集药品活动进行整改。

外来务工人员为城市建设发展做出了巨大贡献。北辰区人民检察院重视办理拖欠外来务工人员工资类案件，针对外来务工人员诉讼能力欠缺的特点，立足检察职能，积极帮其维护自身合法权益，为外来务工人员讨薪讨债提供支持。2018年春节前，该院受理一起涉及25名农民工讨薪案件，在帮助农民工完善诉讼材料的同时，多次走访法院进行立案沟通，帮助农民工设置绿色通道，大大减轻了涉诉务工人员的诉累。在农历腊月二十八这天，这些务工人员拿到了胜诉判决。现在，所有欠款已执行到位。为构建长效机制，该院已经就外来务工人员权益保护工作与法院、劳动监察、劳动人事争议仲裁、法律援助等单位部门建立了联系制度，并与该区承办这类案件的公益律师进行对接，主动将符合条件的外来务工人员讨薪讨债纠纷案件导入民事行政检察监督程序。

（该文刊登于《检察日报》）

【未成年人权益保护】 创建“辰检心驿”心理咨询室暨“一站式”取证工作室。根据未成年被害人心理、生理特点，由检察机关依法适当介入侦查机关向被害人取证的工作环节，固定相关证据，最大限度地降低对被害人可能造成的心理重复伤害，在全市率先创立了对性侵案件未成年被害人“一站式”取证工作机制。一站式取证中心已对10起性侵案件的未成年被害人完成取证工作，其中为3名受到心理伤害的被害人量身实施了心理疏导和心理干预，取得良好效果。这一做法被市人民检察院在全市检察系统推广，《检察日报》还对此进行了宣传报道。

附：噩梦不再来

“感谢检察官，我女儿在你们的心理疏导下，慢慢淡忘了之前发生的事情。”经北辰区检察院提起公诉，近日，法院以猥亵儿童罪判处被告人庞某有期徒刑二年。被害人阳阳（化名）的妈妈得知判决结果时激动地说。此案的成功办理，得益于北辰区人民检察院一站式工作机制的有效实施。

今年4月，在对以往办理的性侵未成年人案件研究分析的基础上，北辰区人民检察院主动汲取兄弟院先进经验，与公安机关联合创立了对性侵未成年被害人司法保护的一站式工作机制。

该机制根据未成年被害人的生理心理特点，在公安机关办理性侵害未成年人案件的初始阶段，检察官就适时介入，在公安机关侦查人员询问未成年被害人时，同步了解询问情况，避免其在后续的诉讼过程中身心受到重复伤害。

阳阳是该院实施一站式工作机制后接待的第一位被害人。当5岁的阳阳怯生生地躲在爸爸妈妈身后走进询问室时，室内的场景一下子让她恢复了活泼的天性。这里俨然就是一个家：淡青色的墙面上画着卡通大象、小羊，淡蓝色的软沙发、光线柔和的立式台灯、挂满布偶的大衣架以及装满画册的书架。她好奇地在房间里转来转去，一会儿拿起沙发上的布偶摆弄，一会儿又对着摄像机镜头摆POSE，放松而自然地回答民警提出的问题。

因为庞某拒不承认自己的犯罪事实，公安机关侦查人员就需要在细节上详细询问阳阳，而阳阳则把侦查人员当成了幼儿园老师，告诉她：“老师，那个坏爷爷摸我了。”

通过观看询问视频，办案检察官初步确认她陈述的被猥亵事实是真实的。为了获得确凿的证据，检察官在侦查人员询问阳阳后，指导其调取了事发前后幼儿园的监控视频，固定了证据。经细致审查，检察机关将庞某提起公诉。

在办案过程中，检察官还针对阳阳的实际情况，为其量身定做了心理疏导方案，尽量减少该案对她造成的伤害。目前，一站式取证中心已对10起性侵案件的未成年被害人完成取证工作，其中3起案件确定为刑事案件，为3名被害人量身定做了心理疏导和干预方案。

（该文刊登于《检察日报》，记者：于要武）

【“枫桥经验”检察版】 开展检察服务。协同构建快速受理、妥善处理的联动机制，与镇、街综治办负责人建立“一对一”对接联系关系，设立（镇、街）“巡回检察室”和（村、居）“巡回检查站”，提供直通式、定制式、菜单式、巡访式等服务。发放各类宣传材料1000余份，举办公共场所集中宣传、村居小课堂、模拟法庭等活动28次，受教育群众达2300余人，通过QQ远程视频接访，为相关基层组织和群众解答具体法律问题。上述作法得到市检察院检察长宫鸣批示肯定，《法制日报》和最高检察院的有关媒体对北辰区人民检察院打造新时代检察版“枫桥经验”的做法进行了宣传报道。

【检务公开】 加强意识形态的价值引领和思想引导，发挥官方网站（www.tjbcichcn.jcy.gov.cn）和“两微一端”（微信公众号：天津市北辰区人民检察院。微博：北辰检察。头条号：北辰检察）的阵地作用，全年共发布反映北辰区人民检察院工作的消息900余篇，被各类报刊采用90余篇，被各类网站播发120余条。做好案件信息公开，在案件信息公开网上公开案件程序性信息2836条，审核并公开法律文书613件。充分运用案件信息公开网微信功能，帮助律师、当事人等完成注册账号、绑定其代理或有关的案件200余人次，案件发生重大节点变化时，平台会以微信的方式向绑定账号发送案件当前的办理状况，为律师和诉讼当事人提供了更加精准、及时、便捷的服务。举办检察开放日活动，邀请市区人大代表、政协委员及相关单位负责同志走进学校，共同开展“宪法进课堂”等主题法治宣传活动10余次。

【内设机构改革】 精简内设机构为10个。通过内设机构优化组合调整，理顺各项检察职能之间的关系，为加强一线办案力量、优化司法职能、构建以办案为中心的组织结构奠定了坚实的基础。

【司法责任制改革】 推行办案责任制，落实检察官办案权力清单，做到“谁办案谁负责”，入额的院级领导带头独立办案，办案数量和质量均符合市检察院的规定。成立检察委员会决策辅助机构——检察委员会专业研究小组，出台工作规则，对提交检委会审议的重大、疑难案件进行会前研究，为检察委员会决策提供参考意见，提高检察委员会审议案件的质量和效率。为适应司法改革要求，对检察机关统一业务应用系统进行结构性、功能性升级，加强对办理各类案件过程的网上监控，实现以软件的“硬制约”推动司法责任制的落地生根。2018年9月，结合北辰区人民检察院检察工作实际，从司法体制改革基本情况、工作成效、现阶段存在问题和下一步工作思路4个方面向区人大常委会详细汇报了北辰区人民检察院落实司法体制改革工作情况，得到了区人大常委会的充分肯定。

【“捕诉一体”机制改革】 开展刑事检察“捕诉一体”试点工作，制定出台全市检察系统首个“捕诉一体”试点工作实施方案和实施规程，确保办案质量和效率，试点工作经验为兄弟基层检察院提供了有益的借鉴。

【检察队伍建设】 制订2018年岗位练兵工作方案、人才队伍建设方案及实施计划，稳步落实《公诉人才培养计划》，开展建设学习型检察院、业务竞赛比武等活动，不断推进检察人才队伍建设。北辰区人民检察院司法警察结合自身特点，组建合唱队，创作歌曲《青春检警梦》，打造“一队一品”文化建设品牌的经验，被最高人民检察院政治部推广。

【检察调研】 2018年，北辰区人民检察院干警在专业刊物上共发表调研文章90余篇，在第十三届“环渤海区域法治论坛”上，北辰区人民检察院检察官的1篇论文获得二等奖，3篇论文获优秀奖，北辰区人民检察院获优秀组织奖。北辰区人民检察院检察官撰写的《“枫桥经验”与社区矫正监管教育创新》被最高人民检察院专业刊物转发，并荣获第十二届天津检察论坛三等奖。

（王雨濛）

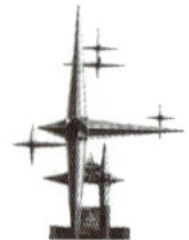

法院

【概况】 2018年，北辰区人民法院坚持司法为民公正司法工作主线，履行宪法和法律赋予的职责，全年受理各类案件19017件，审执结18158件，比上年分别上升18.18%和29.53%。

【刑事审判】 依法惩治刑事犯罪，审结一审刑事案件763件，判处罪犯977人。严惩故意伤害、抢劫、强奸等严重暴力犯罪，审结相关案件141件；依法惩处涉及食品、药品、环境污染犯罪案件10件21人，公开宣判了全区首例涉恶案件。

【民事审判】 审结一审民商事案件10247件。注重民生司法保障，开辟涉民生案件绿色通道，化解涉及劳动就业、教育医疗、食品药品、社会保障等矛盾纠纷案件1098件。推进家事审判方式和工作机制改革，审结婚姻家庭、继承类案件974件，注重以真情明法释理，着力修复和改善婚姻、亲情关系，家事案件服判息诉率超过90%。审结合同案件3192件，公司、股权等商事案件1717件，审结民间借贷、金融借款案件909件。加强破产审判工作，稳步推进5家“僵尸企业”有序退出市场，推动化解过剩产能。

【行政审判】 审结一审行政案件346件，比上年上升60.19%；审查非诉行政案件166件，比上年上升80.43%。以原告主动撤诉方式解决行政案件73件。开展清理整治“大棚房”专项工作，审结案件109件。连续10年发布行政审判白皮书。邀请北辰区各行政机关领导干部60余人观摩行政诉讼案件庭审，助推法治政府建设。

【执行工作】 落实最高人民法院“用两到三年时间基本解决执行难”部署要求，全年受理执行案件6775件，执结6626件，执行到位金额20.1亿元。执行案件终本合格率、信访办结率、结案率三项核心指标以及执行案件实际执结率、实际执行到位率、执行完毕案件结案平均用时等质效指标位列全市基层法院前三名。建立基本解决执行难联席会议制度，形成“党委领导、人大监督、政府支持、法院主办、部门配合、社会参与”的综合治理格局。强化各环节财产查控、诉前保全、诉讼保全职责和部门间的协调配合，通过“总对总”“点对点”查控系统对被执行人主要财产一网打尽，累计冻结款项8.16亿元，查封房地产738处，查封车辆1537辆。坚持“网拍优先”原则，全年拍卖成交标的54件次，成交额1.17亿元，溢价率超过55%。推进执行指挥中心实体化运作、集约化运行。建立执行案件流程管理系统，绘制“办理节点流程图”，发挥大数据分析、发现、预警功能，加大对25项执行重点环节监督管理。全年执行信访量同比下降26%。全面挤压“老赖”生存空间，全年累计限制高消费4539人次，纳入失信被执行人名单1702人次。拘传、拘留被执行人238人次，其中220名被执行人摄于法律威慑主动履行义务。打击拒执犯罪，移送涉嫌拒执罪案件2件。开展涉民生、涉军、涉“大棚房”及拆违案件专项执行行动。全年累计执结涉民生案件2315件，执结标的2391.84万元，举行案款发放活动8场。保障军队全面停止有偿服务工作，依法强制执结案件11件，腾退土地112.13公顷。整治“大棚房”执行工作，执结8件涉及被执行人佩林农业科技发展有限公司非诉执行案件，拆除“大棚房”38处。落实全市违法建设治理工作重要指示精神，执结案件16件，拆除青水源1.45万平方米违法建筑，恢复9.47公顷土地原状。

【司法为民】 为公众提供立案登记、导诉咨询、案件查询、投诉举报等一站式服务，完善“12368”热线、互联网、移动客户端等多元诉讼服务平台体系，全年累计接待群众来访1.5万余人次，接听“12368”诉讼服务热线700余人次。实现网上立案、跨域立案常态化。健全首问负责、一次性告知制度，推行律师代理申诉制度，开通老年人、残疾人等弱势群体绿色服务通道，为当事人缓减免诉讼费约3万元，发放司法救助金76.4万元。

【司法公开】 完善审判流程、庭审直播、裁判文书、执行信息四大公开平台。通过互联网、微博、微信等形式，向当事人推送案件节点信息16944条，开展庭审网络直播416场，网上浏览量超过27万人次，公开裁判文书14165份，召开决胜基本解决执行难新闻发布会。推进电子卷宗随案同步生成和深度应用，当事人通过互联网查阅诉讼档案。

【纠纷多元化解】 按照“纠纷解决分层递进”的思路，构筑诉前化解、立案调解、简案速裁“三道过滤网”，推进诉调对接，深度应用“人民法院在线调解平台”，涉及宜兴埠镇斯特健身服务有限公司的1800余件服务合同案件在诉前得到化解。推进繁简分流、速裁速执工作，6名速裁速执法官全年结案5700余件。通过速裁，审结1047件涉及菲尼斯、弗雷曼等健身服务有限公司的服务合同案件。

【司法宣传】 组建“辰法青年说”志愿者服务队，定期到机关、企业、村居及校园进行司法宣传，开展形式多样的集中普法活动30余场。发挥“双网、两微、多平台”传播功能，官方微博粉丝量近12万，微博、微信全年推送消息超过300条，刊登新闻稿件70余篇，每季度发行院刊《北辰法苑》，拍摄原创微电影《法徽耀北辰》《执行法官魏仁敏》，讲好法院故事。

【司法体制改革】 建立常态化法官遴选、日常考核、员额退出机制，全年遴选员额法官9人，充实在一线办案，办案部门法官实有人数较改革前增加了16%。推进法官等级按期晋升和择优选升，晋升三级高级法官5人，四级高级法官2人，一级法官11人，三级法官8人。99%以上的裁判文书由独任法官、合议庭直接签发。全年院、庭长结案6269件，占结案总数的34.52%，院、庭长办案成为常态。组建以法官为中心的多样化审判团队，通过购买社会化服务聘用审判辅助人员43名，减轻法官事务性负担。

【审判管理监督机制】 针对落实司法责任制后的审判权运行情况，出台《关于加强院庭长审判管理监督职责的规定》，健全审判委员会工作机制，完善专业法官会议，建立起监督有序、制约有效、公正透明的审判权监督制约机制，确保放权不放任。落实司法标准化各项要求，倒逼办案规范化。

【信息化建设】 加强大数据、云计算、人工智能等新技术的应用，建立智能审判支持、大数据语音识别、电子卷宗随案同步生成等应用系统，确保法院案件节点可查询、进程可监控、风险可预估、全程可追溯。

【法院建设】 完成天穆、北仓、果园新村、宜兴埠人民法庭和民一庭迁入淮河道审判区合署办公基础设施升级改造。优化设置13个党支部，在全院审判执行团队建立17个党小组，确保党的主张传达到审判执行一线。开展“规范司法行为、提升工作质效”专项教育活动；“维护核心、铸就忠诚、担当作为、抓实支部”主题实践活动，推进“两学一做”学习教育常态化制度化。制订《关于加强领导班子建设的若干意见》，出台《关于落实“一岗双责”加强院庭长行政管理职责的规定》，逐级签订落实全面从严治党主体责任清单和个人廉洁自律承诺书。定期开展审务督查和专项巡查，通报结果与绩效考核挂钩，促进司法作风不断改善。落实“一把手”巡谈制度，全年巡谈51人次，实现主题全覆盖。举办培训班 20余期，参训人员300余人次，定期开展优秀裁判文书评比、司法业务技能竞赛，与法学院校合作，举办审判业务研讨活动。

（周永军）

司法行政

【概况】 2018年，北辰区司法行政工作紧紧围绕区委、区政府中心工作，充分发挥职能作用，为全区经济社会发展营造良好的法治环境。

【法治宣传】 开展“12·4”国家宪法日系列活动，

组织宪法集中宣传、“我与宪法”微视频征集、“宪法在身边”知识竞赛、“弘扬宪法精神”文艺演出和公众开放日等活动。开展“法律六进”活动，组织参加“四下乡”、学雷锋、消费者权益保护、禁毒、综治、扫黑除恶等法治宣传教育活动248场次，发放宣传材料26万余份，受教育群众达35万余人次。健全媒体公益普法制度。在《天津日报·北辰之声》刊登法治北辰专栏内容每月一期。联合区新闻中心共同打造《法治北辰》电视栏目，关注发布北辰法治建设动态，全年共播出20期80次，利用北辰普法网和北辰普法APP开展在线法治宣传咨询服务，自开通以来点击量达898572次，下载量达126316次。贯彻落实普法责任制。制定下发《北辰区关于落实国家机关“谁执法谁普法”普法责任制的实施意见》，明确54个行政执法机关“谁执法谁普法”的责任主体，其他37个国家机关作为“谁主管谁负责”的责任主体，分别制定普法责任清单，确定重点普法对象，明确牵头负责单位，强化责任落实。建立北辰区普法责任制联席会议制度，召开联席会议1次。推动落实“以案释法”制度，组织开展以案释法、法治宣传和法治创建典型案例征集活动。顺利完成市宪法学习宣传实施专项督查和“七五”普法中期督察迎检工作。双街镇小街村荣获全国民主法治示范村称号。加强重点对象普法教育。组织全区3250名领导干部完成全市领导干部网上学法用法考试工作，参考率、合格率均达100%。实现领导干部任前考法全覆盖，全年共有43名领导干部参与任前法律知识考试。落实宪法宣誓制度，组织35名区政府任命的国家工作人员依法进行宪法宣誓。组织90余名局、处级领导干部参加旁听庭审活动，增强领导干部依法履职意识。开展青少年法治宣传教育活动，组织“学宪法 讲宪法”主题演讲比赛、“模拟法庭”、法治北辰动漫展播、青少年宪法手抄报比赛等活动。开展青少年暑期法治宣传教育活动，联合团区委为企业职工及子女举办普法讲座，组织律师志愿者开展“两法两例”集中宣传活动。加强法治副校长业务培训，全区56名法治副校长定期为各中小学开展普法专题培训。

【公共法律服务体系建设】 加大区公共法律服务中心便民力度，在全市率先推行法律援助、公证、律师咨询“周六不打烊”服务。在全区建立16个镇街、开发区公共法律服务中心，提供“窗口化”综合性公共法律服务。全区232个村居与近30家律所签订了法律顾问合同，连续3年实现“一村（居）一顾问”法律顾问全覆盖。9月起，组织“百名村居法律顾问讲百场宪法知识”专项活动，共开展宪法主题知识讲座120余场。开展“营造良好营商环境暨民营企业法治体检活动”，通过问卷调查、座谈讨论、咨询问答等方式，对民营企业开展法治体检服务，助推民营企业成长与发展。搭建公共法律服务网络平台。群众可通过各镇街法律服务中心视频设备与律师在线咨询，也可登录北辰普法网和APP进行问题留言，专职律师24小时在线服务，形成实体与网络平台互通，线上与线下互动的新模式。全年共录入法律服务动态管理平台信息2671条，咨询反馈满意评价率为99.1%。

【法律服务行业管理】 成立中共天津市北辰区律师行业总支部委员会，新成立独立党支部6个，支部组建率达35%，律师行业党员36人，实现100%应转尽转。律师队伍不断壮大，新增律师事务所2家，全区共有20家律师事务所，110名执业律师。全年共代理各类诉讼案件871件，非诉讼事务158件，解答咨询、代写法律文书346件。规范和发展基层法律服务，完成3家基层法律服务所转制。组织开展基层法律服务工作者职业道德、执业纪律培训3次，参训70余人次。加大执法监督力度，对全区20家律师事务所、3家基层法律服务所开展行业监督和行政执法检查24次，严格规范执业行为。

【法律援助】 扩大民事、行政法律援助事项范围，对70岁以上老年人、残疾人、未成年人等特殊群体的法律援助事项，做到100%应援尽援。在区检察院、看守所建立法律援助工作站，落实认罪认罚从宽制度试点工作，每周至少安排两天律师值班代理咨询。将法律援助受理审查申请期限由原来的7个工作日缩短为3个工作日。全年，区法援中心共办理援助案件304件，其中民事238件，刑事61件，行政5件，收到锦旗3面，群众满意率100%。

【公证服务】 拓展公证法律服务领域。在全市首次利用“津证保”电子数据保全平台服务企业，解决企业的燃眉之急。运用“互联网+”思维，在全市首建“公证远程服务平台”，打通群众办理公证

事务的“最后一公里”，进一步提升便民服务水平。拓宽公证法律服务范围，完善公证卷宗内部评查和风险管理机制，全年共办理各类公证事项4600余件，实现零差错、零投诉。

【人民调解】 开展“人民调解在身边 化解纠纷暖人心”“坚持发扬‘枫桥经验’ 实现矛盾不上交”、农民工“治欠保支”、人民调解组织和调解员“双百行动”及村级组织换届、穆斯林斋月期间矛盾纠纷排查化解等专项活动8次。自主开展“深化新时代‘枫桥经验’ 打响纠纷化解百日攻坚战”专项行动，走访入户38887家、企业（商铺）5073家，实现村居全覆盖。全年，各级调解组织共开展矛盾纠纷排查2129次，预防矛盾纠纷1336件，调解案件2401件，调解成功率98%以上。成立人民调解咨询专家库、劳动争议调委会、开发区劳动关系调委会。吸纳律师、法律工作者参与调解工作，提升调解工作专业化水平。提高信息化建设水平，使用津调通APP录入各类调解案件600余件，排查信息1000余条，使用率达到94%，位居全市第一。联合区人民法院组织300余名人民调解员开展人民调解专题业务培训。制作调解徽章胸卡，规范调解工作。加大人民调解工作宣传力度，组织开展新时代“枫桥经验”人民调解典型案例征集、送《人民调解法》进企业等专题宣传活动，拍摄“枫桥经验在北辰”专题片三集，宣传效果良好。组织司法所所长现场化解信访积案25次，成功化解积案7件，有效防止矛盾激化。局领导带队全程参与青光、大张庄、双街、北仓及刘园地铁站周边拆迁拆违等区级重点工作，现场提供法律咨询，化解矛盾纠纷隐患，为工作顺利开展提供法治保障。

【社区矫正】 强化社区服刑人员管理教育，印制《天津市北辰区社区矫正心理矫治工作指导手册》《社区服刑人学习党的十九大报告读本》《宪法知识读本》并落实发放。累计联合开展调查评估167次，集中教育112次，司法所联查64次。结合“大培训、大练兵、大比武”活动，开展社区矫正工作档案、操作系统、执法记录仪使用等系列培训。运用多媒体手段，制作警示教育片、播放电视节目，加强入矫教育工作。启用“钉钉”APP，实现签到、定位、视频通话等功能，提升信息化监管水平。继续推行“学记考”教育学习和“日下月上周评议”监管制度，开展集中警示训诫教育。完善社区服刑人员心理测评、评估、矫治链条化机制，心理矫治专题调研被司法部《中国司法》杂志刊载。全年累计接收社区服刑人员443名，训诫15人，警告处罚26人次，对5人收监执行。2018年，全区社区服刑人员在册455名，无重新违法犯罪。

【安置帮教】 开展有针对性的教育帮扶活动。镇街过渡性安置矫正基地总数达到24个，实现镇街全覆盖。落实扫黑除恶专项斗争相关工作任务，做好“两类”人员及有涉黑涉恶前科人员的排查监管工作。全年，核查、衔接监所刑满释放人员212名，衔接率、核查率100%。截至年底，在册刑满释放人员982名，帮教率100%，安置率90%以上，重新违法犯罪率控制在1%以内。

【司法队伍建设】 开展查摆四风问题、加强作风建设、深入贯彻中共十九大、十九届三中全会精神、不担当不作为问题专项治理三年行动和全面落实从严治党工作、集中整治形式主义官僚主义等专项活动。开展“万名党员联万户”活动，分类制定帮扶措施，走访慰问13户困难群众10余次。开展基层党组织到社区报到工作，开展义务法律咨询服务。制订完成各部门履责用权建章立制计划，研究出台解决问题的制度措施，建立风险明确、监控有力、预警及时、处置得当的廉政风险防控体系。组织召开全系统全面从严治党暨基层党建工作会议4次。通过廉政党课、专题组织生活会、观看警示教育片等方式，不断增强机关党员干部的“免疫力”。充分运用监督执纪“第一种形态”，推进党员干部提醒教育常态化，从根本上预防各种违纪违法行为发生。

（张　弛）

法治政府建设

【概况】 2018年，北辰区司法局紧紧围绕区委、区政府中心工作，发挥职能作用，为全区经济社会发展营造良好的法制环境。

【行政复议、行政应诉、行政调解】 规范行政复议案件的受理、审查，健全完善行政复议制度体系。配合上级行政复议机关的案件办理工作，增强行政复议的专业性、透明度和公信力。全年共受理行政复议案件39件。做好庭前调解以及当好“桥梁”，配合法院做好行政诉讼审理工作，力求降低当事人的对抗心理，力促问题得到及时解决，维护政府公信力。2018年办理行政诉讼案件23 件。区法制机构注重指导各委局镇街法制机构办理好行政复议应诉案件，加强对行政复议应诉个案的指导，对出现的新问题新情况积极调研，有针对性地解决。以依法行政考核为抓手，多举措强化行政调解工作，完善工作制度，创新工作方法，加强协调配合，化解各类矛盾纠纷，有序推动行政调解工作开展。

【规范性文件备案清理】 完成法律法规规章草案征求意见反馈工作，组织相关职能部门和政府法律顾问研究法律法规规章草案，提出具体的修改意见并及时上报。落实规范性文件备案制度，实行规范性文件“双备案”制度，报备率达到100%，2018年共报备以政府名义发文的规范性文件2件。开展规范性文件清理工作，按照市司法局《关于开展涉及民营经济发展的规章、规范性文件清理工作的通知》的要求，对区政府及所属部门制定的涉及民营经济发展的规范性文件进行清理。区政府及区政府办公室涉及清理范围的文件，无修改、废止的规范性文件，区政府所属部门制定的规范性文件涉及2件。

【行政执法监督】 组织开展为期四期的行政执法实地检查，覆盖全区所有行政执法监督平台考核的行政执法单位共计45个。加强行政执法监督平台的监督，及时处理自动预警、投诉举报和交办转办监督案件，重大案件监督率达到100%，每月主动抽样监督数量均高于当月信息总数的5%的要求。受理执法投诉案件，落实《天津市行政执法投诉制度》相关规定，建立举报投诉台账。2018年共受理行政执法投诉4件，完成区领导交办的区政府履职申请4件。开展2018年行政处罚案卷集中评查工作，针对调查取证、送达文书等重点执法环节进行评查。

【行政执法培训】 举办2018年度行政执法实务培训。全区各行政执法单位法制科人员、执法骨干、基层执法人员230余人参加。举办“北辰大讲堂”——以案释法全面推进依法行政专题讲座。全区区级、处级领导干部共计400余人参加培训。举办北辰区行政执法法制审核培训会。全区各单位负责法制审核工作的人员共计170余人参加培训。

【行政执法制度建设】 制定出台《北辰区完善行政执法管理指导意见》《行政执法监督工作制度》《行政执法投诉工作制度》，推进执法监督工作，用制度管人、管执法、管监督，并与绩效考核挂钩，使监督机制进一步完善。

【经济发达镇改革试点】 贯彻《天津市经济发达镇行政管理体制改革实施意见》，推进双街镇经济发达镇行政管理体制改革。组织所有赋权单位完成本单位赋权范围内的专业法考试工作。

【“三项制度”试点】 请示协调法制办，区政府建立常设领导协调机构，北辰区法制办作为常设领导协调机构的下设办公室，对各执法单位开展“三项制度”工作的日常指导与监督。建立健全行政执法公示制度、执法全过程记录制度、执法决定法制审核制度。

【法律顾问】 做好法律顾问的日常管理与协调，完善专家咨询、风险评估制度。2018年，11名政府法律顾问（包括2名特约咨询专家）共为全区服务180余次。全区各单位、各村居聘用律师、专家学者担任法律顾问已实现全覆盖，法律顾问正在各领域发挥着积极作用。

（张　岩）

军事

2018年5月11日，北辰区人防办在集贤公园开展“行动起来，减轻身边的灾害风险”防灾减灾大型宣传活动　（摄影：韩超）

2018年8月1日，北辰区开展“八一”走访慰问活动　（区武装部政工科提供）

2018年9月7日，北辰区召开年度审批定兵工作会议
（区武装部政工科提供）

人民武装

【概况】 2018年，北辰区人民武装部深入学习贯彻习近平新时代中国特色社会主义思想和强军思想，落实军委国防动员部、警备区两级党委扩大会议精神和区委的决策部署，以强军目标为引领，扭住政治建军、改革强军、科技兴军、依法治军四项重点，完成年度各项工作任务。

【思想政治教育】 采取集中组织、个人自学、原文抄录、参观见学、宣扬典型、营造氛围等方法，组织中共十九大精神学习宣传，部党委委员带头讲党课，组织全体干部职工抄写《中国共产党章程》修改内容和《十九大报告》全文，制作“学习十九大　奋进新时代”主题展板，为部机关党员购置《习近平新时代中国特色社会主义思想30讲》《新时代面对面》等书籍资料，制作下发《北辰武装简报》中共十九大精神专刊和理论题库，组织应知应会理论测试，为部机关全体干部职工和全区基层专武干部配发“学习贯彻十九大精神”主题教育笔记本，为驻区部队官兵编印十九大精神“口袋书”3000余册，主动开展十九大精神进校园活动，联合南开大学开展学习践行十九大精神训练营，推动十九大精神延伸拓展，经验做法被《军委国防动员部要讯》刊发。

【双拥和国防教育工作】 发挥军地桥梁纽带作用，贯彻习主席军民融合深度发展重大战略思想。在北辰广电局开通国防教育专栏，在人员聚集区布设宣传展板，利用短信群发系统传播主旋律，强化民兵预备役人员“三个自信”。协调区教育局、人社局解决军人子女转学、军属工作随调等军人军属切身利益问题。支援新组建武警第一总队机动四支队建设，协调区苗木种植基地为该部队补栽苗木1000余棵，协调驻区拥军企业出资30余万元，为该支队装修士官家属临时到队住房20余套，安装节能门窗30余套。“八一”、春节期间，联合区退役军人事务局、驻区拥军企业，慰问参战老军人和生活困难的现役军人家属。协调组织驻区部队参与地方经济建设、国防教育宣传、“平安北辰”建设等，巩固军政军民关系。

【备战训练】 坚持以军事训练为中心，提高军事工作实战化水平和遂行使命任务能力。贯彻《实战化军事训练若干规定》，坚持实战化岗位练兵、实战化联合演练。开展“学研练考评”和自学自训等活动，抓好网络教学、夜校补训、体能训练等训练制度落实，提高全体干部战略素养和备战打仗水平。采取在岗训练、挂钩训练、以勤代训和联训联演等方式，落实基干民兵训练任务。制订专项战备方案，编成指挥机构，做好应急救援训练备勤。抽组镇街专武干部、基层民兵骨干和人武部“小巨人”，参加警备区民兵业务集训。联合区应急办、区水务局、区人防办等职能部门，开展防汛抢险、抗震救灾等任务课题研练，每周组织指挥机构演练，每月组织民兵应急分队实兵拉动，提高指挥决策能力和快速反应能力。

【组织动员建设】 加强民兵整组工作，落实《民兵组织整顿工作实施办法（试行）》规定要求，规范编建秩序，构建“服务应急应战”相结合、“能用好用管用”相统一的民兵应急应战力量体系。在9个镇、5个街、3个委局、3家企业单位中，完成基干民兵编组任务，确保各类队伍结构布局与应急应战需要相衔接，与遂行多样化任务相适应。

【兵员征集】 召开征兵工作会，调整征兵工作领导小组。严格纪律惩戒措施，对年初兵役登记率相对靠后的3个镇街武装部长进行约谈，全区兵役登记率在全市率先达到100%。创新征兵宣传形式，在驻区5所高校中开展“中国梦、强军梦、我的军人梦”主题征文比赛，发动适龄学生参与，征集文章近1万篇。联合各高校组织征文颁奖主题演讲文艺演出，激发大学生参军热情，大学生上站率增加3倍以上。该经验做法被《中国国防报》征兵工作专题报道。将2018年组织的预定新兵役前教育训练相关资料进行汇编成册，为完成役前集训工作打下基础，超额完成年度征兵任务。

【军队和武警部队全面停止有偿服务工作】 推进“停偿”工作，畅通法律诉讼、审判、执行渠道，拆除违建项目，推动复杂敏感项目迁建转型。3月，解决原北京军区苗木基地7个项目由委托管理变为终止收回、陆军某旅农场53.33公顷苗木和坟墓急需清理的突发情况，《中国国防报》《中国双拥》杂志给予重点报道。

（政工科）

人民防空

【概况】 2018年，北辰区人民防空办公室贯彻落实习近平总书记“铸就坚不可摧的护民之盾”新指示，发扬“红船精神”，助推美丽北辰建设。

【人防工程监督管理】 强化事中事后监管工作。全年配合完成结建审批27件，修建防空地下室项目7个，拆除报废工程1处。加强人防工程日常执法检查，全年累计开展执法检查8次。组织召开基层人防组织会议，开展人防工程“三排三治”工作。推进经济发达镇试点工作，对双街镇执法人员进行人防执法知识培训。

【人防指挥通信】 利用两个多月时间全面普查相关人口疏散基地，制订《北辰区人口疏散基地完善工作方案》，完善相关功能，整理形成资料汇编。对其他符合规划要求的公园、绿地、学校操场等室外开放空间，开展基础数据搜集、调查、筛选、审核、整理。

【人防训练演练】 参加“2018—金盾”北部片区人民防空行动演习，完成人民防空指挥部演练人员编成、方案制订、计划实施、组织控制、预演修改、演练合成、演练观摩等演练科目。开展日常训练演练，参加京津冀联合组训6次、应急拉动演练4次、防汛应急演练1次、地面卫星站组训7次。完成北辰区国防动员潜力调查工作。

【警报建设维管】 全年更新老旧电动警报器6台，新装电声警报器2台，新建多媒体警报器1台。组织警报维管人员业务培训、开展警报设施设备巡检，完成年度防空警报试鸣任务，鸣响率100%。完成警报信息系统建设工作。

【人防法制宣传教育】 开展人防宣传“五进入（进社区、进企业、进学校、进机关、进基地）”工作。分别于4月、6月、8月在荣雅园社区、国耀上河城社区、旭日里社区摆放宣传展牌、发放知识手册。6月28日，在建设银行摆放知识宣传展板，为企业员工分发知识宣传手册。分别在九十二中学、南仓中学开展防灾减灾宣传活动，摆放展牌、发放宣传手册。6月28日，在规划北辰分局开展防灾减灾知识宣传教育活动。5月14日，在南王平教育基地对学生集中进行防灾减灾知识科普和紧急疏散演练。

（韩　超）

经济管理

北辰年鉴

2019

2018 年 7 月 3 日，北辰区人大代表听取区财政局财政工作报告 （摄影：马娜）

2018 年 7 月 5 日，国家税务总局天津市北辰区税务局挂牌成立 （摄影：赵国伟）

2018 年 7 月 18 日，北辰区财政局赴金山线缆开展“双万双服促发展”工作 （摄影：马娜）

2018年4月，北辰区审计局参观杨连弟烈士纪念馆 （摄影：杨宇航）

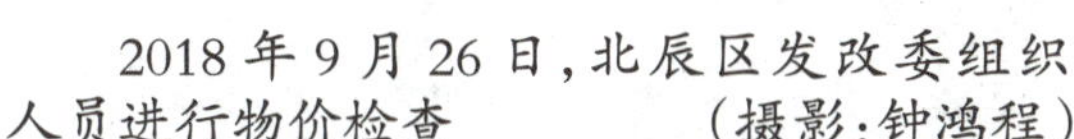

2018年9月26日，北辰区发改委组织人员进行物价检查 （摄影：钟鸿程）

2018年11月12日，北辰区税务局大厅青年志愿服务者为纳税人解答纳税疑问 （摄影：徐书平）

2018年3月15日，北辰区“纪念‘3•15’国际消费者权益日法律法规宣传服务活动”在区工人俱乐部广场举行。图为区市场监管局工作人员现场向群众宣传食品安全法律法规　（摄影：谷亚楠）

2018年9月28日凌晨，北辰区市场监管局主要负责人带队，夜查天穆牛羊肉批发经营户（摄影：谷亚楠）

2018年11月23日，天津市市场监管系统扫黑除恶专项督导现场会在北辰区市场监管局召开

（摄影：谷亚楠）

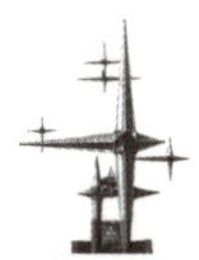

2018 年 4 月 23 日，北辰区国土分局举行“4·22”地球日宣传活动

（摄影：杨文勇）

2018 年 6 月 16 日，北辰区安监局在天津商业大学组织开展“安全生产月”主题宣传活动　（摄影：杨俊丽）

2018 年 7 月 5 日，北辰区安监局联合相关单位，在长瀛新都汇广场天津信誉楼百货有限公司商厦，组织开展大型高层商业综合体灭火救援实战演习

（摄影：刘畅）

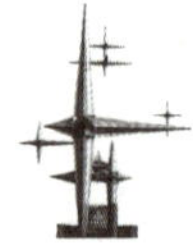

改革发展

【概况】 2018年，北辰区发展和改革委员会围绕全区中心工作，发挥牵头抓总作用，干实事抓重点，打基础利长远，推动全委各项工作有序开展，完成各项工作。

【规划编制与管理】 制定并下达2018年主要经济工作目标，建立北辰区经济工作联席会议制度，定期召开会议研究部署经济管理工作。按月做好主要经济指标执行情况预测工作和各项经济报表工作；按季度撰写经济运行情况分析报告。组织相关单位开展“十三五”规划实施情况中期评估工作，并撰写评估报告。拟定推动落实高质量发展考核评价指标工作方案，建立工作台账，定期召开工作会议。

【重点项目建设】 全年完成固定资产投资258.2亿元，比上年增长23.5%，增速始终领跑全市。依托“四个一批”工作机制，研究出台《北辰区重大项目管理办法》，规范重大项目建设全过程管理与服务，联合各镇、开发区、各职能委局建立项目管理、协调推动和问题解决三大机制，按月更新项目台账，随时掌握项目进展，收集项目建设中存在的问题，牵头召开专题推动会予以解决。从“四个一批”项目中筛选出体量最大，成长性最好的60个“2211”项目作为核心加以推动，逐个项目明确责任分工，加快推动落地实施。

【新市镇建设】 多次深入各镇走访调研，分析目前全区各示范镇存在的问题，形成专项报告，并出台下发《北辰区示范镇联席会议制度》和《北辰区示范镇投融资平台公司管理办法》，下达年度任务。制定并坚持执行每周例会制度，组织召开联席会、各类协调会80余次，上报通报、简报34期。同时，建立问题清单制度，与各镇、平台公司和相关职能委局多次对接配套工程建设、电力、水务、土规等事宜。聘请律师团队共同对平台公司与区、镇政府签署的协议进行梳理，分析存在问题与不足，提出解决思路，帮助双口镇重新确定平台公司搭建事宜，并对新公司进行授权。全区各示范镇项目稳步推进，完成2018年各项目标任务。

【供给侧结构性改革】 落实供给侧结构性改革主线，做好“三去一降一补”各项工作。化解过剩产能，打好“地条钢”取缔攻坚战；加快盘活空置楼宇，完成面积2.6万平方米；降低企业杠杆率，上市挂牌企业累计达到66家；制定降成本具体落实办法，降低企业税负负担1.7亿元；加大补短板力度，完成221.2公顷裸露土地治理工作等。筹划做好区级社会信用体系平台建设相关工作。

【散煤清洁化治理】 完成34个片区、28959户居民“煤改电”任务和25个片区28835户、34589吨的无烟型煤配送任务，得到市发改委通报表扬。成立北辰区“1001工程”指挥部，明确32个项目和17个任务清单，依据实施进度，列出时间表和任务清单，定期组织召开调度会，推进工程实施。

【粮食安全】 按时完成储备粮轮换、成品粮储备、粮食平衡调查工作，开展粮油安全检查4次，出台《天津市北辰区粮食安全责任制考核工作方案》，全部完成北仓国储库主体建设工作。

【价格管理】 加强价格监督检查，办理群众价格举报和投诉400件。对140家相关单位开展价格行为及涉企收费专项检查，对36户转供电主体开展降低电价政策落实情况专项检查，惠及终端用户8000余户。稳步推进农业水价改革，落实公平竞争审查制度，有序开展价格认证工作，受理并出具价格认定结论书684份。

（耿　钧）

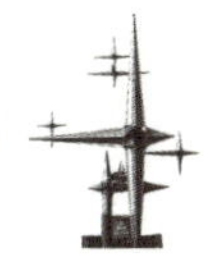

财 政

【概况】 2018年，北辰区财政局陆续开展绩效管理、政府会计制度改革、政府采购、非税收入上线等专题培训会，为规范政府事务运行、提高资金运用质效提供专业保障。发挥财政公共属性，全区民生支出110.28亿元，占财政预算支出的84.36%。

优先发展教育事业，确保教育投入总量和生均经费“两个只增不减”；发挥民生保障兜底职能，拨付6.69亿元专项资金织密扎牢民生兜底安全网；持续加大社会事业投入，安排“创文、创卫、创建全国公共文化服务体系示范区”建设专项资金2.2亿元；大力实施乡村振兴战略，安排专项资金4.25亿元， 提升农村人居环境；加大环保污染治理，安排污水处理、“河长制”以奖代补资金补贴和环保督查等水生态环境治理项目专项资金3.55亿元；保障重点建设项目，安排国道外迁九园、老旧小区改造等项目资金6.33亿元。积极争取政府债券，新增政府债券26亿元，用于支持开发区建设及95平方米试点土地整理、城中村改造、煤改清洁能源和产城融合示范区土地整理项目。

【财政收入与支出】 2018年，实现区级一般公共预算收入57.22亿元，完成调整预算100.39%。其中：税收收入46.63亿元，非税收入10.59亿元，税收占比81.48%。全区一般预算收入合计128.66亿元，一般预算支出合计123.35亿元，全年结转结余5.01亿元。其中，区本级3.52亿元、镇级1.49亿元。

区本级收入合计94.92亿元。区本级支出合计65.86亿元，主要用于公共安全、教育、科技、社会保障、医疗卫生等重点八项支出53.59亿元，占本级支出81.36%，其中，一般公共服务支出4.98亿元；公共安全支出5.64亿元；教育支出15.03亿元；科学技术支出2.51亿元；社会保障和就业支出6.46亿元；医疗卫生与计划生育支出6.80亿元；节能环保支出2亿元；城乡社区支出10.17亿元。结转结余3.52亿元。

全区年初预算稳定调节基金59.23亿元（含镇14.76亿元），年末预算稳定调节基金60.40亿元(含镇17.31亿元）。镇及开发区财力结转下年资金为0.51亿元。

全年政府性基金预算总收入60.58亿元。其中，2018年政府性基金收入20.65亿元。全年政府性基金支出50.52亿元，完成调整预算83.97%。收支相抵后，结转结余10.06亿元。

市对区转移支付资金10.04亿元。其中，一般公共预算资金8.84亿元，政府性基金0.68亿元，市拨专项0.52亿元。区对镇级转移支付情况。全年区对镇补助支出11.22亿元，其中，一般预算补助支出3.21亿元。政府性基金即示范镇建设补助（土地出让返还）支出8.01亿元。

【依法治税】 树立税收收入总量与质量协调发展的理念，惩治虚开增值税发票等偷骗税行为。坚持月例会工作制度，充分发挥镇街开发区及相关部门组织收入联动工作机制，随时掌握土地出让、重点建设项目进展情况，动态掌握财政收入总量、结构增减变化。做好对重点企业、行业分析，确保应收尽收。

【规范财政支出】 印发《北辰区镇级财政财务管理办法》，明确镇级预算、财务、资产、债权债务、专项资金及绩效管理等。印发《北辰区财政部门预算指标（支出）调整管理工作流程》，2018年财政工作在原有填报支出功能科目的基础上，新增政府经济分类科目并细化到“款”级，组织培训工作落实到位。贯彻落实《中共中央国务院关于全面实施预算绩效管理的意见》，继续加强绩效管理工作，逐步实现全过程、全方位、全周期的绩效管理模式，推动财政资金聚力增效。对全区185个项目资金5.84亿元开展预算绩效评价自评工作，强化单位绩效主体责任意识。启动2018年新增政府债券资金建设项目绩效指标填报工作，将绩效评

价范围扩大到基金预算，为开展债务资金绩效评价奠定基础。通过政府采购对坑塘治理项目0.24亿元、14家卫生医疗机构1.51亿元开展绩效评价；对95平方米基础设施项目38.63亿元进行“绩效评审”。

【规范举债行为】 坚持分类施策、责任到人、协同联动、稳妥处置的原则，牢牢守住债务风险底线，打好债务风险防范攻坚战。印发《北辰区政府性债务风险应急处置预案》文件，成立债务风险应急领导小组，建立债务风险应急处置工作机制，对债务风险做到早预警、早报告、早动手。走访对接金融机构，组织协调资金。按照市财政局统一要求，开展政府性债务统计摸底工作。制订《北辰区政府性债务风险工作方案》，采取有效措施，通过加快拆迁、土地出让、处置闲置资产、盘活各类资金等方式，增加“现金流”化解存量债务。对一年期及以上的存量债券资金7.09亿元进行项目调整，盘活存量，将有限的资金用在刀刃上。加快推进PPP项目建设，激发社会资本投入北辰公用事业活力，积极争取北辰东道综合管廊25.71亿元、垃圾焚烧发电与餐厨协同处理19.54亿元两个项目通过“两评一案”评审进入财政部项目库。

【持续推进改革】 按照财政部《财政局关于地方财政信息化建设的指导意见》要求，积极筹建财政综合业务管理信息系统，把大数据应用纳入财政综合业务系统中，实现对各部门的预算工作“立体画像”“用数据说话、用数据决策、用数据管理、用数据创新”，打造区内核心业务横向联通、纵向贯通的公共财政信息化管理平台。年内，完成前期调研、征集方案、方案论证、政府采购、签订合同、数据库建立等环节，2018年调整预算与2019年预算编制工作启用新系统，推动财政数据在阳光下运行。

【提高资金质效】 严格落实中央八项规定精神，强化预算约束，动态监控八项重点公务支出，2018年，全区财政拨款“三公”经费支出1434万元，下降0.62%。其中，因公出国（境）费下降57.14%，公车运行维护费下降42.49%，公务接待费下降48.39%，执法用车等更新购置费增长57.05%。强化政府投资评审和政府采购管理，提高预算造价评审和政府采购行为、程序中的规范性、准确性与有效性。进一步推进政府采购监管工作，实施政府采购项目1633项，预算资金33.32亿元，实际支出32.79亿元，节约资金0.53亿元，节约率1.56%；加大政府投资项目评审力度，累计完成政府投资评审项目291个，报审造价31.10亿元，审核造价25.44亿元，节约资金5.66亿元，节约率18.20%。继续加强账户管理，履行账户审批程序，新增补办149个账户，累计备案管理的单位银行账户达1192个。

【减税降费】 持续推进供给侧结构性改革，减税降费是主题，增收是主业。清理取消34项行政事业性收费，全年为企业减负7048万元。继续降低制造业等行业增值税税率，提高个人所得税起征点，扩大享受减半征收企业所得税优惠政策的小型微利企业范围，全年为企业减负9274万元。激发市场主体活力，促进经济实现高质量发展。

（马　娜）

国有资产管理

【概况】 2018年，北辰区国有资产监督管理委员会（简称区国资委）直接监管企业1家，即天津辰融投资控股有限公司。至年底，区属国有及国有控股企业资产总额1691.35亿元，国有净资产549.31亿元，实现营业总收入38.11亿元，利润总额5.53亿元，上缴税金0.99亿元。2018年2月，区国资委由在区财政局加挂牌子调整为单独设置，为区政府工作部门。实有编制7人，设2个内设机构，规格为科级，分别为综合科、财务监督科。9月，成立党委；10月，两委班子配齐。

【国有企业改革】 年内，印发执行《北辰区区属

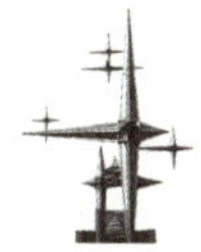

国有企业负责人履职待遇和业务支出管理暂行办法》(代拟稿)《北辰区区属国有企业违规经营投资责任追究试行办法》《关于进一步明确区属国有企业资产转让和资产损失财务核销有关事项的通知》等制度文件，强化国资监管，推进国企改革；对接企业和委托监管部门，组织召开多次由税务局、市场监管局、会计师事务所、律师事务所、银行、企业和委托监管部门等单位参加的协调会和出清出让汇报会，协调解决企业在改革中遇到的棘手问题；制订《北辰区区属国有企业注销操作程序流程图》《企业注销资料清单》，并提供清算注销方案（参考模板）和清算报告（参考模板），供企业出清工作中参考；特邀专家对公司的基本制度、公司治理、议事规则、公司治理中党组织和“三重一大”决策机制等方面进行专题培训。以训促改，提高区属国有企业管理上水平；按照区委重点工作要求，推动完成10家区属国有劣质低效企业的出清出让工作；部署区属国有企业摸底调查工作，对全区区属国有企业再次进行一次拉网式清查，全面摸清区属国有企业底数和基本情况。同时，对改革最新进展、落实情况和难点问题进行认真分析研判，并初步拟定《进一步深化区属国有企业改革实施方案(草稿)》，因企施策；开展驻区中央和市国有企业职工家属区“三供一业”分离移交工作，各牵头部门和相关镇、街合力攻坚，于8月31日前在全市率先完成签订正式分离移交协议任务，持续推进职能移交、资产划转和维修改造；加快推进区属国有及控股企业党的建设工作，批准新建立10个党组织，区属国有及控股企业党建工作全部写入公司章程。

【国有企业经营发展】 年内，区建设开发公司、区城投公司、区水投公司、辰青公路公司、辰兴公司、瑞辰土地公司和正德公司的土地收储及城市基础建设项目开工有序，工程进度正常；盛创投资公司等投资类公司把握市场投资风向，跟投参股多家行业公司，参与市海河基金等重大基金项目，扩大区国有资产的影响力；10家劣质低效区属国有企业得以出清出让，开启区国企改革的序幕。

【天津辰融投资控股有限公司】 天津辰融投资控股有限公司(简称辰融公司)，是经北辰区政府批准，由区国资委出资，于2013年5月29日成立的北辰区唯一国有独资公司，截至2018年，注册资本153.85亿元。公司设立董事会董事3人，监事会监事5人，董事长兼任总经理、法定代表人。公司下设综合部、财务部、投资运营部3个部门，现有人员13人(其中领导班子成员2人)。公司人员均为大学本科以上学历，其中高级会计师1人、中级会计师4人。

公司主营业务为房地产、商业、工业项目投资，企业管理咨询等。至年底，对外累计总投资115.95亿元，其中，全资子公司9家(包括天津瑞沣投资管理有限公司、天津北辰水务投资有限责任公司、天津北辰科技园区总公司、天津市北辰区建设开发公司、天津市北辰城市基础设施建设投资有限责任公司、天津市富辰建筑工程有限责任公司、天津市辰兴城市建设开发有限公司、天津盛金创企业管理咨询服务有限公司、天津正德建设投资有限公司)，参股公司3家(天津双街盛兴经济建设开发有限公司、天津市宜兴埠兴宜工业园开发有限公司、天津市双益投资发展有限公司)。公司资产总额165.02亿元。2018年，实现利润总额1022万元。

(赵欣媛)

税务

【概况】 2018年，按照税收征管体制改革部署，北辰区国家税务局与北辰区地方税务局机构合并，成立国家税务总局天津市北辰区税务局(以下简称北辰区税务局)。年内，完成总局口径收入(含调库)111.15亿元，全局完成区级口径收入(含调库)47.75亿元。

【机构改革】 4月25日，国地税办税服务厅先期实现联合办税。6月29日，新税务机构实现集中办公。7月5日，在新税务机关集中办公地点北辰大厦A座办税服务厅门前举行挂牌仪式，国地税正式合并为国家税务总局天津市北辰区税务局。9月21日，完成15个内设机构，另设党建工作科、老干部科、纪检组、9个派出机构和2个事业单位共计29个部门的设立。

【组织收入】 2018年1月至12月，完成总局口径收入（含调库）111.15亿元，比上年减少1.3%；全局完成区级口径收入（含调库）47.75亿元，完成全年任务的101%，超目标0.45亿元。

【落实减税政策】 推动新个人所得税政策，制定改革方案，加强基础数据管理，加强个人所得税最新政策宣传培训和辅导，组织完成内部300余人的业务培训，对外累计培训900余人，发布提醒短信4万余条，宣传资料2000余份，微信群发消息1000余条，推动个税最新政策落实。推动印花税优惠政策落地，17户企业合计退税4.24万元，375户享受资金账簿和其他账簿减免，合计减免税额190.35万元。办理3户企事业单位改制重组契税、土地增值税优惠政策减免备案，契税减免税额1.16万元。落实增值税三项减税政策，对部分行业增值税期末留抵税额分3批次，集中审核一次性退还纳税人85户，退税金额6930.15万元，增值税一般纳税人转小167户。做好出口企业退（免）税工作，累计审核通过企业退税额16.2亿元。

【税收征管】 4月20日，原北辰国税地税网络实现互通；4月25日，各办税服务厅实现“一厅通办”并对外提供服务。6月，完成启用新业务印章，清理表证单书，发布新机构公告，重新配置金三系统人员权限等工作，为机构合并后能顺利工作打下基础。8月20日，完成车辆购置税转换征管方式，顺利完成车辆购置税征管方式改革。10月1日，完成客运出租车征管方式的转变，由原来的天津市和平税务局“一局统管”转变为“各局征管”。与3家出租车公司和1家联众公司全部签订委托代征协议，在征期内指导纳税人陆续开展申报和缴款，确保征期内完成网上税务局汇总缴款入库操作。10月，落实优化注销的举措，注重与市场监管部门的协作，做好对外服务。压缩注销办理时限由原来双定户5个工作日、一般注销20个工作日为当场即时办结，提高办理效率。11月始，做好个体工商户手机APP申报及“双定”工作，缓解办税服务厅压力。建设电子税务局，实现各类涉税事项的网上办理，扩建自助办税网点，打造24x7昼夜服务。采购安置自助办税终端38台，形成“三厅两点”服务网络，让纳税人享受到便利的昼夜服务。

为新开业纳税人，提供套餐式服务。通过信息交互，简化新办企业填表内容，提供免填单服务，新企业需要办理的所有涉税事项可以一窗一次提交，即办类当场办理，流转类限时办理。压缩办理时限，公布最多跑一次事项160项，同时取消企业所得税优惠备案，变跑一次为不用跑，最大程度便利化企业涉税需求。

【纳税服务】 加强税收宣传。4月2日起，开展全国第27个税收宣传月，组织“税法进校园”活动，为华辰学校小学部学生进行生动活泼的税收知识讲解，并组织现场提问、共同“书写”等活动，取得较好宣传效果。丰富宣传形式，录制个人所得税专题片在北辰电视台播放。利用“税企通”平台、微信群发和申报软件信息告知等新媒体手段开展互动交流。组织纳税人学堂9场，开展政策解答。整合办税服务厅，设立东中西3个全职能办税服务厅。设立自助办税服务厅，38台自助设备形成“三厅两点”服务网络，实现纳税人发票认证、发售、代开以及车购税和个税业务自行办理。完善“走出去”企业清册，为企业提供更加优质的服务。落实放管服改革要求开展纳税人办税堵点难点排查整治工作、组织“问需求 有服务”座谈会，汇总整理8个方面问题，并整改解决。开展大调研大走访活动，累计走访纳税人36户，召开座谈会9场。重视纳税人举报，共计受理、解决纳税人投诉9起、轻微税收违法举报119起。大力建设电子税务局，推广电子申报软件、车购税移动缴税App、个体工商户手机App和个人所得税手机App的使用，提高服务效率。

【文化建设】 开展各类型教育培训工作，开展“培训促四合 业务上水平”系列培训，采取“线上”中国税务网络大学、通用实训平台和“线下”反避税、财产和行为税、个人所得税综合能力培训结合，做到培训全员覆盖。推动网络大学学习，完成377名干部注册工作，发挥干部创造性，建立“微课

堂”，提升培训效果。累计培训干部450余人次。推进“提升能力促‘四合’百日集中培训”，累计参训人次1400余人次。全年15名干部顺利通过税收执法资格考试。

开展“我为改革献一计”和“我与改革”感言征集“我眼中的改革”摄影等活动，开展“最美女税务人”“中国好税官”选拔评选，在机构改革中弘扬先进人物和事迹。参加区全民运动会和市局庆祝改革开放四十周年汇报演出，开展“合美之韵”书画摄影展，组织妇女同志烘焙庆国庆蛋糕，“格桑花”志愿服务队为西藏贫困学生捐赠棉衣，开展“我们的节日”系列活动。组织“万名党员联万户”活动，进行扶贫慰问，助力脱贫攻坚。

（宋力革）

审计管理

【概况】 2018年，北辰区审计局设9个科室，管理农村集体经济组织审计中心1个事业编单位，共有41人。完成审计单位42个，查出问题金额148289万元，其中违规金额1428万元，管理不规范金额143798万元，损失浪费金额3063万元。提交审计报告、审计信息166篇，其中区级领导做出批示18篇次，市审计局和有关部门采批134篇次。完成《审计志》编撰工作，于年内正式出版发行。

【跟踪审计】 根据市审计局统一安排，按季度开展4轮跟踪审计，主要包括空置楼宇盘活、财政存量资金等情况，及时反馈区政策落实情况，揭示存在的问题，为领导决策提供依据。

【财政审计】 开展2017年度区级预算执行及其他财政收支审计，并向区人大做审计报告；按照市审计局统一部署，开展区财政决算非现场全覆盖审计；按季度对区政府性债务开展调查，并撰写动态分析报告；向区人大汇报上年度同级财政审计整改情况。

【经济责任审计】 全年完成对13个单位、18位处级领导干部的审计，结转2019年2个企业2位领导干部的经济责任审计。与区委组织部一起完成对16位领导干部离任交接监督工作。按照市局统一安排，完成对红桥区法院的经济责任审计。完成对区环保局党政主要负责人自然资源资产离任审计工作和天穆镇领导干部自然资源资产离任(任中)审计。

【固定资产投资审计】 配合市审计局完成对津南区八里台镇农民还迁房项目跟踪审计；对辰兴公司承建的潞江东路等7个道路及配套管线工程项目开展审计。

【联网实时审计】 对57家一级预算单位进行联网批量审计。发送《联网实时审计监督核查通知》111份、《联网实时审计发现问题确认书》24份、《联网实时审计监督整改通知》17份，督促各单位落实整改。并移送区纪检委、公安北辰分局纪检组案件2件。

【农村审计】 推进农村审计，规范基层经济工作运行。着力规范镇、村财务管理，推动涉农资金整合与统筹使用，保障强农惠农政策落到实处。通过细化考核内容和标准、制定下发《北辰区农村集体经济组织审计操作指南——固定资产审计》、组织开展优秀项目评选等活动，提升各镇农村审计工作质量和水平。

【内部审计】 对各单位内部审计工作进行指导，协助解决问题。根据局内工作开展中发现的问题，提出内部审计建议，规范管理。组织全区内审成员单位开展“经济新常态下内部审计如何更好地发挥作用”的理论研讨活动，指导审计论文撰写。

【专项审计】 加强专项资金审计，完成对市卫生局清缴党费管理使用情况专项审计；完成对区困难村帮扶资金专项审计。重点突出国有企业审计，采用购买社会服务参与国家审计的方式，开展对区建设开发服务中心和区担保中心2家国有企业的资产负债损益审计。

【活动建设】 全年围绕纪念马克思200周年诞辰座谈会、“双创”“万名党员联万户”帮扶、纪念改革开放四十周年等主题组织党日活动12次。8月，完成机关党支部换届。配合区纪检巡查组提供以前年度审计报告。规范建立干部廉政档案。

2018年北辰区审计局审计工作统计表

表1　　金额单位：万元

审计机关	完成审计项目（个）	审计查出主要问题金额	审计发现非金额计量问题（个）	审计期间整改金额	出具审计报告和审计调查报告（篇）	审计处理情况		审计促进整改落实有关问题资金	审计提出建议（条）	提交审计信息（篇）
						审计处理处罚金额	移送处理事项（件）			
北辰区审计局	42	148289	309	28069	59	—	7	630	213	107

（李　娜）

统计管理

【概况】 2018年，北辰区统计局党组履行主体责任，贯彻落实《中华人民共和国统计法》等各项统计法律法规文件要求，发挥职能作用，圆满完成各项工作目标任务。

【常规统计】 完成全区二、三产业各专业2017年统计年报及2018年定期统计报表任务。加大科室内各专业间的协调力度，收集基层基础数据，加强与相关部门和上级统计部门的沟通。按照统计制度对各专业数据进行审核，加强主要统计数据质量评估，确保各项经济指标符合时序进度，客观反映经济运行情况。

【战略性新兴产业调查】 确认战略性新兴产业企业名录，指导企业依据分类目录完成战略性新兴产业产值填报工作。

【各专业网上自查】 分批次开展各专业网上自查工作，指导企业填报自查表。全区一批自查涉及新增工业企业23家，能源企业24家；新增商业企业92家，其他服务业企业17家。

【专项调查】 完成1月至6月劳动力调查；完成道路运输能源调查；完成文化产业核实认定工作；协助市统计局完成部分单位的工业、能源、投资、商业、其他服务业、房地产开发业自查工作；进行重点工业企业基本情况调研工作；完成352家外商投资企业年检工作；完成四众专项调查和市局园区情况调查；完成企业用工调查工作；完成人口变动调查工作；完成区妇女儿童发展规划年度监测工作；完成社会消费品零售总额限额以下部分抽样调查。

【四经普清查工作】 按照第四次全国经济普查的统一部署要求，发挥牵头作用，完成普查机构组建、经费保障、人员选聘等前期准备工作，认真组织开展业务培训，制定科级以上领导干部包镇街开发区责任制，深入基层指导普查员走街入户进行清查登记，并协调各成员单位共同完成22603个单位和38389个体经营户的清查结果认定工作，为普查登记工作奠定坚实基础。

【数据审核监测】 分批次组织近2000名企业统计人员的业务培训，制定完善《劳资专业数据质量控制操作指南》等9项工作制度办法，提高统计数据质量。落实三级联审要求，将统计数据联审评估责任延伸到各镇街、开发区。挖掘审核、查询新方法，创建年、定时上报审核汇总模板，规范统

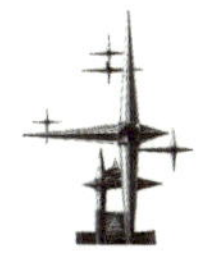

计数据的汇总、分析。对各行业前30名企业重点指标变动情况开展监测，随时掌握增减变化原因，确保上报数据真实准确。

【入库统计】 为做到应统尽统，将市局反馈的新体系数据与区税务局提供的企业数据进行比对，及时梳理达规达限企业名单下发各镇街、开发区，明确工作要求，严格核实标准，深入企业开展调研，跟进企业经营收入规模，定期通报入库工作进度。全年全区完成企业月度入库45家、年度入库210家，新入库固定资产投资项目146个，其中5000万元以上项目34个。

【局队业务分工】 根据《天津市统计局 国家统计局天津调查总队关于印发局队部分业务分工调整优化方案的通知》要求，主动承担规下工业、限下批零住餐业、规下服务业和规下企业创新4项工作，并将劳动力调查工作移交国家统计局北辰调查队。6月，交接相关事宜，全部完成。

【执法检查】 针对各类统计法律法规文件的不同适用对象，先后20余次组织各级领导干部、统计人员及统计调查对象开展统计普法培训。代表天津市接受全国人大委托市人大检查组对区《中华人民共和国统计法》贯彻实施情况，接受市统计局对全区基层统计机构和100家企业统计数据报送质量进行执法检查，得到市级部门认可。在统计执法检查中对2家企业的统计违法行为进行行政处罚。

【统计服务】 参加区部门联席会议和区重点工作座谈会并上报汇报材料；参加全区绩效考核管理工作，与区委督查室共同委托市统计局咨询中心完成绩效管理公众评议工作；配合区能源主管部门做好节能考核工作，整理汇总并提供能源数据；做好“双万双服促发展”信息平台维护工作，全区工作服务组80余人接受培训。定期编印统计月报、专刊，不定期撰写统计专报、简报；结合全市通报高质量发展监测结果，按季分析各项得分情况和影响因素，全年共报送各类分析报告、专报、简报28篇，为区级领导宏观决策提供参考依据。

【统计队伍建设】 加强培养年轻干部，1名正科级干部提拔为副处级；选派1名正科级干部参加“辰青班”摔打锻炼；确定2名副科级干部分别作为法规科、工业和投资统计科负责人。

（李文娟）

市场监督管理

【概况】 2018年，北辰区市场和质量监督管理局（以下简称区市场监管局）围绕全区中心工作，服从大局、服务大局，在习近平新时代中国特色社会主义思想的指引下，推进改革创新。先后被国家市场监督管理总局评为全国工商和市场监管部门商事制度改革信息化建设表现突出单位，获天津市市场监管系统落实全面从严治党主体责任检查考核第一名、北辰区落实全面从严治党主体责任考核中优秀单位，并被天津市总工会授予2018年度天津市“五一劳动奖状”。《中国消费者报》《中国工商报》《天津日报》《今晚报》《每日新报》等23家主流媒体158次报道北辰市场监管局工作。

【“放管服”改革】 全面推行企业名称自主申报和企业全程电子化登记制度，实现网上申请、网上受理、网上审核、网上公示、网上发照“一条龙”便民服务。全面实行“二十四证合一”，实现跨部门信息共享，实现“让数据多跑路，让企业少跑腿”。全面推行“一制三化”审批制度改革，编制“五减四办”事项清单及办事指南，减少许可类事项材料179个，取消公共服务类事项4项，合并6项，无人审批3项，将企业设立审批时限压缩至1.5个工作日。全区新增各类市场主体1.3万户，总量达到6.6万户，比上年增长13.8%。

【“双万双服促发展”】 制定“标准化范本”、落实“容缺后补”制度，提供延时服务、预约上门服务等举措，为企业营造良好营商环境。通过帮扶平台为企业解决食品生产许可、申报守重企业、计量器具检定等问题34个，为小微企业办理股权出质81

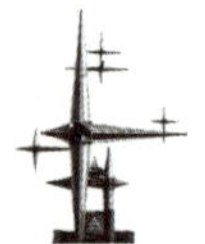

件、动产抵押登记73件，累计助企融资188亿元。协调相关部门，助推北京易世恒医疗科技有限公司等4家从北京迁至北辰企业的28个产品办理优先审批注册，为企业节省费用200余万元。

【消保维权】 围绕“品质消费 美好生活”“3•15”年主题，大力开展消费教育和法律法规宣传系列活动，动员和协同社会各界营造放心消费环境，提振百姓消费信心。推进“诚信服务·放心消费”创建活动，提高经营者的诚信度和消费者的满意度，国美电器等4家企业获评首批“诚信服务·放心消费”单位称号。在区老年大学建立老年消费教育基地和消费维权服务站，突出对老年消费群体的消费教育引导和权益维护。开展全国“12315”互联网平台在线消费纠纷解决即“ODR”企业管理工作，确定天津红星美凯龙世贸家居有限公司和天津华润万家生活超市有限公司北辰分公司2家企业成为全区首批“ODR”企业试点单位。累计受理投诉举报6121件，为消费者共挽回经济损失253万元。

【食品安全监管】 持续强化隐患治理，打响“净化牛羊肉市场攻坚战”“防控非洲猪瘟突击战”“保障儿童食品安全持久战”3大战役，组织开展专项整治70余项，捣毁各类食品黑窝点100余个，查扣不合格食品2.2吨，假酒2万余瓶，销毁空瓶20余万瓶，办结食品违法案件156件，罚没款163.13万元。全面落实食品全链条监督抽检，以农残、药残、食品添加剂等68个检测项目为切入点，全年累计抽检3300批次，合格率99.4%，连续3年增长。开展天津市“放心肉菜示范超市”“食用农产品质量安全管理示范市场”创建工作，完成果园新村道、集贤里街道“明厨亮灶”工程推广复制，改造提升餐饮单位134家，完成6家食品生产企业信息化追溯体系建设。增强食品安全保障能力，引入市场机制，探索向社会力量购买服务实施食品安全监管的新模式，聘用第三方食品专家辅助检查食品生产企业113家次，排除风险隐患164个；两会、高考、啤酒节、高科技人才论坛等19次重大活动食品安全保障万无一失；修订完善应急预案，组建100余人的市场监管应急预备队，全年开展应急演练4次，提高食品安全应急处置能力。

【药品医疗器械安全监管】 推进量化分级管理，评定放心药店22家，示范药店5家，放心医疗器械生产企业2家，放心药厂5家，超额完成民心工程任务指标。落实风险监测任务，完成药品、化妆品、医疗器械监督抽样520批次，健全完善不良反应监测哨点，累计上报药品、化妆品、医疗器械不良反应报告417例。深化落实非法收售药品专项整治，检查涉药单位1735户次，巡查市场、楼群2695处次，取缔非法收药摊点、窝点76个，没收药品2.6万盒，配合公安机关向15省市派出执法人员30人次调查取证，对65件制售假药案件进行核实鉴定，处理外省市协查函件107件，涉及药品433批次，追回已售出假药2000余盒。办结中医一附属医院非法渠道购药和天津市一中心医院制剂室生产假药“舒筋节利”胶囊案件，保障百姓用药安全。

【特种设备监察】 开展校园特种设备安全检查、持续深化隐患大排查大整治等专项治理35项，排查整改物流园无证叉车、电梯运行故障等安全隐患200余项，处理各类举报45件，查办违法案件29件，罚款108.7万元，确保特种设备安全运转，全年安全事故和人员伤亡均为零。配合完善天津市电梯应急平台建设，完成全区所有电梯的应急救援人员的绑定任务，确保实现20分钟救援半径，为百姓安全出行保驾护航。针对区老旧电梯安全隐患大、监管难的问题，组织人员多方调研学习，借助物联网和大数据，研发“北辰区特种设备（电梯）安全监督信息化平台”，并与市特种设备监察系统、特检院的检验系统进行数据对接，每日准时更新数据，对全区5000余部电梯精准定位，实现超期未检预警、监管任务派发、检查数据综合分析、信息推送、绩效考核等多项功能，提升特种设备智慧监管能力。

【重点产品质量安全监管】 推动完善政府质量奖励制度，实施商标品牌战略，组织推动辖区10家企业的49个项目申报质量攻关奖，3家企业参加第三届天津质量奖评选，支持企业以品牌为引领提升核心竞争力。培育注册商标、驰名商标，推动商标兴企、商标强区，全区有效商标注册量1.28万件，比上年增长15%，驰名商标25件，有效商标、驰名商标总数继续领跑全市前列。以电动车、电线电缆、车用汽柴油等关系民计民生的产品为重点开展质量提升行动，投入检测经费145.6万元，抽检危险化学品及其包装物容器、车用汽柴油、车用尿素、建筑用涂料和胶黏剂、电

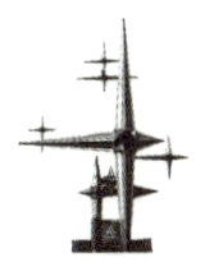

线电缆、电动自行车、充电器、食品相关产品等工业产品423批次产品，合格率93.8%。加强消防产品、机动车检验机构和获证危化、危包企业的专项检查，通过质量检测、行政约谈、签订承诺书、监督隐患整改等举措，督促引导企业提高产品和重点消费品质量安全保障水平。

【标准化战略】 指导相关企业在企业标准信息公共服务平台进行自我公示，累计公示标准443项。开展对标达标提升活动，鼓励和引导企业主动制定、实施先进标准，全区共计17家企业参与对标标准42项。联合市农业生物技术研究中心等单位多次上门指导，促进岔房子村国家农业标准化示范项目按计划完成。

【重点领域专项治理】 发挥"网监+"机制作用，采取摸底排查、追根溯源、终端倒查等措施推动线上线下一体化治理，全年办结涉网违法案件70件，罚没金额95.7万元。加大商标侵权惩治力度，组织开展"双打""溯源""商标专用权保护"等专项行动，查处商标侵权案件33件，罚没款49.75万元。加强广告市场监管，开展互联网广告专项整治，查办违法广告案件48件，罚款56.27万元。持续加压打传规直，建立健全惩治传销组织机制和联席会议制度，加大排查力度，遏制非法传销势头；稳妥化解直销企业金士力佳友人员上访维稳风险，促进企业规范经营。

【事中事后监管】 推进"信息公示、风险分类、随机联查、结果告知、联合惩戒"五环相扣链条式监管体系，实现市场秩序综合治理。全区企业和个体工商户年报公示率分别达到91.8%和60.7%，超额完成任务指标。清理长期不经营企业1630户，列入严重失信名录企业465户，标记经营异常市场主体1.38万户，对2869户企业实行信用约束，构建"一处违法、处处受限"的联合惩戒机制和信用监管格局，促进市场公平竞争。开展全区"双随机、一公开"联合检查，收录20个区级部门的299名执法检查人员信息并实行动态管理，随机抽查企业153户，检查项目1921项，发现并责令改正问题48项。

【执法办案】 采取日常监管、专项整治、案件稽查、检测检验、投诉举报等多种途径，完善查、打、防、控相结合的监管模式，全面加强执法队伍专业化建设，借力行刑衔接，持续加大稽查执法力度，重拳惩治市场监管领域各类违法行为。全年移送公安机关涉嫌刑事犯罪案件19件，查办违法案件673件，罚没金额1693万元，比上年分别增长48.9%、167.8%，办案数、罚没数均实现历史新突破，维护全区市场秩序。

（滕晓雨）

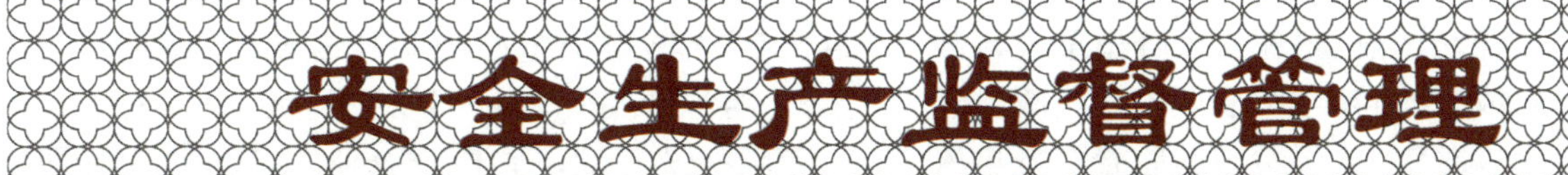

安全生产监督管理

【概况】 2018年，北辰区安全监管局牢固树立安全发展理念，弘扬生命至上、安全第一的思想，强化安全红线意识和底线思维，全面落实安全生产责任制，签订安全生产目标责任书81394份，深化隐患排查治理，全区全年排查各类生产经营单位43862家次，排查隐患问题74919项，立案594件，推进危险化学品在线监测平台、移动执法服务平台、企业隐患排查治理体系三类智慧化信息平台建设，提升安全监管执法效能，夯实基础工作，实现全区安全生产形势总体平稳。

【安全生产责任制】 落实《安全生产目标责任书》签订工作，全区共签订安全生产目标责任书81394份，其中，区主要领导和各部门主要领导签订46份，党委系统签订531份，所属部门签订950份，下属单位签订268份，村（居）委会签订236份，生产经营单位内部签订79363份，实现"四级九覆盖"［区委、区政府；镇（街）、开发区、安委会成员单位、村、居；生产经营单位；安全管理从业人员］。编制镇街园区、签责任状单位、未签责任壮单位和党群部门4类考核细则，压实各部门、各单位责任，落实各项工作，形成《安全生产目标责任书》为引领，安全生产责任制考核为细化的责任落实工作机制。

【隐患排查治理】 持续深化隐患大排查大整治工作。全区各单位、各部门累计排查生产经营单位43862家次，排查隐患问题74919项，整改73446项，动态整改率98%，立案594件，共处罚金752.71万元。其中，在持续深化隐患大排查大整治有效防范重特大事故生产安全事故工作中，全区共排查生产经营单位24140家次，排查隐患42404项，整改完成42404项，整改率100%，立案320件，处罚425.11万元；在全面开展事故隐患排查治理集中行动中，检查生产经营单位4782家次，排查隐患5466项，整改完成5465项，动态整改率99.9%，罚款9家存在违法违规行为的生产经营单位10.5万元，关闭4家不具备安全生产条件的生产经营单位，将存在较大隐患的6家生存经营单位停业整改，曝光14家隐患排查不到位的生产经营单位。

【重点行业专项整治】 开展工贸行业、危险化学品、建筑施工、道路运输、消防安全、涉氨制冷、粉尘防爆、涉硫化氢气体中毒、有限空间作业、仓储和物流企业（场所）、事故隐患排查治理集中行动等多个专项整治。强化化工企业危险化学品监管，检查企业319家次，查出隐患432项，整改432项，整改率100%，实施立案行政处罚4件，罚款金额7.6万元。聘请第三方对30家在产危化企业开展专项检查，按照标准分为红色企业1家，黄色企业2家，蓝色企业27家。开展粉尘防爆专项治理，检查涉爆粉尘企业86家次，查出重大事故隐患122项，完成整改175项，企业投入整改治理资金320余万元。对2家未经复查验收合格擅自恢复使用除尘设备的企业立案处罚4.7万元。结合“散乱污”企业提升改造，对23家各镇新增的涉爆粉尘企业逐一排查核实，下达停产整改指令29份，督促整改重大隐患35项。开展工贸企业有限空间作业专项整治，聘请服务机构协助各镇街、开发区排查企业608家，建立了249家有限空间作业企业台账；抽查有限空间企业15家，督促整改隐患31项。开展金属冶炼企业专项治理，组织金属冶炼企业开展重大隐患自查整改，通过暗查暗访、突击抽查、派驻专家等方式，先后8次对企业重大隐患排查治理工作进行督促检查，查出重大隐患10项，督促企业自查整改各类隐患问题41项，完善各类安全管理制度38项，投入整改资金98万元；开展金属冶炼专项检查，抽查企业41家次，发现隐患102项，整改隐患102项，整改率100%。开展硫化氢专项检查，检查企业391家次，发现隐患712项，整改隐患712项，整改率100%。推动氨制冷设备改造，联合青光镇政府取缔一家氨制冷冷库，妥善处置液氨3.5吨。开展仓储物流企业专项整治，检查仓储企业192家，排查各类安全隐患1138项，下达执法文书332份，整改隐患795项，依法立案2起，实施行政处罚2万元。吸取张家口“11•28”事故教训，开展危险化学品和烟花爆竹领域安全整治，对辖区内使用、储存、经营、运输液氯、液氨等吸入性有毒气体和易燃易爆危险化学品的企业开展专项整治，检查企业48家次，排查隐患92项，整改隐患92项，整改率100%。

【事故和举报案件查处】 2018年，全区生产安全死亡事故3起，死亡3人，其中工矿商贸死亡事故3起，死亡3人。生产经营性道路交通死亡事故14起，死亡16人。全年受理举报案件112起，全部现场核实，依法立案13起，实施行政处罚36.22万元。

【信息化平台建设】 推进危险化学品在线监测平台建设，完成8家危险化学品重大危险源企业和53家加油站预警报警联网及对全区128家入网企业信息核查工作。通过公共邮箱、微信等形式开展《危险化学品在线监测平台运行规范》宣贯工作；对平台和入网企业进行专项检查。

强化企业隐患排查治理体系建设，制订《北辰区2018年安全生产隐患排查治理体系推广方案》，组织开展安全生产隐患排查治理系统使用情况专项执法行动，共检查企业41家，立案处罚9起21万元。全面督促企业开展自查自报，提高隐患上报率和整改率，全区共上线企业1403家，累计排查上报隐患6261项，完成整改6124项，整改合格率97.81%。

优化移动执法终端系统功能，先后6次对执法平台功能、内容进行优化升级，开展2批次执法人员使用培训。更新执法平台企业信息，录入平台企业3532家，全区使用执法终端开展执法检查企业1402家（2600家次），查出隐患9148项。

【安全生产基础管理】 标准化创建提升本质安全，重点推动涉氨等高危工贸企业开展标准化创建，新增标准化达标1家，推荐企业申报二级标准化4家，受理三级标准化申请28家，公告达标15家。

加强评审达标全过程质量管理，将职业健康、重大事故隐患、较大危险因素辨识、现场得分率列为标准化评审的必要条件，派专家全程监督评审并抽查企业整改复核情况，提高标准化创建质量。全年监督评审10次，发现评审单位漏查漏报重大隐患等问题2项，均按要求重新评审。推进职业健康工作，完成用人单位职业卫生专项检查276家，完成用人单位职业卫生基本情况调查摸底276家，出具《职业病危害评估报告》552份，按照63个行业类别完成用人单位职业卫生基本情况统计和出具北辰区职业卫生评估报告1份。推动尘毒危害治理示范企业创建工作，10月，天津市禹神建筑防水材料有限公司防水卷材生产设备及尘毒处理安全系统提升改造工程项目验收合格，成为天津市首家申请安全专项资金（职业健康尘毒治理改造项目）成功的企业，共申请资金102万元。

【安全生产应急管理与演练】 制订《北辰区2018年度应急演练计划》，组织区建筑业2018年度“安全生产月”消防应急演练活动和北辰区消防灭火大型演练，提高应急救援队伍的综合实战水平。安全生产月期间，全区各镇街、开发区及有关单位共组织开展应急演练97次、4162人参演，投入资金55.1万元。全年528家企业备案综合预案、专项预案及现场处置方案等共1001份，全区共组织演练480次，参加演练人员17331人次，投入资金143万元。

【安全生产宣教培训】 组织开展安全生产宣传教育“七进”（进企业、进学校、进机关、进社区、进农村、进家庭、进公共场所）活动，开展安全生产宣传教育等活动195场次，受教育8868人，发放宣传资料32350份。开展安全生产月和“安全生产专题行”活动。安全生产月启动仪式当天，利用大屏幕循环播放警示教育片，全区共悬挂宣传横幅100条、布置展牌100块、出动人员150人、发放宣传资料1万余份，接受咨询700人次，受教育3000余人。在天津商业大学举办安全宣传咨询日活动，现场发放宣传资料10000余份。利用各类媒体、电视台宣传安全生产法律法规、安全知识，在北辰电视台连续播放《生命至上科学救援主题公益广告》，定期在《天津日报——北辰之声》刊登全局组织的安全生产宣传教育“七进”活动及安全生产常识知识、烟花爆竹安全常识、预防硫化氢中毒小常识、漏电保护器使用常识和预防方法等。在“微北辰”开设“安全教育”宣传专栏，发布安全生产法律法规、执法检查、安全生产常识等方面的信息，扩大安全生产知识宣传范围。

（郭晓蕾）

国土资源管理

【概况】 2018年，国土北辰区分局以习近平新时代中国特色社会主义思想为指引，围绕中心、服务大局，完成年度既定工作目标，提升资源保护、服务保障能力。

【土地利用总体规划】 编制完成《天津市北辰区土地利用总体规划（2015年—2020年）》，实现核心指标的“两减一增”，耕地保有量98.36平方千米，减少90.44平方千米；基本农田59.68平方千米，减少16.48平方千米；建设用地规模227.13平方千米，增加20.84平方千米。

【土地资源管理】 全年土地征转报批共31个项目，批征土地面积212.8公顷，比上年上涨157.9%，计划指标执行率100%。

【土地开发整理】 全年完成土地开发整理项目验收3个，新增耕地100.9公顷；申请土地开发整理项目验收2个，新增耕地77.2公顷。

【土地市场管理】 2018年，全区出让宗地20宗，土地面积131.81公顷。其中，区自行出让环外项目共15宗土地（住宅、商业类用途出让5宗土地，土地面积29.98公顷，土地出让金25.22亿元，工业、仓储类用途出让10宗土地，土地面积58.35公顷，土地出让金3.67亿元），土地面积88.34公顷，出让金28.89亿元；中心城区环内出让项目共5宗土地，均为住宅、商业类项目，土地面积

43.47公顷，土地出让金123.4亿元，全年土地出让总收益152.29亿元，比上年增长118%。

【地籍管理】 全年完成权籍调查365宗、1506.16公顷，完成3个季度卫片核查和年度卫片核查，合计调查季度图斑585宗、266公顷，将三调工作宣传品下发到各镇街，收集征收转用、基本农田、挂钩试点、土地登记等数据资料。配合公检法等机关核实刘园地铁站等地块权属地类情况，辅助"扫黑除恶"专项治理活动。配合核实地铁5号线、农村集体资产核查、大棚房治理农垦集团确权发证、科技园区绿地双海道南、宝供陆路港四纬路项目、中兴陆路港项目等重点项目范围内权属地类情况，为重点工程的项目开展提供基础数据服务。完成农村宅基地应发尽发5121宗调查资料整理并调阅镇档案底档进行一一比对，完成二级确认公告签章9个村、820宗。

【不动产统一登记】 全年共计办理各项不动产登记60443件（其中新建商品房登记5318件，新建经济适用房登记2902件，存量房屋买卖登记6117件，房屋抵押登记7752件，期房预告登记10861件，期房抵押登记14491件，其余各类登记13002件），打印存量房屋买卖协议约5200件，完成不动产登记任务。不动产登记大厅通过压缩工作时限、提升硬件设施、开通绿色通道、推进上门服务、开通证书邮寄、实现一窗受理等具体措施，提高登记效率、提升服务质量。

【土地执法监察】 2018年，新增违法用地发生量181宗、45.74公顷，其中市重点工程九园西延项目4宗、7.29公顷办理用地手续，其余项目整改24宗、21.92公顷，仍需整改153宗、16.52公顷；2017年度卫片执法检查，经核确定未批先建图斑 123宗、18.23公顷，其中公益民生项目5宗、1.31公顷，整改55宗、5.27公顷，剩余63宗、11.65公顷全部立案查处；4月至9月中旬，开展第一阶段"大棚房"专项清理整治工作，9月下旬，配合区农业农村委开展第二阶段农业设施再排查清理工作，拆除清理排查出的14宗、625个"大棚房"中非农化设施，整改违规占用耕地面积41.13公顷。

【国土资源法制宣传】 以综治宣传日、"4•22"地球日、"6•25"土地日、"12•4"法治宣传日为契机，利用设点宣传、发放报刊、悬挂横幅、座谈交流等多种形式，宣传国土资源管理法律知识和国土资源管理的共同责任，提高全区人民国土法律意识。散发宣传资料8100余份，接受人民群众咨询共计1100人次。

（王美图）

土地管理

【概况】 2018年，北辰区土地整理中心围绕"抓收储、保出让"这一核心目标，加快推进城市建设和管理体制改革试点区域土地整理出让工作，为经济社会发展做贡献。

【用地出让】 核心区15号、17号A、刘园、苏宁项目等86.76公顷完成出让工作，实现土地出让金121.09亿元，创造区级政府收益17.39亿元；。

【土地改革试点工作】 改革试点区域已完成出让或挂牌公示地块共105.81公顷土地，其中中储三A、B地块19.05公顷土地已于11月19日挂牌公示，挂牌起始价17.75亿元。

【土地整理信息化】 7月，委托市测绘院开发的土地整理储备业务信息化平台，上线试运行。借助GIS、手机移动地图、办公自动化等技术手段，将土地整理各种业务及工作流程整合至业务信息化平台中，实现土地整理业务工作各流程无缝衔接，建立一套完整的土地整理业务信息平台，实现土地整理储备工作规范化、精细化管理，进而全面加快北辰区土地整理储备工作进程。

（王　讲）

农业

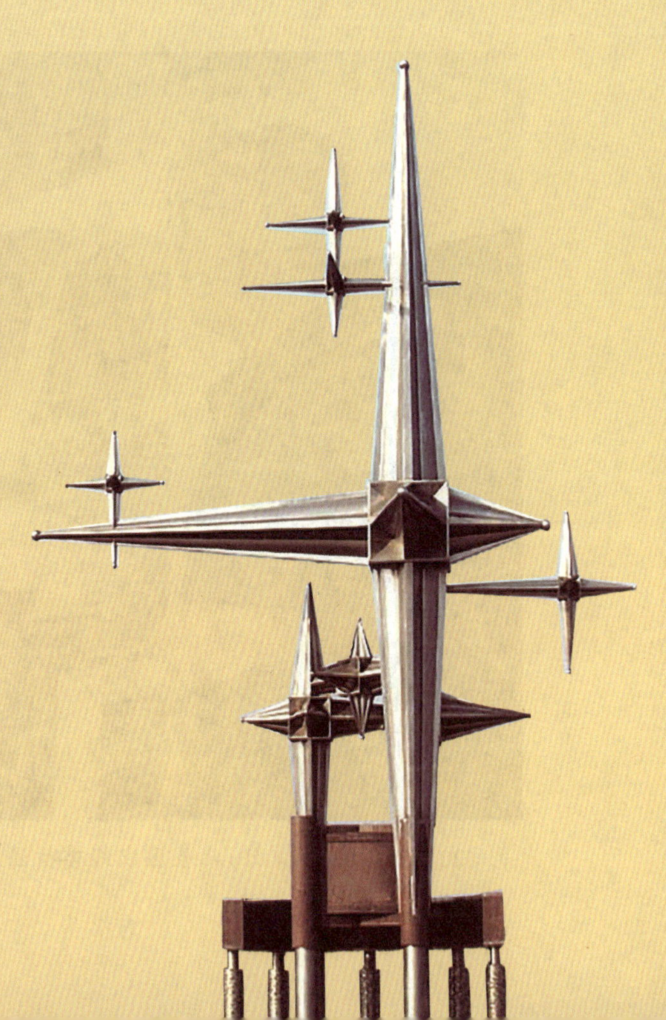

北辰年鉴

2019

2018年3月21日，北辰区召开年度春季重大动物疫病防控工作会议　（摄影：李辉）

2018年10月14日，北辰区农经委执法人员在高速公路出口对违法运输动物车辆进行现场核查
（摄影：施志亮）

2018 年 12 月 16 日，北辰区水务局组织人员为双口镇安光村涵闸清淤　（区水务局提供）

2018 年，北辰区防控非洲猪瘟临时检查站九园站　（摄影：李辉）

【**概况**】 2018年，北辰区农业经济发展委员会系统全面贯彻落实中共十九大精神，围绕农业供给侧结构性改革、乡村振兴战略、三大攻坚战等重大实践任务和全年重点工作安排，科学规划部署，推动北辰“三农”工作迈入新的历史阶段。全区农业产值累计达13.04亿元，完成固定资产投资4790万元，农产品产量粮食5.07万吨、蔬菜7.59万吨、肉类0.82万吨、水产品0.44万吨、奶2.47万吨、鲜蛋0.84万吨。北辰区作为天津市唯一代表接受农业农村部的督查，创造北辰经验。

农业结构

【**产业规划**】 制定《北辰区养殖水域滩涂规划（2018—2030年）》；完善以双街国家级产业园区、双口“文旅特色小镇”田园综合体为代表的产业专项规划7项。

【**农村集体产权制度改革**】 按照“全面启动、积极稳妥、确保质量、确保稳定”的思路，全区126个村全部启动改革工作，在全市率先启动清产核资，通过加大对镇村指导服务、政策培训、督查通报力度，加快农村集体产权制度改革步伐，完成年度工作任务。至年底，全区126个村中，87个村成立经济组织，具备登记赋码条件，其中，股份经济合作社25个、经济合作社62个，完成区年度目标任务的138%。126个村全部完成清产核资数据初报，100%完成清产核资工作目标任务。全年完成85个村集体产权制度改革任务，量化资产总额27亿元，量化经营性资产总额25亿元，确定集体成员股东3.9万个，为66个符合赋码颁证条件的村集体经济组织颁发“农村集体经济组织登记证”。

农业农村管理

【**重点项目与龙头企业建设**】 完成南美白对虾养殖基地、艾成冷库、冠海水稻基质育秧、李辛庄水稻种植、绵河蛋鸡场提升改造、双街蚯蚓养殖等农业重点项目6个，双街种养殖专业合作社、绿圣蓬源等规模化规范化设施示范园区建设2家；绿圣蓬源获批市级龙头企业，并代表北辰区参加第十六届中国国际农产品交易会暨第二十届中国中部（湖南）农业博览会；举办北辰区首届“中国农民丰收节”。

【**农产品质量安全**】 完善农产品质量安全体系建设，基本实现农产品及农资生产经营企业书面承诺与风险评估全覆盖，完成年度区级民心工程任务，建设蔬菜类镇级监管部门3个、基地7个，建设放心水产品基地3个、放心猪肉自检室1家；对接非首都功能疏解工作，为承接的百胜天津物流中心项目解决冷库检疫环节难题，通过合理范围内归并出证信息同类项，冷库检疫出证由每月6000张精简至1200张，保障企业业务的正常开展。

【**绿色农业发展**】 实施耕地质量提升，完成深松整地1360公顷、激光平地666.67公顷，农作物秸秆综合利用7626067公顷，利用率98%以上；惩治野生动物违法犯罪行为，落实“2018北辰护航一号”候鸟迁徙保护专项行动，制作和发放宣传材料4400余份，组织各部门出动人员7600余人次；防治以美国白蛾为主的有害生物7333.33公顷；开展绿色防控投放赤眼蜂涵盖玉米种植面积2566.67公顷，测土配方施肥技术覆盖8666.67公顷，推广水稻基质育秧技术133.33公顷。农村居民清洁取暖

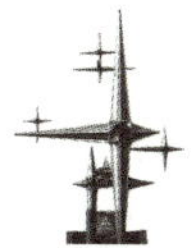

工程完成治理任务2.8万余户；全面完成“第二次全国污染源普查”农业面源种植、畜禽、水产、农机4个类别普查清查、入户调查工作；完成第二轮农村枯井排查工作。

【惠农惠企政策】 推广农业主导品种9个、新技术9项以上，落实农业保险补贴359万元，农机购置补贴271台套、247万元，粮食补贴6746.67公顷、961万元，耕地质量提升补贴143.29万元（市级104.97万元、区级38.32万元）；开展农民教育培训20期990人次；实施天津市现代都市型农业蔬菜集约化育苗项目，完成育苗653.105万株。

【农村集体经济合作经营管理】 举办“规范集体资产交易 推进集体经济发展——‘农村产权交易市场巡回讲堂’走进北辰区”大型农村集体资产流转交易培训活动。完成2018年农村经济基本情况、农村土地承包经营及管理情况、家庭农场、农村收益分配、村集体资产情况、产权制度改革情况、农村经管体系建设情况等10余套农经信息年报表统计上报工作。

【耕地地力保护补贴和棉花补贴的落实】 为提高政策补贴效能，保护粮食生产能力，调动农民种粮积极性，提高农民收入，制订下发《天津市北辰区对种粮农户实行耕地地力保护补贴实施方案》，落实夏粮补贴234万元，补贴面积1640公顷，涉及6镇27村3085农户；秋粮补贴728万元，补贴面积5106.67公顷，涉8镇78村11732农户，其中，含2个国有农场。落实2017年棉花补贴65万元，补贴面积266.67公顷，涉及3镇11村211农户，提高棉农收益，稳定全区棉花生产。

【乡村振兴战略实践】 完成“十三五”农业专业规划中期调整，全面启动《北辰区乡村振兴战略行动方案》。围绕乡村产业发展提升、乡村环境提升、基础设施建设、乡风文明和乡村治理、社会救助保障5大工程，重点推动产业发展规划编制、“六化六有”建设、农村思想道德及传统文化建设等14项重点内容。推进农村人居环境整治三年行动和农村全域清洁化工程，全年推树9户文明家庭，新植树木124.13公顷、104272株，新建改建乡村公路12条，设置宣传栏883平方米、垃圾桶100个、洗路车1部，关停改造畜禽养殖126户。整治116个生活垃圾堆放点，开工建设水冲式厕所22座。累计清理私搭乱建167处、秸秆稻草233.33公顷、小广告6000余平方米，清除杂物、垃圾和浮萍1.7万吨。

【农资打假】 组织区农资打假成员单位开展农资打假专项治理，重点对种子、农药、肥料、饲料及饲料添加剂、农机配件和兽药等开展常态化检查工作。全年检查农资生产经营单位343户次，出动执法人员524人次，印发宣传材料2万余份。对全区农资生产经营户开展全面检查。检查中，未发现各类违法销售及坑农害农违法案件。

【“大棚房”治理】 排查农业设施545.36公顷，排查出“大棚房”配房超标、硬化及各类违法占用农用地问题14个点位，625个棚室，涉及6个镇。出动10967人次，大型工程机械及各类运输车辆3534台次，清理垃圾20万余吨，于12月底前全部整改完毕。

【人工影响天气】 全年实施7个作业日，作业10站（次）。消耗人雨弹78发，火箭弹16枚。其中，防雹作业日2个，消耗人雨弹45发；增雨（雪）作业日5个，消耗人雨弹33发，火箭弹16枚，缓解农业旱情；总增雨量400万立方米，阻止冰雹对农作物侵害，防区内无雹灾。

【扶贫协作和对口支援】 设立农经委处级领导干部扶贫协作工作组，组织领导干部分赴华池县、正宁县，从养殖产业、种植产业、民生项目、技术培训4个方面做好对口帮扶。围绕华池县湖羊养殖小区建设、三嘉乡支党河川区千亩中药材种植基地建设、三嘉乡支党河川区建档立卡贫困户居住条件改善等重点项目内容，分批次开展调研指导、专项督导，累计落实帮扶资金975万元，建成养殖小区15个并全部投产；投入资金50万元，开展油松引进试种；通过双向技术帮扶，组织5名业务骨干赴当地开展技术服务，培训农户2批次、300余人次。做好华池县、正宁县合作社代表、致富带头人2批次、130人到区学习培训工作，以集中授课与参观学习的方式确保培训效果，安排参加培训人员到梦得乳业、益多利水产、双街种养殖合作社、绿圣蓬源等农业龙头企业、种养殖基地参观学习，并邀请中国农大、市农科院等市内外专家学者集中授课。

【结对帮扶】 区委办、区帮扶办先后印发“实施意见"、"分工方案"、"十项帮扶行动"、"万名党员联万户"等文件11件，健全完善区、镇、村三级帮扶保障体系。召开区帮扶领导会议3次，工作部署会3次，组织各相关镇、职能委局和驻村干部召开座谈会18次，研究梳理帮扶政策、产业项目、村民转移就业、困难群体兜底保障等领域的难点问题。建立区级帮扶资金库，制定资金管理办法，使帮扶资金得到有效管控。及时发布帮扶动态，编发工作简报33期、驻村工作动态11期。确定困难村产业项目采用"1+N"模式，即将市、区6900万元产业帮扶资金统筹使用，各镇补齐差额，为23个困难村购置区京福公路东侧优谷新科园房屋，作为村固定资产，将年租金作为村集体经营性收入。激发困难村内生动力，深入挖掘符合本村实际的产业发展项目。双口镇先后举办"虹鳟啤酒节""山药采摘节""葫芦文化节"等乡村旅游主题活动15场，累计吸引游客4.5万人，带动困难村农业增收68万元。大张庄镇李辛庄村成立北斗星农作物种植专业合作社，打造集水稻种植、水产品养殖、旅游观光于一体的千亩稻作农耕文化园，全年村集体收获大米9.43万千克，获得纯收入56.58万元，为10名村民提供就业岗位；青光镇刘家码头村成立国农中业旅游开发（天津）有限公司，完成占地180公顷、总投资3亿元的乡村旅游项目备案审批，并在2018年中国旅游产业博览会上进行项目推介招商。

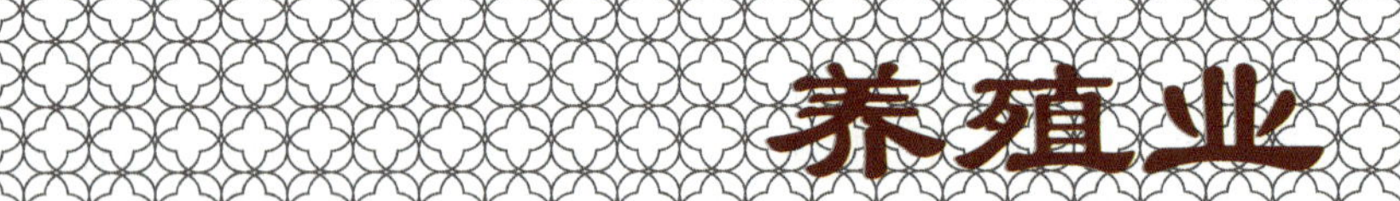

养殖业

【概况】 2018年，全区生猪饲养量9.9万头，比上年减少37.7%；奶牛存栏0.66万头，比上年减少14.3%；蛋鸡存栏50.6万羽，比上年增加0.99%；肉羊饲养量5.2万只，比上年减少26.8%；肉牛饲养量1.2万头，比上年减少29.4%；奶产量2.5万吨，比上年减少63.2%；鲜蛋产量0.83万吨，比上年减少19.4%。肉类总产量0.82万吨，与上年同期相比减少50.9%。

【畜禽规模养殖粪污治理】 贯彻落实《天津市水污染防治条例》《北辰区加快推进畜禽养殖废弃物资源化利用工作方案》，继续实施规模畜禽养殖场粪污治理工程。天津市鼎牛农业科技发展有限公司被评为区2018年度粪污治理工程项目单位，该项目也是区年度20项民心工程之一。该项目总投资99.5万元，市、区两级补贴79.6万元。年底，该项目完成包括集污池、堆粪棚、地面硬化在内的全部建设任务，并通过市、区两级的验收。

【畜牧业发展项目和政策补贴落实工作】 **2018年度现代都市型畜牧业标准化改造项目**　北辰区项目单位为天津市绵河畜禽养殖有限公司，位于双口镇安光村，占地1.53公顷。6月，项目正式启动，引进4栋智能化蛋鸡笼养系统，改造饲料输送方式，重新硬化地面。年存栏量13万羽蛋鸡，年产优质蛋品2000吨。该项目完成市级审计工作，通过市、区两级验收，项目总投资376万元，申请市财政扶持资金100万元、区财政扶持资金50万元。

天津市放心猪肉工程项目　北辰区项目单位为天津市北辰区立红生猪养殖场的自检室建设项目。至年底，完成建设内容并通过市畜牧兽医局委托的第三方审计工作及区级验收工作。

2017年草牧业一体化发展关键设施设备提升建设项目（第一批）　北辰区项目单位为天津市青光村种植专业合作社。上半年通过市、区两级验收。该项目完成购置牧草青贮收获设备1台套，总资金280万元，申请市财政扶持资金100万元，扶持资金已经全部拨付到该项目单位。

【饲料质量安全监管】 制定下发《2018年北辰区饲料质量安全整治行动实施方案》，对全区10家饲料及饲料添加剂生产经营企业开展元旦春节专项治理、农资打假饲料专项治理、"五一"期间专项治理、国庆中秋等饲料质量安全专项整治行动和日常监管。全年累计检查饲料企业169个次，抽取畜禽浓缩料、配合料、复合预混料、饲料添加剂样品269个批次，抽检合格率100%，完成全年抽

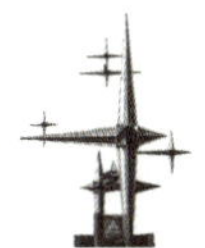

样任务的179%。全年未发生饲料质量安全事故。

【重大动物疫病防控】 组织开展高致病性禽流感等重大动物疫病防控工作，落实强制免疫、疫情监测、排查报告、检疫监管、消毒灭源、应急管理等综合防控措施。免疫畜禽156.24万头(羽)次，检测血清样品3640份；开展布病、奶牛结核病等人畜共患病防治和流行病学调查，检测牛羊血清样品7224份。高致病性禽流感、口蹄疫、布病和小反刍兽疫群体免疫密度均为90%以上，应免免疫率均为100%，全年免疫畜禽156.24万头次，全区重大动物疫病保持零疫情。

【第二次全国污染源普查规模化畜禽养殖场清查工作】 4月，开展第二次全国污染源普查规模化畜禽养殖场清查工作。区农经委、区养殖中心配合区污普办以及负责入户清查的第三方单位，召开2次规模化畜禽养殖场清查工作培训会，对各镇推荐的普查指导员、普查员进行培训考试，并详细部署普查工作具体内容。10月，对清查阶段所有养殖场进行逐户普查填表，至年底普查工作全部完成。

【开展清理泔水猪专项行动】 在全区范围内开展“泔水猪”养殖排查工作，通过定期检查，不定期抽查、明察暗访等多种形式，彻底清理取缔“泔水猪”养殖。全年累计出动人员848人次，排查养殖户1982户次，发放宣传材料518份，发放消毒药1086瓶，发放非洲猪瘟防控告知书277份，未发现“泔水猪”现象。

【非洲猪瘟防控】 8月，开展防控工作。11月，北辰区被划为受威胁区。组织开展畜禽收购贩运经纪人备案登记工作，共备案经纪人48家。及时处理高速公路举报的违法行为信息，接到高速举报投诉及电话咨询130次，现场核查17次，立案查处7起。累计排查生猪养殖场户4287户次、生猪67.81万头，采样监测1494份；11家饲料企业排查7轮；排查集贸市场22个，猪肉摊位207个；检测血液、组织、环境样品数量1295份；设置临时检查站19个；备案生猪经纪人35家；消毒面积52.08万平方米；发放宣传品748份、培训69人次。至年底，无非洲猪瘟疫情发生。

【动物诊疗行业专项整治行动】 6月至11月，开展为期半年的动物诊疗行业专项整治行动。行动期间累计出动执法人员24人次，执法车辆12车次。发现2家诊疗企业存在未按规定规范使用处方笺的行为，下达责令改正通知书。立案查处使用劣兽药案件1起。

【生猪无害化处理监管】 落实病死生猪无害化处理制度，加强对病死生猪无害化处理的监管，全年共计无害化处理非疫病死亡生猪4151头，其中，无害化补贴猪2877头，保险补贴猪1274头。加强无害化处理现场记录的要求，监管人员对每头生猪耳标进行拍照记录并与申报信息核对。

【违法行为查处】 2018年，立案查处案件11件。其中，依法应当检疫未检疫案件7起、经营病死或死因不明生猪案件2起、经营劣兽药案件1起、伪造检疫证明案件1起。1月，协助公安机关查处屠宰加工死因不明生猪黑窝点一处，查货死猪88头、3691.5千克；猪皮240张、1694.3千克；猪肉377.05千克，猪排178千克，全部猪产品总计5940.85千克。

渔业水产

【概况】 2018年，全区水产养殖面积716公顷(不含水库220公顷)。其中，投产面积704.33公顷，未放养面积11.67公顷(西堤头镇)。比上年减少95.33公顷，投产面积比上年减少12%。水产品全年产量4351吨，比上年减少1910吨，减少35.4%。其中，捕捞产量减少89吨。面积、产量减少主要原因是外环线、九园公路等道路拓宽改造和农村城镇化建设占地所致。赎买拆解内陆机动小型渔船111条；水产养殖尾水治理调查水域1040公顷。

【放心水产品基地建设】 9月5日，市农委、市财政局下达2018年天津市放心水产品项目建设计划，区益多利、君林、名特优3家养殖单位作为放心水产品工程建设获得批复。推进益多利合作社联农带农，益多利合作社新增社员150户，社员总户数650户，辐射面积达到2200公顷。据不完全统计，社员平均亩纯利5600余元（最高12000元），90%以上社员盈利。

【水生生物资源养护】 通过对区各河道进行水生生物资源分析、水体质量化验和周边环境综合考评，确定在永定新河北辰郊野公园段的水质进行连续性的全面监测，确保水质合格与稳定。6月6日全国放鱼日，经天津市水生动物疫病预防控制中心检疫合格后，投入资金15万元，放流31万尾苗种，其中，鲢鳙鱼21万尾，草鱼10万尾。

【重大水生生物疫病防控】 全年累计检疫南美白对虾基数3.86亿尾，鲫鱼基数510万尾，花白鲢基数105万尾，鲤鱼基数880万尾，鲈鱼基数220万尾，罗非鱼1070万尾。实施测报预警示范区133.33公顷，完成鲤春病毒病、鲤鱼浮肿病的采样检测。各项检疫结果全部为阴性，全年没有传染性疫病的发生。

林果业

【森林病虫害防治工作】 2018年，投入防治资金90万元左右。其中除申请市级资金外，北辰区自筹资金投入50万元。全区林业有害生物成灾率控制在1‰以下；无公害防治率达到95%；防治病虫害面积为12526.67公顷。

【果树种植】 2018年，果树种植面积1213.8公顷，其中，苹果92.27公顷，梨树97公顷，桃树293.4公顷，葡萄509.33公顷，其他果树种植221.6公顷，果品产量约2万吨。

2018年各镇水果生产情况表

表1

乡镇名称	年末实有果园面积（亩）					
	小计	苹果	梨	葡萄	桃	其他
合　计	18207	1384	1455	7640	4401	3324
天穆镇	—	—	—	—	—	—
北仓镇	738	155	-	135	173	310
双街镇	1248	14	7	1205	11	11
双口镇	9124	645	766	4910	1024	1777
青光镇	4062	173	343	1050	2496	—
宜兴埠镇	—	—	—	—	—	—
小淀镇	747	177	79	135	157	199
大张庄镇	863	54	—	200	—	609
西堤头镇	1424	165	260	40	540	418

【技术指导及农民技术培训】 以双口镇前丁庄村、徐堡村、双街葡萄园等为重点指导目标，以其为示范点推广果树修剪、病虫害防治、架型改良等技术指导。全年集中组织果农培训班4次，培训农民100余人次，深入田间地头现场指导果农生产40余次，累计200余人次，多次联络市级技术专家到村进行指导，组织果农到武清、山西等地进行观摩学习，解决果农在生产上遇到的各种问题。

【造林绿化】 2018年，完成绿化面积1079.73公顷，完成任务的100.6%。其中，道路绿化118.4公顷，河道绿化47.73公顷，城镇绿化42.6公顷，农田林网11.13公顷，园区绿化133.6公顷，成片林地95.2公顷，以圃代绿347.6公顷，经济林33.33公顷，提升改造250.13公顷。

农机管理服务

【专项治理】 2018年，北辰区农机中心分别于5月、9月集中开展"专项治理"检查活动，为"三夏""三秋"农机安全工作奠定良好基础。引进试验新型农机具14台，完成拖拉机年检180台、联合收割机年检16台。核实人、车、证，对不符合安全要求的拖拉机给予注销或不予检验合格，办理注销拖拉机、收割机48台，为33台政府补贴农机办理注册登记手续，农机驾驶员办理取证30人，到期换证23人。

【农机安全】 落实安全生产责任，开展农机安全检查，重点检查安全生产"四有"落实情况和机具安全技术状况，印制1000册农机安全宣传材料，为农机合作社印制上墙消防安全制度、配备灭火器100个、消防安全警示标语20副。出动安全检查人员66人次，检查农机合作社15次，检查设施园区6次，检查相对人1次，责令整改2个。

（齐群生）

农田水利

【概况】 2018年，北辰区实施镇村泵站、农用桥闸涵维修改造，河道干支渠整治，农田节水工程，排水灌溉能力明显增强。耕地面积16395公顷，耕地灌溉面积11110公顷，常住人口80余万人。

【水利工程】 至年底，全区有小一型水库2座；市、区管理国有雨水泵站45座，排水流量每秒436.96立方米，其中，环内市排管处排水七所管理泵站11座，环外市水务局管理泵站5座，区排灌所管理泵站18座，排水所管理泵站5座，园区等单位管理泵站6座。水闸200座，其中，中型1座，小(1)型11座，小(2)型188座。机电井451眼，其中，居民生活井185眼，农业井143眼，工业企业井123眼。建成有效灌溉面积11110公顷，节水灌溉面积达到6881.67公顷，其中，衬砌防渗渠道控制面积3373公顷，低压管道控制面积3380公顷，滴微灌控制面积128.67公顷。

【农业供水与节水】 2018年年初，地表水实有水量2856万立方米，其中，水库蓄水406万立方米，河道、坑塘等蓄水2450万立方米。春秋季从北运河、永定新河、华北河调水4890万立方米，用于双口、双街、大张庄、小淀、西堤头镇农业用水及区二级河道生态补水。全年农业灌溉用水量2377万立方米，其中，开采地下水677万立方米，用于双街、青水源、艾成等设施农业灌溉，生态

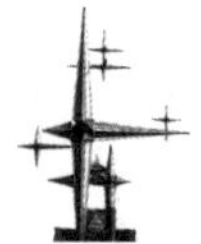

用水4115万立方米（地表水）。

完成农业水价综合改革两试点村38.67公顷节水配套工程，包括双街村8.67公顷滴灌工程、张五庄村30公顷节水工程，以上工程10月15日开工，12月15日完成。

【泵站改造】 11月，实施青光、下殷庄、庞嘴、双街4座村级泵站改造，其中，青光村七顷二泵站安装两台 φ350水泵，设计流量每秒0.6立方米；下殷庄村东大渠泵站安装两台 φ500水泵，设计流量每秒1立方米；庞嘴村泵站安装两台 φ350水泵，设计流量每秒0.6立方米；西堤头镇刘快庄村南泵站安装两台 φ600水泵，设计流量每秒1.6立方米。12月30日，完成主体工程，总投资685万元。

【桥闸涵渠】 11月，投资78万元，实施双口镇安光村涵闸、大张庄镇李辛庄村闸桥工程，年底前完成建设。完成双街镇汉沟村四支渠2.4千米、西赵庄村一号渠0.8千米清淤，并通过验收。12月，完成大张庄村大咸水深渠0.8千米清淤。

【抗旱调水】 落实各级抗旱领导责任制和工作职责，各镇组建抗旱队伍，区防汛抗旱指挥部办公室做好抗旱情况统计分析，上报抗旱情况统计表，指导全区抗旱工作。年末，出现较大旱情，年内组织大张庄、西堤头、双口、双街、青光、小淀等镇利用郎园引河、丰产河、永青渠等二级河道引调水，满足春耕春种、冬灌用水需求。汛后，运用河道、水库、坑塘适时蓄水2100余万立方米。

（杨立赏）

工业　建筑业

北辰年鉴

2019

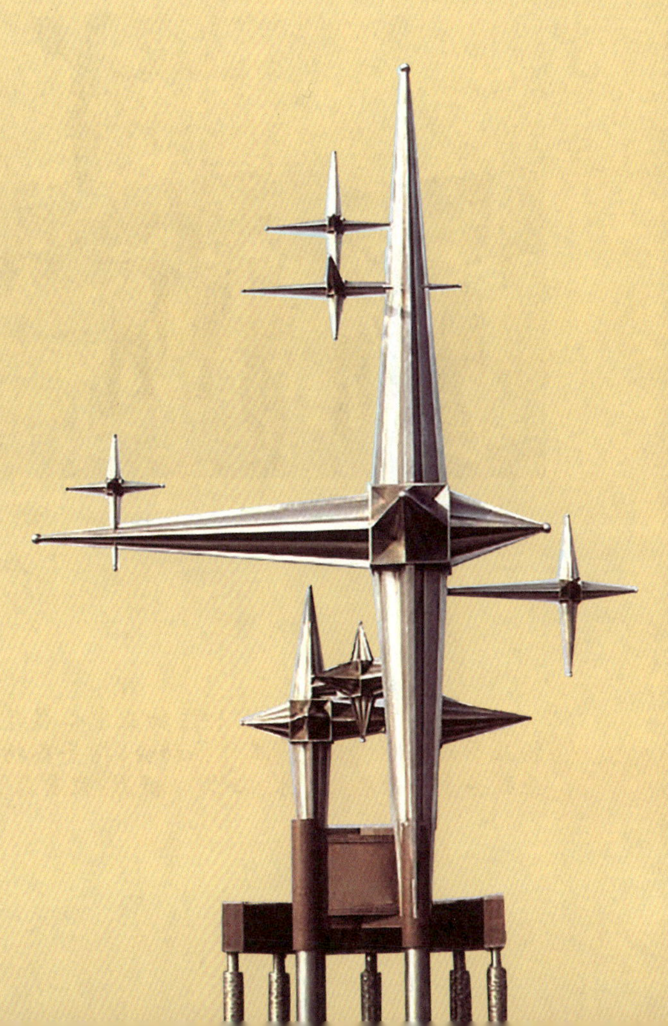

2018 年 5 月 30 日，北辰区工信委组织举行第五届绿色建材对接会　（区工信委提供）

2018 年 6 月 15 日，北辰区工信委组织开展节能宣传周活动　（区工信委提供）

2018 年 9 月 26 日，北辰区建委组织人员检查星河时代项目施工安全　（摄影：张金衡）

2018 年 12 月 6 日，北辰区物业中心召开物业管理小区“双创”工作推动会，指导各物业服务企业开展“双创”工作　（摄影：程宏磊）

工业

【概况】 2018年，北辰区实现工业增加值547.6亿元。全区规模以上工业企业446家，实现总产值970.1亿元，与上年持平。完成工业固定资产投入42.3亿元，比上年增长34.5%。开发1000万元以上新项目33个，其中，1亿元以上新项目5个；落实1000万元以上技改项目31个。

【推进绿色发展】 加快淘汰落后和化解过剩产能，落实防范“地条钢”死灰复燃长效监管机制，全年组织全区范围“地条钢”排查整治7次，检查企业1.2万余家次。组织各级干部500余人开展“地条钢”专业知识培训。坚持月巡查制度，综合运用人防、技防措施，做好重点隐患点位的排查监管。通过各种传媒、有奖举报开展广泛宣传。推进节能减排，联合区财政局组织晨兴力克垃圾风干预处理、欧文斯玻璃窑炉改造、华北电缆工艺节能等6个节能技改项目，总投资4740万元，年节能量19739吨标准煤。推动河北工业大学北辰校区、区各学校及大张庄镇政府等12个改造项目，合计32万平方米，涵盖公共建筑节能改造能效提升、高效热源改造、智慧热网建设、空气源热泵等，实现将老化低效燃煤锅炉改造为高效燃气锅炉。天士力医药集团和金隅振兴、长荣科技、光明梦得4家企业被评为2018年度市级绿色工厂，天士力医药集团获得“第三批国家级绿色工厂”称号。

【创新体系建设】 完成6家市级企业技术中心申报。完成博威动力、九州通达、天锻压力机3家企业申报2018年国家级两化融合管理体系贯标试点，长荣健豪云印刷等3家企业被评为2018年天津市两化融合管理体系贯标试点单位。推动高端智能制造，天津市天锻压力机有限公司的“重型锻造装备远程诊断与预测性维护标准研究与试验验证”项目被工信部列入2018年智能制造综合标准化与新模式应用项目名单，获得资金支持600万元。

2018年北辰区拥有天津市中小企业“专精特新”产品企业一览表

表1

序号	企业名称	序号	企业名称
1	天津中健国康纳米科技股份有限公司	9	天津芯缘君威科技有限公司
2	天津市南洋胡氏家具制造有限公司	10	天津长荣科技集团股份有限公司
3	天津天士力现代中药资源有限公司	11	天津嘉思特车业股份有限公司
4	天津普天单向器有限公司	12	天津市伟星新型建材有限公司
5	远大住宅工业（天津）有限公司	13	天津远大兴辰住宅工业有限公司
6	天津中车风电叶片工程有限公司	14	天津捷强动力装备股份有限公司
7	天津广大纸业股份有限公司	15	天津久日新材料股份有限公司
8	泰伦特生物工程股份有限公司	16	天津市津海特种涂料装饰有限公司

【千企转型升级】 至年底，全区累计推动516家企业实施579个项目实现创新转型，其中向科技型转型78家，向战略性新兴产业转型4家，向现代服务业转型2家，向电子商务应用转型15家，设备

升级114家，智能制造与互联网+应用16家，培育专精特新产品41家，精益管理创新10家，专利提升106家，品牌建设18家，股改16家，淘汰关停156家，民营企业参与国企混合所有制改革3家。

【工业园区提升改造】 至年底，完成李房子、张献庄、红光农场和飞龙工业区取缔任务，停产关闭园区内不合规划企业。委托市规划设计院和南开大学开展鸿仓等6个园区城市设计和产业规划编制，为明确园区定位、建设布局等提供科学依据。完善园区整治提升工作框架，制订《北辰区工业园区（集聚区）围城问题治理重点工作安排意见》，出台8项支持政策和工作制度，保障破解园区取缔和整合提升的堵点、难点问题。

【“双万双服促发展”】 制订《北辰区工信委2018年“双万双服促发展”活动工作方案》，以规模以上工业企业和发展势头良好的中小微企业为重点，开展专项对接服务开发区、百家企业定点帮扶“双万双服促发展”重点工程。走访企业160余家，解决可耐福、SMC、铸金科技和耀皮玻璃等生产和经营问题72个。

【促进民营经济发展】 贯彻落实“津八条”和“辰十条”，营造发展环境，提升服务质量，制订2018年贯彻落实“津八条”工作计划，组织开展企业家座谈会和4场专题培训，利用微信公众号宣传优秀民营企业，弘扬企业家精神和工匠精神。

（刘泽江）

建筑业

【概况】 2018年，北辰区建设管理委员会按照市委、市政府和区委、区政府的决策部署，推进基础设施建设、施工扬尘防治、规范建筑市场、强化供热保障、房地产管理等业务工作开展。

【建筑队伍建设】 增加建筑业队伍专业人才比例。至年底，有副高级工程师6名，工程师9名，助理工程师14名。结合全区城市发展战略，制定区域建设阶段性计划，组织实施主干道路、市政基础设施、配套道路和管网等建设项目自开工建设至竣工验收的全过程。

【工程质量安全监管】 监管工程183个标段，完成竣工验收36个标段。组织执法检查973次。开展建筑施工安全专项治理行动，进行地毯式排查，持续深化安全生产隐患大排查大整治。监管建设工程1023.5万平方米，完成竣工验收129.6万平方米，验收合格率100%。加强扬尘监管执法力量，完成中央环保督察任务。落实《天津市北辰区建设工程扬尘治理“六个百分百”实施细则》和《北辰区2018—2019年秋冬季大气污染综合治理攻坚行动方案》。执行信访条例，受理投诉全部办结。组织全区73个项目单位开展安全生产和消防安全现场演练。2018年，全区建设工程获“海河杯”4项、“金奖海河杯”2项。

【建筑市场管理】 全年完成各项招投标466个，其中，勘察招标50个，设计招标179个，监理招标99个，施工招标114个，设备招标6个，专业招标18个。中标规模105万平方米，中标金额124亿元。协助推动中粮华润、星河时代等重大招商引资项目落地。推进农民工管理系统落实，严格农民工工资网上管理，实现“日清月结”。

【供热民心工程】 配合推动完成武装部锅炉房、刘房子锅炉房燃气锅炉低氮改造。巩固市建委布置的139台35蒸吨以下燃煤供热锅炉改造清零任务。完成上个供热期供热保障任务，信访投诉量比上年下降20%。

【建筑管理】 完成瑞恒家园等15个新建住宅项目配套非经营性公建移交工作。制订农村危改方案，完成危房改造5户，完成市区23个对口帮扶困难村4类重点人群危房情况调查工作。完成3年20万平方米的公共建筑节能改造任务，新获评星级绿色建筑11项，回复装配式建筑实施意见51项，回复绿色建筑实施意见63项，审核并回复民用建筑指导意见45件。

（霍　然）

商贸服务业·旅游业

北辰年鉴

2019

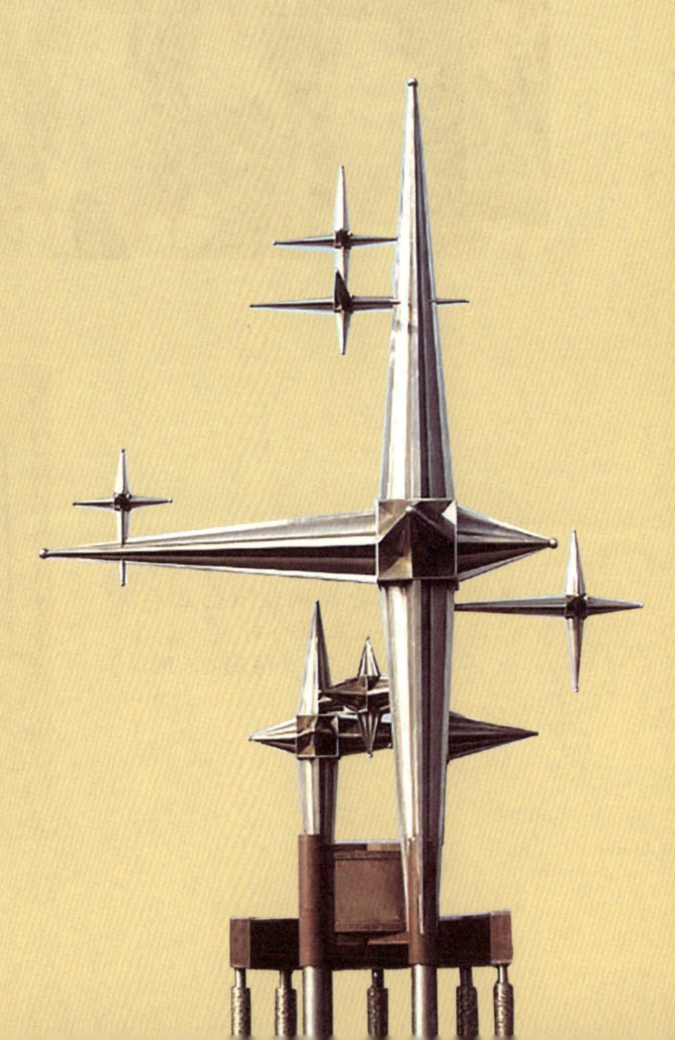

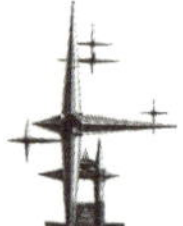

2018 年 6 月 28 日，北辰区举行“激情世界杯 欢乐夜北辰”啤酒节活动。图为开幕式表演

（区商务局提供）

2018 年 11 月 2 日，天物北辰大厦举行招商启动仪式

（摄影：胡光欣）

2018 年 11 月 7 日，北辰区商务委在进博会期间组织企业参观上海光明乳业有限公司

（摄影：刘凡清）

2018年6月8日，北辰区合作交流办机关党支部在安达里社区开展“助力创文，卫生大清理”联合党日活动 （区合作交流办提供）

2018年，泉水湾度假庄园外景 （区文旅局提供）

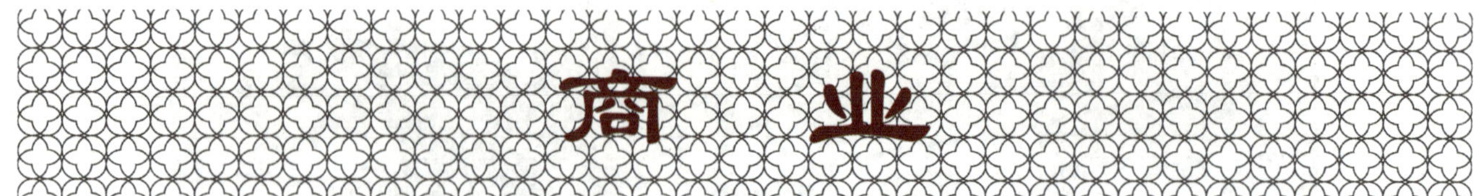

商 业

【概况】 2018年，北辰区商务委利用“广交会”“投洽会”“义乌、杭州电商博览会”等10余个展会资源，组织各镇、开发区和重点企业参加，进行多种形式的招商和推介、洽谈。做好菜市场升级改造，全面提升菜市场综合管理水平。推动夜市经济繁荣发展，举办历时18天的“激情世界杯 欢乐夜北辰”啤酒节活动。解决各类加油站事宜，深入推进惩治非法加油加气、惩治侵权假冒专项工作。加强大项目好项目跟进。走访企业，解决实际问题，保证“双万双服促发展”工作上水平。

【重点项目管理】 6月16日，总投资3.3亿元、商业面积2万平方米的天津信誉楼百货北辰店开业运营，至年底，营业额实现约8000万元；业态包括超市、珠宝、日化、电子产品、服装、鞋帽、餐饮小吃及办公用房。总投资10亿元的喜来登酒店，主体结构封顶，正在进行内部装修设计及外部幕墙施工。投资5000万元以上的“四个一批”服务业项目共计101个（其中，运营11个，在建48个，待建30个，在谈12个），总投资1019.3亿元。4月，楼宇天物大厦正式运营，该楼由天物集团投资，建筑面积4.2万平方米；其中，B座1～10层完成内部精装，入驻企业及政府部门45家，全年实现税收646万元。

【流通领域综合治理】 推动落实全区加油站规划，解决中石化刘园加油站历经10年的遗留问题；制订实施《北辰区推广使用车用乙醇汽油实施方案》，落实推动工作。组织开展加油站安全检查，深入推进非法加油加气专项整治工作，确保成品油市场稳定运行。开展商业燃煤锅炉、煤炭销售网点和储煤场“回头看”专项整治活动。开展惩治非法加油加气专项行动，以宪法宣传日、“四下乡”活动为契机，印制发放宣传材料及宣传品。全年处理打非案件125起，查处涉案人员116人，拆除非法建筑1座，没收加油气设备41套、汽油24.5吨、柴油27.4吨、燃气2167.9千克。组织开展打击侵权假冒专项行动，累计立案27起，办结案件41起，涉案金额1379.1万元，法院受理案件11起，开庭审理9起，判决9起。在全市双打绩效考核中位列第一位。处理家政、煤炭、环保、安全、“打非”、加油站等举报投诉数十起，回复率100%，满意率100%。推进家政、餐饮等领域单用途商业预付卡专项督查检查。

【“双万双服促发展”工作】 2018年，政企服务平台上累计协调解决问题41个，问题答复率100%，分拨相关职能部门问题累计464个，其中，完成解决评价463个，问题办理率100%、解决率99.8%。答复项目问题7个，实地走访企业45次，协调解决问题7次。

【便民生活】 2018年，建成2个菜市场，分别为高峰路菜市场、柴楼菜市场；为推动“双创”工作，投入300余万元，综合整治全区10个菜市场，全面提升菜市场的管理水平和环境面貌；营造诚信兴商环境。韩家墅海吉星农产品批发市场被评选为天津市文明诚信市场，6家企业获得天津市首批“诚信经营承诺示范店”称号。

【“激情世界杯 欢乐夜北辰”啤酒节】 6月28日至7月15日，由北辰区人民政府举办，区商务委、文广局共同主办的“激情世界杯 欢乐夜北辰”啤酒节在北辰公园举办。历时18天的活动奉献了精彩纷呈的文艺演出，营造了浓厚的社会宣传氛围。据统计，整个活动参与商家达到八十多个，几十种特色美食，消费啤酒达到两千多箱，预计销售收入近百万元，参与人数近10万人次。

（刘凡靖）

供销合作

【概况】 至2018年年底，北辰区供销社有下属企业15家，总注册资金5400余万元，其中，集体所有制企业8家，有限责任公司7家，重点单位有高峰农贸市场、北仓市场、霞光商城、集贤大酒家、日杂公司、早餐公司以及双街、小淀、双口、宜兴埠等供销社。全年实现利润总额580万元，上缴国家税费350万元，完成营业总收入24650万元，增加值3157万元。

【高峰农贸市场开业】 高峰农贸市场被列入北辰区2018年度20项重点民心工程，由供销社主办、区建设开发公司承建。10月9日，正式开业。该市场建筑面积1.1万平方米，经营面积5300余平方米，分为A、B两个经营区域，主营瓜果蔬菜、水产肉食、干鲜调料、粮油副食、土产日杂、服装鞋帽等商品。按照“双创”工作要求，新市场开业后又先后投资200余万元，进行局部提升改造，成为北辰区创建全国文明城区和国家卫生区模范单位。

【小淀供销社西院拆迁工程】 该工程地处津围公路西侧的小淀供销社西院，占地面积7800平方米，建筑面积5100平方米。2018年上半年，完成院内所有建构筑物的拆除工程及土地确认交付、证件变更等交接手续，期间未发生一起纠纷上访及安全责任事故。

【烟花爆竹商品清库退市】 4月下旬，区政府下达《关于禁止燃放烟花爆竹的通告》，规定自5月1日起，北辰行政区域内禁燃、禁销、禁存烟花爆竹。区供销社组织力量自行清库核查，聘请第三方专业机构对库存商品进行逐箱清点，与区安监局、公安分局、区财政局等部门沟通协调，并与生产厂家多次协商洽谈，于春节前将库存6.4万余箱的烟花爆竹商品全部清运腾空。

【《北辰供销志》通过复审】 12月19日，由北辰区地方志办公室专业志评审组对《北辰供销志》蓝本进行复审，经各位评委现场评议，《北辰供销志》以82分的成绩通过复审。

（刘文刚）

服务业

【概况】 2018年，全区完成1000万元以上服务业项目168个，投资总额205.2亿元（其中，1亿元项目38个，投资总额162亿元）。

【服务业经济指标】 全区服务业增加值实现412.7亿元，比上年增长（可比价）0.3%，占GDP比重43.7%。限上社会消费品零售总额实现101.4亿元；限上销售额实现1700.5亿元，完成年目标的105.8%。第三产业固定资产投资额完成215.4亿元，比上年增长21.5%。

【钻级酒家】 2018年，新评3家国家级钻级酒家，其中，水溪源餐饮管理有限公司、泰福成大酒店被评为国家五钻级酒家，龙山绍酒楼被评为国家四钻级酒家。北辰区钻级酒家累计20家，提升全区餐饮业发展水平。

【总部经济】 鼓励和支持跨国公司以投资性公司和管理性公司形式设立地区总部或设立总部型机构，鼓励跨国公司地区总部集聚实体业务，拓展功能，提升能级。2018年，共有2家企业被认定

为跨国公司总部型机构，分别是弗兰德传动系统有限公司和沃尔玛（天津）配送中心有限公司。弗兰德传动系统有限公司系北辰开发区德资企业，主要从事工业全系列传动设备产品并提供相关咨询服务和技术服务；沃尔玛（天津）配送中心有限公司是北辰开发区美资企业，业务范围主要是提供仓储、拣选、包装、分拨服务，货物配送服务等仓储物流业务。

【楼宇经济】 建立领导组织体系、政策扶持体系、星级评价体系、信息管理平台、招商展示平台“3体系+2平台”的楼宇经济的组织管理体系。2018年，盘活空置楼宇22439平方米，超额完成市里下达任务。全区共有商务楼宇40座，总建筑面积184.09万平方米，其中建成已运营楼宇37座，总商务面积154.3万平方米。楼宇入驻企业总数3108家，从业人员1.2万人，注册资金总和373亿元。全年完成税收收入14.88亿元。完成2017年度星级商务楼宇评定评分情况上报区政府审批，累计评出星级楼宇12家，兑现楼宇星级奖励资金500万元。2018年，全区纳税1亿元以上的楼宇5座，实现税收11.1亿元，占全区楼宇税收总量的75%。

【楼宇经济发展中心】 精心筹划并建成楼宇经济发展中心，中心选址在天物大厦，建筑面积1500平米，包括以多媒体展厅作为楼宇的管理服务平台、以电子大屏作为楼宇的招商展示平台、以规划和多功能厅作为楼宇的洽谈交流平台，深度整合全区楼宇资源，用最便捷的方式对接好各方面信息，提高楼宇招商的成功率。中心自投入运营以来，接待到访的各省市领导、国内外客商300多人次，该中心的建成在全市各区楼宇管理中属于首创并居于领先地位。

【实施鼓励政策】 全年争取中央、市、区各级、各类政策扶持资金3000余万元，助力企业发展。应对贸易摩擦，将市拨1163万元外贸扶持资金，对77家规模大、带动强、新增量的外贸企业进行支持；园区商务中心、天辰大厦等8家楼宇获得星级楼宇奖励资金130万元。按照“双万双服促发展”活动要求，组织企业争取市级供应链和绿色商场项目资金共计903.6万元；争取市级扶持资金400余万元，促进区批发市场、配餐中心等企业发展。

（刘凡靖）

对外经济贸易

【概况】 2018年，全区累计外贸备案企业2574家，通过高级认证企业8家，一般认证企业49家，进出口呈平稳增长。全年实现进出口额230.7亿元，比上年增长3.5%，完成98.6%。出口额实现167.5亿元，比上年增长2.3%，累计实现进口63亿元，比上年增长6.9%；实际利用外资完成18157万美元，完成年目标100.87%，除滨海新区外，绝对数排全市15区第二位。服务外包业务全年实现执行额7727万美元，完成全年任务的110.4%，均是离岸业务，得到市商务局的认可。

【对外经济运行】 全区实现进口业务的企业365家，新增有实绩进口企业64家，龙头企业带动作用明显，华物商贸、弗兰德传动、乐金电子、物产国际分别增长327%、27%、22.8%、19.4%，向上拉动全区进口增长11.92%。全区有出口业绩的企业522家，累计出口前20位企业共实现出口122.9亿元，比上年增长2.58%，占全区出口74%；乐金电子和万达轮胎集团进入全市出口50强。新增有实绩出口企业83家企业实现进口1.68亿元，拉动全区出口增长1.03%。

【参加首届中国国际进口博览会】 区委书记带领区83家企业和镇、街及开发区共97家单位、184人组成的北辰交易分团，参加首届中国国际进口博览会，开展为期3天的采购活动。长荣科技集团、美冠科技等17家企业与来自德国、俄罗斯等多国企业签订多项合作协议，成交总额3222.6万美元。

【外贸企业服务】 帮扶企业解决实际困难，促企

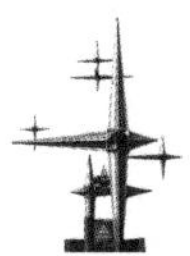

业更好更快发展。为乐金电子解决进口设备备案事项；帮助盖泽公司解决进口产品的海关税则归类问题；协调推动金锚公司“复合材料梯子”出口退税率由13%提高到16%，每年将带来400万元的政策红利，帮助企业降低企业经营成本。

【扶持中小微企业】 组织260余人240多家外贸企业及各镇、园区外贸工作负责人参加“北辰区2018年外贸政策宣讲会”；联合市口岸办、天津海关、天津港集团等单位，组织召开各镇、街、开发区外贸主管部门工作人员及区内外贸企业相关业务负责人120多人，参加通关政策宣讲会，为企业讲解最新的通关便利化政策；与联合中信保天津分公司、浙商银行天津北辰支行等金融机构先后举办3场外贸中小企业促进发展政策宣讲会，讲解外贸合同风险点分析和外贸政策办理等，解答企业经营中遇到的难点问题，开展现场对接服务。至年底，181家纳入中国信保政府统保平台。

（刘凡靖）

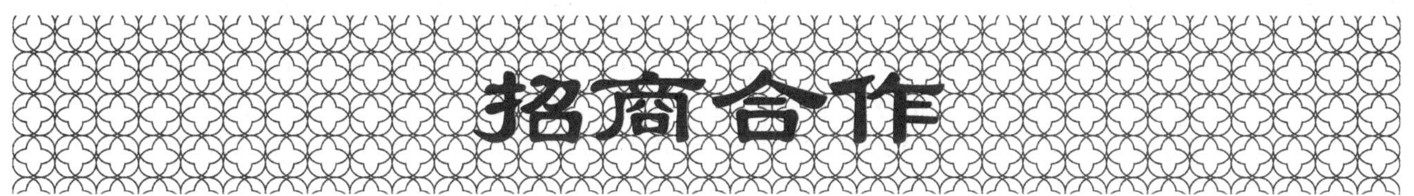

招商合作

【概况】 2018年，北辰区合作交流办深入学习贯彻习近平新时代中国特色社会主义思想和中共十九大精神，以“三个着力”重要要求为元为纲，融入京津冀协同发展，用足用好“三张好牌”独有优势和京滨城际高铁北辰站的重大机遇，着力引进一批大项目好项目，推动招商引资和对口帮扶工作再上新水平，为全区经济社会高质量发展增添新动能。全年全区实际利用内资205亿元，引进首都项目86个。帮扶地区河北兴隆、西藏丁青和甘肃正宁实现脱贫。

【招商引资】 2018年，开展招商促项目活动30余次，其中区级领导带队赴北京、上海、深圳、杭州、武汉、海口、台州等地24次，对接万达集团、中兴集团、星河控股、中冶集团、普天单向器、伟星集团、江铜集团、阿里巴巴、金地商置等重点项目，成功引进星河集团等高质量项目。接待企业来访70余次，市政府驻广州办事处、广东报关协会、北京广东商会、富士康、中南文旅、滨海联创、中交一公局六公司、绿城集团、万科集团、全球CEO俱乐部、碧桂园集团等经贸考察团和知名企业纷至沓来，北辰知名度和影响力不断提升。

【承接北京非首都功能疏解概况】 赴北京精准对接央企和区域性公司，利用在北京召开产业对接会的机遇，瞄准战略性新兴产业，扩大各类合作成果。依托天津市政府驻北京办事处，做好北京招商的组织协调、统筹推动工作，参加“2018京津冀协同发展暨投资合作恳谈会”，巩固与北京市投促局和海淀、丰台、通州等区工商联的合作，以网站宣传、制作期刊等形式扩大信息搜集辐射面。北京市投促局主办的《北京投资促进》刊物专篇刊发区投资环境，参加海淀区工商联2018年创新产业发布会，组织协调走访万达集团、中冶集团等10余家企业，华科泰、国科恒泰等高质量首都项目成功签约。

【利用内资】 制定《2018年北辰区实际利用内资绩效考核管理办法》，调整考核内容，突出实际利用内资、京津冀协同发展工作、引进项目质量等，发挥绩效考核“指挥棒”作用，以绩效考核助推高质量发展。合理分解各项绩效考核指标，做好日常国内招商引资质量效益情况月报及统计分析工作。每季度组织各镇、开发区招商人员召开招商引资工作培训会，全年共组织4场120人次。

【项目签约】 结合津洽会、融洽会、华博会等大型博览会，组织参加全市大型项目签约活动，富士康智能建造、爱旭科技、瑞康医药、宝供物流、绿地集团、星河地产、招商蛇口、居然之家、国科恒泰、捷强动力、鹤壁天汽模、格瑞德空调、中铁21局第六工程部等优质项目落户北辰，全年引进项目578个，总投资736亿元。

【新媒体建设】 利用“北辰微招商”微信平台和手机终端，对全区可用载体、投资环境、政策扶持等进行重点推广，对不同人群通过群发邮件、扫描二维码、朋友圈发送等方式推荐。年内，发布招商信息400余条，累计关注人数800余人，阅读次数6万余次。

（张冠羽）

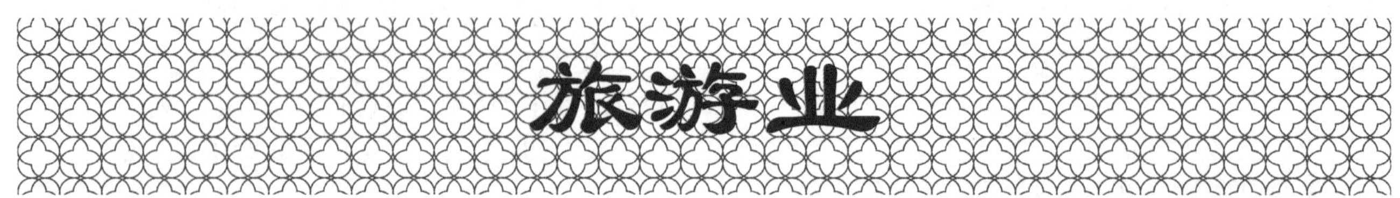

旅游业

【概况】 2018年，全区旅游接待190.1万人次，旅游综合收入1.32亿元，均比上年有所下降。有旅行社10家；累计备案旅行社营业网点124家。天士力大健康城景区成为国家AAAA级旅游景区，其中，天士力帝泊洱生物茶谷，将茶的传统文化传承、现代科技创新和建筑艺术完美结合，堪称中国茶文化博物馆。编制完成《天津市辰星体育产业园体育旅游总体规划》《天津市鼎牛动漫主题农场旅游总体规划》。

【监督管理】 加强旅游业监督管理工作，对区内旅游景区、星级旅游、旅行社的旅游安全集中检查16家次，排查出安全隐患3项。对主要旅游点，开展"厕所革命"，2018年，新建改建旅游厕所7个，其中AAA级旅游厕所2个。

【宣传活动】 开展旅游文化宣传，2018年，举办首届泉水湾金秋收获旅游节、第五届双街葡萄旅游文化节、第四届徐堡大枣采摘节等活动。

（刘风雷）

金融

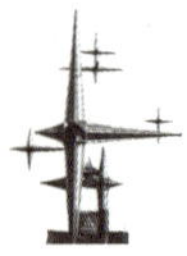

2018 年 1 月 25 日，北辰区金融工作局组织开展融资超市主题对接活动
（区金融局提供）

2018 年 3 月 5 日，北辰区金融工作局在区工人俱乐部门前组织开展防范非法集资集中宣传日活动
（区金融局提供）

2018 年 3 月 28 日，北辰区金融工作局组织开展企业股改上市培训会　（区金融局提供）

2018 年 8 月 23 日，北辰区金融工作局开展企业家沙龙活动　（区金融局提供）

金融服务

【概况】 2018年，全区实现新增“新三板”挂牌上市企业3家，超额完成上市挂牌目标任务。至年底，区上市挂牌企业累计66家，位居全市前列。2018年5月25日，创新出台《北辰区促进企业信用贷款及知识产权质押贷款实施办法（试行）》专项政策，帮助中小企业解决融资难融资贵问题。全年累计完成政府债务融资、企业上市、金融政策形势分析、金融大讲堂等各类大型培训10余次。区处非办（区金融局）在全市防范和处置非法集资、互联网金融整治工作2018年度综治考评中，成绩在全市排名第一。

【金融业发展】 至年底，驻区31家银行，存款余额954.8亿元，比上年增长14.3亿元，增幅为0.8%；贷款余额887.1亿元（其中，新增贷款108.6亿元），存贷比92.9%。12家小额贷款公司期末贷款余额11.3亿元，期末贷款笔数23877笔，其中，新增贷款5.2亿元，新增贷款笔数48544笔。3家担保公司期末担保余额4.4亿元，期末贷款笔数79笔，新增担保额4.7亿元，新增担保笔数78笔。

【金融创新】 落实增强金融服务实体经济能力的要求，重点围绕解决企业融资难融资贵问题，经过多次走访调研组织相关机构座谈，研究以“知识产权质押方式”拓宽企业融资通道，盘活无形资产。按照“知识产权质押，担保评估回购，政府引导支持”的新模式和建立“银行+企业+担保+评估+政府”五位一体的工作机制，推出“辰智贷”新融资模式，解决高技术、轻资产企业融资难、融资贵的问题。参与区“双万双服促发展”活动办申报政策创新项目并通过评审，全年被天津电视台“天津新闻”等市级媒体专题报道4次。全年实现知识产权质押贷款3200万元。

【直接融资】 创新工作措施，构建“三个四”（四个纳入、四个一批、四级联动）的工作机制，推动企业上市发展。至年底，累计为企业兑现区级专项补助资金3975万元，协助企业落实市级专项补助资金3830万元，营造“注册在北辰、发展在北辰、上市在北辰”的良好营商环境。

服务培训

【管理服务】 加强金融服务载体建设，健全服务功能，为企业融资提供支持。以深入开展“双万双服促发展”活动为契机，创新开展部门联合走访和问题协调解决机制，发挥“双万双服促发展”活动政企服务平台的功能作用，及时受理和解决企业提出的各类问题。建立流动金融超市、网络融资超市。加强产品创新推介，解决信息不对称问题。加大日常融资对接力度，提高精准服务效率。2018年，累计走访服务企业62家，为企业解决问题42个。通过政企互通网络平台共收集7大类179个问题，组织召开专题金企对接、协调会24次，受理企业融资、上市等方面政策咨询50余家次，累计组织开展各类金企服务活动33次，服务机构企业近500家。

【金融培训】 7月7日，邀请市委委员、市金融局局长聂伟迅在区委党校为全区处级以上领导干部开展《新时代 新金融》专题讲座。9月13日，组织驻区31家银行机构负责人、区相关经济部门与

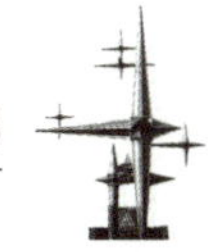

区政府主要负责人，召开“北辰区金融机构恳谈会”，促进区经济社会持续健康发展。

【银行选介】 中国银行北辰支行。2018年，非息净收入在天津市分行排名第2位，税后利润高于全市平均水平。本外币个人日均存款比上年新增1.45亿元。贷款本外币时点余额比年初增长12%，其中，对公板块贷款增长17%。本外币存款额行在该区域四大行中占比18.6%，排名第3；本外币贷款额占比13.2%，排名第3位，新增贷款排名第2。公司贷款比年初新增12亿元，四大行排名第1。4月26日，开展“智慧出行”项目，指定专人统筹项目整体推进进度，将多项产品植入北辰支行智慧出行活动，以智慧出行全员营销带动个金业务产品全面突破。“智慧出行”活动期间北辰支行个人存款时点存款任务完成率分行排名第12名，信用卡新增客户任务完成率排名分行第4名，战略配售基金销售额排名分行第2，任务完成率排名分行第1，实现个人贷款规模由负转正增长。

（吴　芃）

担保服务

【概况】 截至2018年年末，北辰区信贷担保中心累计担保46亿元，577家企业，发挥国有担保公司的桥梁纽带作用。先后帮扶迅铭科技、中天联合等9家企业进行股份制改造并挂牌上市，做好对下岗再就业人员及创业人员的贷款服务，加强扶持科技含量高的企业，限制环境污染严重、资源浪费严重的企业，注意甄别“小散乱污”企业，避免政策性风险。3月23日，召开担保中心工会第一次会员大会；6月8日，经批准成立担保中心工会。

【中小企业贷款担保】 加大对区内中小企业的扶持力度，帮扶企业发展。至年底，累计担保企业690家，累计担保金额458963.37元，当年担保额31264.16元。新增担保企业52家，新增担保额2.9亿元。其中，对第一产业贷款担保额为0.3亿元，对第二产业贷款担保额为2.1亿元，对第三产业贷款担保额0.7亿元。

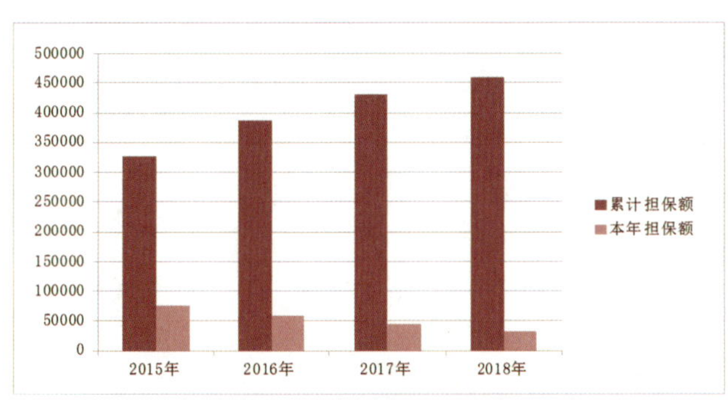

2015—2018年北辰区担保业务情况示意图

【小额创业贷款扶持】 完善小额贷款担保手册和业务流程，修订《小额贷款担保资料汇编（二）》，更新关于三年期担保贷款的条件和风险管理流程。至年底，累计小额贷款918人次，累计担保金额1.6亿元，新增担保企业119家，新增担保额2650万元。在保人数259人，在保余额5510万元，直接带动就业439人。在保金额中，对从事农业合作社的担保额为1320万元，对小微企业的担保额为4190万元。

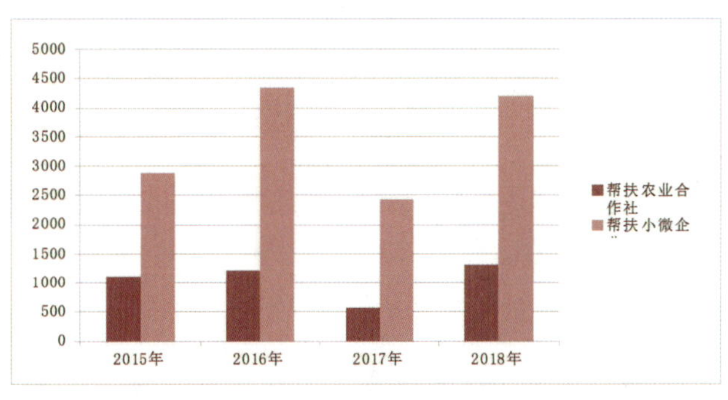

2015—2018年北辰区小额贷款帮扶情况示意图

【金融监督管理】 参与市金融局牵头的担保机构信用评级工作，整改主管部门和评级机构。2018年，经市金融局审核通过，取得融资性担保机构金融许可证并取得A-级资质。设立专员负责市金融局监督管理系统和人民银行征信系统的管理和录入，资金流转及担保业务均实时录入双系统，接受金融监督管理。

【惠辰公司简介】 天津惠辰投资担保有限公司（简称慧辰公司）是由北辰区财政局通过天津市北辰区信贷担保服务中心出资成立的政策性担保公司，2017年8月3日，取得天津市金融工作局颁发的中华人民共和国融资性担保机构经营许可证，有效期至2019年6月30日。采取房产拍卖、股权转让、第三方保证等形式进行追偿。惠辰公司以服务三农、服务基层为宗旨，主要为北辰区内符合相关条件的中小企业和个人贷款提供担保，担保领域涉及机械制造、电线电缆、农民纺织、服装、仓储服务等众多行业。2018年，惠辰担保公司新增代偿金额9624.76万元，追回4401.94万元，期末应收代偿款余额16155.70万元。

（李　丽）

交通运输

2018 年 1 月 11 日,北辰区运管局对新美孚天津分公司进行证照检查　　(摄影:李国志)

2018 年 3 月 14 日,天津市机动车维修管理处相关负责人到北辰区浩物汽车园开展消防设施设备培训及安全应急演练　　(摄影:吕德超)

2018 年 5 月 17 日,北辰区运管局组织机动车维修行业 2018 年度安全员培训班　　(摄影:李国志)

2018 年 5 月 30 日,北辰区运管局主要负责人与公交一公司负责人、青源街道负责人、双青新家园片区 10 名居民代表就公交优化问题召开座谈会　　(摄影:李峥)

2018 年 3 月，北辰区公路建设养护中心组织人员修剪 205 国道树木（摄影：陈勇）

2018 年 9 月，北辰区公路建设养护中心组织人员对津武路进行路面局部维修（摄影：王羿）

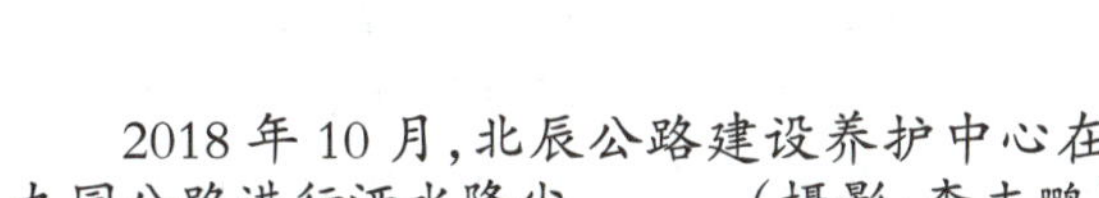

2018 年 10 月，北辰公路建设养护中心在九园公路进行洒水降尘（摄影：李志鹏）

2018 年 10 月，北辰区公路建设养护中心组织工人擦洗九园地道护栏（摄影：赵世坤）

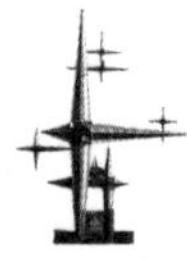

【概况】 2018年，北辰区运输管理局坚持以习近平新时代中国特色社会主义思想和中共十九大精神为指导，以惠及民生为中心，以行业安全监管为重点，狠抓落实，确保运输各项工作有序推进。2018年，实现市一级档案室标准。

公共交通

【公交覆盖】 协调公交公司，全年新开通公交线路3条，优化公交线路8条，解决双青新家园等地居民和科技园区职工出行难题。全年更换公交清洁能源车辆101部，实现公共交通绿色通行。配合双创工作，将双创工作意见传达至公交一公司、巴士公司及广告公司等相关单位，协调解决公交场站、车厢公益广告宣传及场站卫生、禁烟宣传等。

附：2018年新开通和优化公交线路

1. 新开通公交线路3条

通勤快车22路、通勤快车59路、社区巴士345路。

2. 优化公交线路8条

合并调整742路、766路线路走向，增加“北方动力”站点；

726路增加车次及站点；

732路、743路、764路延伸至双青新家园片区；

345路调整首末站；

764路调整发车时间间隔。

【公共自行车管理】 与公共自行车运营公司签订延续经营合同，健全对运营公司的年度考核奖惩制度，加强对运营企业的服务质量考核。更换全区57个公共自行车亭棚社会主义核心价值观公益广告。协调摩拜、ｏｆｏ和哈罗3家共享单车企业，根据热力点位分布图，在早晚高峰时间地铁站点周边及中心地段，加强巡查巡管，规范共享单车停车秩序。

【停车管理】 制订出台停车场建设、管理考核等5项具体实施方案，完成全区1427个停车泊位铺设地磁钉，安装中继器60个，实现智能化停车管理全覆盖。落实区督查室督办问题和区创文办督办问题、市政公路巡查管理处等回复工作，及时处理相关部门的移交案件，全年共处理各类案件116起。

管理服务

【教育培训】 全年新增营运车辆2319部，新增运量9250吨。至年底，全区运力25805部，运量12.1万吨。全年共培训普货运输从业人员2400余人，机动车维修安全员475人，完成道路运输从业人员继续教育培训16350人，网约车考试17661人。

【检测考核】 推进“两检合一”改革工作，全年共对18564辆营运车辆进行车辆技术等级评定检测，对1818部运输车辆进行燃料消耗量核查。全年共对152户一、二类机动车维修企业开展质量信誉考核，至年底，全区共有机动车维修企业390家（其中，驻区4S店69家）。全年维修车辆13万余辆次，实现维修营业额1.7亿元。全年完成875家普通货

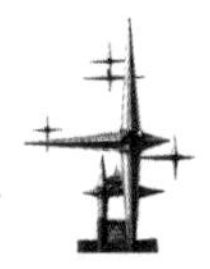

物运输企业、1家客运企业、11家危险品运输企业和152家机动车维修企业质量信誉考核工作。

【无车承运人试点】 推进陆路港无车承运人试点工作，为验证新模式持续过户车辆600余部，为个体运输户节约成本600余万元，验证平台管理方式的有效性，为实现行业降本增效探索新路径。

【服务慰问】 坚持每月走访企业开展“双万双服促发展”活动，了解和解决企业发展中的实际问题，处理好群众在人民网、政民零距离、区长热线、8890便民服务专线反映的相关问题800余件。配合“万名党员联万户”活动开展春节、“七一”、中秋前后慰问困难户30户次，送去慰问品1万余元，资助3万元修建泵房，协助做好换届选举工作。加强与共建社区的联系，组织党员干部到城际美景社区志愿服务活动3次，发放调查问卷及宣传品500余份。

执法检查

【“百吨王”专项整治】 开展“百吨王”专项整治行动，出动执法人员200余人次，拦检违法车辆31部，“百吨王”车辆8部，卸载22部，共计卸载吨数846.2吨。全年共巡查全区货运源头企业565户次，查处市治超办移交的2个案件和外省会转交24部超载违章车辆。

【联合执法】 联合执法、公安等9部门，开展取缔非法占用军用土地非法经营专项行动，依法取缔非法占用土地的企业，完成军用土地的清理任务。配合农业、公安、交警等部门做好猪瘟防控工作，抽调6名执法人员配合临时检查站点进行24小时值守，预防猪瘟疫情进入。调派执法人员和执法车辆，配合交警、综合执法等部门，加强对中心片区、宜白路片区、辰昌路片区重点区域机动三轮车违法停靠、营运行为的巡查治理，查扣机动三轮车142部。

【安全整治】 制订全年安全工作检查安排意见，每季度最少召开1次安全工作会议，签订各级各类安全责任书2520份。开展春运、中秋、国庆、达沃斯及平安交通百日行动期间道路运输市场安全整治，全年检查企业571次，“两客一危”企业51户次，普通货物运输企业520户次，查出安全隐患129处，整改率100%。对华北、成邦、北星等物流园区开展专项整治，至年底，检查企业80家。查处区安委会举报查办案件2起，约谈成邦、北兴等物流园区主要负责人4次。

【四清一绿工作】 在全区运输行业推广使用清洁能源车辆，全年新增260部纯电动货运车辆，新增118部新能源货运营运车辆。开展重点涂漆作业企业综合治理，72家企业完成烤漆房改造，10户注销，5户停业，63户烤漆房拆除，17户烤漆房封停，3户正在改造中。落实辖区内江天重工和天士力制药2家企业的错峰运输工作，制定一厂一策，加大宣传和检查力度，督导错峰运输的各项措施落实到位。

（王　莹）

交通运输

【概况】 2018年，北辰区公路建设养护中心按照区委工作要点和区政府工作报告要求，围绕年初确定的任务目标，履职尽责，完成全年各项工作任务。实现重点工程建设有序推进、公路设施养

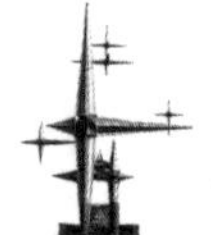

护精细化作业和乡村公路的提升改造。

【重点工程建设】 外环线国道功能外迁项目完成拆迁进场38.6千米，全线进场95%，完成固投5.6亿元。九园西延工程进场100%，主体完工。九园东扩工程、杨北改建工程进场93%，进场部分基本完成路基施工。

【重点项目启动】 按照《北辰区2018年区级重点工作任务清单和责任清单》要求，武静公路（13.6千米）、北辰西道西延项目（9.5千米），完成现场勘查、测绘、初步设计方案编制、投资估算编制，完成定线方案、规划方案编制报审。

【公路养护】 配置公路路面清扫、水洗设备，全天候采取湿扫水洗作业；全夜间施工完成津霸公路、杨北公路、津围公路36.2千米中修工程；做好桥涵维护，桥护栏油饰2.36万米，地袱粉刷1100平方米，护坡勾缝维修415平方米，桥下空间清理3500平方米。

【道路综合整治】 北京环线中分带更新草皮7000平方米，沿线片林修剪树木2万株，提升路域环境；对武静线人大代表进修学校周边路段进行了绿化提升，整修边沟，清理边沟杂草，栽植数目1100株，安装树穴石440块；对津霸公路路肩进行花砖硬化，治理面积约3.7万平方米，有效减少裸露地块引起的扬尘污染。

【路域环境提升】 投资约500万元，在北京环线（K1161-K1168）实施太阳能路灯安装工程，实施里程7千米；在北京环线、津霸公路等路段安装道路波形护栏、道路安全提示牌等道路交通安全设施；提升改造青光公路站，增加停车、充电、饮水、如厕等便民举措，突出服务功能。雨雪天气后组织人员对公路设施进行擦洗，清洗桥栏杆21万米、波形护栏60万米，桥名牌、吨位牌、百米桩、里程碑、警示等小型标志6万余个。

【乡村公路建设】 按照北辰区《农村人居环境三年行动整治工作方案》，结合农村清洁化工作要求，完成双口等5个镇、39个村农村公路255千米路域环境治理。按照“四好农村路”标准，投资约2000万元，提升改造农村公路22条、20.5千米，全部完工，投入使用。

（从　瑞）

北辰经济技术开发区

北辰年鉴
2019

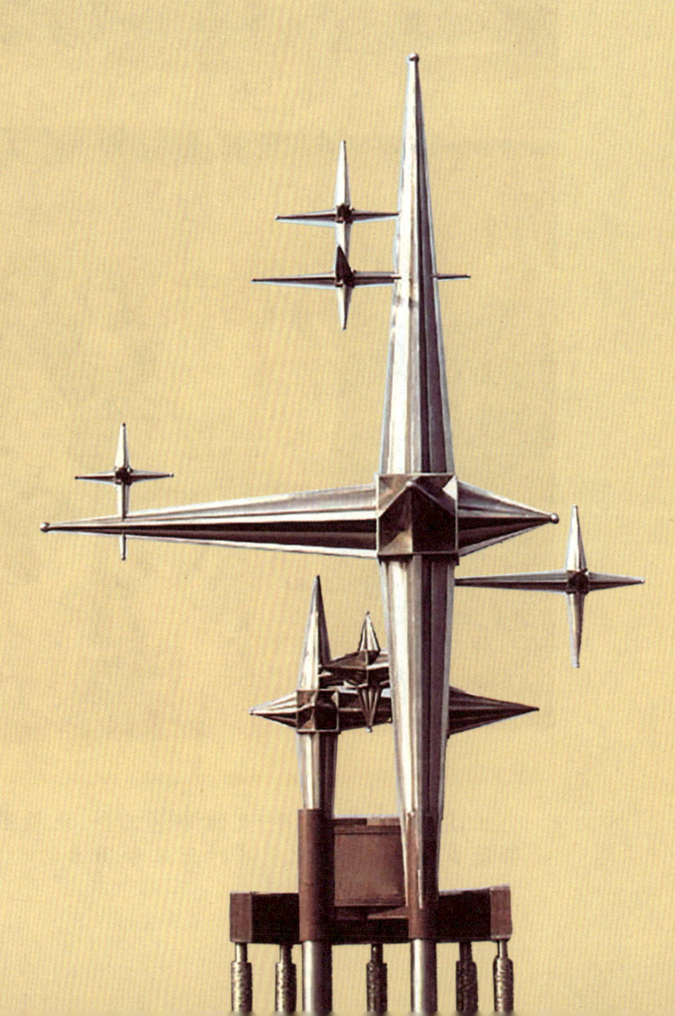

2018 年 11 月 19 日，北辰经济技术开发区在商务中心召开首届 BEDA－海外意向企业投资合作论坛
（开发区提供）

2018 年 12 月 20 日，天津市总工会、北辰区总工会携手北辰经济技术开发区联合举办“唱响新时代 展示劳动美”慰问服务北辰区外来工专场活动
（开发区提供）

2018年1月5日，北辰经济技术开发区联合团区委举办2018年天津职业大学机电学院校园招聘会（开发区提供）

2018年3月16日，北辰经济技术开发区召开2018年"双万双服促发展"活动动员会暨企业家工作会议（开发区提供）

2018年4月16日，北辰经济技术开发区举行2018年"新时代新北辰"发展论坛（开发区提供）

【概况】 2018年4月9日，北辰经济技术开发区在商务部2017年国家级经济技术开发区综合发展水平考核评价中名列第20位。全年实现规模以上工业总产值503.73亿元，本级财政收入12亿元，固定资产投资44.69亿元，商品销售总额187.66亿元，社会消费品零售总额3.87亿元。全年认定科技型中小企业81家，认定国家级科技型企业110家，认定超亿元科技型企业6家，认定国家级高新技术企业34家。获批各类领军人才、科技创新、转型升级等项目55项，获得政策支持资金1.62亿元。建成开发区博士后科研工作站，中逸安科、长荣科技获批院士专家工作站。全年共签约购地项目20个，总占地面积200公顷，计划总投资183亿元；签约租赁厂房项目11个，租赁面积5.35万平方米；签约注册类项目以及投产前迁税项目11个。重点在谈购地项目包括富士康智能基地、京东电商、瑞康医药等。

载体建设

【基础设施建设】 2018年，完成天津外国语大学附属北辰光华外国语学校、爱旭科技、苏宁智慧电商产业园、林元机械等19宗、131.27公顷土地出让。其中，爱旭科技项目从签约到落地开工仅历时一个半月；绿地全球贸易港项目自12月启动，17天上报市国土房管局完成土地征转，取得征转批文。全年实现得力集团华北区域中心项目、SMC、朝亚、中重、克恩里伯斯、和治药业、长荣、伊藤忠物流、栖凤小镇、精雕、爱旭科技、苏宁智慧电商产业园等45个项目开工，开工面达积303万平方米。多次组织召开专题研究会议，制定工业项目审批流程，采用以函代证、容缺后补的方式，以苏宁智慧电商产业园、爱旭科技项目为案例，将流程缩短为9个工作日，提高项目开工效率。完成欧盟产业园三期B、D厂房项目施工图设计，实现凤礼精求项目主体完工，协调自来水、燃气等配套设施，配合做好粮库项目建设，实现主体完工。

针对企业办理临时电周期长的问题，与电力公司沟通，将供电周期由原来的半年缩短至半个月，保障爱旭、苏宁等30家企业顺利施工；完成铸金、中重等24个项目正式水电气配套的工作，确保企业正常生产和运营；协调规划、环保、消防、建委等部门，完成克恩里伯斯、嘉民物流等9个项目的验收工作。全年完成二产固定资产投资30.5亿元。亿元项目包括环普、长荣、朝亚、爱旭等10家企业。

附：天津爱旭科技项目经济效益和社会效益

1. 整个项目年产10.8吉瓦高效太阳能电池，可实现年均销售收入120亿元～150亿元，利润5亿元，税收5亿元。

2. 一期项目占地约141亩，建成后可实现年产3.8吉瓦高效PERC太阳能电池的现代化智能制造基地，预计项目总投资22亿元，全部建成达产后年销售收入34.3亿元，实现税后利润2.8亿元，综合税收1.5亿元。

3. 爱旭科技项目的落户，必将极大带动新能源产业高端企业的落户，打造成为天津市新能源产业园，使天津成为光伏产业、信息光电产业关键部件的高端制造业聚集地。

【产城融合】 加速双街、大张庄示范镇建设步伐，大张庄镇全年新建还迁房26.6万平方米，安置8个村、9114人。双街镇全年新建还迁房5万平方米，建成还迁房65万平方米，安置7个村、9000人。确定产城融合区域一带两镇三基地的功能定位，完成5.9平方千米核心区北科建单元控制性详细规划批复工作，实现区域内控规全覆盖。全年投入拆迁资金11.7亿元，完成地铁5号线终点站核心区集体土地地上物拆迁总面积18.82万平方

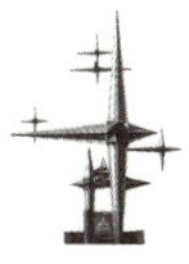

米，收回集体土地423.33公顷、国有土地72.27公顷。完成京津塘高速公路开发区开口工程有关手续。推进郊野公园景观提升一期工程，完成700株樱花和入口景观、桥下停车场、水系及湿地地形整理工作和全部构筑物及道路基础浇筑。

招商引资

【概况】 2018年，实现内资到位85.41亿元，外资到位1.69亿美元；引进首都资源项目41个。

【重点项目签约】 8月30日，天津北辰科技园区总公司与天津海河产业基金、瑞康医药股份有限公司签署合作框架协议和招商投资协议。9月19日，开发区下属企业天津陆港通达物流有限公司与中国铁路北京局集团下属企业京铁物流有限公司，共同出资成立大北环铁路西堤头物流基地运营合作项目并签署合作协议。10月16日，天津北辰科技园区总公司与国网（天津）综合能源服务有限公司、国网天津市电力公司城东供电分公司签署产城融合示范区绿色能源智慧园区战略合作协议。

【重点项目引进】 11月2日，北辰经济技术开发区与绿地控股集团签署战略合作协议，标志着北辰开发区双口新市镇、绿地全球商品贸易港、绿地缤纷城栖湖公馆二期3个优质项目整体落地。

附：绿地北辰全球贸易港项目简介

上海绿地商业（集团）有限公司为中国大型世界500强领军企业绿地控股集团的全资子公司，专业从事商业运营、国际贸易、消费零售等业务，有意在产城融合示范区内投资全资子公司建设国际贸易港项目。国际贸易港项目是充分展示绿地产业协同优势的综合性项目，该项目将打造集会展、商业、办公、酒店、仓储物流为一体的综合性商贸项目，将成为北辰区的标杆力作，亦将成为天津市的形象工程。

该项目地块位于产城融合示范区内，总占地约42.67公顷，其中一期项目地块占地约20.67公顷(包括地块一、地块二、地块三，其中地块一、地块二为工业用地，地块三为商业用地)，其余22公顷地块作为二期预留地块(包括地块四、地块五，均为工业用地)。项目总投资51亿元，将建成包含物流仓储、现代物流展示中心、五星级酒店及写字楼等天津全球贸易港中心。

项目进展：

2018年12月26日，在北辰开发区商务中心举行签字仪式；

2019年1月25日，完成地块挂牌；

2019年1月底，配合绿地集团启动项目公司注册事宜；

2019年2月25日，完成摘牌。

2018年北辰经济技术开发区在建项目汇总表

表1

序号	项目名称	所属片区	企业名称	计划总投资（亿元）	占地面积（亩）	规划建筑面积（万平方米）
1	雾化合金金属粉末生产项目	高端园	天津市铸金表面工程材料科技开发有限公司	5.0	60.0	4.62
2	宝莱特医用耗材项目	医药园	天津宝莱特医用科技有限公司	1.8	50.0	3.0

续表

序号	项目名称	所属片区	企业名称	计划总投资（亿元）	占地面积（亩）	规划建筑面积（万平方米）
3	陆路港仓储项目三期	陆路港	天津陆路港嘉民物流设施发展有限公司	1.0	401.0	1.9
4	北仓国家粮库	医药园	天津北仓国家粮食储备库	1.4	100.0	7.85
5	联东U谷 北方耀谷E项目1#～12#厂房、18#厂房、19#厂房、16#kp站、17#消防水泵房、弱电间	医药园	天津联东金达产业园投资有限公司	2.7	197.0	5.7
6	联东U谷 北方耀谷E项目13#～15#厂房、20#～31#厂房	医药园	天津联东金达产业投资有限公司	2.7	197.0	6.0
7	联东U谷 北方耀谷D项目1#～3#厂房、4#辅助厂房、5#门卫	医药园	天津联东金达产业投资有限公司	0.4	192.0	4.4
8	联东U谷．北方耀谷二期四标段	医药园	天津联东金达产业投资有限公司	0.5	84.0	3.9
9	天士力药物科研基地（幼儿健康）	南区	天津宝士力置业发展有限公司	1.20	133.0	2.02
10	年产18万千米特种电缆生产研发基地项目厂房5	医药园	天津双瑞电力安装工程有限公司	0.48	52.9	0.5
11	年产1.5万台高端电梯配套及1万套金属家居配套项目	陆路港	天津优视津创金属科技有限公司	1.2	50.0	3.61
12	扩建厂房和购置设备	科技园	天津丰铁汽车部件有限公司	2.20	74.9	0.57
13	津乾园1～3号车间项目	高端园 (13—14)	天津盛耀置业有限公司 (13—14)	12.00 (13—14)	100.0 (13—14)	10.9 (13—14)
14	津乾园4～25号车间项目	高端园 (13—14)	天津盛耀置业有限公司 (13—14)	12.00 (13—14)	100.0 (13—14)	10.9 (13—14)
15	SMC研发、生产气动元件项目	高端园	SMC（天津）制造有限公司	10.0	274	19.6
16	得力一期	高端园	得力（天津）有限公司	3.0	96.0	8.1
17	年生产加工机械零部件400万件	科技园	克恩－里伯斯精密技术（天津）有限公司	1.40	67.5	3.6

续表1

序号	项目名称	所属片区	企业名称	计划总投资（亿元）	占地面积（亩）	规划建筑面积（万平方米）
18	年产8000吨重型成套机械核心设备项目	陆路港	天津智普科技有限公司	1.0	50	1.9
19	长荣新型智能绿色装备制造产业基地	高端园	天津长荣控股有限公司	16.0	321.4	16.0
20	中重项目	科技园	天津市中重科技工程有限公司	2.0	61.1	3.0
21	和治药业	医药园	天津和治药业集团有限公司	2.0	50.0	3.0
22	朝亚（天津）1A地块大数据一期	高端园	天津朝安兆亚科技发展有限公司	10.0	65.2	4.0
23	年产5000万瓶日用化妆品项目	医药园	天津银曼家化科技有限公司	0.8	58.3	4.0
24	凤礼精求待建项目	医药园	天津市辰寰工业园区管理有限公司	2.0	50.0	3.0
25	新建放射性同位素药物制备、分装项目	医药园	天津华益派特科技有限公司	1.5	30.0	2.0
26	阳光城住宅项目	高端园	天津市宏升房地产开发有限公司	13.0	120.0	11.0
27	天工院项目	科技园	天津工程机械研究院有限公司	7.0	230.4	3.6
28	中储项目二期	陆路港	天津中储陆通物流有限公司	1.0	366.0	5.6
29	天士力药物科研基地工程幼儿健康研究教育中心综合服务楼	科技园	天津宝士力置业发展有限公司	0.8	7.4	3.4
30	天工院项目	科技园	天津工程机械研究院有限公司	0.3	230.4	1.0
31	光华学校	高端园	天津北辰科技园区总公司	13.0	149.0	10.0
32	数控机床制造项目	高端园	天津精雕数控机床制造有限公司	12.0	370.0	25.4
33	伊藤忠物流项目	高端园	天津力群印刷包装科技有限公司	5.0	159.0	24.0
34	栖凤小镇（住宅）	大张庄	天津绿地兴耀房地产开发有限公司	15.0	197.9	15.4

续表2

序号	项目名称	所属片区	企业名称	计划总投资（亿元）	占地面积（亩）	规划建筑面积（万平方米）
35	汽车工业设计和地铁疏散平台制造项目	高端园	天津奥普提莫斯科技发展有限公司	1.5	20.0	1.0
36	津乾园45、47、48号 车间、地下车库项目津乾园一期项目标段—11#～25#车间、48#车间、地下车库、49#、50#车间续建项目	高端园	天津盛耀置业有限公司	12.0	100.0	2.0
37	苏宁一期	5.9平方	苏宁集团公司	12.0	358.3	45.6
38	爱旭一期	科技园	爱旭太阳能	21.0	141.0	10.0
39	盛辰花园（1#～3#号楼、25号#～32#楼、地下车库）	高端园	天津景浩投资有限公司	13.0	210.0	
40	津乾园46#、49#、50#车间项目	高端园	天津盛耀置业有限公司	12.0	100.0	3.0
41	津乾园26～42号车间项目					3.0
42	嘉民天津陆路仓储项目	陆路港	天津陆路港嘉民物流设施发展有限公司	1.2	401.0	7.3
43	天津环普国际产业园汽车零部件厂房项目	高端园	天津环普工业产业发展有限公司	0.8	240.0	4.0
44	仓储物流中心项目（库房11～13、门卫室5）	陆路港	天津陆路港仓储发展有限公司	1.7	259	2.0
45	五星级酒店	高端园	天津景浩投资有限公司	12.0	93.9	3.0
总计	—	—	—	236.5	6594.6	303.4

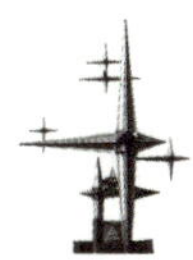

【人才引进】 1月5日，联合团区委举办2018年天津职业大学机电学院校园招聘会，推进“双万双服促发展”工作取得实效，营造良好投资服务环境。

【论坛交流】 4月，举行2018年发展论坛。开发区相关负责人、专家学者、阳光城集团天津区域公司相关代表以及人民网、新华网、北方网、天津电视台、新浪网、《今晚报》等多家主流媒体参与会议。会议期间，与会人员围绕“北辰经济技术开发区相关规划”“国家级产城融合示范区的重大意义”“北辰及北辰经济技术开发区未来发展”三大议题进行讨论。11月19日，在商务中心召开首届BEDA-海外意向企业投资合作论坛战略合作签约仪式。该论坛由天津北辰经济技术开发区主办，弗劳恩霍夫协会、欧洲最大零售业家族企业、新加坡航海技术公司等海外知名企业及开发区知名企业参加。本届论坛以“加强中外合作交流 推进全方位领域合作”为主题，旨在推动北辰开发区与海外优秀企业在经贸、技术、创新、制造等方面合作，搭建中外企业对接交流平台。

【企业管理】 2月1日，开发区总公司负责人与三木普利（天津）有限公司日本总公司负责人座谈。3月16日，召开开发区2018年“双万双服促发展”活动动员会暨企业家工作会议。12月20日，市总工会、北辰区总工会携手北辰开发区联合举办“唱响新时代 展示劳动美”慰问服务北辰区外来工专场活动，为万控（天津）电气有限公司、天津雅迪实业有限公司等企业的近百名外来工送去温暖。

附：

天津北辰区20余项政策支持产业发展

围绕主导产业，聚焦首都资源，天津北辰开发区将北京企业作为重点招商方向，不断努力为企业打造优质的营商环境。开发区招商一部副部长李洋介绍，北辰开发区结合自身实际，出台了《北辰区支持产业发展政策汇编》，涉及加快先进制造业、促进科技创新发展、促进楼宇经济、促进金融业发展等20余项支持产业发展的政策。

初春时节，凉风习习。天津北辰经济技术开发区内，路上的车和人不是很多，但眼前一座座办公楼和厂房，却在随时提醒着来人这里蕴藏的能量。

不久前，随着世界著名气动元件制造商SMC的天津研发制造基地厂房完成地基建设，又一家引自北京、国际领先的高端装备制造企业即将在此落户。瞄准高端高层次，坚持创新驱动，天津市北辰区建设首都高端要素转移承载基地，正在迈出越来越坚实的步伐。

提供优质服务

“SMC中国公司是1994年在亦庄注册成立的，通过20多年的不断发展，已经成为集团重要的研发生产基地。2018年我们的预计产值将达到100亿元，市场占有率在国内国际都排名第一，分别达到40%和32%。”SMC天津制造公司副总经理杨柏东告诉记者。

随着实力的日益增强，2014年，SMC中国考虑扩大研发和制造规模，把目光投向了天津北辰区。杨柏东说，当时他们对天津滨海新区，河北曹妃甸、秦皇岛、沧州等地都进行了考察，之所以选择北辰，除了看中这里良好的工业基础条件外，北辰区健康的营商环境也是重要的参考。

今年1月底，天津博威动力设备有限公司与古巴合作项目的最后6台发电机组产品装船发往古巴，这笔价值4.5亿元的大单已临近完成。2013年之前，天津博威动力设备有限公司的母公司北京博威能源还是一家业务范围仅限于商务技术服务的公司，虽然是以技术实力见长的国家首批创新型企业，但并没有自己生产的能力。

“北辰开发区主动和我们联系，希望我们能过来发展。北辰本身的工业基础好，区位不错，政府对企业的帮扶力度也比较大。”天津博威动力公司外联部总监张宏立说，2013年公司来到北辰开发区建厂生产，年销售额已经从五六千万元达到了2017年的五六亿元，完成了10倍的增长。

完善产业链条

频频获得高新技术企业的青睐，正如企业负责人所说，北辰区良好的工业底子是重要的因素。“只要有工业自动化的生产设备，就要用到气动元件。”杨柏东说，来到北辰区，这里的印刷龙头企业长荣印刷就是SMC的客户，“北辰开发区也希望我们的落户能够完善他们的产业链，这正是气动元件行业的一大特点。”另一家已就入驻北辰开发区达成意向的北京精雕集团也参考了SMC的经验。

在张宏立看来，博威动力是一家标准的技术密集型企业，“我们的产品都是客户专门订制的，可以说我们每一单合同做出来的产品都不一样。”在北辰开发区，博威动力同样与很多自己的配套厂商不期而遇，融入并完善这里的产业链条。

SMC天津制造研发基地一期厂房将于今年底完工。“天津工厂将引进全球最先进的工艺系统和设备，在未来逐步发展为SMC集团最大最重要的海外研发生产基地。集团对我们寄予了很大期望，从各方面都将天津制造研发基地定位为气动元件行业的世界样板工程。”杨柏东告诉记者，这几年世界各地的行业协会、政府部门到SMC日本总部参访时，总部方面常说的一句话是，“想看最先进的管理和技术、真正的气动元件行业先进工厂，以后你们要到中国天津去。”

打造一批特色产业园区

从建设首都高端要素转移承载基地的定位出发，北辰开发区正着力打造一批特色产业园区。其中，欧盟产业园以欧盟先进制造产业为承载对象，推动北辰区面向欧洲展开产业发展、科技创新、开发投资和企业管理领域的全方位合作；国家级新闻装备产业园以长荣印刷这一国内包装印刷设备制造的领军企业为龙头，吸引上下游产业链企业聚集发展。

上个月，北辰区与北京科技园建设集团签署《关于中关村北辰产城融合示范区项目战略合作框架协议》，双方共同推进产城融合示范区5.9平方公里核心区的开发建设。此外，北辰开发区还与中铁建房地产和中铁创投分别合作推进产城融合。李洋介绍，与企业携手展开联合建设，将是北辰开发区在促进产城融合方面的主要发力方式。

（该文选自《北京日报》，作者：白波）

（王文慧）

环境保护·气象

北辰年鉴

2019

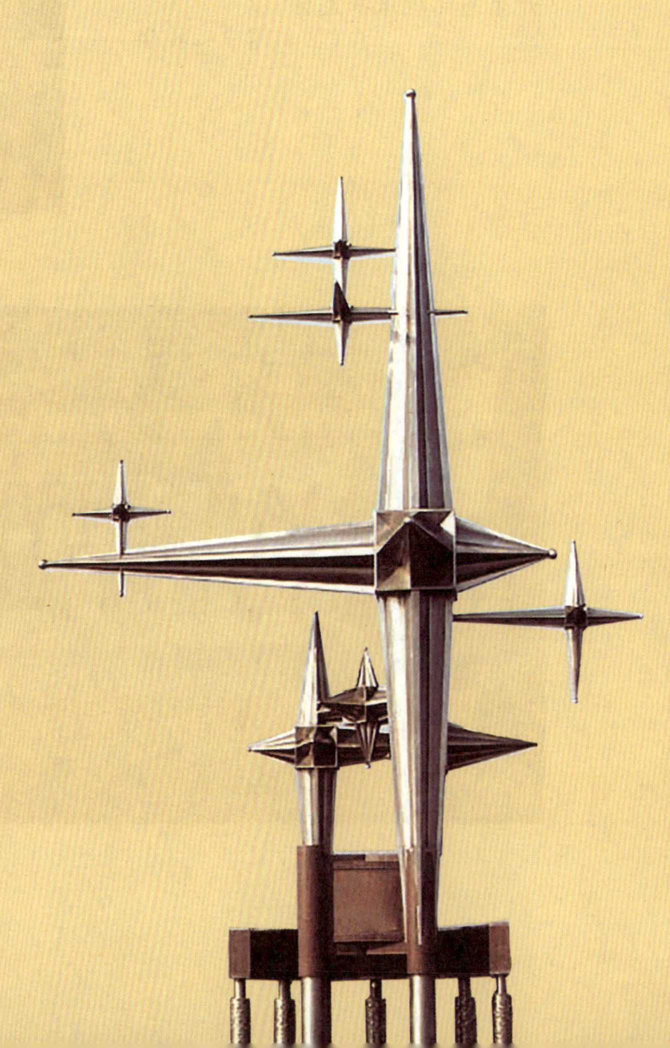

2018年6月5日，北辰区环保局在上河城广场举办“六五”环境日主题宣传活动（摄影：韩萌）

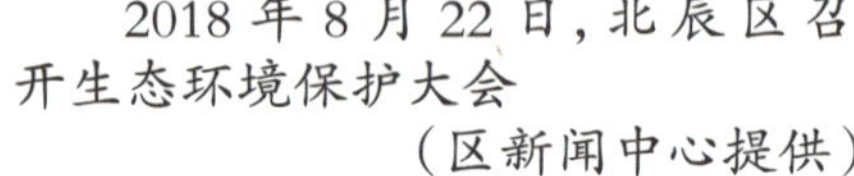

2018年8月22日，北辰区召开生态环境保护大会
（区新闻中心提供）

2018年9月10日，北辰区环保局在秋怡小学开展“送书进校园”活动（摄影：韩萌）

2018 年 3 月 5 日，北辰区气象局对违法施放气球行为进行执法检查（摄影：张剑）

2018 年，北辰区气象局获得第四季度县级综合业务竞赛团体第三名（区气象局提供）

2018 年 4 月 9 日，北辰区人工影响天气办公室举办人影系统作业人员上岗资格培训（摄影：王蒙）

环境保护

【概况】 2018年，北辰区全年细颗粒物（PM2.5）平均浓度每立方米54微克，比上年下降18.2%；重污染天数10天，比上年减少64.3%。地表水水质考核达标率为90.5%，比上年提升7.2%，综合排名全市第2名。

【大气污染防治】 综合采取控尘、控车、控煤、控工业污染等各项措施，完成151家涉挥发性有机物企业建档立卡和核查备案，实行动态管理。推动2家供热站5台100蒸吨燃气锅炉完成低氮改造。推动112家餐饮单位安装油烟净化设施。开展重点区域周边不间断巡查，督促各类施工工地落实“六个百分百”降尘措施，安排喷雾、洒水和湿扫频次。完成261处裸露地块治理。路检抽测柴油车4152辆，处罚超标车辆1057辆。检查182个工地357台非道路移动机械，责令69台不合格机械退场。开展重型柴油车“大户制”管理，完善71家单位“大户”监管平台信息录入，与75家单位签订环保达标承诺书。编制重污染天气应急减排工业源、扬尘源名单。启动重污染天气响应措施4次，对174家工业企业和全区各类施工工地落实停限产要求，削减污染峰值。完成“天眼”系统各模块并投入使用，日均发现各类环境污染问题15件。

【水污染防治】 建设完成8坐镇级河道考核断面水质自动监控站，10月始，取样监测118个黑臭水体，配合区河长办加强地表水日常巡查。监管辖区内5座集中式污水处理厂和重点水污染物排放单位；新安装或补充安装28家企业在线监控设备；推动184家直排企业按照天津市污水综合排放标准完成改造；完成286个加油站地下双层储油罐改造。开展集中式饮用水水源地环境保护专项行动，制定引滦输水明渠保护范围划定方案，调查评估41个千人以上农村集中式饮用水源地，推动饮用水水源地保护区和永久性保护生态区域内占压点位清理工作。组织相关属地政府和委局，对10个建制村开展环境综合整治，完成饮用水净化设备安装等目标。

【土壤污染防治】 建立污染地块名录，完善全国污染地块土壤环境管理系统，确定土壤环境重点监管企业名单。完成大张庄镇南麻疙瘩村存放废酸地块、青光镇刘家码头地块、农药厂地块的场地调查工作。建立农药厂和同生化工厂地块治理推动周例会和月巡查制度，完成同生化工厂地块初步场地调查工作。审批危险废物在线转移计划1200家次，涉及转移危废25648.6吨。检查重点危险产废单位61家。开展涉酸涉重金属企业、机动车维修行业、医疗机构医疗废物等专项检查。

【环境执法检查】 全年对各类环境违法行为立案322件，罚款1825余万元，移送行政拘留案件23件，移送犯罪案件6件。对2017年排查出的2043家“散乱污”企业整改情况开展多轮次检查，新排查“散乱污”企业93家。完成“双随机”抽查、重点污染源企业监督检查、污染源自动监测系统运行情况监管等工作，组织各镇街、开发区及时处理生态环境部推送的热点网格预警，开展黑臭水体专项检查、加油站地下水污染防治专项检查等17个专项行动。坚持365天24小时信访值班制度，受理各类环境信访问题2461件，检查企业1023家次，按时接单率、按时办结率均为100%，群众满意率98%。

【环境服务与宣传】 完成屠宰及肉类加工等4个重点行业16家企业的排污许可证核发。制订北辰区环境保护精细化管理实施方案，推动7个镇启动环保管家工作。完成74家重点企业第一轮次的走访服务，建立周报、月报、整改监督反馈机制和问题处理基本流程。开展“双万双服促发展”活动和企业培训。现场帮扶企业10余次，答复企业各类问题咨询52件。协调市局解决SMC气动元器件、铸金科技等大项目的重金属总量问题。组织企业开展法律法规和应急预警知识等培训讲座20次，覆盖企业1200余家。与“双创”工作相结合开展环

保宣传进社区活动，覆盖30多个社区、1000多名居民。开展环境教育进校园系列活动，参与学生500余人。推进“绿色”创建工作，新创建市级绿色学校1所，区级绿色学校2所、幼儿园3所、社区2个。在“北辰环保”微信公众号等新媒体矩阵发布信息450余条，累计点击量20余万次。

【第二次全国污染源普查】 组织开展第二次全国污染源普查。成立区普查办，制订《北辰区第二次污染源普查方案》，建立涵括各镇街、开发区和相关委局等共40家成员单位的工作组织架构。完成北辰区第二次全国污染源普查前期准备、清查建库和数据采集3个阶段的工作。完成工业、农业、集中式污染治理设施、生活源以及入河排污口等5大类3823个污染源的数据采集工作。清查阶段漏查率和错误率达到国家“优秀”等级的质量管控要求，多次受到生态环境部和市普查办的表扬。

（孔昊楠）

气象服务

【概况】 2018年，北辰区气象局被评为天津市气象局目标任务考核优秀达标单位。气象台刘春艳作为天津市代表参加“第十三届全国气象行业职业技能竞赛”，天津代表队获团体第三名。获得市气象部门区级（县级）综合业务竞赛第四季度团体第三名。

【气象观测与预报】 全年地面测报无错情，无责任性事故发生。到报率平均值99.5%以上、设备稳定率平均值99%以上。气温订正技巧、灾害性天气预警准确率稳步提高，暴雨预警准确率为100%。2月2日11时至12时地面综合观测业务软件Ver：2.0.0.0升级为地面综合观测业务软件Ver：2.0.1.0。12月20日20时至21时地面综合观测业务软件Ver：2.0.1.0升级为Ver：2.0.2.0。2018年，升级区域站4个（陆路港、岔房子、天穆、科技园东区），迁站1个（青光），更换太阳能电池板4个（小淀、双口、双街、青光），后丁庄无花果基地增设便携式温湿仪2个。

完成《北辰地区短时强降水特征分析》项目结题，作技术成果登记。《北辰温室无花果气象服务技术研究——以后丁庄为例》项目立项。刘春艳的论文《北半球平流层高层极涡变化特征的模拟研究》在第十四届亚洲区域气候监测、预测和评估论坛上做交流；王蒙的论文《北辰地区人工防雹预警和作业技术研究》在第35届中国气象学会年会上做交流，论文《北辰区人影炮站安全管理分析与思考》在人工影响天气60周年科技交流大会上做交流。

【天气预报预警服务体系】 11月22日，区政府办印发《天津市北辰区关于加快推进更高水平气象现代化工作方案的通知》《天津市北辰区实现更高水平气象现代化指标体系和评估办法（2018—2020年）》。修订《北辰区气象局气象服务工作手册》《北辰区气象局应急预案》。完成“十二五”重点工程项目——北辰区突发公共事件预警信息发布系统一期项目的测试、验收工作，实现突发公共事件预警信息发布系统与区15个镇（街）、14个委办局的对接，完成突发公共事件预警信息发布平台建设；5月30日，对镇（街）、委办局发布人员开展培训。5月31日，举办气象信息员培训会。6月始，每月联合区应急办对各镇街和各对接单位突发系统应用情况做通报，规范系统群组，实现对村级气象信息员的气象灾害预警信息发布。年内，开展“四下乡”、“3•23”世界气象日、“5•12”国家防灾减灾日、区科技周、全国气象科普日、宪法宣传日等气象科普宣传。

北辰气象微信公众平台关注人数415人，比上年增加两倍；排查和巡检全区83块气象电子显示屏，提高终端在线率；提升全国智慧气象信息员平台信息员活跃度，12月，实现信息员录入全覆盖，录入比103.54%，活跃度51.33%。新型农业经营主体注册天津农气微信公众号的用户覆盖率超过40%。完善气象电子显示屏终端在线监控平台建设和镇（街）责任终端考核办法，保证终端最大程度发挥气象服务作用。

【气象行政执法】 区安委会下发《关于做好2018年度防雷减灾工作的通知》，气象行政执法人员在全区开展防雷执法47次，检查企业33家。查处北辰文化广场等违法施放气球活动3例。制定措施，落实“一制三化”（即承诺制、标准化、智能化、便利化）审批制度改革。开发防雷安全线上监管平台，建立标准化的监管业务流程，实现与其他监管部门之间联动和信息共享。

【人工影响天气】 4月5日至13日，举行全区人工影响天气指挥人员和炮站作业人员上岗资格培训班。全年人工增雨、防雹作业7个作业日、10站次，消耗人雨弹78发、火箭弹16枚。其中，防雹作业日2个，消耗人雨弹45发；增雨（雪）作业日5个，消耗人雨弹33发，火箭弹16枚，有效缓解农业旱情。总增雨量400万立方米，阻止冰雹对农作物侵害，防区内无雹灾。

年内，完成7月17日短时暴雨天气过程、7月23日至24日台风“安比”带来的暴雨大风过程的气象服务；完成春节、两会、春运、中高考等的气象服务保障。全年发布气象灾害预警信息98期，应急响应161期，雨情公报54期，空气质量保障气象服务专报238期，气象信息48期，重要天气报告5期，春运、中高考、供暖等气象服务专报24期，发布关键农时气象服务专报21期。

（马庚雪）

城乡建设与管理

北辰年鉴
2019

2018 年 9 月 26 日，北辰区住建委组织检查星河时代项目施工安全 （摄影：张金衡）

2018 年 11 月 16 日，北辰区住建委工作人员现场检查河北工业大学公共建筑节能改造项目 （区住建委提供）

2018 年，朝阳路菜市场内部装修完成 （区建设开发公司工程二部提供）

2018 年，北辰道战勤保障站基本完工 （摄影：李静）

2018 年 4 月 20 日，北辰区开展春季环境卫生清整活动（摄影：赵亮）

2018 年 8 月 30 日，北辰区市容委在新华里社区开展垃圾分类宣传（摄影：杨朝）

2018 年 12 月 15 日，北辰区水务局组织人员整修刘快庄泵站（区水务局提供）

2018 年 12 月 23 日，北辰区开展渣土场清理整治活动（摄影：杨朝）

2018 年 5 月，北辰区综合执法局加大对职业大学、开发区周边流动摊贩巡查力度　（摄影：张钊源）

2018 年 7 月，北辰区综合执法局拆除引滦占压违法建设　（摄影：高东海）

2018 年 12 月，北辰区综合执法局配合北仓镇对丁赵村进行拆迁　（摄影：高东海）

2018 年 7 月 5 日，北辰区消防支队举行信誉楼高层建筑实战拉动演习（摄影：王煜民）

2018 年 8 月 20 日，北辰消防支队增援山东寿光抗洪抢险（摄影：张诗洋）

2018 年 11 月 8 日，北辰区举行“119 消防宣传月”启动仪式（摄影：李金榮）

规划管理

【概况】 2018年11月，天津市规划局进行机构改革，原天津市规划局北辰区规划分局更名为天津市规划和自然资源局北辰分局。2018年，分局贯彻落实市规划和自然资源局、北辰区委、区政府的决策部署，加大力量组织城乡规划编制，加快行政审批速度，推动北运河环外段重点地区城市设计、北辰区环外综合管廊规划、北辰区文化中心城市设计及控规修改、北辰区城市双修规划等重点规划编制工作。落实重点地块控规调整，深化中心城区控规，为土地出让和基础设施建设奠定基础。保障各项城乡规划顺利实施。

【规划设计编制与审批】 全年组织编制13项规划，其中8项形成最终成果，包括《北运河环外段重点地区城市设计》《北辰区加油（气）站空间布局规划》《北辰区环外综合管廊规划》《北辰区燃气发展规划》《北辰区党校地块城市设计》《北辰区文化中心城市设计及控规修改》《奥迪选址地块城市设计》《地下空间专项规划》。深化中心城区控规，完善区域内建设用地控规编制。

【北运河环外段重点地区城市设计】 年内，委托天津大学建筑设计研究院编制出《北运河环外段重点地区城市设计》。合理利用文化资源打造大运河文化带，结合北辰区北运河总体规划要求及运河整体建设要求，结合城市发展定位和功能布局，制定合理的河道规划设计。

【北辰区加油（气）站空间布局规划】 年内，委托天津市城市规划设计研究院编制出《北辰区加油（气）站空间布局规划》。依据相关分析及调查数据，建立加油（气）需求预测模型进行预测，利用国内现有服务半径预测法（规范）、单站服务能力预测法等不同建模思路，从区域、沿线燃油（气）需求总量角度出发，建立需求预测模型，并对北辰区整体、各区域、高速及公路沿线的加油（气）站需求进行预测，对区域内加油（气）站整体规划空间布局，对现状点位进行保留、拆除、迁建，并对调整后的布局作出科学评价。

【北辰区环外综合管廊规划】 年内，委托中国城市规划设计研究院编制出《北辰区环外综合管廊规划》。主要规划内容包括现状市政管网评价、市政系统规划综合研究、国内外综合管廊建设经验借鉴、综合管廊建设可行性分析、综合管廊系统布局规划、重点地区综合管廊规划、近期建设规划、综合实施系统规划。规划依据总体规划、市政专项规划、控制性详细规划编制，并与地下空间规划、综合交通规划等充分衔接。明确入廊管线，并提出管廊的三维控制要求，结合建设时序确定近期建设方案。

【北辰区燃气发展规划】 年内，委托中国市政工程华北设计研究总院有限公司编制出《北辰区燃气发展规划》。规划包括北辰区域内气源(应急调峰)、燃气输配系统、燃气管线(高压、中压)及各园区、镇域街道的燃气供应站、各镇域街道内的燃气管线、用户等内容。

【北辰区党校地块城市设计】 年内，委托天津市城市规划设计研究院编制出《北辰区党校地块城市设计》。根据《关于北辰区委党校、北辰区行政学院校院迁址扩建的意见》，促进党校事业发展，参照同级党校建设标准，开展城市设计及控规修改工作，满足后续党校建设需求。

【北辰区文化中心城市设计及控规修改】 年内，委托天津市城市规划设计研究院编制出《北辰区文化中心城市设计及控规修改》。开展城市设计及控规修改工作，以满足后续文化中心建设需求。

【地下空间专项规划】 年内，委托南京慧龙城市规划设计有限公司编制出《地下空间专项规划》。结合95平方千米城市建设和管理体制改革工作试点区域，北辰产城融合示范区列入国家级产城融合示范区范围，规划10条轨道交通线路，协调发展，推动城市立体化建设，提高土地利用效率，合理控制地下空间功能结构，适度发展地下空间

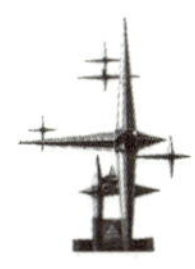

公共服务，并同步构建防灾减灾体系。

【北辰区特色服务业专项规划】 年内，委托中规院（北京）规划设计公司编制出《北辰区特色服务业专项规划》。按照区政府要求编制特色服务业专项规划，协同发展和北京多种高端要素溢出的机遇，通过全区服务业现状的系统梳理，把握服务业发展的新趋势和区域服务格局调整的机遇，规划北辰特色服务业的发展定位、服务业体系及空间布局。

【北辰区公共服务设施建设规划】 年内，委托中国城市规划设计研究院编制出《北辰区公共服务设施建设规划》。规划创建多层次公共服务设施体系，提供类型丰富、功能齐全、便捷可达的社区服务，满足学有所教、病有所医、老有所养的保障性需求。

【北辰区城市双修规划】 年内，委托天津大学城市规划设计研究院及天津城建大学建筑设计研究院编制出《城市双修规划》。2017年3月，住房城乡建设部印发《关于加强生态修复城市修补工作的指导意见》，安排部署在全国全面开展生态修复、城市修补（简称“城市双修”）工作。规划包括实现老旧城区的更新换代，通过功能和环境的提升、生态系统的恢复，提升老旧小区的市民获得感、幸福感。

【北辰区新时期战略发展目标研究】 分局委托中规院（北京）规划设计公司编制出《北辰区特色服务业专项规划》。规划包括发展主轴上以高新技术为主导的先进制造业基地、现代商贸流通基地、生态核心的都市功能区这一战略定位。认识北辰发展的地位、优势与问题；识别外部发展趋势和区域空间调整下的发展机遇；结合天津新一轮总规的发展目标，调整北辰的发展目标。

【北辰区城市增长规划研究】 分局委托天津大学城市规划设计研究院编制出《北辰区城市增长规划研究》。落实天津市城市总体规划所确定的中心城市的结构和功能需求。运用区域协作、精明增长、紧凑城市等规划理念，转变城市增长模式，衔接区域空间发展框架，构建协调发展、用地集约、交通畅达、合理有序的空间布局结构和城市功能分区。综合研究该地区生态、产业、居住等各项用地需求，研究落实城市空间增长方式、约束手段和管控策略。

【规划服务】 制订贯彻落实“津八条”做好企业家服务工作方案、分局关于在行政许可审批中试行“以函代证”的工作要求等多项工作措施，建立重点工作任务和重点项目推进机制，开展“双万双服促发展”活动，推动重点工作和重点项目进程。深入开发区、各镇街、区城投等10余个部门调研服务，与朝亚、长荣、建科机械、西门子、百特、梦得等企业实地座谈了解需求，协调解决各类问题80余个。

【规划行政许可和行政审批】 全年处理各类规划业务审批956件，其中规划条件及选址意见书180件、建设用地规划许可证116件、规划方案96件、设计方案113件、建设工程规划许可证245件、建设工程验收合格证116件、居住公建地名命名86件、测绘作业证4件。处理建设项目规划管理事项300件，其中核发建设工程规划许可证170件，审批修建性详细规划23件，规划总平面20件，建筑设计方案87件。

【执法监察】 规划监察巡察300余次，出动600余人次，巡查区域累计5600平方米，发现违法建设行为14起，移送街镇及区综合执法局14起；建设工程过程检查160余次；建设工程规划验收45件，规划验收建筑面积合计77.98万平方米；协助镇街规划核查278次；“双随机、一公开”监管模式查验墨线的工作抽调人员6人次；组织行政复议1次。

【档案管理】 归档文书类（党、政、群）档案1273件（永久存期638件、30年存期351件、10年存期284件）；归档会计档案110卷；归档的业务档案中，建设用地规划管理档案160卷、建设工程规划管理档案217卷、证后管理档案67卷。

（王　萌）

房地产管理

【概况】 2018年，北辰区房地产管理局贯彻落实区委、区政府决策部署，抓住重点民心工程和各项管理服务，持续推进城中村改造，抓好老旧小区及远年住房安全整治，推动5项管理服务更好更快地发挥作用，加大组织推动力度，各项工作都取得明显进展。

【城中村改造】 2018年，完成拆迁4.17万平方米，累计完成拆迁241.91万平方米。其中，北仓镇拆迁0.72万平方米、天穆镇拆迁3.43万平方米、青光镇拆迁0.02万平方米。在还迁房建设方面，取得准入证项目3个、26.75万平方米，2472套房。包括刘房子二期13.83万平方米、1248套；丁赵A地块4.25万平方米、396套；杨嘴二期8.67万平方米、828套。

【老旧小区及远年住房安全问题整治】 北辰区2018年度老旧小区及远年住房改造共涉及6个镇街的83个片区，建筑面积342.56万平方米、5.23万户居民。4月，首批新华里、东升里等50个小区开始陆续进场施工；6月底，陆续竣工；8月底，完成全部验收工作。二批天辰公寓、强宜里等33个小区；8月，全面进场施工；11月底，陆续竣工进入验收阶段；12月底，完成全部验收工作。

【房屋征收】 围绕年内确定的讷河里6号楼、石油公司宿舍平房、新华里11和12号楼、北仓苗圃宿舍等8个重点地块征收任务，分别进行筹划准备和组织推进。讷河里6号楼116户签约91户，剩余25户，签约率为78.4%；剩余25户分两个批次下达征收补偿决定书，其中1门、2门为第一批，总计15户，3门、4门、5门为第二批，总计10户。石油公司宿舍平房实现清零。新华里11号、12号楼完成基本情况调查、选取评估单位，并进行初评结果公示。北仓苗圃职工宿舍完成基本情况调查、面积测绘核量工作。

【住房保障】 2018年，开展5次“两种补贴、两种住房”政策宣传活动，发放宣传资料500余份。全年受理审核廉租补贴122户、发放资格证明135户，受理审核经租补贴116户、发放资格证明127户；受理限价商品房申请134件，资格证明发放102件；受理公租房申请480件（补贴类284件，非补贴类196件），发放符合条件通知单378件（补贴类247件，非补贴类131件）。全年向出租人发放补贴148户，办理租赁备案4092件。

【物业管理】 落实行业监管职责，加强业务培训和巡查指导。集中培训部分镇街、居委会管理干部和业委会、物业企业相关人员4次，90余人参训。组织指导8个小区成立业主大会和选聘物业服务企业。严格应急维修资金及专项维修资金监管，制定应急解危维修资金使用申请管理审批制度和专项维修资金使用申请管理审批制度，完成80个批次使用应急维修资金、9个批次使用专项维修资金项目的维修工程查勘及验收100余次。对75个住宅项目进行双四级考核工作。新增物业合同备案项目21个。指导大张庄镇、普东街道、宜兴埠镇、青源街道、广源街道召开物业管理协调会8次，解决小区内私搭乱盖、拆违，消防、电梯等设备维修，制定和实行停车管理、收费制度等疑难问题。组织消防支队、所属街镇，聘请第三方机构，全面排查10个保障房小区的消防设施和地下管网。

【房屋管理】 开展房屋安全巡查，针对6处危损房屋，做好安全监管并落实安全责任；加强36万平方米直管公房和廉租房维修管理，落实八项服务承诺和入户行为规范，提高服务水平。依据天津市政府4号令及属地单位上报的既有建筑玻璃幕墙单位基本信息，聘请第三方机构，排查全区68家玻璃幕墙单位，制订《北辰区既有建筑玻璃幕墙维护管理实施方案》，督促业主自查，完善相关普查信息。

【市场管理】 监督检查161家房地产开发、销售企业、中介机构，对违规售房、捂盘惜售、无证

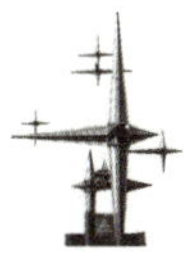

售房、发布虚假已售待售信息等行为，严格执法。全年累计出动人员4888次，检查企业704家次，下达责令整改3件，检查房地产经纪机构653家次，下达责令整改37件，保障区内良好的房地产交易秩序。做好新建商品房、限价房、工业地产销售许可和资金监管现场查勘。检查和治理房屋违规拆改行为。加强环内19个拆迁工地管理，实行专人包片制度，24小时巡查，控制扬尘污染。

（霍　然）

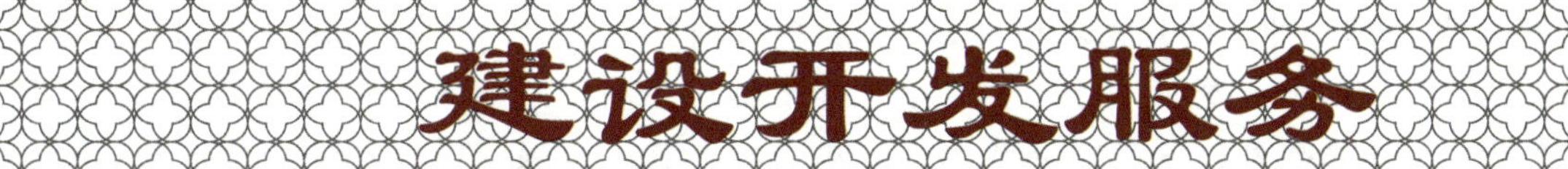

建设开发服务

【概况】 2018年，天津市北辰区建设开发服务中心（以下简称建开中心）下属及委托监管企业共计16家，分别为天津市北辰区建设开发公司、天津市宏佳安居建设有限公司、天津市津辰投资发展有限公司、天津市津辰仕佳投资发展有限公司、天津环辰建材有限公司、天津市北辰城市基础设施建设投资有限责任公司、天津市天下一喜大酒店有限公司、天津市天下一喜文化发展有限公司、天下一喜婚庆有限公司、天津市津辰市政工程建设有限公司、天津辰旺物业管理有限公司、天津市辰宇实业公司、天津北通电力金具厂、天津至大工贸有限公司、天津北通旅游服务有限公司、天津市北辰区建筑材料检测公司。经营范围涉及房地产开发、房屋拆迁、市政基础设施建设、土地整理出让、定向安置用房建设、小城镇投资建设、建筑材料销售、建筑材料检测、旅游服务、物业服务、婚庆服务等多个领域。

【投融资工作】 全年融资总额15.18亿元，到账资金15.18亿元，偿还本息29.39亿元。建开中心及子公司缴纳各项税费1.06亿元。1月24日，获得北金所得债权融资计划第一期30亿元的备案通知书并发行5亿元；4月28日，获得中国银行交易商协会中期票据6亿元的接受注册通知书；11月20日，获得北金所债权融资计划第二期4亿元的备案通知书并全部发行。

【城中村改造项目】 12月底，中心宏佳公司城中村改造在施项目7个，建筑面积57.83万平方米。闫街马庄D地块（润辰新苑）项目14.53万平方米建设完成。闫街马庄C地块项目9195平方米完成水电安装及内外檐装饰装修。工农新村阳光卡蒂尔（祥诚新苑）项目6.32万平方米建安工程完工。工农新村原地（A地块祥汇园）、工农新村原地（B地块祥泽园）项目21.63万平方米外檐装饰装修完工，小区配套排水工程进场施工。9月28日，天穆村07、08项目14.43万平方米复工。

【示范镇项目建设】 12月底，中心津辰仕佳公司青光示范镇在施项目5个，建筑面积50.95万平方米。青光新市镇项目韩家墅3号地15.10万平方米，土建工程全部完成；韩家墅4号地22.27万平方米，其中A地块地库工程主体工程全部完成，B地块主体一次结构及砌筑工程全部完成，于6月25日通过主体验收；李家房子二期13.58万平方米，完成全部楼座的主体及二次结构施工、各专业的主管道安装。

中心津辰投资公司双口镇双口二村还迁定向安置经济适用房项目，建筑面积7.54万平方米，由7幢高层住宅、1个地下车库和配套公建组成。6月18日，桩基工程开工；9月底，桩基施工完成。至年底，进行止水帷幕施工。

【重点工程项目建设】 **朝阳菜市场项目工程。**该项目建筑面积1.42万平方米，于9月30日竣工验收，10月2日取得消防竣工验收合格证并正式交付使用。

实施公安北辰分局执法办案管理中心、天穆、果园新村、双口、西堤头派出所装修改造工程。该工程总建筑面积1.52万平方米，由执法办案管理中心、天穆、果园新村、双口、西堤头派出所5个单体改造工程组成，建筑面积分别为3335平方米、3906平方米、2294平方米、3102平方米、2514平方米。7月13日，公安北辰分局执法办案

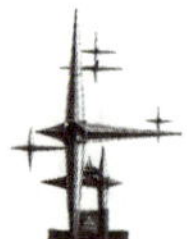

管理中心、双口派出所、天穆派出所、果园新村派出所改造工程开工，于12月初完成装修改造工程。12月10日西堤头派出所开工。

实施华康经济适用房项目。7月4日，区城投公司正式接收该项目土地，恢复各项项目建设工作。该项目建筑面积6.50万平方米，其中地上面积4.98万平方米，地下面积1.52万平方米。包括5栋住宅楼，3栋配套公建。于9月开工，11月5日基坑开挖，12月10完成土方开挖。

实施北辰道战勤保障站项目。总投资4455万元，总建设面积6517平方米，其中地上面积6126平方米，地下面积391平方米。10月规划竣工验收，11月消防验收，年底竣工验收备案。

【资产整合】 对监管的16家企业中无实际存在价值的僵尸企业，予以清算注销或整体转让，做好资产处置及人员遣散补偿安置工作。对7家企业进行整体转让或清算注销，年底区建筑材料检测公司完成整体出让。加强国有资产管理工作。3月，成立开发公司资产组，负责承担开发公司所有二手房管理及商业用房租赁工作。年底，资产组按照国有企业资产处置程序对开发公司现有二手房进行评估、备案，转让6套二手房；解决瑞景商业中心呷哺呷哺、好利来蛋糕房与建设开发公司房屋租赁历史遗留欠费问题。

【土地出让】 2018年，区城投公司城中村平移下放9宗地（不含天穆），合计110.50万平方米，完成宜兴埠1号地、2号地挂牌出让。自营性公建项目涉及15个村，总建筑面积72.4万平方米，确定南仓、丁赵、幸福广场自营性公建业态，其中南仓、丁赵已经正式委托市交易中心组织地价评估。

【产权证办理及历史遗留问题化解】 富锦华庭、辰发花园、普东新苑、蓝岸森林4个还迁小区共有拆迁居民9280户，至年底，完成网签合同3505套，办结产权证3226件。全面排查安全隐患，保证小区居民的安全，消除不稳定因素。对无实际存在价值的僵尸企业予以清算注销，逐步降低公司债务。

（李　英）

水务

【概况】 2018年，北辰区水务局加快污染源治理，雨污分流管网改造，推进污水处理厂、网建设，落实“河长制”管理，水生态环境明显改善。实施镇村泵站、农用桥闸涵维修改造，河道干支渠整治，农田节水工程。推动工业企业、新居住区水源转换，加强水资源有偿使用管理，组织节水进企业、进社区、进镇村等宣传。注重水务队伍建设，促进水务事业发展。

至年底，区界内一级河道7条，二级河道9条，常住人口80余万人。水利工程有小一型水库2座；区境内共有市、区管理国有雨水泵站45座，水闸200座，其中中型1座，小（1）型11座，小（2）型188座。机电井451眼，其中居民生活井185眼，农业井143眼，工业企业井123眼。

【水资源开发利用】 根据《天津市人民政府关于天津市农村饮水提质增效工程实施方案的批复》，区水务局委托天津市华淼给排水研究设计院有限公司编制完成《北辰区2018—2020年农村饮水提质增效和企事业单位水源转换工程方案》。实施地下水水源转换工程，共安排32家企事业单位，其中3家年初通过非工程措施予以解决，另外29家企事业单位以两家供水企业作为项目法人实施工程建设，其中天津宜达水务有限公司服务范围内25家企事业单位，天津津滨威立雅水业有限公司服务范围内共计4家企事业单位。至年底全部完成，压采水量20万立方米。

【水资源节约与保护】 结合中国水周、世界水日、全国节水宣传周、节能宣传日等专题宣传活动，围绕节水宣传主题，在集贤公园、双街新家园广场、金门里小区等组织节水宣传活动3次，悬挂节水宣传布标，发放节水宣传手提袋300个、宣传画200余册、纸质宣传材料2000余张，宣传节水

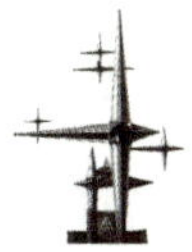

知识。利用局机关及基层单位LED电子屏滚动播放节约用水宣传视频，在走廊普法宣传栏张贴节水知识宣传画等。组织北仓镇政府、青光镇政府、双街镇政府、小淀镇政府、双口镇政府、普东街道办事处、佳荣里街道办事处、北辰科技园区总公司8个单位，普康里、国宜里、瑞盈园、紫瑞园、瞰景园、佳安里、拜泉里、北医道顺和北里、辰庆家园、朝阳里10个居民社区参加节水型社区申报验收。通过检查申报材料和现场查看用水器具、节水设备使用情况，提出改进建议。完成11个单位水平衡测试。完成两批废井回填，第一批回填机井35眼，第二批回填机井25眼。制订《天津市北辰区地面沉降治理工作实施方案（2018—2020年）》《北辰区控制地面沉降工作回头看工作实施方案》，拟定《北辰区控制地面沉降考核办法》。实行基坑疏干排水取水许可及深基坑备案制，对19个基坑降水项目实施监管。

【水生态环境建设】 整改12个镇村工业集聚区存在管网空白问题。投资3.24亿元，完成铺设管网65.74千米，建成污水提升泵站7个。落实37个村污水收集治理工程情况，其中15个村随着拆迁进程逐步解决，22个规划保留村通过工程实施。利用雨污分流改造工程的管网与村庄原有管网对接，收集污水进入污水处理厂进行集中处理（7个村庄，即青光镇刘家码头村，双口镇双河村、杨河村、上河头村、中河头村、下河头村、岔房子村）。

投资9678万元，对10个具备管网建设和收水条件的村庄，建设或利用原有的管网收集污水进入集中污水处理设施进行集中处理，铺设污水管道28.373千米，建设9座污水处理站。新建新区污水处理厂配套管网建设，至年底管道工程完成5千米，科技园区、陆路港2座提升泵站正在施工。企业内部完成雨污水管道分流建设后接入主管道，实现雨水、污水分流。至2018年年底，第一阶段7个镇及开发区762家企业完成697家，其中双街镇完成83家，小淀镇完成112家，西堤头镇完成109家，开发区完成128家，宜兴埠镇完成120家，天穆镇完成49家，大张庄镇完成47家，北仓镇完成49家，第二阶段2个镇共157家企业完成36家，其中大张庄镇完成20家企业、青光镇完成16家，完成率19%。第三阶段3个镇共268家企业，北仓镇完成9家企业切改，双口镇、小淀镇已提供一图一表等基础数据，属于外管网未连接，未启动企业雨污分流工作；双口镇于12月26日启动企业雨污分流工作，已提供一图一表基础资料。完成全区合流制片区和管网混接错接点排查，完成整治合流制6个片区排查雨污水管道混接点101处，启动雨污水管道混接点切改，部分建成区域内可将雨水管道中积存的雨（雪）残留水及初期雨水排入污水管网，提高排水效率。配合区环境保护整改办公室及环保局等7个委局完成共14期涉及天穆镇、北仓镇、双街镇、双口镇、青光镇、宜兴埠镇、大张庄镇、西堤头镇和果园新村街共计8个镇、1个街，原地提升改造类“散乱污”企业现场核查验收共185家，符合取水、排水要求163家通过整改验收，未通过验收22家。增加污水处理能力，解决污水处理能力不足，在丰产河西堤头镇、外环河宜兴埠镇等域内租赁山东水发环境科技有限公司移动污水处理设备15处，日处理污水11.2万吨。至年底，全区有5座污水处理厂，设计规模日处理量24万吨，实际日处理量22万吨，全年污水处理量约8239.8万吨，城镇污水集中处理率为93.01%，平均运行负荷率85%以上，出水水质主要指标达标率90%以上。全年产生并处理污泥约3.9万吨，污泥无害化处理率为100%。

【水务规划】 解决北辰区河道渠系连通不畅等问题，委托天津市水利勘测设计院进行北辰区水系连通工程方案的编制工作。编制完成《北辰区再生水利用规划（2016—2030年）》报审稿。

【防汛抗旱】 召开3次防汛抗旱工作会议，动员各镇街、各单位做好防汛各项准备工作。区政府区长与各镇街、有关单位一把手签订防汛责任书，落实全区防指各成员单位部门责任制，防汛责任纵向到底、横向到边，各负其责，形成防汛合力。上报市防汛指挥部办公室《关于调整北辰区2018年防汛抗旱指挥部领导成员的报告》，调整区防汛指挥部领导成员。完善14项防汛抗旱预案及专项预案，完成三角淀、永定河泛区、淀北分洪区居民财产登记核查。核查城区重点积水片，提前落实城区积水防御措施，对建材里小区等21个易积水点位，制订“一片一策”工作方案。梳理易积水片区成因，联通临时管网，疏通排水管道，架设临时泵等应急措施，确保雨水排放出路。采取泵站保持低水位运行，腾空管道、腾空河道“一低两腾空”措施，提高工程排水运用能力。与市防汛办及区防汛指挥部成员单位建立信息共享机制，强化多部门协调联动机制，发现雨情水情多部门联合行动，提高处置效率。服从市防汛指挥部办公室统一指挥，加强雨洪水调度、排蓄水工作。

组建民兵防汛抢险队伍，区防汛抗旱办公室组建防汛抢险应急救援队。制订抢险调运方案。汛前共投资500余万元，购入12台8寸移动泵车，履带式植桩车2台，装配式折叠型围井围板20组，防泄漏性高效膨胀堵漏袋1000条，防汛一体式头盔灯100顶，帐篷50顶，分体式雨衣200套，雨伞100把，铁锤50个，救生衣100件，救生圈100个，铁丝2吨，应急手电筒20个，雨鞋100双，黄胶鞋100双。

落实各级抗旱领导责任制和工作职责，各镇组建抗旱队伍，做好抗旱情况统计分析，上报抗旱情况统计表，指导全区抗旱工作。组织大张庄、西堤头、双口、双街、青光、小淀等镇利用郎园引河、丰产河、永青渠等二级河道引调水，满足春耕春种、冬灌用水需求。汛后，运用河道、水库、坑塘适时蓄水2100余万立方米。

【农业供水与节水】 2018年年初，地表水实有水量2856万立方米，其中水库蓄水406万立方米，河道、坑塘等蓄水2450万立方米。春秋季从北运河、永定新河、华北河调水4890万立方米，用于双口、双街、大张庄、小淀、西堤头镇农业用水及区二级河道生态补水。

2018年，农业灌溉用水量2377万立方米，其中开采地下水677万立方米用于双街、青水源、艾成等设施农业灌溉，生态用水4115万立方米（地表水）。

【村镇供水】 2018年年底，全区共有机井451眼，其中居民用水井185眼，农业井143眼，工业企业井123眼。北辰区外环线外未拆迁51个村，人口14.2万人。居民饮用水源为地下水（经除氟设备处理后桶装水），未经处理地下水仅供生活杂用。全区全年地下水总开采量1068.13万立方米，其中居民生活用水量210万立方米，农业用水量677万立方米，工业企业用水量181.13万立方米。

【水土保持】 按《中华人民共和国水土保持法》规定，所有生产建设项目都要做水土保持，区审批局负责批复水土保持方案，区水务局作为水行政主管部门负责水土保持事中事后监管。根据《天津市人民政府办公厅关于印发天津市水土保持目标责任考核办法（试行）的通知》文件要求，于1月至9月共参加水土保持方案评审会4次，确认区审批局批准的生产建设项目水土保持方案许可9件，参加水土保持验收1次。按考核要求及区长批示，制定水土保持目标责任考核办法和相关制度文件。

【工程建设与管理】 扩建工程规模，建设运营单位为凯发新泉（天津）污水处理有限公司（企业）。在双口镇中河头村卫河东岸，铺设长1050米，宽5米沥青路面。完成区管大双、双青、西堤头、开发区共4座污水处理厂提标改造（市管北仓污水处理厂2019年6月前完成提标改造），出水执行天津市《城镇污水处理厂污染物排放标准》（DB12/599-2015）A类标准。投资6800万元完成大双污水处理厂提标工程。

制定《北辰区水务局关于政府投资水务工程建设项目管理规定》并印发执行。投资额超过100万元（含）的公益性水务工程建设项目，建设服务中心作为常设项目法人负责水利工程建设。执行《天津市水利工程建设管理办法》，落实建设项目前期各项许可审批手续，建设建立各项工程档案，工程资料齐全。

【供水工程建设与管理】 采购农村安全饮水设备（除氟）及厂房维修工程，涉及9个村。安装安全饮水设备（经除氟设备处理后桶装水），其中处理规模为1立方米每小时1台套、处理规模为2立方米每小时1台套、处理规模为3立方米每小时6台套、处理规模为4立方米每小时1台套、处理规模为5立方米每小时1台套、处理规模为7立方米每小时1台套；修缮安全饮水厂房9座。按照《北辰区村镇供水站管理规定》《设备操作规程》，加强规范化运行管理，促进村镇供水站形成良性运行机制。

【排水工程建设与管理】 投资4284.51万元，切改外环线以内公建单位及雨污混接点位，完善排水管网，实现雨污水分流。切改点位包括市政道路雨污水管道混接点、小区内雨污水管道混接点、公建单位院内雨污水管道混接点101处。工程建设概算总。新建维修排水管道1558.2米，维修更换各类检查井1291座，收水井95座，新建检查井53座，新建隔油池2座。排查整改排水泵站隐患14

处，例行试验同生、老渔翁泵站变压器2套，变压器供电补偿系统维修改造2套。

按照便于管理原则分区划片，依托排水泵站，建立办公班点。环内分成3大片区，聘请巡查管理人员12人。对每个检查井编号，检查井埋设明示标牌，制定管线疏通掏挖养护日常计划，按周进行具体实施。管护人员每天巡查，对出现的突发问题及时记录上报，及时维修整改，发现检查井污水跑冒和被占压破坏时及时报告，并及时制止。

【水务改革】 配备农业用水计量设施123处（包括电磁流量计、职能按制柜、智能电表等）。明确农业水权，实行总量控制、定额管理，用水指标细化分解到镇、村、农户用水主体。核定农业用水定额。完成镇、村两级正常使用的小型水利工程调查摸底、产权审核确认。印发镇村管工程“两证一书”（小型水利工程所有权证、使用权证和小型水利工程管护责任书）。9月至11月，完成发放4个镇、81个村共计595套“两证一书”。涉及泵站146座，闸89座，涵159座，桥65座，河渠132条，饮水安全工程78处，节水工程53处，灌溉机井164眼。

完善相关管护制度，出台并完善4个办法。按照区编办《关于调整区排灌所（区农村水利技术推广站）、区水库运行综合服务中心经费形式的通知》精神，将排灌所（农村水利技术推广站）、水库运行综合服务中心等2个事业单位原经费自理调整为财政补助。

（杨立赏）

城市综合管理

【概况】 2018年，北辰区市容园林委全面贯彻落实中共十九大精神和习近平新时代中国特色社会主义思想，以“绿水青山就是金山银山”、美丽中国和生态文明建设乡村振兴和厕所革命、把垃圾资源化等理念为指引，深化城市管理领域供给侧结构性改革，持续实施市容环境综合整治，统筹推动“中心、事业、平安、水平”四条线全面发力，实施污染防治、提升环卫水平、坚持绿色发展、提升市容建设、开展道路整修，改善市容环境面貌，建成区绿化覆盖率达到36.59%、环卫机扫覆盖率、水洗率达到100%，开创“美丽北辰”建设新局面。

【消除垃圾风险隐患】 完成北辰区生活垃圾与餐厨垃圾协同处理项目招标签约；开展“大清洗、大清整、大扫除”活动8次，出动人员1.35万人次，出动作业车辆3914部次，清理垃圾4200吨；成立环卫巡查组，对全区各镇街陈年垃圾进行巡查，累计查出积存点位1000余处，5月中旬起至10月底期间，组织人员车辆进行集中清理，累计清理垃圾6万余吨；开展城际沿线环境综合整治，利用10天时间，乘坐城际动车12趟次，发现问题58处并全部整治完成；处理区创文办下发的6批问题点位共计47处次，下发创文专项督办单87份，回复率为100%。处理63件中央环保督察转办件和101件天津市自查整改信访件。

【污染专项防治】 组织人员车辆每日对全区40条主干道路480余万平方米实施机扫水洗，重点对45条主干道路近600万平方米每天4次以上洒水。督促各镇、街道组织对全区125条城市道路近300万平方米持续实施机扫水洗及洒水降尘工作。

【环卫基础设施建设】 完成7座新建公厕主体施工和12座公厕改造提升工作，推动建成区内97座旱厕整改工作。完成环卫中心、西堤头镇芦新河、小淀镇王朝、天穆镇柳滩等6座转运站设备更新。加快推动双口垃圾综合处理厂建设工作，推动生活垃圾分类。新购自卸车、雾炮车、拉块车、小型垃圾车等127辆，撒布机及配套车辆7套、垃圾桶4万余个、果皮箱500个，马路座椅700个。

【绿化新建养管】 全年新建提升绿化27.88万平方米，其中新建双青公园、普惠园、辽河道、地铁五号线宜兴埠北站等18.5万平方米，提升改造儿童医院周边、讷河里小公园、龙门道、环瑞路等

9.38万平方米。提高养管水平，完成全区12座公园，527万平方米绿地、2.13万株行道树的养护任务；搭建绿地防寒防盐围挡110千米，配以植物图案，提高冬季绿地景观水平；补种行道树1000余株、裸露地块补植绿地1500平方米。

【提升市容面貌】 组织对全区96根烟囱进行全面治理。对京津路和辰昌路沿街19栋建筑进行应急维修，排除安全隐患。完成沿街建筑立面综合整修，修补、粉刷北辰道、辰兴路、双青片区沿线墙面2万余平方米，油饰栏杆、护栏1万余平方米，油饰路灯杆1000平方米。拆除各类违法户外广告设施13处。

【市政建设整修】 完成国宜道、均强路、均胜路等165条道路7.8万平方米小修工作，填埋无主井25座。完成天马道、万科花园路、延吉道等10条道路13.5万平方米破损路面的整修工作。在延吉道、大桂道、辰盛路安装5400米道路中心隔离护栏。更新西北半环北辰段、铁东北路等道路水泥隔离墩1680余块，增设更换道路路名牌200余块。协调交警部门规划道路交通线4300米；协调解决延吉道、北运河桥（北辰段）、天马道、光荣道等道路路灯照明问题。

（高　奇）

综合执法

【概况】 2018年，北辰区综合执法局紧紧围绕全区重点工作，加强城市管理工作，完成拆迁任务，落实各项工作。

【推进拆违工作】 2018年，召开全区违法建设推动大会，加快推进各镇街重难点拆违工作。开展违法建设治理工作，至年底，共拆除违法建设2563处、70.68万平方米，完成全年拆违任务。完成北京军区苗木基地清偿工作，对川驰物流等200户家商户停偿入户做工作。清理占地10.67公顷，清理货物7万余吨，拆除违建1.9万平方米。完成灯塔油漆厂拆违工作。4月12日，排查建筑房屋78处，登记确认房屋75处，无主房屋3处，现场确认266间，累计履行询问程序48份。6月20日，对油漆厂宿舍周边违法建设进行拆除，累计拆除6000余平方米。完成“大棚房”治理行动，开展集中行动7次，累计出动执法人员800余人，将全区违法占地“大棚房”全部拆除。完成引滦占压治理工作，完成17.3万平方米占压建筑物的清理，彻底解决引滦沿线占压问题。完成佳宁道烧烤一条街违法建设拆除工作，9月至10月，配合佳荣里街道办事处集中拆除违法建设900平方米。完成刘园地铁站违法建设治理工作，组织执法人员开展执法行动，拆除违法建设160户、14.6万平方米。

【道路环境整治】 配合区考核办及相关部门对全区91条重点考核道路进行市、区两级考核。治理全区建成区范围内的违法占路经营，重点整治主干道路、重点地区环境秩序，取缔经营性非法占路摆卖等相关违法行为，规范市场2处（引河里南道菜市场、瑞辰路菜市场），取缔占路市场3处（龙武道市场、佳宁道夜市及千里堤占路市场），累计治理占路经营乱摆乱卖8108处、乱堆乱放1312处、店外摆卖3830处。开展违法散发小广告专项治理，配合属地重点对京津路天重道口、京津路果园北道口、京津路与北辰道交口、北辰道与辰昌路交口、北辰道与外环北路交口、普济河东道沿线进行治理，出动执法人数3100余人次，教育散发小广告人员180余人次。做好春节、清明节、“两会”、开斋节、啤酒节及“双创”迎检工作期间的道路保障工作，协调属地及相关部门按要求保障全区范围内环境秩序。开展校园周边治理工作，指导督促各镇街执法队针对校园及周边存在的违法经营行为进行治理。至年底，取缔违法占路经营点位2150余处，暂扣违规经营物品30余件，治理店外摆卖20处，清理违章棚亭32处，清理小广告120处，清理、暂扣灯箱广告牌匾13处，没收非法宣传单300余张。

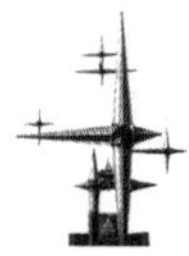

【街景立面专项治理】 查处和治理违法设置的楼顶广告、设施、构件和街景立面、牌匾等，加强沿街LED显示屏的规范治理，清理非法楼顶楼体字9处、非法设置户外广告736处、横幅布标932处、广告信息牌外摆6858处、乱吊乱挂6082处、乱贴乱画21922处、窗贴3934处。

【大气污染防治】 开展大气污染防治工作，全面落实专项攻坚行动，抽调骨干人员组成专项巡查治理队伍，将全区91条道路划分为3个重点片区，开展日间道路秩序专项巡查和夜间大气污染防治（19:00～24:00）专项巡查治理。全年开展日间、夜间专项巡查133次，累计出动执法人员450余人次，发现并转发属地问题点位359处。对建成区以内建设工程、市政道路、建筑拆迁、园林绿化、水务施工等出土工地运输撒漏行为进行全面治理。至年底，规范撒漏行为35起，处罚10起，罚金17600元，规范顺义道、佳宁道、龙岩道、老宜白路、国控点周边道路等露天烧烤点位80处，营造良好的城市环境。

【信访救助】 做好信访接待工作，处理群众来访、来信、来电、网上信访等途径反映的问题情况，全年受理来电1200余件、来访接待8人次、8890来件5件。对重要信访事项及时向领导汇报，提出处置意见建议，进行转办督办。推进“万名党员联万户”活动，研究制定实施方案，赴姚庄子村走访困难家庭，了解困难户相关信息，并组织召开专项会议部署相关工作。与村两委班子召开座谈会，详细了解困难户基本情况和帮扶需求。

【开展“双万双服促发展”活动】 研究制订“双万双服促发展”活动实施方案，完善工作机制，联系被服务企业，办理企业提交的问题，对帮扶解决的问题全程跟踪，动态管理，严格对每项帮扶任务实行跟踪督办，实现线上畅通，并按时向双万双服促发展领导小组报送相关情况。

（邢秋阳）

交通安全

【概况】 2018年9月26日24时起，天津市公安局环城四区公安交警部门实施属地化管理，原隶属于天津市公安局交管局的交警北辰支队全体编制划归公安北辰分局，正式成立公安北辰分局交警支队。

【专项治理】 排查、整改辖区交通堵点、秩序乱点和事故黑点，结合创建交通文明城市、小（微）型面包车专项治理等行动，开展道路交通秩序大整治行动，交通死亡事故和伤人事故实现双下降。年内，查处涉牌涉证231起、饮酒驾车571起、大货车违法21187起、客车超员及疲劳驾驶763起、违法停车36768起以及各类现场处罚合计67336起，电子警察录入数461722起；全年发生交通死亡事故54起，死亡人数58人，比上年分别下降28.9%、30.9%。

【宣传检查】 开展交通安全宣传和检查。组建交通志愿者队伍，发放交通安全宣传材料，宣传倡导文明交通行为。开展交通安全检查。在春运、节假日期间重点加强“两客一危”单位安全隐患的排查，落实小型、微型面包车及其驾驶人的“户籍化”管理。全年共排查建档车辆14661部，目前排查建档率为99%。通过综合整治，全区交通秩序得到明显改善。

（高　威）

消防安全

【概况】 2018年，天津市北辰区消防支队（以下简称消防支队）着眼“平安北辰”建设目标，通过建立健全消防工作责任体系，开展消防安全专项整治，升级队伍战斗力，进行公众消防安全宣传，改善社会消防安全环境，实现全区全年无群死群伤和亡人火灾。在全国“两会”安保任务中，24人被评为 C级“安保之星”，2人被评为B级“安保之星”，5人获得评比表彰；“七一”表彰活动中，1人被市局评为优秀共产党员，3人被总队评为优秀共产党员，1人被总队评为党员示范岗；在增援山东寿光抗洪中，1人立三等功，4人获得嘉奖。

【火灾隐患治理】 全年检查单位1.87万家，发现火灾隐患3.42万处，查封单位545家，责令“三停”单位270家，罚款403.45万元，拘留48人。配合区有关部门开展“散乱污”、地条钢、阳光房、灯塔涂料宿舍搬迁、宜兴埠镇拆迁等专项治理，对违法经营的斯特健身房及菲特健身房实施强停，净化消防安全环境。

【应急救援处置】 全年接处警3801起，出动车辆7554辆次，出动消防人员4.16万人次，抢救被困人员98人，疏散被困人员128人。辖区共发生火灾133起，直接财产损失185.83万元。完成应对“山竹”台风内涝排水、增援山东寿光应急抢险等任务，处置“3•18”融丰电动车、“3•23”达乐成冷链物流、“6•26”毅乐商贸发展有限公司、“10•17”中环花鸟鱼虫市场等火灾，保护人民生命财产安全。

【应急演练】 在天辰大厦、信誉楼和第二儿童医院筹备开展3次大型实战化综合演练。熟悉演练单位500余家，修订数字化预案347家，采集电子地理信息733条，向区政府争取专项资金100万元编制三维预案8家。组织开展应急通信拉动考核2次，完成100家重点单位应急通信测试工作。

【信息化建设】 先后投入1900万元，完成物联网远程监控系统区级平台建设。将消防物联网纳入区“智慧北辰”平台，至年底，60余家消防安全重点单位的动态信息和高层建筑全部与平台连接。按照每个监督员的监督管界，利用卫星地图制定16本图册，对445家消防安全重点单位、596家列管单位、5100家派出所列管单位进行明确。

【消防宣传】 全年召开消防安全会议10次，重要节日及重点时期带队开展消防安全夜查15次。编制印发《北辰区消防安全责任制手册》1000册，聘请专家对全区各部门党政干部、消防安全重点单位负责人500余人进行宣贯。在辖区内120家重点单位试点推行消防宣传阵地化建设工作，制作宣传展牌480块，累计教育5000余人。全年对辖区社区、企业、政府机构、学校等开展社会化宣传教育30余次，张贴警示海报5000余张，发放家庭安全知识宣传手册2万余册，对公安派出所民警及网格员开展集中培训4次，培训民警及网格员500余人次。

【项目审批】 出台《北辰支队服务社会和群众六项举措》，全年设计审核项目248个，消防验收项目168个，开业前检查52家。

【消防设施建设】 依次启动4座消防站的建设，陆路港消防站年底完成主体施工，小淀特勤消防站开工建设，姚江西路和龙舞道消防站办理前期相关手续。先后在宜兴埠、杨北、双街等距现行执勤中队较远的区域筹建3座小型消防站，其中宜兴埠小型消防站前期竣工，双街小型消防站各项配套设施安装完毕，杨北小型消防站主体正在进行内部装修改造。

（韩爱民）

扶贫支援

【概况】 2018年，北辰区合作交流办履行对口支援工作领导小组办公室职责，统筹推进东西部扶贫协作甘肃华池县、正宁县、河北兴隆县，对口支援西藏丁青县和对口合作长春市九台区工作。

【对口帮扶甘肃华池县】 组织领导方面，双方主要负责人先后3次互访调研、洽谈合作，举行高层联席会议3次，开展各层级互访20次。

人才支援方面，北辰区选派1名副处级干部挂职副县长，13名农技、教育、医疗等方面专业技术人员赴正宁县开展为期1个月至1年的技术指导；培训华池县党政干部163人，专业技术人才70人，华池县选派5名干部到北辰挂职，10名医生、50名教师到辰跟岗学习。

资金支持方面，2018年市区两级财政共投入2450万元，组织实施项目17个。全年支出2170.75万元，支出率92.37%，项目资金全部到位。组织北辰爱心企业中天联合节能建设发展（天津）股份有限公司、天津双高兴辰人力资源有限公司为南梁希望小学、元城小学、列宁小学的100名贫困学生捐赠价值2万元的棉衣。

产业合作方面，通过配套资金，带动771户贫困户加入湖羊、肉牛养殖，中药材、饲草、小杂粮种植，香包、刺绣加工，苗木栽植等专业合作社，实现入股分红促脱贫。建成湖羊养殖示范小区15个，调引湖羊2460只、带动贫困户152户，促进湖羊产业发展；建成中药材暖棚8座、带动贫困户88户。帮助华池县引进中天羊业、北京银旺医药公司2家龙头企业，中天羊业共带动养羊合作社54个、贫困户1547户，投放湖羊种羊11324只；银旺医药带动华池县高台、白马庙2个村、142户贫困户种植金丝皇菊188棚，做到2村贫困户全覆盖。

消费扶贫方面，邀请华池县龙头企业，精选小杂粮、沙棘汁等农特产品，参加受援地区特色产品展销会，销售产品3.1万元。帮助华池县企业与区内永辉超市、信誉楼对接，入驻海吉星农贸市场长期销售。

劳务协作方面，举办手工编织、电焊等就业技能培训班5期，培训515人次。开展致富带头人培训2期，培训59人；组织20家优质企业赴华池县举办就业专场招聘会，提供健康服务等多领域802个就业岗位，20人输转就业，1120人实现就近就地就业。

携手奔小康方面，天穆镇与白马乡、青光镇与林镇乡、小淀镇与紫坊畔乡、双口镇与怀安乡、大张庄镇与乔川乡、西堤头镇与柔远镇、果园新村街与五蛟镇建立镇村结对帮扶关系。其中青光镇韩家墅村为林镇乡双塔中药材种植合作社新建中药材暖棚3座，小淀镇赵庄子村帮扶紫坊畔乡堡子山村建成运营华池县宏升养殖农民专业合作社，购进湖羊314只。天津市第四十七中学、北辰区中等职业技术学校等学校与华池一中、华池职专等11所中小学签订合作协议，开展校际结对帮扶；为柔远初中、南梁希望小学建立网络同步教学系统。组织医疗专家团队开展“陇东阳光行”“精准扶贫光明行”等专题讲座和义诊会诊活动，为全县16名贫困患者进行白内障复明手术治疗。举办文艺“大舞台”、书画“大展台”等“春雨工程”系列活动，增强文化交流合作。

【对口帮扶河北兴隆县】 组织领导方面，双方党政主要负责人先后2次互访调研，举行高层联席会议2次，开展各层级互访28次。

人才支援方面，向河北兴隆县选派1名副处级干部担任副县长，3名兴隆县干部到辰挂职，选派教育、医疗、种养殖等13名专业技术人才赴华池县开展为期1个月至1年的支医支教活动，培训兴隆县专业技术人才70人，12名医生、8名教师到辰跟岗学习。

资金支持方面，投入帮扶资金1038万元，组织社会力量捐款捐物146万元，形成全社会共同参

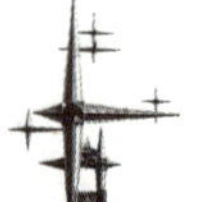

与东西部协作扶贫的良好氛围。其中，天津华北集团有限公司、长荣印刷股份有限公司等6家北辰区优秀民营企业捐款120万元，资助兴隆县贫困家庭学生就学。

产业合作方面，协助兴隆县在北辰区韩家墅海吉星农贸市场设立200平方米的特色农产品专柜，4月正式开业。为天津华易科技有限公司入股的兴隆县德隆酿酒厂投入天津市帮扶资金200万元，发展白酒加工业，带动615户贫困户入股。

消费扶贫方面，举办受援地区特色产品展销活动，兴隆县参展企业携带蜂蜜、黑猪肉等产品，销售额共计6.4万元。

劳务协作方面，开展技能培训和致富带头人培训11期，培训517人。致富带头人培训2期，共268人。其中，为帮扶兴隆县建档立卡贫困户提供灵活就业，北辰区将价值5万元的500件手工编织披肩加工订单交予兴隆县贫困户。

携手奔小康方面，5个结对帮扶村援建综合体项目进展顺利。其中，大水泉乡宝地村综合体项目、南天门乡杨树岭村综合体项目均在内外装修；青松岭镇石门台村道路拓宽及硬化工程正在施工；雾灵山镇陶家台村综合体项目正在基础施工；大杖子镇车河口村冷库建设项目准备招投标。

（张冠羽）

防震救灾

【地震监测预报】 做好日常震情监测工作，做好水井水位观测记录。新建、调整动物宏观哨12个，签订目标责任状。协助市地震局完成西堤头镇2村探测取样工作。配合市地震局完成普育中学强震台新建工作。做好夏季达沃斯、“两会”等特殊时段的地震安全保障工作，每日坚持宏观异常“零报告”制度。

【地震应急救援】 做好“廊坊永清”地震后续处置相关工作，应急人员第一时间到岗，在震后30分钟内将掌握的地震有关情况报区委办、区政府办总值班室；震后2小时内编写《地震快讯》第一期报送区委办、区政府办总值班室；收集震感、社情、民情，针对舆情动态信息，通过北辰人防微信公众号进行解答，消除广大群众心中疑虑。开展《北辰区地震应急预案》及保障计划修改完善工作。完成北辰区防震减灾“十三五”规划中期评估报告。

【宣传教育】 以防灾减灾为主题，分别结合“5·12”防灾减灾日、第32届北辰区科技周活动、“9·15”警报试鸣日，在集贤公园开展防灾减灾大型主题宣传活动，摆放展板、发放宣传资料。累计发放宣传资料5000余份，活动参与人数5000余人。

（韩　超）

科学技术

北辰年鉴
2019

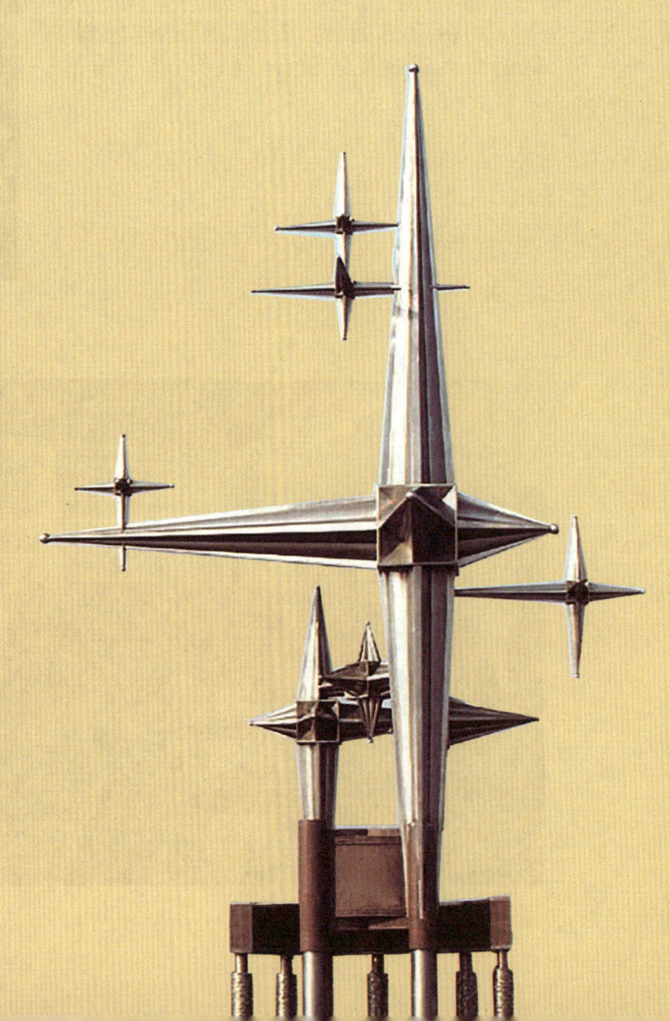

2018 年 3 月 14 日，北辰区科委负责人走访企业进行调研 （区科技局提供）

2018 年 5 月 11 日，北辰区举行创新创业大赛政策宣讲会（摄影：杜飞腾）

2018 年 8 月 3 日，北辰区科委在开发区管委会为区内 240 余家高新技术企业举行培训会送政策 （摄影：杜飞腾）

【概况】 2018年，北辰区科技局开展科技创新工作，完成各项工作目标。新增科技型企业、“科技小巨人企业”、国家高新技术企业、国家科技型中小企业评价入库均超额完成全年工作任务，“撒手锏”产品、重点新产品、专利综合实力等排名均居全市前列。出台《北辰区专利资助管理办法》，对发明专利、发明专利维持、国外授权发明专利均在获得市级资助基础上给予1∶1匹配。开展区级专利试点，对171个项目予以立项，驻区院校均享受该政策，最高给予35万元资助。

创新载体建设

【平台建设】 建立企业市级重点实验室、工程中心培育库、中逸安科3家企业申报市级重点实验室，获得市科技局批准筹建；沃德（天津）传动有限公司申报的天津市输送机械传动技术工程中心被市科技局认定为市级工程中心。全区建成市级以上企业重点实验室10家，批准筹建3家；工程中心建成15家。

【众创空间建设】 全区现有市级以上众创空间9家（包括大学众创空间5家）。指导区内星谷创业工场、创E空间、佳盼、天使汇4家众创空间和北达孵化器开展绩效评估工作。经市孵化器协会专家初评和市科技局复评，其中佳盼众创空间为优秀、其余3家为良好.

科技成果

【科技重点项目】 以国家级、省市级为重点，全区投资100万元万以上重点项目有天津市久跃科技有限公司“基于绿色减量化设计的汽车装饰部件的优化研究”、天津雅迪实业有限公司的“GTR安全舒适型电动自行车”、天津华信机械有限公司“节能型空气处理机组的优化研究”、3项“撒手锏”产品研发项目立项。建科机械（天津）股份有限公司的“HL智能钢筋笼成型机器人”、天津华曼泵业集团有限公司的“高精度高密封三螺杆泵”等22项重点新产品通过市科技局认定。天津市伟星新型建材有限公司“新型耐热聚烯烃管道的研发及应用技术的研究”获得天津市科技局领军企业重大培育项目立项。

【产学研合作项目】 加强与京津冀高校和科研院所的务实合作，推动科技成果转化。与河北工业大学开展合作，支持其建设科技成果转化孵化基地。利用合作建设的北辰科技成果超市，开展多种形式的产学研对接活动。拥有科技成果1170项、专家285位。累计接待1300余人次，20家企业与“超市”签订《产学研合作协议》，其中3个项目促成高校与企业的深度对接，实现成果的转化落地。

知识产权保护

【概况】 2018年，全区申请专利8957件，其中发明专利2407件。专利授权4678件，其中发明专利授权383件。有效发明专利3548件。每1万人拥有有效发明专利41.27件。

【重点项目】 天辰工程、北方发动机2家单位获批市级高价值专利培育项目，全智生产力获批市级专利金融项目，银龙预应力获批市级企业专利保护预警分析项目。

科技产业

【科技型企业发展】 2018年，新认定天津市科技型企业689家（位列环城四区第一），累计认定7356家；新认定科技“小巨人”企业18家，累计认定413家；国家科技型中小企业评价新入库397家。国家级高新技术企业新认定106家。4家企业产品获得天津市“杀手锏”产品认定，累计认定45项，占全市16个区10%以上；22家企业产品获得重点新产品认定，累计认定92项，占全市9.68%；天津市伟星新型建材有限公司获得科技领军（培育）企业重大项目立项。

【科技招商与引智】 2018年，北辰区天津益昌电气设备股份有限公司李维婉、天津先众新能源科技股份有限公司梁广川、天津市金锚家居用品有限公司李杰、天津市天锻压力机有限公司充液成形技术创新团队入选“天津市创新人才推动计划”，天宸（天津）生物科技有限公司研发团队入选第三批天津市特支计划“高层次创新创业团队”。天士力医药集团股份有限公司朱永宏、中材节能股份有限公司张奇等21位区内企业家入选天津市第6批新型企业家。

（曹泽宇）

教育

2018 年 1 月 20 日，北辰区举行“传承的力量”迎新春娃娃庙会。图为开幕式上的大鼓表演　　（区教育局提供）

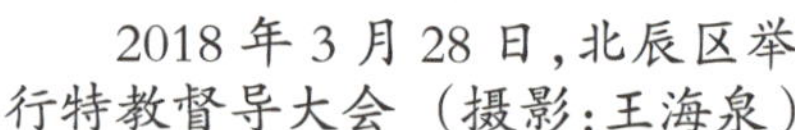
2018 年 3 月 28 日，北辰区举行特教督导大会（摄影：王海泉）

2018 年 4 月 19 日，甘肃省华池县教育局到北辰学访　　（区教育局提供）

2018 年 6 月 26 日，北辰区教育系统召开庆祝建党 97 年表彰大会（区教育局提供）

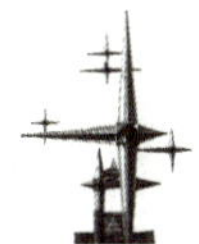

【概况】 2018年，北辰区有小学37所，初中10所，九年一贯制学校2所，十二年一贯制学校1所，高中5所（含2所完中校），中职学校2所，特殊教育学校1所，体育中学1所，中学实践基地、小学实践基地各1所，成人学校14所，广播电视大学1所，进修学校1所，教研室1所，教科室1所，少年宫1所，装备站1所，老年大学1所。各级各类幼儿园92所，其中国办幼儿园13所，镇街中心园14所，市级示范幼儿园2所，市一级幼儿园16所。托幼点142个。

全区学生总数69138人，幼儿园17158人，小学31387人（外来人口占35%），初中10731人（外来人口占21.2%），高中阶段6465人，中职学生近3397人。公办教职工总计4620人，其中，高中教师582人，初义务教育教师3209，幼儿园教师263人，特教学校专任教师40人，中职学校教师216人；二线（非教学单位）包括教师进修学校、教研室、装备站以及成人教育学校等11个单位共有教师310人。全区特级教师7人，高级以上职称教师数达到22.3%。

（刘宝泉）

教育行政管理

【教育经费】 2018年，北辰区教育经费总收入169956万元。其中，国家财政性教育经费156183万元，事业收入13731万元，捐赠收入27万元，其他教育经费15万元，比上年增长2.48%。教育经费总支出163487万元。其中，人员支出115397万元，公用支出48090万元，比上年下降0.33%。全年支出主要用于支付教师工资、教育教学运转、学校提升改造工程、设备购置及信息化建设等，保证教育教学所需。

（刘　莉）

【新课程改革】 推进新高考改革进程，通过购买服务的方式引进专业研究新课程改革的科研机构介入学校管理，完成普通高中新课程改革区域推动支撑服务系统建设。对所有任课教师多次进行市、区、校三级高中新课程标准和课程建设培训。

（杨　静）

【教育督学】 完善督导评估责任制度，规范教育督导评估行为。建立全区的责任区网络，保证上下联动。组织协调中小学千分考核全覆盖的细则制定及后期评估。教育系统各单位实行千分考核全覆盖，推动学校全面健康发展；引导学校之间相互学习、合理竞争。完成15所义务教育学校现代化标准建设达标验收督导评估工作。加强对学校自选项目的指导，结合学校现有特色项目的建设规划及发展水平，推动学校整体进步。完成26所幼儿园办学行为督导评估工作。

（尚志伟）

【校园安全】 建立健全学校安全管理责任体系，全年组织5次覆盖全系统各单位的安全隐患排查、2次专项安全检查治理，排查学校“三防”措施落实情况。组织学校按时进行安全检查，建立台账，发现隐患问题88条，全部完成整改。维护校园环境稳定，投资2700余万元，提升学校的“三防建设”，分批次培训消防控制室专职人员和保安应急处置技能。依法行政，推进“七五”普法纲要，聘请法律顾问，做好校方责任保险的投保、理赔工作。推进依法治校示范校创建活动，聘请区司法局法宣科和基层学校负责人，通过档案和实地检查的方式推选出4所学校，被评为天津市首批依法治校示范校。以综治安全月、安全生产月、“119消防宣传日”、全国交通安全教育日、“12•4”宪法宣传日、“首席安全官”和“平安校园视频录制”等活动为契机，开展各种安全主题教育活动，覆盖全区5万余人，家长10万余人。

抓好学校食品安全监管工作，每学期对全区中小学、幼儿园（含托幼机构）进行全覆盖检查，上半年发现问题279个，下半年发现问题118个。7月，开展食品安全宣传月活动，各校出动4077

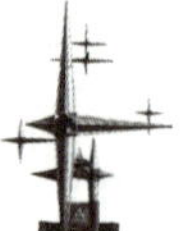

人，发放材料8931份，开展宣传讲座34次。

（杨立鹏）

【教师培训】 做好骨干教师培训，促进干部教师专业成长，安排30余名学科领航者赴杭州地区中小学进校考察。完成骨干教师、学科带头人评审工作，命名学科带头人200人。对申报干部、教师采取阅档、笔试、能力考核、师生满意度民主测评等综合考评。经区委人才办审批，成立8个名师工作室。组织全区教师进行全员业务考核，3455人参加。合理进行教师整体布局，公开招聘教师49人。根据区政府扶贫框架协议要求，安排援疆援藏援甘援兴21名教师。

（杜双鸿）

【干部培养】 坚持党管干部原则和正确用人导向，选优配强党组织书记5人、聘任校级领导干部12人、交流干部23人，提拔正科级干部1人。开展党支部书记专题培训2期，党务干部集中培训3期，后备干部专题培训8期。举办“学习贯彻党的十九大精神，办好人民满意教育”知识竞赛，组织3期学习贯彻中共十九大精神党员集中轮训，开展“不忘初心育英才 砥砺筑梦新时代”庆祝建党97周年大会等活动。专项治理不作为不担当问题，组织开展“有偿家教、违规发放津（补）贴、违反工作纪律”的专项治理工作。

（王冬丽）

基础教育

【学前教育】 制定出台《北辰区教育局北辰区财政局关于北辰区民办托幼点的奖补办法》《北辰区教育局北辰区财政局关于北辰区民办托幼点晋升为民办幼儿园的奖励办法》《北辰区幼儿园招生工作方案》《幼儿园“小学化”专项治理实施方案和科学开展幼小衔接工作实施方案》等文件并编制幼儿园游戏活动用书。给予督导成绩优秀的33所幼儿园124万元督导奖励。为符合《北辰区幼儿园生均公用经费奖补意见》的57所幼儿园发放生均经费奖补资金751万元，为符合市级普惠性民办幼儿园标准的37所幼儿园发放奖补资金405.2万元。开展全区托幼园所保教质量专项培训，为新入职的编外合同制教师进行岗前培训。完成2所新国办幼儿园开园运转各项工作，协助14所镇中心幼儿园落实独立法人地位。完成国家学前教育改革发展实验区经验总结，接受教育部督察组对区学前教育落实中央重大教育改革方案情况的专项督查。参加京津冀三区市学前教育交流互访活动，全区6所幼儿园30余名教师参加，有6名教师参与交流。

（祝丽文）

【高中教育】 推进高中特色建设，6所高中校特色鲜明。其中第四十七中学和南仓中学被评为“天津市特色高中建设鲜明学校”。2018年高考，本科上线人数为1346人，本科上线率79.22%，高出全市本科平均上线率5%，比上年提高0.62%。600分以上218人，比上年增加58人，其中理工类最高692分，文史类最高分674分，2名学生分别被清华大学和北京大学录取。

（杨　静）

普通教育

【成人教育】 开展各镇街成校各级各类培训，召开集贤里街和其他成校互学互比活动，加大成校之间相互学习、相互交流。各镇街成校开展丰富的文化生活，举办劳动力技能培训，全年培训15.3万人次。与大张庄镇政府联合举办“北辰区全民终身学习活动周”活动。参与单位有北辰区教育局、天津职业大学、天津广播电视大学北辰分校、北辰中等职业技术学校、民族中等职业技术学校、北辰区老年大学、北辰区青少年宫、北辰区各镇、街成人文化技术学校、村市民学校等有关单位。活动周分为“津门乐学、老年享学、成果展示、协同发展、重大战略、走进社企”6大板块、180项系列活动，2.75万人次参加。在活动周期间，获天津市“社区教育项目”市级《新时代城镇化进程中新市民素质提升研究的实验》奖项3个、市级“终身学习品牌”3个、市级“百姓学习之星”3人。集贤里街道宣传“全民学习、终身学习”的理念，展示社区教育和老年教育成果，邀请天津电视台《鱼龙百戏》节目组，全程拍摄街道活动周闭幕式。

（孙增顺）

【艺体教育】 各校开齐开足艺体课程，规范区级体育赛事及艺术活动。投入220万元，作为校园足球专项资金，启动首届校园足球校际联赛。在天津市第十四届运动会青少年组足球比赛中，获奖牌总数及团体总分两个第一名。20所学校被评为国家级校园足球示范学校。在天津市教育委员会举办的天津市中小学田径冠军赛比赛中，区代表队蝉联“十二连冠”。组织25所学校的72支队伍1200余名学生，参加天津市教委举办的中小学游泳、健美操、篮球、乒乓球、排球、足球、啦啦操、田径体育后备人才、武术、羽毛球、跆拳道、空手道等赛事，获阳光体育总积分第一名。

制订完成《北辰区戏曲进校园实施方案》《北辰区民族传统体育、传统艺术进校园实施方案》。举办北辰区中小学首场戏曲进校园演出。在区艺术节展演、学校合唱节、戏剧节中，参加人数9000多人次。在天津市教育委员会举办的各项艺术竞赛及活动中，获各等奖励500人次。第二模范小学、辰昌路小学、华辰学校、东堤头中学、沿河小学、宜兴埠第三小学6所学校，通过评比获得“天津市中华优秀传承学校”称号。霍庄中学被教育部评选为国防教育示范校。

（刘振刚）

特殊教育

【文件制定】 起草《天津市北辰区融合教育规章制度汇编》，出台《北辰区残疾儿童少年融合实施办法》《融合学生筛查鉴定制度》《融合经费使用办法》等制度，开展融合教育先进单位和个人的评选，融合教育工作成为全市的样板区。

【训练服务】 建立转介、安置鉴定委员会专家资源库，包括教育专家、医学专家、行政领导。根据特殊需求人群的实际情况为其提供医学评估、教育评估、家庭评估等服务。通过特教学校的康复训练，有56名学生融入普通的中小幼、大学。特教老师的融合支持走进全区25所学校，实现全市第一个自闭症学生就业的零突破、全市第一个自闭症学生参加普通高考顺利进入大学就读的零突破、第一个自闭症孩子获区级三好学生的零突破。增加服务的宽度，建立资源教室，服务范围拓展到情绪行为障碍、学习障碍、注意力缺陷等需要缺陷补偿和潜能开发的特殊需要儿童。

（赵明珠）

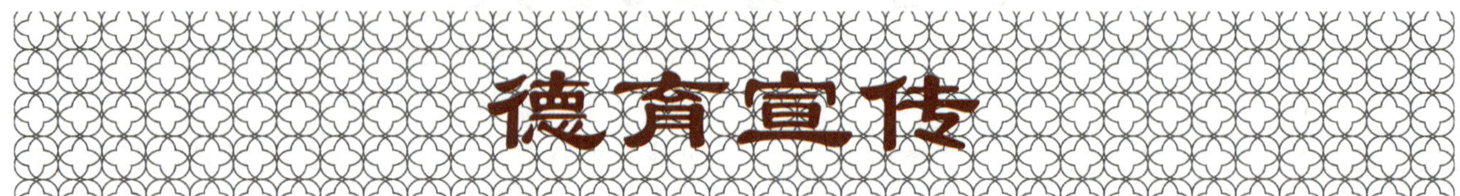

德育宣传

【德育工作】 提升学生文明素养，开展道德法制、交通安全、心理健康、生态文明、理想信念等教育。举办“清明祭英烈”等理想信念主题教育活动50多场、“真情送暖、共度端午”主题志愿服务活动20余次，开展“护航青春 筑梦未来”主题心理健康教育月活动，开展心理绘画、摄影比赛、心理微电影大赛、中学心运会、小学亲子运动会、心理健康手抄报大赛、专兼职心理教师沙盘培训、团辅课、心理讲座系列主题活动。实验中学被评为国家级心理健康示范校。开展中小学生“好书伴我成长”读书系列活动，共收到优秀读后感200多篇，手抄报300多份；开展绿书签黑板报、绿书签征文评比活动，选出30个优秀板报、50篇优秀征文。成功举办“传承中华文化，诵读经典美文”最炫国学风汇报演出暨庆“六一”大会。在天津市第四届学国学诵经典大赛中，全区参与人数、获奖数目列全市之首，选手囊括各组别一等奖，被评为优秀组织奖。在天津市“同悦书香亲子阅读”比赛中，4个节目获得市级一等奖。举办班主任岗后培训，参与人数超过3000人次。举办第四届班主任技能大赛，560名班主任参加比赛。在天津市班主任技能大赛中，第二模范小学宋雅、东堤头中学刘政分获一二等奖。

（丁　静）

【宣传工作】 通过“天津北辰教育”微信持续播发“敢担当 善作为”栏目，推介一大批优秀个人、先进集体事迹。组织开展“身边的好学校”“身边的好校长”和“身边的好教师”系列展播活动，通过宣传身边榜样，营造创优争先氛围。多渠道宣传幼儿园招生、小学招生、教师招聘以及随迁子女入学政策等问题。通过各级媒体宣传报道北辰教育特色工作和突出亮点，在《人民日报》《中国教育报》《天津日报》等市级以上主要媒体上稿120余篇。举办北辰区教育系统“心向党·不忘初心 牢记使命”主题演讲比赛。做好教育系统创建全国文明城区的组织、协调、督察和文档收集整理等工作。召开教育系统创建全国文明城区动员部署会，制定下发《北辰区教育系统创建全国文明城区三年行动计划（2018—2020年）》等文件。研究测评体系部署创建任务，督查基层单位落实和整改，迎接国家、市、区创文检查。联合区文明办制定下发《关于印发〈北辰区2018年文明校园创建活动实施方案〉的通知》，并开展文明校园创建活动检查。

（王海泉）

对外合作交流

【京津冀合作交流】 4月，与河北省廊坊市教育局、北京市大兴区教育局在大兴举行“京津冀三区市中小学科技教育合作共建签约仪式”，建立科技教育合作共建关系。全区4所学校分别与大兴、廊坊8所学校在模型、天文、机器人、航天等科技教育方面签订合作协议。根据框架要求，三区市组

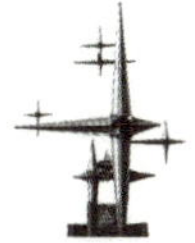

织多次高水平的比赛活动，华辰学校、集贤里小学参加在北京市大兴区举办的2018年京津冀“联盟杯”科技邀请赛暨青少年未来工程师博览与竞赛活动。组织参加2018年“联盟杯”京津冀中小学校园足球邀请赛。三地学生通过各领域的深度交流，促进学校体育工作的开展。5月，组织直属国办园园长及骨干教师30余人，参加在廊坊举办的京津冀学前教育论坛及现场展示活动。6月，组织班主任参加在河北省石家庄市举行的京津冀中小学班主任共同体第三届研讨交流年会。11月，组织6名校长赴北京大兴，进行为期两周的挂职培训。

【其他外省市区交流】 4月，选派中小学校长及后备干部20人赴浙江大学，参加教育联盟“中小学校长智慧管理与综合素养提升”培训。选派骨干教师到武汉进行培训研修。

（杜海霞）

【对口帮扶】 1月16日，举行“手拉手姊妹校”签约仪式，采取“1+N”的模式，选取普育学校、华辰学校、实验小学、第二模范小学和瑞景小学5所学校分别和西藏昌都市丁青县的15所学校进行签约对口帮扶，两地学校将在教育教学、主题班会、学生互动、家庭联谊和义务讲学等方面开展合作交流，提升教育教学水平。其间，组织丁青县教育部门负责人和各学校校长参观普育学校、华辰学校和第二模范小学。

（付树珍）

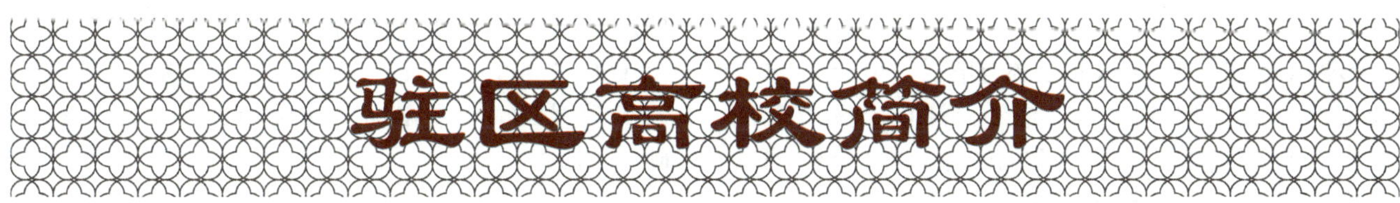

驻区高校简介

【河北工业大学】 位于天津市北辰区西平道5340号，是隶属于河北省的一所国家“211工程”高校，是中华人民共和国教育部与河北省人民政府、天津市人民政府共建，是卓越工程师教育培养计划和中西部高校基础能力建设工程、“双一流”世界一流学科建设高校，入选河北省国家一流大学建设工程和天津市高水平特色大学建设项目，纳入天津市高等教育发展的总体布局，是全国唯一一所异地办学的211大学。学校总占地面积266.67公顷，建有天津校区和廊坊分校，其中，区内主校区占地面积204.2公顷；校舍总建筑面积90万平方米；学校固定资产总值20亿元，建有河北省首家省部共建国家重点实验室，藏书210万册；设有19个党政管理机构，12个教辅、直属机构和20个教学机构，有70个本科专业。2018年年底，学校有在校中外合作办学项目学生980人，留学生427人，其中学历生352人。

【天津商业大学】 位于天津市北辰区光荣道409号，是一所以商学为主干，管、经、工、法、文、理、艺多学科相互支撑、协调发展的高等学校，是天津市属重点大学，国家首批卓越农林人才教育培养计划改革试点高校。学校占地面积94公顷，建筑面积52万平方米。设有15个学院和3个教学部，学校现有54个本科专业，68个硕士点，其中，一级学科硕士点9个，专业硕士点10个；教学科研仪器设备总值378亿元。图书馆有中外文藏书207万余册，期刊2000余种，中外文数据库60余个，电子图书100万余册。2018年，有专任教师956名，其中正高级154名，副高级296名；具有博士学位者384名，硕士学位者450名；在校生2.2万余人。

【天津职业大学】 位于天津市北辰区洛河道2号，是一所以培养高级应用性技能型人才为主的市属普通高校。该校是天津市普通高校中最早举办高等职业技术教育的院校，也是全国接受世界银行贷款的17所院校之一。学校占地面积70.93公顷，建筑面积32.2万平方米；教学科研仪器设备总值1.9亿元，生均1.6万元。图书馆有藏书74余万册，电子图书12058.8GB。学校下设7个学院、3个直属系和2个教学部，建有53个专业，涵盖工、经、管、文等专业门类。2018年，有在校生1.7万人，其中专科生1.6万余人，应用型本科生900余人；有教职工950余人（其中，专任教师579人，正高职称69人）。

【天津工业职业学院】 位于天津市红桥区光荣道千里堤口的天津市第二高教区内，是国家教育部批准成立的全日制普通高校，招生范围遍及全国20余省，是天津市唯一一所经国家教育部批准成立的第一所国办高等职业技术学院。该校占地面积21.33公顷，建筑面积12万平方米。学校资产总值近亿元，建有实验室56个。图书馆有藏书30万册，并拥有与互联网联网的电子阅览室。实训大楼拥有实习车间12个，可供各专业的学员进行实习。开设工业技术、艺术设计、经济管理3大门类的30个专业。2018年，学院共开设21个专业，其中新增专业2个，涵盖6大类、10小类，形成多专业相互支撑、协调发展的专业群。有专任教师301名，其中博士学位教师1名，硕士学位教师158名。

【天津城市建设管理职业技术学院】 位于天津市北辰区光荣道道2688号，是经天津市人民政府批准、教育部备案，面向全国招生的公办全日制高等职业院校，入选国家建设行业技能型紧缺人才培养培训工程、国家首批现代学徒制试点单位。该校依托行业办学，隶属天津能源投资集团有限公司。学院占地面积26.47公顷，拥有4个校区。2018年底，有建筑类、能源类、城市管理类3大骨干专业群，并以此为基础辐射开发新能源汽车、机电工程、城市管理服务等相关专业29个。该校在天津市建委系统建立12所专业实习基地。

【天津渤海职业技术学院】 位于天津市北辰区西堤头镇，是经天津市人民政府批准设立，教育部备案的一所全日制公办高等职业学校。学校占地面积46.73公顷，建筑面积28.6万平方米，办学资产4亿元，教学仪器设备资产1亿元。设有生物与环境工程系、机械工程系、信息工程系、电气工程系、商务管理系、财务管理系、能源化工系7个教学单位，共有专业30多个。2018年，学院主持的项目获国家教育教学成果一等奖。学院有在校高职生9600余人；国务院政府特殊津贴专家1人，教授22人，正高级工程师4人；有博士6人，硕士151人。

（姚　婷）

文化体育

北辰年鉴

2019

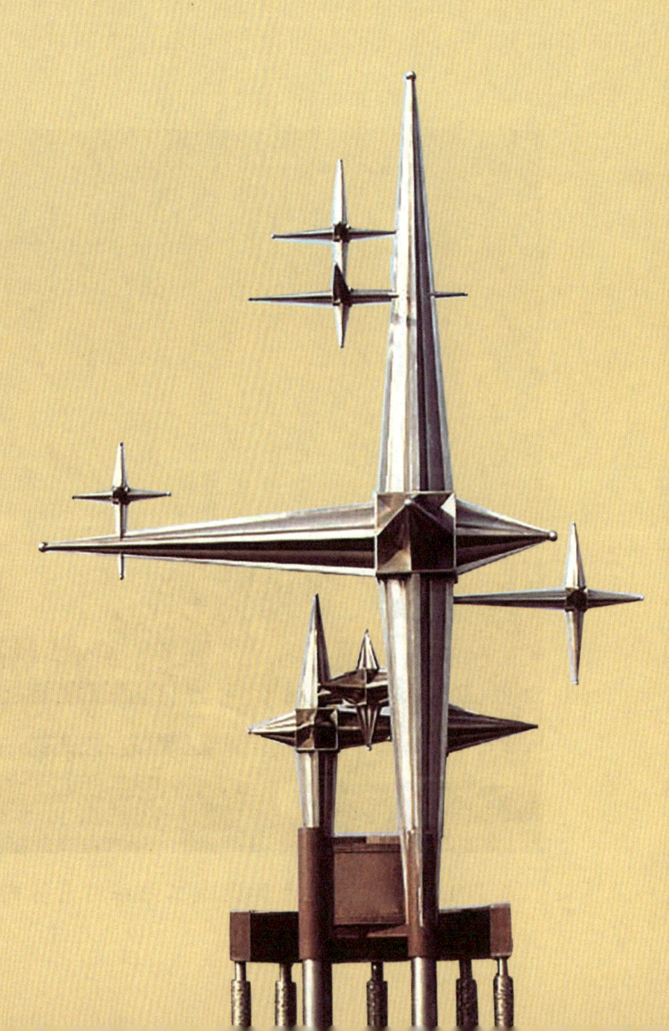

2018年7月，创建国家公共文化服务体系示范区工作实地检查验收组到北辰区文化馆“非遗”展览室检查验收

（区文旅局提供）

2018年年底，新落成的北辰区文化中心　（区文旅局提供）

2018年，天士力大健康城工业旅游景区内一处景点　（区文旅局提供）

2018 年 6 月 8 日国际档案日期间，北辰区档案局组织档案干部参观北辰史馆　　（摄影：王若潇）

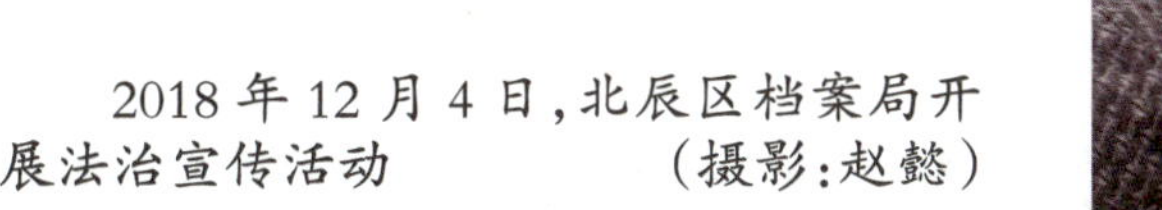

2018 年 12 月 4 日，北辰区档案局开展法治宣传活动　　（摄影：赵懿）

2018 年，北辰区地志办出版成果　　（摄影：庄倩倩）

2018 年 8 月 27 日，北辰区地志办召开《普东街道志》终审会 （摄影：刘奇）

2018 年 11 月 15 日，北辰区地志办召开《双口镇志》复审会 （摄影：刘奇）

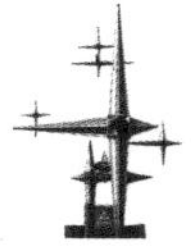

【概况】 2018年，北辰区文化与旅游局建立政府向社会力量购买公共文化服务机制，发售“文化惠民观影卡”，促进文化消费；培育和规范文化类社会组织；加强公共文化服务体制机制建设；加大文化事业费投入，投入1.1863亿元，比上年增长82.4%，人均文化事业费支出183.63元。招录文化社工48人，增强镇街文化社工力量。至年底，全区拥有注册村、社区文艺团队809支，自发文艺团队500余支。

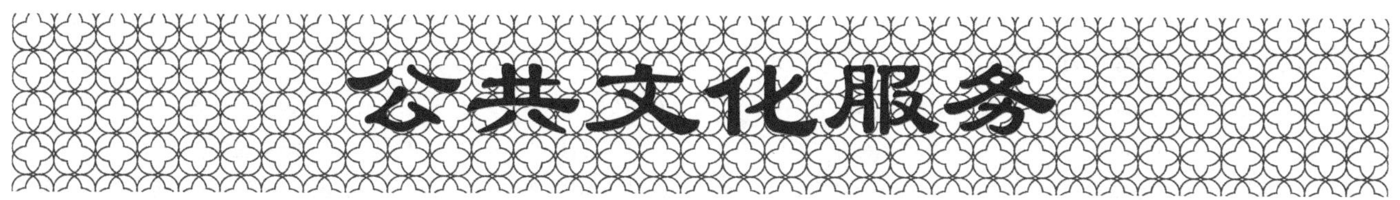

公共文化服务

【创建国家公共文化服务体系示范区】 7月下旬，内部出版《北辰区国家公共文化服务体系示范区创建文集》和北辰文化活动图册。7月30日至8月1日，创建国家公共文化服务体系示范区工作实地检查验收组到北辰区检查验收创建工作。检查验收组先后到区文化馆、图书馆、美术馆、新文化中心、华夏石雕艺术博物馆、天士力集团公司、瑞景街瑞益园社区文化服务中心、双口三村文化服务中心、广源街文体活动中心、天穆镇文化服务中心实地检查验收。年末，北辰区被评定为（良好）国家公共文化服务体系示范区。

【文化志愿服务】 9月11日至18日，举办“春雨工程”天津甘肃手拉手“北辰区文化志愿者革命老区华池行”系列文化活动，该项活动主题为“北辰华池文化手牵手　协作帮扶并肩奔小康”，由天津市北辰区政府、甘肃省华池县政府共同主办，北辰区文广局、华池县文广局承办。9月13日，举行开幕式。活动期间，展出北辰民间绘画作品138幅，华池民间美术及书画作品57幅。

文化设施建设

【区级设施】 6月，北辰区设立（临时）美术馆，位于集贤公园旁、原少儿图书馆位置，分为展览、美术交流培训、藏品收藏、办公等区域。12月，位于京津路东、北辰道南的北辰新文化中心落成，内部装修接近完工。该中心地上24层，地下2层。包括图书馆新馆面积1.4万平方米，文化馆新馆面积8857平方米，非遗展示馆面积210平方米。

【镇街设施】 2018年，区内7个镇、5个街道均建成文化中心；2个镇、1个街道的文化中心在建，果园新村街道的文化中心完成规划。其中，宜兴埠镇文体中心10月建成，室内面积4700余平方米，广场面积4800多平方米。

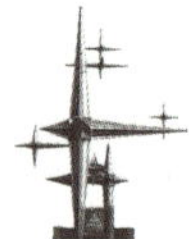

【庆祝改革开放40周年系列活动】 5月启动征文活动，12月进行总结评比，评出一等奖2名，二等奖4名，三等奖6名，优秀奖10名。6月30日，区文联诗词楹联学会、北斗诗社在老干部活动中心举办“庆七一、纪念改革开放40周年”诗歌朗诵会。11月23日，在区工人俱乐部举行北辰区庆祝改革开放40周年交响音乐会，700余观众一同观看演出。12月24日，区文旅局、区文联在双街金融创新大厦召开庆祝改革开放40周年座谈会。区文联主席、区文旅局相关负责人，区部分非遗项目传承人及民间文艺家与会交流发言。下午参观宜兴埠镇文体中心展馆和瑞益园民俗博物馆。

【“北运河之夏”第十三届和谐文化大舞台文艺演出】 7月17日至26日，举办“北运河之夏”第十三届和谐文化大舞台文艺演出镇街展演，9个镇、6个街的文艺节目分别进行专场演出。26日晚，在区工人俱乐部举行颁奖晚会。天穆镇群口快板《十九大精神在心中》、大张庄镇京东大鼓《赞文体中心》以及评剧《满园春色》等30个节目获优秀节目奖。天穆镇、大张庄镇、瑞景街等15个镇街获得优秀组织奖。

【“舞动辰星”广场舞展演】 5月，启动区第二届“舞动辰星”广场舞展演活动，15个镇街舞蹈节目参加复赛。20支舞蹈队伍进入决赛，评出金牡丹奖4个、金荷花奖6个、金菊花奖8个。

【葫芦文化节】 10月下旬，区文广局、双口镇、后常家堡村联合举办双口镇首届葫芦文化节，来自各地的近百户葫芦种植户、加工业者参加展览。其间，开展专题文艺演出、葫芦画展、葫芦技艺大赛、精品葫芦评比等活动。

文化市场管理

【概况】 2018年，全区235个村、社区居委会均成立“扫黄打非”基层工作站。

【执法检查】 继续开展以“远离有害出版物，多读书读好书”为主题的“绿书签”行动。组织全区80余家文化娱乐场所法定代表人，开展2次市场法规培训，发放《北辰区印刷复制企业生产经营“十不准”》和规范经营告知书等宣传品、材料530余份，签订安全责任书86份。

【执法宣传】 结合“12318”文化市场法规宣传、“4•26”世界知识产权日等活动日，宣传普及知识产权保护和相关法规条款，印发制作条幅、海报、展牌30多件，为维护意识形态安全和推进“扫黄打非”工作营造较好氛围。

文化遗产保护

【“非遗”展示中心】 5月，完成北辰区“非遗”展示中心，收集、布置29项“非遗”相关的乐器、道具、服装、器具等。

【“非遗”传承文化促进中心】 3月，成立“辰文故里非遗传承文化促进中心”，属民办非营利性事业单位。

【“非遗”活动】 5月25日，在北辰公园举办北辰区2018“与非遗亲密接触”互动体验活动。刘园祥音法鼓、北仓随驾狮子、穆氏传统戏法、宜兴埠二十四式通背拳4项“非遗”亮相演出。观众可与项目传承人及表演者进行交流，近距离地触摸相关道具、乐器、服装。继续开展“非遗”进校园活动。

群众文化活动

【电影放映】 2018年，区晨光电影放映站在基层放映电影1512场。举办服务“三农”、安全生产、“两节”慰问3项电影放映活动，增加科教、法治法规、消防等内容影片。区晨光电影放映站继续被评为全国基层电影放映工作先进集体。

【书画活动】 10月26日，北辰区农民画参加在浙江省嘉兴市秀洲区举行的第七届秀洲中国农民画艺术节暨2018嘉兴秀洲经济贸易洽谈会，丰爱东的作品《美丽乡村·幸福家园》获优秀奖。12月19日至23日，中共北辰区委宣传部、河北省兴隆县委宣传部联合主办的北辰——兴隆书画精品展在区美术馆举行。展出作品100件，其中北辰区书画家作品20件。

【六小龄童艺术馆天津馆开馆】 10月14日，在西堤头镇圆梦湖风景区举行六小龄童艺术馆天津馆开馆落成典礼仪式。国防大学原政委李殿仁中将、中央电视台军事部原主任李文朝少将、德谦国际文化交流（天津）有限公司董事长林德谦等社会各界人士近百人参加。区人大常委会副主任李志胜、区农经委党委书记张凯、区文旅局局长高文申、区新闻中心主任刘季春、区网信办主任庞仲欣出席。西堤头镇镇长张富国主持。

该馆位于西堤头镇赵庄子村的北辰郊野公园都市渔业园区内，占地面积7000余平方米。馆内分为六小龄童的艺术成就、永远经典的孙悟空、六小龄童饰演的影视角色、戏曲舞台形象、“猴王世家”等展区，设有西游书画院和六小龄童个性邮局，集艺术性、知识性、娱乐性于一体。

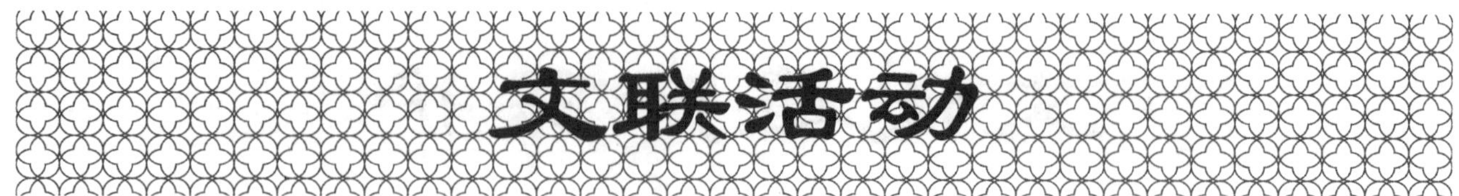

文联活动

【刊物编辑】《北斗星》全年出期刊4期，刊登小说、诗歌、散文、评论等文学作品。6月始，区文联协助区文旅局，编辑《创建文集》。该文集共分“区级亮点”“镇街特色”“文图（文化馆、图书馆）风采”3个部分，收入文稿 36篇，总字数12万。记述文化系统各职能部门、各镇街和文化馆、图书馆创建国家公共文化服务体系示范区的历程，推进工作的做法感想、与体会等，于7月下旬成书内部印发。

【文学创作】 组织文学作者参加第二十七届“东丽杯”全国孙犁散文评选活动，李永清的单篇散文《何叹人生有秋凉》获三等奖；陈兴顺获组织奖。5月，区作协成员、市作协会员、中华诗词学会会员冯义东（笔名郁松）所著的诗词选《似水流年》，由中国文联出版社出版。

【协（学）会活动】 诗词楹联学会每月15日开展活动，邀请专家、学者讲课，安排学会会员讲创作体会，进行相互交流、切磋；展示会员作品。2018年，近百首（副）诗词楹联作品在市级以上报刊发表，并获赛事奖项。刘宝起的诗作在天津《中老年时报》上发表，获“百家诗作全国大赛一等奖”，并入选《咸水沽普明南里楹联作品集》。杨光祥、李进樑、穆洪信的词作发表在《天津诗词》上。刘宝起、杨光祥、殷栋梁、穆洪信的春联在《天津楹联报》上刊载。杨光祥、刘宝起、谢发宝、殷栋梁、穆洪信、于军的对联入选“西岸杯”天津市楹联书法展。杨光祥、张永龄参加第十九届“小白楼杯”天河城全国征联活动，作品获三等奖。范晓祥的诗作刊发于《诗词台历》《诗词月刊》和《沧海明月诗词赋》上。穆洪信参加天津市以及全国性的楹联征集、大赛活动，先后获得一、二、三等奖及优秀奖共计18项。其中楹联“绿韵已经成愿景，红船依旧载江山”获得面向全国的新芜湖县春联大赛一等奖。

书法绘画协会春节期间，先后组织21场送“福”下乡、送书画下乡活动。春节后，开展青年书画沙龙活动，40余人参加，展出80余件作品。6月12日，举办书画展览，展出作品150件。10月10日，区内5件作品参加天津市16个区县书法作品联展。11月5日，沈宪民书法在北京参加中国文联举办的“放歌新时代”庆祝改革开放40周年天津文艺界创作成果精品展。组织区内作者参加京津冀书画邀请交流展。组织参加纪念改革开放40周“西岸杯”天津市首届楹联书法展作品评选（李悦作品入展全国楹联书法大展）以及天津市三区书画作品联展等活动。瑞景中学教师李譞的书法入展第四届全国妇女书法篆刻展；沈宪民的1件书法入展全国第三届篆书书法展。

诗词朗诵会举办“迎新春 庆祝十九大召开诗词朗诵会”，市楹联学会、红桥区、河北区、南开区、河东区诗词楹联学会负责人应邀参加，北辰区小说学会、散文学会会长和北斗诗社社长以及区诗词楹联学会会员、文朋诗友共32人与会。

（刘风雷）

体育事业

【概况】 2018年，北辰区推进全民健身工作，完善“15分钟健身圈”。全区共建成体育公园8个，

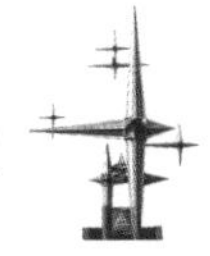

多功能运动场10个，村（居）健身园400余个，区级全民健身中心1个，镇街文体活动中心15个，满足人民群众的健身需求。成立多个体育社会组织，规范群众健身项目的发展和交流，为全民健身提供组织保证。

【承办赛事】 3月1日，2018年全国龙腾狮跃闹元宵暨天津市全民健身展示活动在区小淀镇举行。副区长马希荣出席活动。该活动由国家体育总局社体中心、中国龙狮运动协会、天津市体育局、天津市体育总会、天津农民体协和北辰区人民政府共同主办，以弘扬民族传统和全民健身为主题。来自天津市各镇街的表演团队，进行舞龙舞狮、健身排舞、健身太极、健身秧歌、空竹花键等节目表演。

3月，京津冀卡丁车大赛在北辰区举办，来自北京、天津、河北的12个卡丁车队，共36名选手参加比赛。天津 TBK 车队获得冠军。

5月，天津市“辰星杯”乒乓球业余团体赛在北辰区举行，全市各区县的23家乒乓球俱乐部和企业，共100余名乒乓球爱好者参加。区广山津达企业乒乓球俱乐部赢得冠军。

8月8日，天津市农民体协和北辰区文旅局、体育局共同举办的2018年“全民健身日”北辰区庆祝活动暨天津市农民广场舞（健身操舞）教练员培训在龙顺庄园农博馆举行。区副区长马希荣、市农委宣传处处长吴广平、区文旅局调研员魏金春及市农委、市体育局有关负责人出席，区文旅局局长高文申主持。活动现场进行全民健身操的展演比赛，邀请区跆拳道协会和区射箭协会进行跆拳道品势表演和射礼文化展示。该活动同步实行网上直播，累计43.4万人次观看，在线观看最高流量5.7万人次。

10月14日，由团市委、市体育局、市青联主办，天津市青年宫、青少年体协、团区委、北辰区文广局、北辰区津彩青少年素质教育服务中心承办的2018年天津青年体育嘉年华暨第七届天津青年体育节、第三届北辰区文化旅游体育节在区津彩青少年素质教育服务中心开幕，团市委书记王峰、市体育局党委副书记王洪，区委副书记、区委办公室主任陈健，区委常委、区委宣传部部长王亚群、副区长马希荣、市青联秘书长王健等出席开幕式。包括趣味足球赛、赛龙舟、皮划艇、真人 CS、环岛定向寻宝5个项目，有42支代表队的742名运动员参加比赛。

【区外赛事】 7月至9月，制订实施方案，参加天津市举办的第十四届运动会。此届运动会以“快乐运动健康生活”为主题，设50个大项、1561个小项。组织1100余名运动员参加青少年组、成人组、群众组3个组别、32个大项的比赛。

【区内赛事】 2月8日，“全民健身迎新春，冬季运动热津城”北辰区2018年“健身大拜年”系列活动正式启动。来自集贤里街道的多支文艺团队表演腰鼓、龟兔赛跑、花式跳绳等健身表演和趣味运动，号召广大居民参与全民健身。5月至10月，举办北辰区全民健身运动会，设16个大项，约有2万人次参加。8月25日，举办全国残疾预防日宣传活动暨北辰区第八届残疾人健身周活动启动仪式。现场开展义诊、残疾预防宣传等活动，推进残疾人事业发展。9月27日，北辰区2018年中小学运动会开幕式在第四十七中学举行，副区长马希荣出席。此次运动会有来自全区60多所中小学的近3000名师生参加，设大项4个，小项20个，提高青少年的体育竞技水平。

【体育设施】 推进双青公园建设施工。该公园设，漫步健身区、亲水平台、儿童活动区、老年活动区、林间雅座等不同功能区域，是集大绿、健身、娱乐、休闲于一体的大型城市公园。

【体育训练】 完善青少年“8421”项目布局，规范训练项目，动态管理8个市级青少年业训基地。完善教练员工作职责、管理办法，扩大运动员外出训练、比赛时间。做好优秀运动员的输送工作，提高大赛成绩。

（区地志办）

新闻　报刊

【新媒体应用】 3月15日，“北辰新闻中心广播电视台”微信公众号正式上线开通，首次以新媒体形式，宣传报道“北辰新闻”以及区内时政、民生类的电视新闻，覆盖面向新媒体延伸传播。“两微一端”等6大新媒体平台入驻区新闻中心，新媒体平台的运营维护工作，由区网信办转交新闻中心，并确定“政府购买服务”的运营方式。公开招投标等一系列程序，11月30日，天津指掌科技有限公司成为“两微一端”运营方。

【新闻报道】 6月29日，《北辰新闻》开设“激情世界杯　欢乐夜北辰”栏目，首次以体育项目为主题进行持续报道，记者每天现场报道世界杯足球文化、北辰夜市经济等内容。

【业务培训】 为加强传统媒体与新媒体融合力度，创新工作机制，举办首次编辑、记者“融媒体”业务培训班，邀请津云新媒体集团的相关领导及培训讲师，为编辑记者授课，区新闻中心编辑记者以及各镇街通讯员，共30人参加。

（叶炳恒）

地方志编修

【概况】 2018年，北辰区地方志编修委员会办公室（以下简称区地志办）坚守“为党立言、为国存史、为民修志”的责任担当，推进志书编修、年鉴编辑、地情编写“一体两翼”工程的实施，年内出版书籍4部，累计文字449.7万字。

【镇街志编修】 区地志办采取工作研讨会、参加评审会、深入基层等多种方式指导推动6镇4街道镇街志编修。1—3月，完成《果园新村街道志》《集贤里街道志》《普东街道志》《瑞景街道志》4部街道志复审；8—9月，完成4部街道志终审；9—12月，完成《大张庄镇志》《北仓镇志》《双口镇志》《西堤头镇志》《青光镇志》5部镇志复审。

【部门志编修】 实施“三三三工程”，即安排3个推动小组，每个单位至少指导3次，全年累计深入走访调研各单位200余次。年内分别于6月、9月、11月组织3次大规模培训，累计培训编修人员370人次。挖掘推荐30余名专业编修人员，解决承修单位缺少专业技术人员的难题。年内召开《北辰审计志》《北辰人大志》《北辰供销社志》3部志书评审会。年底出版《北辰审计志》。

【年鉴编纂】 1月26日，区地志办召开年鉴工作会，市地志办年鉴指导处副处长、全区各镇街、各委办局年鉴工作负责人100余人参加会议。会议总结了2017年全区地方志工作开展情况，传达了全国地方志优秀成果（年鉴类）评审会、全国年鉴工作会议暨年鉴研究会年度会议精神，培训了年鉴撰写。8月，《天津市北辰年鉴（2017）》被评为全国地方志优秀成果（年鉴类）一等奖。12月，《天津市北辰年鉴（2018）》出版发行，全书60余万字，配图约300张。根据中指办、市地志办的要求，申报中国年鉴精品工程。完成《京津冀概况》北辰区部分撰稿任务。

【地情丛书出版】 3月，出版地情资料丛书第十一辑《北辰知多少》，作为全区各机关单位、学校、村居爱党爱家乡的史志教材，免费发放近千册。12月，出版北辰区第一部专业志书《北辰村落简

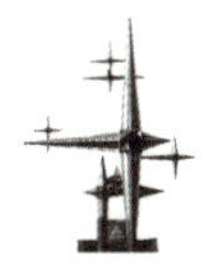

志》，全书220余万字，配图1000余张，详细记述全区126个行政村发展变迁。11月，地情资料丛书第十二辑《志在精品——天津市北辰区二轮修志编修纪实》出版发行。该书设区志解读、编纂心得、体会交流、他山之石、编修足迹5个部分，全面总结中国志书精品工程《北辰区志（1979—2009）》编修经验，为三轮修志工作奠定理论基础。

2018年北辰区志鉴出版书籍一览表

表1

序号	书名	上限	下限	出版单位	出版时间	字数（万字）
1	《天津市北辰年鉴》（2018）	2017年1月	2017年12月	天津古籍出版社	2018年12月	61
2	《北辰村落简志》	事物发端	2016年	方志出版社	2018年12月	229
3	《北辰知多少》	事物发端	2016年12月	内部资料	2018年3月	25
4	《志在精品——天津北辰区二轮修志编修纪实》	2009	2017年	吉林人民出版社	2018年11月	51.2
5	《芦新河村志》	事物发端	2016年	内部出版	2018年5月	30
6	《北辰审计志》	1983年	2016年	吉林人民出版社	2018年	53.5

（庄倩倩）

档案工作

【概况】 2018年，北辰区档案局以习近平新时代中国特色社会主义思想为指引，深入落实中办、国办《关于加强和改进新形势下档案工作的意见》和市、区实施方案，抓好“三个体系”建设，提升档案治理能力和治理水平。组织干部参加区第七届“心向党 我和我的祖国”主题演讲比赛，推荐作品获三等奖。

【档案信息化建设】 开展政协口述史视频档案接收工作，接收《京剧表演艺术家周啸天》等4件279分钟。继续开展《北辰新闻》接收、内容著录工作，接收《北辰新闻》293件4257分钟，著录新闻内容3.6万余字。开展电子公文档案在线归档工作，完成区委办、档案局2家单位233件电子档案在线归档工作。

【依法治档】 下发《2018年天津市北辰区档案法治工作计划》《关于联合开展档案行政执法监督检查的通知》，对全区40家机关企事业单位开展执法检查。修订执法工作九项制度，聘请法律顾问。配合区市场监管局开展企业“双随机”联合检查工作。

【档案接收征集】 接收区人民法院移交的1987年至2010年诉讼档案104735卷、167180册、11440盒，大兴水库、区体育局、区种植中心等4家撤并单位各门类档案11267卷（件），死亡干部档案434卷，政府公开文件36件。为纪念登高英雄杨连弟诞辰一百年开展征集活动，征集图书、画册、照片等资料1000余份。开展北辰档案志第二轮编修工作。

【档案利用】 完成第十六批开放档案工作，开放53个全宗350卷、1510件档案。2018年接待查档3942人，比上年增加35.23%。查阅189237件档案，比上年增加108.78%。

【档案安全】 完成库房档案管理环境系统升级改造工作，新增8台净化消毒加湿除湿一体机。在全区各单位开展第14个档案安全月活动，组织全馆人员进行消防演练。

【档案服务】 指导辰兴公司等项目档案、清洁取暖、创文、创卫、创建国家公共文化服务体系示范区等领导小组和指挥部，并为区内企业建档做好服务。下发《关于贯彻落实〈天津市村级档案管理实施细则〉的通知》《关于切实做好全区村级组织换届选举档案工作的通知》，在9个镇各创建1个档案工作标杆村。深入基层开展指导600余次，举办26期档案干部培训班。完成22家机关档案工作评估复查，27家机关事业单位2018年立卷归档和83个村、居档案工作抽查，8家单位的保管期限表审批等工作。

【档案宣传】 组织开展“6•9”国际档案日、“9•5”档案开放日、纪念改革开放四十周年等专题活动。发挥北辰爱国主义教育基地的宣传教育作用，与区委党校共建区情教育现场教学基地，全年接待参观400余人次。微信公众平台发布信息52期、102条，在天津档案网发布信息61条。

（王　斌）

卫生

2018 年 3 月 22 日，北辰区在区妇女儿童保健中心召开年度卫生计生工作会（摄影：杨兵团）

2018 年 4 月 24 日，北辰区卫计系统在河北工业大学组织开展爱国卫生月主题宣传活动（摄影：杨兵团）

2018 年 5 月 11 日，北辰区卫计系统举行庆祝“5•12”国际护士节暨优秀护理表彰大会（摄影：杨兵团）

2018年12月18日，天津市人民满意的"好医生好护士好医院""十佳"医务工作者暨卫生健康行业"岗位练兵、技术比武"表彰大会在津湾大剧院隆重举行，北辰区13名医务工作者受到大会表彰　　（摄影者：杨兵团）

2018年5月13日，北辰区卫计委协办在双青新家园举办的北辰区第四届全民健身运动会启动仪式暨"青·广源杯"全民健身快步走活动　　（摄影：杨兵团）

2018年5月31日，北辰区卫计委牵头组织相关部门及卫健康系统各医疗单位在集贤公园开展"2018年世界无烟日""爱护心脏 远离烟草"主题宣传活动
（摄影：杨兵团）

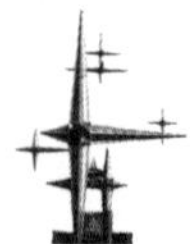

【概况】 2018年，北辰区卫生和计划生育委员会深化医药卫生体制改革，完善公共卫生服务体系、妇女儿童保健体系、疾病防控及卫生监督体系和计划生育服务与管理体系，推进国家卫生区创建工作。强化医联体建设，健全双向转诊制度，深化家庭医生签约服务。公立医院综合改革工作受到国务院办公厅“真抓实干成效明显地方”的通报激励。推行镇村卫生服务一体化管理模式，在全市率先实现村级卫生机构医保联网刷卡全覆盖。全面取消药品、一次性耗材加成，降低大型医疗设备检查价格，理顺医疗服务比价关系，完善补偿机制。北辰医院通过三级甲等医院评审，北辰中医医院成为首批唯一获得全国“示范卒中防治中心”的中医医院。

2018年，区卫生计生系统有国办医疗机构20个，包括北辰医院、北辰中医医院、区疾病预防控制中心、妇女儿童保健中心、卫生计生综合监督所、卫生进修学校、14个镇（街）社区卫生服务中心，在职职工1640人，其中，管理人员88人，专业技术人员1524人，工勤人员28人。区公立医院全年门、急诊诊治138.61万人次，比上年降低8.77%；两所医院收治住院病人4.31万人次，比上年增加6.9%。手术2.48万人次，比上年增长20.96%。医疗收入94745万元，比上年增长7.1%。药占比26.94%，比上年下降2.93%。出生人口4292人，符合政策生育率99.95%，出生人口性别比为100.28。

医疗卫生体制改革

【政策制定】 制定出台《北辰区公立医院综合改革实施方案》，成立由区政府主要负责人任组长的公立医院综合改革工作领导小组，制订《北辰区关于建立现代医院管理制度工作实施方案》《北辰区公立医院薪酬制改革试点实施办法》《北辰区公立医院薪酬制度改革实施方案》，完善公立医院绩效考评体系。

【家庭医生签约】 深化家庭医生签约服务，整合设置“家医工作室”37个，组建服务团队140个，签约群众207852人。确定精准帮困服务对象1589人，开展各类入户服务7191人次，减免费用5.84万元。为2239名60岁以上失能、半失能人员提供上门医疗护理、家庭病床等服务11541人次。

【医联体建设】 以北辰医院、北辰区中医医院为依托，向上与市级专科和综合性医院组建专科联盟，向下分别以两家医院为龙头，打造县域综合医共体和专科医共体。开设医联体特色门诊37个，累计接诊患者5933人次，组建首批特色专科共建科室11个，达成师徒带教对子25对，提升基层诊疗服务水平。建立上级医院慢性病出院患者追踪随访机制，累计上转患者2716人次，下转患者2140人次，完成出院患者随访1098人次。借助区域远程影像、心电、检验和临床会诊中心，开展远程医疗服务，实现检查检验结果互传互认和医师资源互通共享，累计接收上传影像例数2910例，接收委托检验例数25047例，完成远程心电监护825人次。

【医养结合工作】 探索服务新模式。加强大张庄镇、宜兴埠镇和西堤头镇社区卫生服务中心医养结合病房规范化建设，2018年开设床位75张，收治老人23人。各社区卫生服务中心全部开通老年人就医绿色通道，与辖区内100%养老机构建立医疗养老联合体，累计为入住老年人提供医疗护理服务5381人次。

附：让群众看病方便又省钱——北辰区公立医院综合改革调查

日前，家住北辰区的周先生因膝关节疼到镇卫生服务中心看病，通过“医联体”服务网络当即得到北辰医院专家远程会诊确认，其病情属退行性骨关节病并无大碍，吃点药就可缓解。松口气

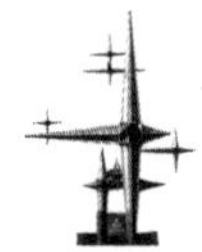

的周先生满意地说，“如今咱百姓在家门口看病好比进了大医院，可以说大病不出区，小病不出镇了!”

北辰区被确定为“第二批公立医院综合改革国家级示范区”以来，坚持以人民为中心，着力推进医疗服务能力建设、区域“医联体”建设、镇村卫生服务一体化等重点工作，使辖区医疗服务体系不断完善，优质医疗资源进一步向农村倾斜，有效缓解了农村群众“看病难、看病贵”问题。

以质为先，加强医疗服务能力建设。走进北辰医院宽敞的门诊大厅，暖色调装饰风格、各种医疗信息屏和导诊医务人员的温馨话语，让焦躁不安的患者及家属在不知不觉中慢慢安静踏实下来，放心地享受与中心城区大医院相似的医疗服务。在院长许建辉看来，患者走进医院第一感觉很重要，没有了消毒水味，取而代之的是橙黄色墙面折射出的阳光，温馨的就诊体验是该院新楼改造时一直追寻的重要环节。“便捷高效的就诊环境和人性化的服务，是区级医院最先应该做到的，更是区级医院的优势。”令北辰医院引以为豪的是，实验室经过多年努力筹建，排满国内外先进的实验设备，琳琅满目，目不暇接。正在负责检测的陈凯告诉记者，“这间实验室已通过中国合格评定国家认可委员会认可，可承担全区各级医疗机构的理化检测项目，为提升整体医疗能力水平创造了良好条件。”该院还通过对信息化系统进行全面改造，获得了“电子病历系统功能应用分级评价五级医院”证书。作为天津市“临床全科医师规范化培训基地”，北辰医院先后建立胸疼中心、卒中中心和急救中心。值得一提的是，2017年7月，北辰医院与市急救中心合作建成我市首家开展“智慧急救”的医院。许建辉说，“这是一种由医院绿色生命通道与信息化智慧救护车实现无缝链接的全智能急救模式。依托4G网络的支持，急救医生与医院之间实现可靠的信息互动，使具有视频、通信等信息化功能的急救车变为临时急诊室，院内专家可通过先进的通信手段远程指导现场急救医生进行急救，在患者到达医院前完成多项术前准备工作，以便更好地和最大限度地挽救病人生命。”区卫计委介绍，北辰区多年来坚持对提高医疗服务能力方面大投入，仅2017年就达1.03亿元，主要用于医疗设施基本建设、大型先进医疗设备购置、高端医疗人才引进和人才队伍培养等，极大地改善和提高了全区公立医院医疗能力水平。过去以看慢性病、常见病为主的两所区属三级医院，通过强化区域中心作用，加强重点专科建设，着力解决了区域内急危重症患者抢救和疑难复杂疾病诊治能力。在抓好区级医院同时，还加大力度完善社区卫生服务机构硬件设施建设，实现全区九镇六街社区卫生服务中心全覆盖。依据相关标准对基层医疗机构设备进行调研，区财政安排专项预算，统一配齐配强医疗设备。

医院联动，促进优质资源共享。近日，西堤头镇社区卫生服务中心医生霍立顺遇到一病例拿不准，于是将患者X照片上传到设在北辰医院的远程会诊中心医学影像组。不到半小时，会诊中心就反馈回明确的诊断结果，这让霍立顺放心地确定了下一步治疗方案。“以前要是发现有问题的片子，我们拿不准，还需要病人到大医院再去诊断一次。这样来回来去的路程、挂号，再去找相应的医生，需要3个多小时。”霍立顺介绍说，现在随着北辰区会诊中心建设不断健全，借助区域远程影像会诊中心、心电会诊中心、检验会诊中心，基层医院可分享到三级医院优质的医疗资源，“如此一来，让小病、慢性病在基层解决，不让小病蔓延成大病。”“自从会诊中心启用以来，每天都有基层卫生服务中心上传来的医学影像信息。仅今年4月份就有100多例。”北辰会诊中心放射科医生杜石伟表示，“这是通过全区建设的医联体模式，利用网络科技改善医疗服务的创新举措，对于深化医改政策、满足群众更高的医疗服务要求，起到了积极的推动作用。”目前，北辰区两家区属三级医院分别与全区13家社区卫生服务中心建立医疗合作关系，开通双向转诊绿色通道，规范转诊流程，统一设立影像、检验、心电远程会诊系统，实现医师资源共享和检查检验结果互传互认，诊疗信息互联互通，使患者在基层医疗机构能够享受三级医院同质化的检查诊断服务。另外，区级医院还与市胸科医院等十几家市级专科医院和综合性医院建立了良好的合作机制。为推进医疗体系建设资源共享、优势互补、联动发展，该区两家三级医院还选派专家到基层当首诊、挑大梁，实现优质医疗资源下沉，有效提高基层首诊率和吸附力。同时辅助基层医疗机构开展家庭医生签

约服务，为签约患者进行专科疾病的诊疗指导，深入社区、村居进行糖尿病、高血压等慢性病的知识讲座，为患者提供健康指导等服务。基层单位定期选派医务人员有针对性地到上级医院进修学习，使基层医务人员应对常见病多发病和慢性疾病的诊疗能力大幅提升。截至目前，“医联体”门诊共接诊患者7000余人次。

惠民利民，镇村卫生服务一体化。乡村医生是基层村民身边最近的医疗服务人员。群众有个头疼脑热的小病首先找的就是他们。但是长期以来，乡村医生属村办村管，处于管理散乱无章、医疗设备缺乏、药品无保障等状态，严重影响群众身体健康。北辰区在开展医院综合改革过程中，打破原来村卫生室村办村管的体制，由镇街社区卫生服务中心对机构、人员、业务、财务、药品等实行统一管理。村卫生室医务人员由镇街社区卫生服务中心统一聘用管理，形成社区卫生服务中心与村卫生室之间医务人员统一调配、上下互通联动的管理模式。重新分配人员岗位薪酬，由社会保险、岗位工资、绩效工资三部分组成，由社区卫生服务中心根据工作完成情况进行考核发放。大张庄镇和西堤头镇的18家村卫生室作为试点，全部药品（除中药饮片）实行“零差率”销售，有效减轻了农村患者就医负担。2017年，该区还在全市率先启动村卫生室医保联网结算工程，并在大张庄镇、西堤头镇的18家村卫生室开展医保联网结算试点。“以前村卫生室没法使用医保，要想看病报销，只能到镇社区卫生服务中心去，本来又不是大病，来来回回很不方便。现在在家门口就可以直接刷社保卡，又省事又省钱！”谈起变化，大张庄镇高雅苑村68岁的村民崔大娘脸上露出欣慰的笑容。

“村卫生室处于三级医疗预防保健网的最末端，在农村群众医疗服务、多发病和常见病初级诊治等方面发挥着重要作用。”区卫计委副主任石柱峰介绍说，改革村卫生室管理体制，镇村卫生技术人员统管共用，试点村卫生室实现医保联网结算，将进一步带动优质医疗资源向农村倾斜，不仅使村民们享受到医改政策的红利，也切实解决农村医疗卫生服务“最后一公里”问题。作为天津市医改试点任务的重点区，北辰区在推进镇村卫生服务一体化进程中，完善分级诊疗制度建设，织牢三级医疗卫生服务“网底”。2017年以来，该区共规划设置标准化村卫生室58家，服务半径不超过1.5千米。“目前，其他各镇纳入统一规范管理的村卫生室，医保联网结算设备和业务软件已安装到位，下一步将陆续开通医保联网结算工作，让医改政策的红利切实惠及辖区所有群众，使村民们享受到更优质、便捷、高效的医疗服务。”石柱峰说。

（该文刊登于《天津日报》，作者：何会文）

卫生管理

【国家卫生区创建】　推进国家卫生区创建，拟定工作方案，细化分解178项工作任务，落实创建牵头推动责任。组织19次工作动员会、推动会、调度会。推进“七小”行业、菜市场、旱厕、垃圾池等10项专项整治行动。推进“四小”治理，持证率由30%提高到90%。完成10个菜市场提升改造，新建2个农贸市场，清撤5个占路市场。综合治理92个社区，清理楼道堆物、绿地垃圾杂物2300余处。提升城区整体市容环境和卫生水平，第三次市级暗访评估全市第一。

【基础设施建设】　北辰医院科研楼建成并投入使用，推进北辰中医院方案设计，开工建设双口镇社区卫生服务中心。

【医疗质量管理】　加强区医疗质控中心体系建设，确立14家医疗质控专家组挂靠单位和成员名单。开展改善医疗服务质量百日行动，提高患者就医感受。加强两所医院临床路径管理。强化医疗安全监管，加强规范执业、医疗质量安全核心制度落实情况、医疗收费、医疗废弃物管理、院感管理、药品管理以及病历处方管理等方面的监督检

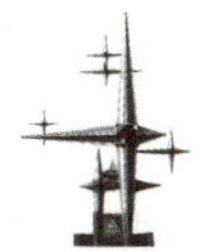

查，完善全区病原微生物实验备案工作。做好药品器械管理。加强公立医疗机构药品采购、使用等重点环节监管，落实合理用药“三项制度”。结合基层实际需求，调整升级药品目录档案。规范麻精药品使用与管理。提升医疗卫生科研水平。2018年，申报科研立项52项，申报2017年填补区空白项目79项。

【人才队伍建设】 完成各类人才招录工作。组织申报区首批高层次人才（专家）工作室，并给予相应的资金支持，鼓励卫生专业高层次人才在科室创新、项目攻关、技术交流、导师带徒等方面发挥作用。扩大基层医疗事业单位人员队伍，引进中高级专业技术人才，重点加大卫生专业技术人员招聘力度。继续做好援外相关工作，全年派出18人开展援藏、援疆以及东西部扶贫协作等。

【卫生信息化建设】 升级改造各基层医疗机构基础网络，迁移整合区域卫生数据中心，依托政务云机房提升数据中心的运行和维护水平，保障核心数据运行。卫生专网和政务外网实现互联互通，部署完成防火墙DMZ区接入和备份链路。推进区域卫生信息化平台建设，整合核心信息资源库。建立政务管理决策及医改监测、医疗应用、公共卫生和便民惠民体系系统，实现区域内医疗、卫生、健康信息的互联互通，检验检查结果的互认共享。完成区域卫生信息化平台指挥中心的装修改造和硬件提升，实现全区卫生信息数据的统筹管理和应急突发事件的远程指挥，提升卫生信息化水平。

【应急保障】 修订相关文件，按季度开展质控督导检查工作，提高各级医疗机构、疾控机构、卫生监督机构卫生应急管理规范化水平。加强卫生应急能力建设，提高应对突发公共卫生事件的能力。开展“冬春季传染病防控”、北辰区2018年重点传染病防控暨疫情报告、人感染H7N9禽流感救治等专题培训。以群体性食物中毒事件为例进行桌面推演和突发交通事故卫生应急医疗救援实地演练。开展预防传染病的暴发与流行的督导检查工作。2018年，完成各类医疗救护保障任务117次，派出救护车辆150车次，出动医护人员492人次，处置包括交通事故、食源性疾病等在内的突发公共卫生事件24起。

卫生监督

【监督执业】 组织开展《中华人民共和国职业病防治法》宣传周、饮用水卫生宣传周等活动，提高群众法律知识水平。组织开展“我与宪法”微视频征集、行政执法典型案例征集等活动，提高法律素养。开展饮用水卫生监测、惩治无证行医、卫生计生随机监督抽查等专项工作。开展以案释法活动。组织做好卫生计生执法监督“双随机、一公开”工作。全年受理投诉102件，监督1300余户次，立案查处违法行为91起，结案87件，累计罚款12.27万元，移送公安机关5件。执行2018年国家随机监督抽查任务112单，完结率100%。完成辖区全部公共场所单位公示栏更换工作，加强生活饮用水监督，进行水质快检180样次，提高公共场所、生活饮用水管理水平。规范非法行医案件移送程序，联合区检察院制定移送规程，防范以罚代刑。

【安全生产监管】 签订安全生产责任书。实行安全生产网格化管理，明确安全生产网格员。在元旦春节、中秋国庆等重要节日、全国两会等重点时期开展安全生产检查工作。开展危险化学品、有限空间作业及电气火灾等专项安全治理工作。组织开展卫计系统春夏季、汛期及持续深化隐患大排查大整治，防范重特大生产安全事故。组织“安全生产月”活动，加强系统消防安全宣传教育培训及应急演练。组织第三方专业机构，开展安全生产督导检查工作。加强食品安全风险监测力度，及时通报阳性结果。

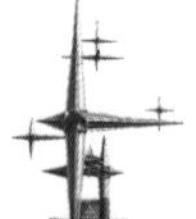

基层服务

【镇村卫生服务一体化】 由镇社区卫生服务中心对机构、人员、业务、财务、药品等实行统一管理，将村卫生室职能由原来的以基本医疗服务为主转变为以村民健康管理为主。按照每1000人口配备1名医务人员标准核定村卫生室岗位总量，政府以购买服务的方式对村卫生室岗位给予定额补贴，保障医务人员利益。社区卫生服务中心对辖区在岗乡村医生实行统一聘用管理，实现社区卫生服务中心与村卫生室之间医务人员统一调配、上下互通联动的管理模式。村卫生室配备和使用国家基本药物，全部药品（除中药饮片）实行零差率销售，让利于民。为村卫生室配备计算机、刷卡器，安装系统管理业务软件，实施网络化管理。

【社区卫生服务】 2018年，全区新建档案17233份，累计建档615591份，建档率92%。60岁以上老年人健康管理69125人，健康管理率80.5%。高血压、糖尿病、致残分别管理65682人、25879人、2036人，健康管理率分别为43.7%、46.9%、58.1%。质控档案31200份，档案真实性为97.8%，档案规范率为95.1%。完成60岁～74岁人群大肠癌筛查42710人，筛查率95.76%。完成40岁～74岁人群心血管防治初筛2004人，完成率100.2%。开展7岁～9岁儿童窝沟封闭，筛查15804人，完成率为98.4%，封闭率为23.5%。做好严重精神障碍患者的服务与管理，成立5家“心灵驿站”。开展严重精神障碍患者筛查专项行动，全区检出重精患者3218人，检出率为4.02‰，管理3031人，管理率为91.82%。

【疾病预防控制】 与区教育局联合开展学校卫生教师传染病防控工作培训，召开艾滋病防控多部门协调会议，完成全区15个常规接种门诊、4家动物致伤处置门诊和3家产科医院接种门诊的评审。落实和部署长春长生问题疫苗自查相关工作。落实2018年20项“民心工程”，完成儿童氟斑牙健康干预、实施爱“心”行动及“三减三健”专项行动，举办15场爱“心”讲座、“三减三健”主题宣传、健步走及“减脂增肌，健康体重”评选活动等。

【妇幼保健】 推进《天津市妇女儿童健康促进计划（2013—2020年）》，做好20项政府免费惠民项目，孕产妇死亡率连续16年为零，5岁以下儿童及新生儿死亡率始终处在发达国家水平，出生缺陷率逐年下降，推进妇女“两癌”筛查。完成孕前筛查、产前筛查、甲状腺筛查、妊娠期糖尿病筛查等29202人次。完成儿童髋关节、白内障、先心病、脑瘫等筛查35134人次。完成已婚适龄妇女妇科病检查30571人；完成宫颈癌筛查14013人，乳腺癌筛查9061人。开展“辰光行动”第四阶段，至年底，为10.3万余名中小学生及托幼园所儿童进行眼病筛查。完成免费孕前优生健康检查1832对，全国临床检验室室间质量测评获得100分。新增网络式药具发放机16台，完善药具发放网点设置。

【中医药事业】 加强中药饮片质量管理，召开全区中药饮片处方现场点评会，开展民营医疗机构中药饮片采购验收清查。加快中医药适宜技术推广，制订年度培训计划，加强培训管理，累计开展中医药相关知识与技能培训550人次，提升区中

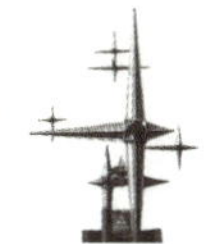

医药服务质量和水平。加强中医医院名老中医工作室和综合治疗服务区建设，落实2018年重点专科建设方案。开展大型中医药健康文化宣传活动，推动中医药知识宣传普及。

【爱国卫生运动】 坚持常规性和专项防控相结合，加强病媒生物防治工作，实现辖区全覆盖，达到国家病媒生物密度控制标准。投入资金198.8万元，为13个村建造22座水冲式移动公厕。开展爱国卫生月活动，组织大型义诊活动，发放宣传资料，普及爱国卫生知识，倡导健康生活方式。做好卫生创建和健康试点评估工作。按《天津市市级卫生村标准》建造市级卫生村10个，完成双口镇前堡村健康评估工作。贯彻落实《天津市控制吸烟条例》，推进无烟机关建设，定期考核督导成员单位，开展宣传活动。

计划生育

【基层基础工作】 巩固基层基础，落实全面两孩政策。落实对两代表一委员、妇联代表、青联委员、五一劳动奖章、劳动模范、非公企业代表等人选审查的计划生育“一票否决”，全年审查534人次。落实好生育登记以及补登记等制度，做好对港澳台居住证持有人办理生育登记服务，简化办成流程，取消妊娠诊断证明材料，方便群众。落实生育登记制度，推行个人承诺和计生专干代办制度，提升生育登记信息采集到位率。至年底，办理一孩生育登记1995份，二孩及多孩生育登记1566份，推行生育登记网上办理试点，全年有369户家庭享受到不出小区办理生育登记的快捷服务。规范社会抚养费征缴，依法依规行政，全区处理征收社会抚养费案件14例，征收金额82.7万元，无由于执法不当而造成的行政复议或上访纠纷。做好审批信息全员系统日常维护，全年维护再生育审批系统信息80例，确保群众顺利办理多孩生育登记，开通生育险。关注流动人口，落实均等化服务。开展针对慢性病、传染病防治生活技能等培训，提高流动人口的归属感和社会融合度。对区国家流动人口卫生计生实行动态监测，建立完善动态监测机制。

【奖励帮扶措施】 组织实施奖扶特扶两项制度，调整和完善计生特殊家庭帮扶措施。全区有计划生育奖励扶助人员8675人，特别扶助人员1404人，其中失独人员592人。投入17.76万元，为592个失独家庭购买每人300元的暖心保险，并为生活困难、患有大病等失独人员发放救助金18万余元，保障失独人群的生命健康与安全。落实计划生育家庭特扶金的提标工作，全年区镇两级发放奖扶金和特扶金1789万元。开展奖扶特扶两项制度信息核查工作。区镇两级春节期间对全区2007户计生困难家庭、110名计生困难干部、257名流动人口计生困难家庭开展节日慰问。在重要节日期间，举办主题文艺演出活动20余场。开展集中性惩治“两非”治理活动32次，查封非法行医诊所46家，下发立案通知书2份，移交公安机关处理4家，收缴非法药品600余千克。

【卫生计生宣传】 组织参与区第二届“辰晓安”杯网络评论大赛，为全区经济社会发展营造良好的舆论氛围。开展心血管筛查、流动人口健康查体等活动，宣传报道世界防治结核病日、世界卫生日等主题宣传日。做好中央决定的宣传，宣传计生政策法规，普及生殖健康和疾病防治常识，开展群众性主题宣传活动280余场，发放宣传折页21万余份，各类宣传品8000个，避孕药具6万余支，服务育龄群众12.2万人。推进婚育新风进万家活动，通过“圆梦女孩行动”“关爱女孩行动”“幸福家庭创建”“健康家庭创建”活动，向广大群众发放环保袋、折扇等宣传品。元宵节、妇女节等节日期间，各镇、街相继开展“全民同乐猜灯谜”、幸福家庭创建文艺演出等170余场主题宣传活动。开展区32届科技周活动，协调组织北门医院申办“新时代中医整脊技术世界发展高峰论坛”会议。

医疗系统建设

【文明创建】 组织第五届天津市人民满意的“好医生、好护士、好医院”和第十一届“十佳”医务工作者评选活动，北辰医院张先锋、北辰中医医院盛丹丹等5人受到市级“三好”评选表彰。部署“天津好人”推荐评选工作，参加新浪天津与区委网信办策划的“一个人温暖一座城”集中宣传报道，开展“心向党·不忘初心 牢记使命”主题演讲活动。突出“营造氛围、文明用语、规范诊疗、志愿服务”等内容，督促各医疗单位及时更新完善公共卫生健康常识宣传展牌。进行文明礼仪教育，引导医务人员增强文明意识，落实从业人员文明用语，规范进行医疗服务。推进各医疗单位完善便民服务措施，在门诊大厅设立志愿者服务站，提供包括导医、导诊、咨询等服务。开展“走基层、送健康”健康志愿服务活动，采取家庭责任医生入户服务、健康讲座等多种形式向居民传播健康理念。开展“健康大讲堂”活动。

【党建活动】 全年组织举办3期理论知识培训班，培训党组织书记500余人次。对普通党员干部，通过集中培训、轮训等方式，做到学习培训全覆盖。执行基层党组织“三会一课”制度，举办卫计系统领导干部理论学习班，邀请市、区委党校老师、区纪委监察委有关领导作专题授课。强化固定党日活动，举办献爱心送温暖春节走访慰问困难党员、召开卫计系统基层党组织生活会、组织“创卫活动我先行”特色主题党日、收看纪念马克思200周年诞辰大会、开展“党员干部包楼门”双创宣传活动。

（魏　然）

精神文明建设

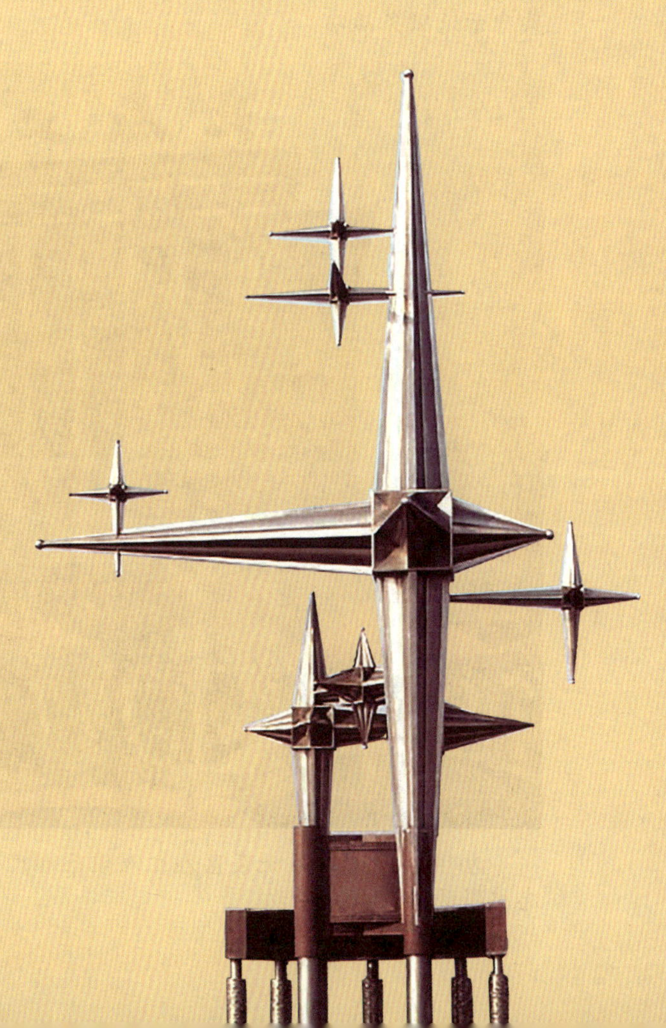

2018年1月24日，北辰区在双街上河花园3期小广场举办2018年文化科技 卫生 法律“四下乡”集中示范服务活动 （区文明委提供）

2018年3月5日，北辰区在工人俱乐部广场举办“学雷锋 三关爱”暨“创建文明城区 你我共同参与”志愿服务集中示范活动 （摄影：高宏斌）

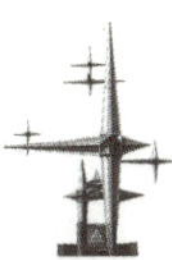

2018 年 12 月 17 日，“奉献新时代 · 志愿新征程”2018 年天津市优秀志愿服务典型宣传展示活动暨全市改革开放40周年歌咏朗诵活动颁奖仪式在区工人俱乐部举行 （区文明委提供）

2018 年 4 月 3 日，第十三届感动北辰文明人事迹展示活动在区工人俱乐部举行 （摄影：高宏斌）

【概况】 2018年，北辰区文明委完善单位，健全工作运行机制。召开全区文明委工作会议3次，审议安排部署精神文明建设机构成员、制度办法、工作方案、实施意见、命名表扬等20余个议题，促进全区精神文明精神深入开展。推进“双创”即全国文明城区和全国卫生城区创建，推进志愿服务活动，提高全区精神文明建设水平。

思想道德建设

【公益广告宣传】 开展公益广告系列宣传活动。投资1千万元加强“讲文明 树新风”公益广告宣传。以农民画为主要素材，设计创作50余幅公益广告原图，展示北辰乡土特色。通过征言、征文、征景、征音、征影“五征”的形式，征集创文宣传口号、故事、公益广告、歌曲、短视频等，营造“创文我支持、我参与”的浓厚氛围。入户发放市民手册和调查问卷，开展拉网式宣传，引导群众参与创文。

【文明道德先进人物选树和学习宣传】 开展选树第十三届北辰文明人活动，310人被命名为北辰文明人，在工人俱乐部举办“感动北辰文明人”事迹展示，现场展示9位“感动北辰人物”事迹，近800人参加；1月—12月，荣登天津好人32名、中国好人榜3人；7月初，组织开展北辰区首届道德模范、新乡贤和担当民族复兴大任的时代新人选树活动。启动第十四届感动北辰文明人申报工作。开展选树第十四届北辰文明人活动。整理编辑《第十三届北辰文明人》汇编3000册。推选的10名新乡贤人物，在市媒体广泛宣传；推选的5名北辰文明人有3人成为市“真情天津”20名候选人，刘宝萍、汪宝柱获评2018年度“真情天津”人物。

“双创”推动

【措施保障】 组织召开北辰区创建全国文明城区工作部署会，并指导督促各镇街、各单位层层动员、安排布置，确保责任到部门、到科室、到人头。充实调整精神文明建设工作组织机构和创文工作人员力量，完善工作职责和11项工作制度。从辰青班和部分单位抽调5名处级、13名科级及以下干部，深入创文实地检查测评点位，开展督导检查。组织创文调度会、中期推动会，做好季度全国文明城区测评检查。组织各单位结合每月任务分工、重要节点等开展月份创文主题活动。6月底开始实地测评工作，向全区各单位下发《北辰区2018年社区环境专项治理行动方案》《北辰区2018年机动三轮车专项治理行动方案》《北辰区2018年交通秩序专项治理工作方案》等8类专项治理行动方案。

【活动保障】 在全区范围内组织万名党员干部深入社区开展“双创”志愿服务活动。各单位组织全区干部职工，深入社区、深入楼门、深入家庭开展创文创卫入户宣传、问卷调查工作。聘请优秀社会志愿者为“双创”监督员，将“双创”监督员工作与“环保督查”等结合起来，巡查监督主次干道、背街小巷、村居委会、社区小区、公园广场、农贸市场、政务大厅、学校医院、公共卫生间、网吧歌厅等点位，以文字、图片、影像等形式反映“双创”工作中存在的问题。编写《北辰文明20条》，发放全区各单位和镇街、村居和居民群众家里。

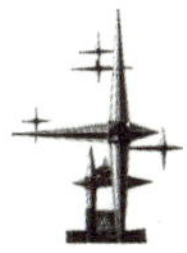

编制《社区档案参考手册》，用于120余个社区的档案工作管理指导。

文明建设

【创建文明村】 组织30多家职能部门开展以服务“三农”为主要目标的“四下乡”活动。召开区文明村建设工作推动会、深入镇村调研指导，组织文明单位（村镇）结对帮扶困难村等，推动文明村建设。对纳入农村全域清洁化的39个村，指导推动“双创”宣传栏项目建设和主干路两侧院墙宣传标语、宣传画等宣传载体建设。14个困难村基本达到市级文明村建设标准。

【文明宣传阵地建设】 加强市民学校、村民学校、道德讲堂、学雷锋工作站（岗、亭）、“快乐营地”、乡村少年宫、“五爱”教育阵地建设，发挥网上文明宣传阵地作用，增强文明传播力，扩大宣传范围。在北辰文明网建网设有《聚焦文明北辰》《学雷锋志愿服务》《感动北辰文明人》等24个栏目，设计学雷锋“三关爱”网上展示季、星共北辰、北辰文明人，累计发布各类信息4000余条，累计访问量超过22万次。2018年4月26日，“文明北辰”微信公号正式上线，开设创文动态、文明风采、专项行动、文明榜样等栏目，传播精神文明建设亮点、招法。截至11月，“文明北辰”共发送图文消息204篇，信息条数530余条，点击总量24万次，阅读超过总数17万人，其中朋友圈点击10万次，阅读人数91398人，关注用户9027人；会话打开64227次，阅读人数43560人；好友转发40830次，阅读人数33805人，使文明之风在北辰大地广泛传播。

重要活动

【志愿服务活动】 举办“学雷锋 三关爱”暨“创建文明城区 你我共同参与”志愿服务集中示范活动，38家单位“摆摊设点”提供服务，参与群众2000余人次。全年组织各类大型志愿服务活动30余场，受益群众1万余人次。在区工人俱乐部举行“奉献新时代·志愿新征程”2018年天津市学雷锋志愿服务“五个10”先进典型宣传展示活动。至年底，全区组建各类学雷锋志愿服务队伍472支，网上志愿者注册人数11万余人，驻区院校大学生志愿者1.83万人，组织开展志愿服务活动5000余次，先后涌现出王秀敏爱心团队、格桑花西部助学服务队、佳荣里志愿服务队、北医道亲情服务队等22个学雷锋志愿服务队典型。推荐的志愿服务先进典型中，崔国山列为市级优秀志愿者候。在各社区健全学雷锋志愿服务工作站，重点在果园新村街道新华里社区、北辰医院、北辰区科技馆、北辰公园登19个志愿服务站，开展天津志愿服务V站示范站建设。与中国人寿保险公司合作，集中投保最高40万保额的志愿者意外保险，用于志愿者在活动及往返途中的安全保障。通过完善志愿服务管理机制，全区志愿服务活动从7、8月开始，在全市通报的志愿服务参与率、活跃大团队比例、志愿服务工作指数考评中均排在前列。

【“四大专项”行动】 推动文明礼仪（服务）、文明交通、文明祭扫、文明旅游四大专项行动。印发《北辰区市民手册》16.5万册。选出新华里、泰来东里等10个社区开展“文明旅游进社区”活动。与区民政局联合布置2018年“清明节”“中元节”“寒衣节”文明祭扫专项治理工作，指导各镇街科学划分指定焚烧区域，通过社区版报、公示栏、电子显示屏等阵地和形式广泛宣传，在各社区进行“温馨提示”，引导居民到指定地点文明祭扫；组织全区各单位、市级文明单位及社区志愿者在辰昌路与龙岩道交口、京津公路与北辰道交口等26个重要交通路口（20个执勤点位）开展“文明交通 你我同行”志愿服务活动，上岗志愿者1万人次。

【教育实践】 开展“扣好人生第一粒扣子”教育实践活动，引导广大未成年人。设计印制10万册《青少年手册》发放到青少年手中，开展仪式教育。开展优秀童谣征集活动，征集篇幅简短、富有童心童趣、体现时代气息的童谣作品60余个，并上报市文明办参加评选，6个作品入围获奖。

（李啸宇）

社会生活

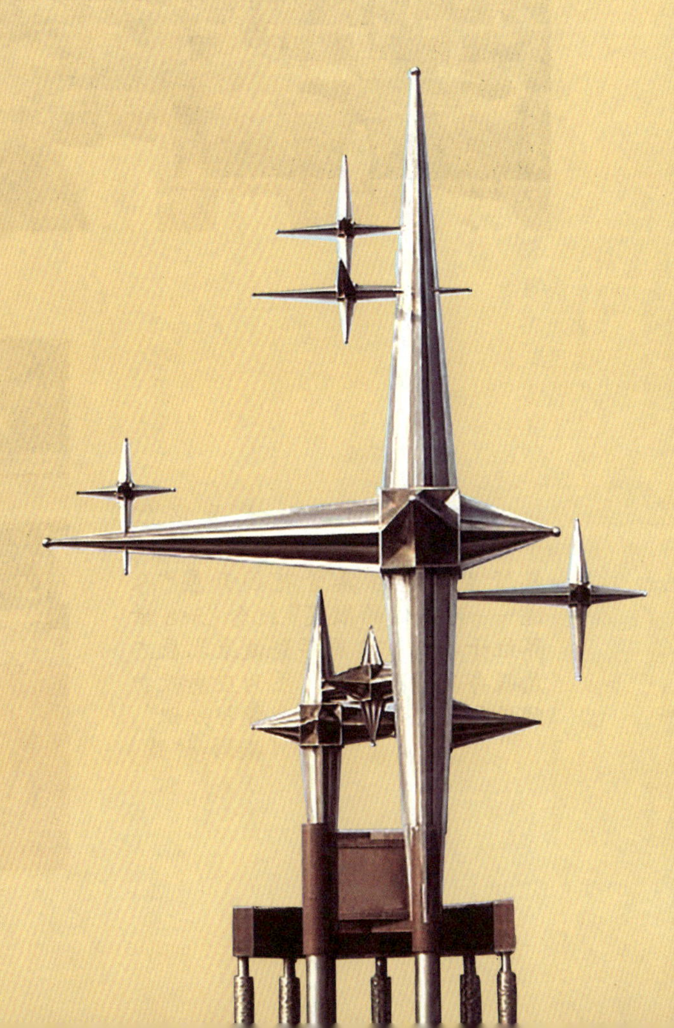

北辰年鉴
2019

2018年3月7日，北辰区举办大型就业招聘活动。图为青光镇招聘专场　　（摄影：倪建春）

2018年3月13日，北辰区残联在龙顺庄园农博馆四楼会议室召开第七次代表大会。图为大会会场　（摄影：霍楠楠）

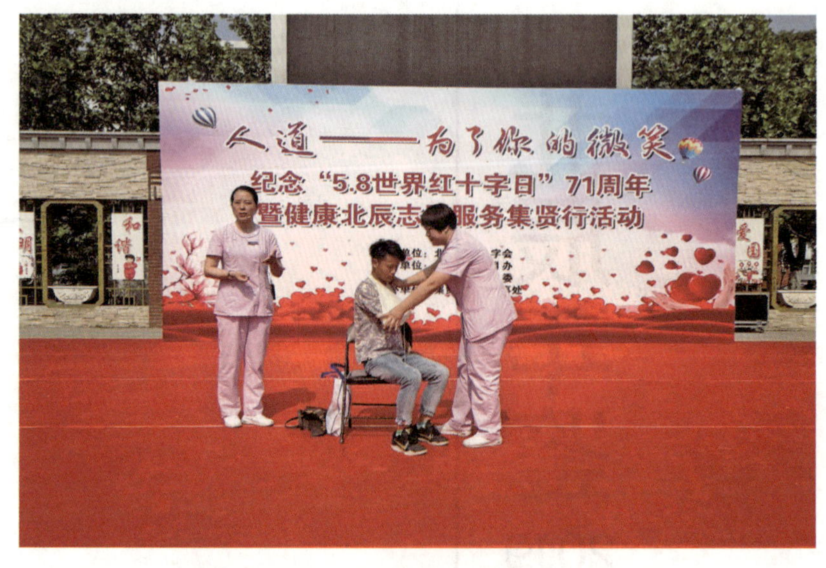

2018年5月8日，北辰区红十字会联合区文明办、区卫计委、集贤里街道在集贤花园开展"人道——为了你的微笑"纪念"5·8世界红十字日"71周年暨健康北辰志愿服务集贤行活动。图为应急救护师为群众普及创伤应急救护知识　（摄影：许腾）

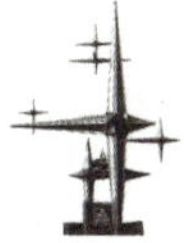

2018 年 5 月 14 日，北辰区在北辰妇女儿童保健中心 9 楼报告厅举办"全面建成小康社会，残疾人一个也不能少"主题知识竞赛活动。图为相关负责人与获奖选手合影 （摄影：霍楠楠）

2018 年 5 月 18 日，北辰区在集贤公园举办"爱心助残志愿服务队"成立启动仪式。图为各爱心志愿服务队 （摄影：霍楠楠）

2018 年 5 月 21 日，北辰区 98 对新人喜结连理，登记结婚。图为区民政局负责人为新人颁证 （摄影：陈向婷）

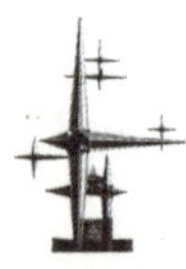

2018年10月17日，北辰区红十字会联合集贤里街道红十字会在“为老服务中心”活动室，开展以“秉承人道使命 弘扬助老传统”为主题的博爱助老志愿服务活动
（摄影：许腾）

2018年10月18日，北辰区残联组织全区社区及村居残疾人专职委员在集贤里街道办事处举办业务培训班
（摄影：霍楠楠）

2018年11月15日，北辰区举行第四届企业职工技能大赛。图为电工赛场　（摄影：张婷婷）

2018年12月4日，天津市民政局、北辰区民政局结合“12·4”国家宪法日，在集贤公园联合开展“实施宪法服务民生 民政政策进社区”主题宣传　（摄影：张永生）

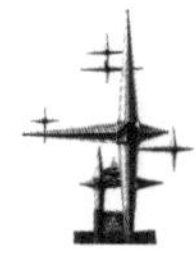

【概况】 2018年，北辰区人力资源和社会保障局按照“求实创新，精准用力，注重质量，严控风险”的工作思路，推进各项重点任务。3家企业被评为全国模范劳动关系和谐企业，占全市获批12家企业的四分之一。北辰区民政局在基本民生保障、基层社会治理、养老服务发展等方面取得显著成绩。

居民生活

【居民收入】 2018年，全区总体居民人均可支配收入36980元，比上年增长6.1%，其中，城镇居民人均可支配收入38158元，比上年增长6.5%。

【居民支出】 2018年，全区总体居民人均消费性支出28980元，比上年增长7.9%，其中，城镇居民人均消费性支出30193元，比上年增长8.5%。

【婚姻管理】 2018年，办理结婚登记3270对，离婚登记2083对，补办结婚证758个，补办离婚证186个。全年接待查档264人次，配合公、检、法、司核对婚姻信息321人次。

（张铁楠）

人力资源

【就业创业】 通过搭建就业平台、用足就业政策、提升就业技能、加强就业服务等措施，全年实现新增就业34526人，4515名就业困难人员得到妥善安置。发挥创业带动就业作用，通过贷款扶持、专项培训等多种方式为创业人员引路护航，2018年发放创业担保贷款2230万元，创业培训420人。贯彻落实援企稳岗政策，加大政策宣传推介力度，组织科室业务骨干先后前往9镇6街和开发区开展政策集中宣讲，帮助企业了解政策内容、掌握申领程序，发挥失业保险援企稳岗作用。全年累计发放援企稳岗政策资金1103.5万元。以开展职业技能培训为抓手，帮助未就业人员增强就业本领、提高就业能力，全年开展技能培训1569人，结构性失业现象得到有效缓解。成功举办北辰区第四届企业职工技能大赛，18名选手获得奖励。全方位做好对口扶贫协作，积极发挥人社部门职能作用，组成就业培训援助组，先后前往丁青、华池、正宁、兴隆等地开展18次援助帮扶活动，为帮扶地区群众送去就业技能、送去脱贫希望。

【人才引育】 坚持以落实“海河英才”行动计划为统领，牵头组织公安、教育等部门进驻区行政审批服务大厅，安排工作人员开展无公休落户服务，全年累计发放准许迁入证明3695张，发放人才绿卡36张，引进高层次人才84人、专业技术人才608人。实施重点人才项目，助力开发区设立博士后工作总站，协助区内130家企业入选“千企万人”支持计划，获得资助595万元。推进人事管理规范化建设，全年组织及指导包括公务员、事业、教育、卫生在内6个批次公开招考工作，累计录（聘）用297人。启动聘用合同编码管理制度，实行统一编码、统一报备、统一管理。对全区283家机关事业单位工资津贴补贴发放情况及191家区属事业单位津贴补贴发放情况进行专项督查。

【劳动关系】 推进和谐劳动关系创建，备案有效劳动合同11.4万件，全年累计审查工资集体协议576件，涉及企业3195户，全区和谐企业累计504

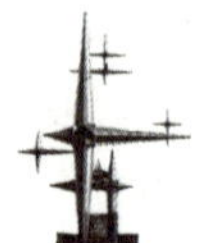

家。建立并实施兼职仲裁员制度，聘请8名资深法律专家，协助开展劳动人事争议案件调解仲裁。2018年，累计处理劳动人事争议案件2359件，结案2240件，结案率94.96%。落实治欠保支三年行动计划，在工程建设领域全面推行劳动用工实名制管理和农民工工资专用账户管理制度，并在全市首创在建项目“一长两员”制度，督促用人单位依法签订劳动合同、按月足额支付工资，全年累计立案查处投诉举报案件320件，为2199名劳动者追讨工资等福利待遇989.4万元。

（宋学婷）

社会保障

【社会保险】　推动全区全民参保工作实现新跨越。制订出台《北辰区2018年全民参保工作方案》《北辰区2018年全民参保计划宣传工作方案》《北辰区2018年全民参保计划考核办法》等系列制度规定，构建“小河有水大河满”“人人头上有指标”的全民参保工作责任体系。加大全民参保工作政策宣传力度，利用融媒体宣传全民参保知识。与税务、市场监管等多部门开展协调联动，动态掌握企业注册、企业纳税未参保、企业实际从业人员等具体情况。与社险北辰分中心开展合作，抽调干部成立联合执法组，对扩面推动中不办理参保缴费、未足额缴费的企业单位，通过约谈法人代表、深入企业现场执法等方式，督促违规企业依法依规参保，维护劳动者合法权益。2018年，北辰区城镇企业职工基本养老保险完成缴费15.28万人，城镇企业职工基本医疗保险完成缴费16.47万人，生育保险完成缴费14.82万人，失业保险完成缴费14.34万人，工伤保险完成缴费14.45万人。城乡居民基本医疗保险参保缴费人数27.03万人。其中，城镇企业职工养老保险缴费完成率从2017年全市第十三名，跃居全市第五。

（宋学婷）

【社会救助】　制定出台《北辰区社会救助家庭经济状况核定实施细则》。举办北辰区2018年救助工作三级培训班，对全区约400名救助工作人员进行救助政策方面的系统化培训。2018年，为8363人发放低保金7002.58万元。为特困人员 164 人，发放特困供养金388.45万元。向1090户困难家庭发放临时救助366.19万元。开展因病支出型家庭救助工作，至年底，救助2人共计 28589元。完成625户住房保障申请家庭的收入核对工作，其中限价房113户，廉租房补贴117户，经济租赁房137户，公共租赁房176户，经济租赁房年审变更25户，廉租房年审变更57户。春节前开展“大慰问大走访送温暖”活动，慰问各类困难群众12626人及驻区部队官兵，慰问资金总额为2074.35万元。

【社会福利】　发放2017年度免费电量补贴 53.16万元，2017年至2018年度供热补贴6114户，发放268.84万元。发放残疾人两项补贴2399.107万元，其中生活补贴955.47万元，护理补贴1443.64万元。发放物价补贴231.07万元。推进低保在线审批。实现对全区低保档案扫描全覆盖。9月始，低保审批采用线下低保纸质档案和线上低保电子档案同步进行的审批方式，推进低保在线审批试点工作。保障留守儿童和困境儿童合法权益，全年完成四次排查工作。2018年发放困境儿童生活补贴385.92万元。2018年困难家庭儿童“六一”节日补助695人，发放34.75万元。

（张轶楠）

人社行业建设

【信息化建设】 利用“互联网＋人社”方法思路，实施重点工程攻坚，推动全区人力社保系统信息化建设。启动干部人事档案数字化建设，一期建设完工，累计扫描整理干部人事档案907本。建成全市首个一流数字化仲裁庭，实现电话录音、数字监控、数字影音等系统的集成使用。建成区级劳动保障监察管理指挥中心，保障“主动监察”逐步实现。完成局官方微信公众号提升改版，推行公共服务事项电子清单，提高各项经办业务一次办结率，全年累计关注近万人。开办“北辰职介”官方微信公众号，搭建“线上＋线下”招聘平台，为企业和求职者提供用工对接直通车。

（宋学婷）

【培训检查】 加强行业系统教育培训，举办人力社保机关大讲堂，组织各业务科室骨干备课，系统讲解人社系统各类业务经办流程。学习借鉴市人社局成功经验，制定出台明察暗访工作制度，组织局党组成员每季度深入各镇街开展督导检查，聘请第三方专业机构对全区人力社保系统服务机构进行暗查暗访，通过明察与暗访相结合，督促全区人力社保系统干部职工保持良好服务态度。

（宋学婷）

基层自治和社区建设

【农村村民自治】 在全市率先编制出村级组织换届选举指导规程、工作流程及相关政策要求、时间轴，为镇村编制工作方案模板印制成册。全区121个村完成村民委员会换届选举，实现村党组织书记和村委会主任“一肩挑”，选举出村委会成员399人，其中主任121人、副主任21人、委员257人。就是否存在丧事活动中搞封建迷信活动被民政部门处理未满5年、在担任村干部期间是否侵占农村社会救助资金被民政部门查处两项情形，审查45批、1252人。发放121个村民委员会《基层群众性自治组织特别法人统一社会信用代码证书》，换届进程中应急更换证书37个。

【社区管理】 推动全区125个社区完成“两委”班子换届选举，全部实现“一肩挑”，居民参选率为84.3%，赞成率均为92%以上。升级区网格化社区管理服务平台，开发社区养老网格化管理软件苹果版APP。明确属地管理责任，明确北辰区行政区划范围，确定北辰区与红桥区（双环邨）、宁河区行政界线。

【社区建设】 加强社区服务设施提升改造，拨付367万元（6个镇街、11个项目）。做好新建社区配套公建审查工作，完成45个地块项目规划及10个项目的验收工作。6月30日，各镇街社区工作者事务所建立。开展农村社区建设工作，11个村建设农村社区综合服务站。完善“八有两配套”建设。双街镇小街村小街新苑综合文化活动中心建设工程主体封顶、墙体完工，拨付市补助资金18万元。配合搞好老旧小区及远年住房安全整治工作，验收果园新村街道、集贤里街道、青光镇、天穆镇、北仓镇小区68个，完成2017年17个和2018年50个安全整治小区验收接管。全年累计发放旧楼区长效管理区级补贴1360万元，市级补贴466元。

（张铁楠）

社会事务管理

【社会组织管理】 排查185家社会组织党建基本情况，逐一核实社会组织从业人员中党员组织关系所在地、入党时间、身份证号等基本信息，建立社会组织党建台账和党员花名册，指导未接转组织关系的党员将组织关系及时转入社会组织党组织。完成2018年社会组织党建工作目标责任书签订和2017年度社会组织党建工作标准化建设考评工作，签订党建目标责任书172份，考评67个社会组织党组织（覆盖74个社会组织）和104名党建指导员。制订《北辰区关于建立社区社会组织管理服务中心（站）试点的实施方案》，建立2个社区社会组织管理服务中心（果园新村街道新华里社区和瑞景街道江南春色社区），明确中心职责，统一制作悬挂标识牌。招募14个备案类社区社会组织作为2018年重点培育孵化组织，举办各类培训18次，参训组织394家，社工1141人次，举办北辰区2017年社会组织公益创投大赛成果展示会，扩大公益项目影响力，搭建政府与社会组织合作交流平台，吸引500余人次参加体验。活动信息被天津日报、新华网、中老年时报、市社管局网站等媒介刊登。完成2017年社会组织大赛获选项目中期评估并召开推动会，为各获选项目拨付中期款72.96万元。开展2018年社会组织公益创投大赛，征集公益项目76个。完成2017年度检查工作，应检社会组织151家，144家参检并合格，参检率95.3%，合格率99.3%。对7家未参检社会组织下达行政告诫书，逾期未整改的将依规给予行政告诫或撤销登记行政处罚。

【殡葬改革】 申请区财政专项治理经费10万元，制作焚烧桶235个，制作文明祭扫督导牌1000个，购买30个扩音器，督导文明祭扫。审批各镇街丧葬补贴材料1016份，累计发放丧葬补贴款113.04万元。推动各镇开展散埋乱葬治理工作，平毁坟头243个。

（张铁楠）

【地名管理】 2018年，受理地名命名、更名申报材料121件，其中核发标准地名证76件，内含居住区类案件35件，公建类案件41件，另为45条规划道路命名；依申请为新建居住区安装楼门牌；配合市区两级牵头部门完成老旧社区改造工程监督、验收工作；配合完成地名管理相关信访工作，解答区域内标准地名实际使用疑问，协调解决证书类文件中标准地名不一致问题；推进北辰区第二次全国地名普查成果转化工作；对接公安部门做好楼门牌管理工作预备交接；地名档案信息计算机录入率100%，地名档案归档率100%。

（王　萌）

老龄事业

【养老服务】 通过公开招投标的方式，投入财政资金91万元，为全区1.9万名60周岁以上无工作老年人购买意外伤害保险，13名老人已出险。评估、审批新增居家养老服务对象189名，发放补贴290万元，全区累计居养对象573名。发挥智慧北辰居家养老服务平台作用，全区622名居养对象全部建立服务需求评估档案，有300余名老人通过智能平台享受各种服务。

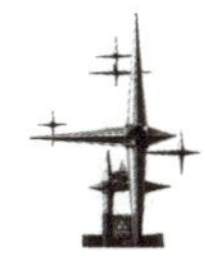

【养老保障】 天津市民政局下拨区中央福彩公益金300万元，用于相关为老服务设施建设。为每个养老机构配备微型消防站，购置消防设施设备，并委托第三方对院内人员进行使用培训，增强各院的消防安全意识和处理应急情况的能力。2018年，全区有百岁老人10名，发放补贴14.6万元。

2018年底北辰区百岁老人情况表

表1

序号	姓名	性别	出生年月	年龄（周岁）	所在地
1	罗庆林	男	1915年12月27日	102岁	天穆镇
2	高德芳	女	1916年2月19日	101岁	北仓镇
3	刘俊华	男	1917年5月25日	100岁	宜兴埠镇
4	晏凤兰	女	1917年8月6日	100岁	普东街
5	侯清贤	女	1917年10月11日	100岁	北仓镇
6	王广兰	女	1918年4月29日	100岁	大张庄镇
7	冯国兰	女	1918年5月5日	100岁	青光镇
8	阚绍义	男	1918年12月13日	100岁	宜兴埠镇
9	杨德珍	女	1918年12月18日	100岁	大张庄镇

（张轶楠）

民族宗教事务

【概况】 2018年，北辰区民族宗教事务委员会以实施新修订的《宗教事务条例》为重点，推进政策宣传和法治建设工作，推进民族团结进步宣传教育和创建活动，推进少数民族文体事业发展，加强宗教活动场所规范管理和宗教教职人员教育培训，维护民族宗教领域安全稳定。

【依法管理】 召开民族宗教工作联席会议4次，通报区内民族、宗教工作形势，分析涉及民族、宗教方面存在的问题和不稳定因素，协商解决问题的相应对策和措施。加强对区伊斯兰教协会的指导，在伊斯兰教界开展多种学习教育活动。利用区伊协例会，宣传宗教法律、法规，党的民族宗教政策和市、区有关文件精神。加强对各宗教的管理，制定相应对策。在全区6个宗教活动场所开展“国旗、宪法和法律法规、社会主义核心价值观、中华优秀传统文化‘四进’宗教活动场所”活动，9月26日，举办“北辰区宗教活动场所开展‘四进’活动启动仪式”。联合有关部门开展非法宗教活动、非法宗教聚会点的取缔清理和抵御渗透、反邪教、反恐工作。集中对区内宗教场所进行安全隐患排查，指导宗教场所定期安全检查消防、电路、监控等设施，登记管理外来人员。在天穆清真北寺举办消防培训演习，为宗教教职人员和信教群众普及消防安全知识。

【宣教工作】 以“民宗北辰”微信公众号为阵地，宣传党的民族宗教政策及区内决策部署，推介民族宗教知识，弘扬民族文化，服务民族宗教界群众。其中，原创栏目《团结创建》累计阅读量超过

4万人次，以推介民族电影、传承民族文化、促进民族团结为主题的原创栏目《一族一影》累计阅读量超2万人次。开展民族团结进步创建活动，制订并实施《北辰区民族团结进步创建工作方案》，深化民族团结进步宣传“六进”工作，指导方舟、顺义南里等重点社区开展民族团结创建活动。在民族特色学校开展主题演讲比赛，扩大中小学内民族团结宣传教育普及面和知晓率。经推荐指导，民族中专等3所学校和津张清真肉类有限公司等4家企业被评为2018年天津市民族团结进步创建示范单位，天津市天方清真食品有限公司被评为全国民族团结进步创建示范单位。

【促进民族经济和各项事业发展】 帮助区内民族企业争取市级技改和网点建设补贴20万元，服务民族企业发展。联合有关部门组织开展少数民族文体活动。组织区内少数民族体育代表队参加天津市第八届少数民族传统体育运动会，以15金、9银、15铜成绩位列天津市金牌榜和奖牌榜第一位。

【为少数民族群众办实事】 改善宗教活动场所条件。筹集资金30万元，修葺加固和提升改造区内宗教场所的房屋。筹集资金2万元，慰问帮扶天穆村少数民族困难群众。协同公安、交管等部门做好盖德尔夜各清真寺周边和开斋节期间回民公墓的安全值守。开斋节期间，走访慰问全区5座清真寺，送去慰问品及慰问金价值10万余元。对区内幼儿园清真灶情况调研摸底，争取市民委幼儿园清真灶提升改造补贴款30万元。

（史　悦）

残疾人事业

【概况】 2018年，北辰区残疾人联合会把残疾人事业融入经济社会发展大局，召开北辰区残联第七次代表大会，成立区残联党组，完成精准康复、居家托养、无障碍建设等各项工作。

【组织建设】 召开北辰区残联第七次代表大会，选举产生新一届主席团委员、主席、副主席和理事长，审议通过区残联工作报告。完成残疾人基本服务状况和需求信息的动态更新和采集工作，协调区财政局和各镇街，做好社区残疾人专职委员薪酬待遇提标工作。加强残疾人专职委员教育管理，组织为期4周的专职委员培训班，培训社区、村专职委员200人。制定下发《北辰区残疾人专职委员管理办法》和《绩效考核办法》，强化日常管理和监督考核。

成立区残联党组，学习宣传党的十九大精神和习近平新时代中国特色社会主义思想。举办100余名基层残联理事长、残疾人专职委员参加的党建业务知识竞赛，6个镇（街）分获一、二、三等奖；残联党组书记讲党课被评为区级最佳党课；参加区第六届“心向党·不忘初心，牢记使命”主题演讲活动获二等奖，参加市残联举办的“习近平新时代中国特色社会主义思想在津沽大地生动实践”征文活动，上报和获奖文章篇数遥居全市第一。发挥意识形态的引领作用，利用“微北辰”“北辰之声”“北辰新闻”等区级媒体以及“文明北辰”“北辰党建”等微信公众号，宣传报道残疾人工作经验和先进典型，被采用稿件30余篇；坚持每周推送一期“微北辰残联”公众号，全年推送40期。

【精准康复】 完成康复服务2959人，精准康复服务率为91.5%；投资11.499万元，在小淀镇、青广源街道、集贤里街道建立3个残疾人康复站；为600名残疾人及残疾人工作者免费体检；做好残疾预防综合试验区工作，开展大型残疾预防宣传活动8场。天穆镇专职委员田蒙参加天津市第二届康复辅助器具大赛获得三等奖，参加全国康复辅助器具大赛代表天津队获得一等奖。

【居家托养】 与区财政局联合下发《关于加强和规范残疾人居家托养服务工作的通知》，指导推动镇街对提供残疾人居家服务的机构进行政府采购招

标，为3458名符合条件的残疾人提供家政、送餐等多种形式的居家服务。

【补贴发放】 为低保、低收入家庭残疾人给予水电气补贴工作被纳入北辰区2018年20项民心工程，上半年为3926人次发放补贴48.45万元，下半年为3448人次发放补贴42.49万元。为困难残疾人家庭及一户多残残疾人家庭发放取暖补贴，审核通过3130户，发放125.2万元。为听力、言语及视力残疾人发放通信补贴，上半年审核3146人发放58.39万元；下半年审核3296人发放59.19万元。

【社会保障】 开展"冬送温暖、夏送凉爽"活动，出资82.72万元组织"夏送凉爽"活动。投入60.4万元，为604个低保边缘户家庭每户发放春节慰问款1000元。为全区享受低保、低收入救助的3636名残疾人和边缘户家庭中的500名残疾人，每人发放扶助金200元。为881名符合条件的残疾人办理城乡居民养老保险自费部分补贴，补贴金额81.63万元；为3795名重度残疾人办理2018年城乡居民医疗保险；为3名从事个体经营的残疾人发放养老和医疗保险补贴2.8万元；为2名自主创业的残疾人发放创业补贴1万元；为52名重度残疾人发放大病补贴66.36万元；为1283名符合条件的残疾人申请机动轮椅车燃油补贴33.36万元；为9户特殊困难残疾人家庭发放临时救助款4.2万元；审核通过学前到高中段的残疾学生232人，困难残疾人家庭小学到高中段的健全子女310人，大学的残疾学生及困难残疾家庭子女170人，累计发放助学金65.02万元。支出51.35万元，为全区17115名持证残疾人投保一年意外伤害保险，有9名残疾人获赔付8.7万元。

【无障碍工作】 加强残疾人家庭和社区无障碍设施建设工作，完成施工类改造坡道17处、蹲便改坐便8处，安装抓杆扶手34处、栏杆7处；使用资金32.4万元，提供辅助器具配发座便轮椅376辆、坐便椅126个、浴凳157个、助行器38个、四脚拐89个、盲杖28个。

【维权信访】 做好残疾人来信来访工作，协调化解聋人到市残联集体访北辰人员的稳控、智力残疾少年打架斗殴致伤、聋人张氏兄弟违法经营袭警等涉法涉诉重大信访件。全年接待群众来信来访139件次；办理"8890"便民专线、政民零距离、"双万双服促发展"平台等工单处理、答复和回访72件次；开具法律援助转办函90件，立案64件，收到残疾群众送来锦旗2面。

【就业培训】 协助区地税部门搞好用人单位安排残疾人就业审核工作，审核按比例安排残疾人就业单位461个，安置残疾人993人。举办插花、面点、茶艺、家政护理、果树管理等多种技能技术培训班，培训残疾人340余人。组织参加天津市第六届残疾人职业技能竞赛暨第二届展能节活动，获优秀组织奖；普东街道专职委员韩枫获得计算机编程第二名，特教学校房刚获茶艺技能第四名。

【文体活动】 在全国助残日期间，组织爱心助残志愿服务队成立启动仪式、残疾人专职委员知识竞赛、残疾人电影专场等系列助残活动。组织开展北辰区第四届残疾人健身运动会暨区第四届全民健身运动会（残疾人组）比赛，300余名残疾人运动员参加。组织残疾人参加市级文体活动，分别在市第十届残疾人歌唱大赛获个人二等奖、市第八届残疾人健身周比赛获团体一等奖、市第三届社区残疾人文艺展演获总分第三名、市残疾人陆地冰壶比赛获团体三等奖和优秀组织奖。

（高　原）

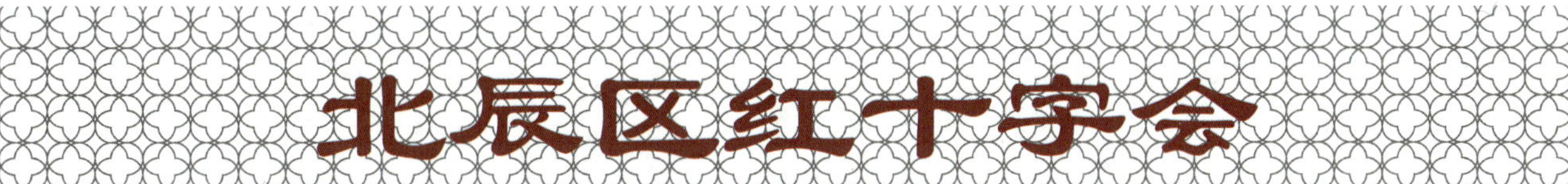

北辰区红十字会

【概况】 2018年，北辰区红十字会以习近平新时代中国特色社会主义思想为指导，开展学习研讨3次、教育参观1次、党日活动5次，走访慰问社区困难党员5户；以民生需求为导向，发挥党和政府在人道领域联系群众的桥梁纽带作用，强化为民服务举措，开展卫生清整2次、志愿服务3次，为

北辰经济发展、社会和谐做出贡献。

【组织建设】 召开全区红十字会系统年度工作会议暨七届四次理事会议，调整理事成员，总结部署工作任务。解决“双万双服促发展”企业问题2个，营造良好营商环境。主要负责人抽调创建国家卫生区领导小组办公室和村级换届督导组，选派优秀党员干部参与市委巡视工作。

【人道救助】 全区各级红十字会筹集款物价值190万，开展“四助一送”救助项目，救助残疾人、老人、困难学生及群众1.3万多户。开展“博爱送万家”活动，筹集款物价值91万元，慰问困难家庭2529户。开展“博爱助残助孤”活动，区红会筹集2万元，组织妇幼保健中心志愿者为特教学校47名残疾学生进行体检；基层红会筹集款物34万元，以开展主题宣传、义诊体检、发放慰问品救助金以及文艺演出等志愿服务活动形式，慰问残疾人、孤儿1795人。开展“博爱助学”活动，筹集资金4万元，资助全区99名困难学生开展综合素质拓展训练。开展“博爱助老”活动，区会筹集资金4万元，慰问养老服务中心及安津医院困难、精残老人180人；基层红会筹集款物55万元，慰问老人8697户。

【应急救护培训】 管理应急救护师资注册，开展师资标准化培训，全区完成1039名应急救护师认证培训。组织卫计系统新招录医疗工作者和全区处级领导开展应急救护培训，提升突发事件应对处置能力。推进“应急救护培训进校园”工程，发挥国家级生命健康安全体验教室建设作用。建成并启动北辰区生命健康教育培训中心，针对新招录工作人员、企业职工、医疗工作者以及就诊群众家属，普及应急救护知识，传播生命健康理念。

【关爱生命行动】 开展全区机关事业单位“三献”（无偿献血、造血干细胞捐献、器官遗体捐献）知识答题活动，普及生命健康科学知识。127名机关事业单位新招录人员参加无偿献血活动，应急献血队伍招募781人，171名青年志愿者加入中华骨髓库。联合区市场监管局，检查药店234家，诊所132家，清理纠正16家违规使用红十字标志商家。

（许　腾）

镇·街道

北辰年鉴

2019

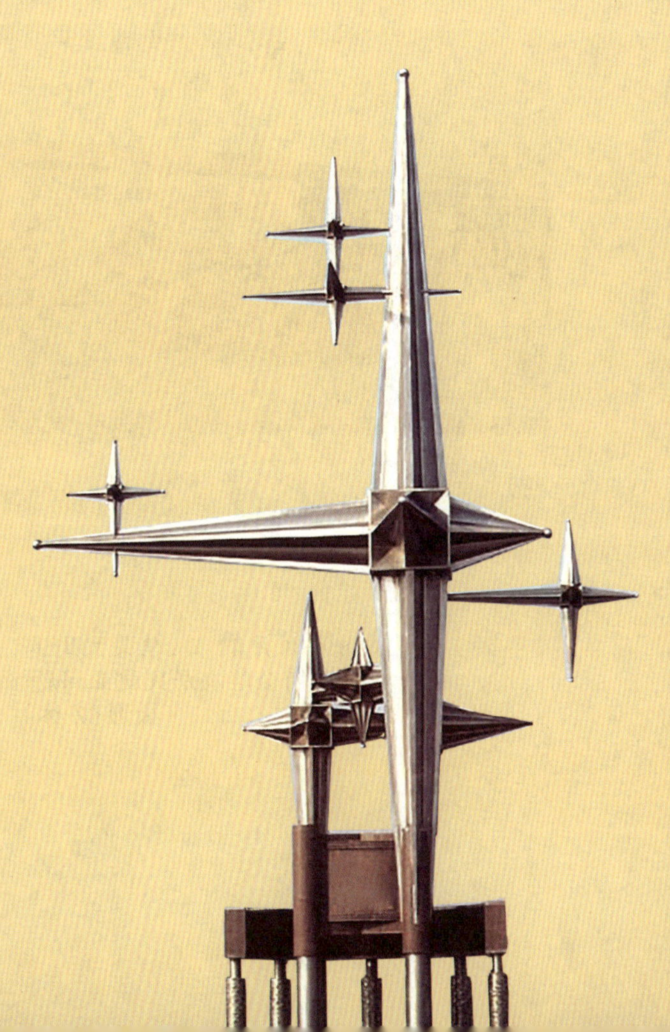

2018 年 1 月 15 日，小淀镇举行镇村干部大会（摄影：徐伟翔）

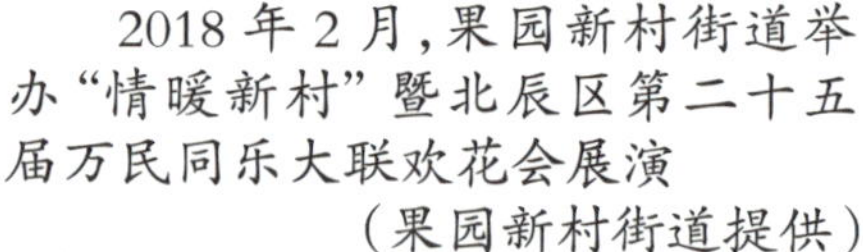

2018 年 2 月，果园新村街道举办“情暖新村”暨北辰区第二十五届万民同乐大联欢花会展演（果园新村街道提供）

2018 年 4 月 10 日，西堤头镇举行全民健身广场舞大赛（摄影：王涛）

2018 年 4 月 11 日，佳荣里街道召开春风招聘会解决居民就业问题（摄影：齐林）

2018 年 5 月 23 日，普东街道在红荔花园幼儿园举行环境“科普环保小制作绿色环保伴我行”——幼儿环保主题活动（摄影：曹宇）

2018 年 5 月，果园新村街道开展“5•15”国际家庭日主题宣传活动（果园新村街道提供）

2018 年 7 月，北辰区举办第十三届“北运河之夏”和谐文化大舞台文艺会演。图为集贤里街道专场（集贤里街道提供）

2018 年 7 月，青(广)源街道组织人员开展双拥工作（青源街道提供）

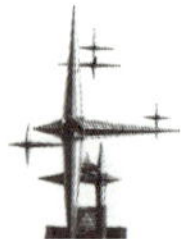

2018 年 9 月 5 日，佳荣里街道举行庆祝改革开放 40 周年红色电影展映活动　（摄影：齐林）

2018 年 9 月 17 日，大张庄镇组织新一届村两委班子成员到天津市时代记忆纪念馆参观学习

（摄影：刘建）

2018 年 9 月 28 日，北仓镇盛仓居委会组织社区残疾人、志愿者开展“花晨月夕　花艺技能培训会”残疾人创意插花活动　（摄影：王子斌）

2018 年 9 月，瑞景街道举办第七届群众歌咏大赛　（摄影：白海涛）

2018 年 10 月 27 日，普东街道开展"万名干部进社区，党员群众齐参与"双创志愿服务活动 （摄影：曹珮颖）

2018 年 12 月，天穆镇组织冰上高跷表演 （摄影：高莹辉）

2018 年 12 月 17 日，双口镇召开基层商会第一次会员大会 （双口镇提供）

2019 年 3 月 2 日，双街镇举办万民同乐大联欢花会展演活动 （摄影：陈立兴）

天穆镇

【概况】 2018年，天穆镇镇域面积25.16平方千米（不含5个市区村），辖15个村和20个社区居委会，有户籍人口20033户、47299人，其中回族人口6223户、13997人，是华北地区最大的回族聚居区之一，域内有3座清真寺。

2018年，实现本级预算（财政）收入4.1亿元，城镇居民人均可支配收入4.37万元。经济发达镇改革方案获批。

【招商引资】 全年引进1000万元以上项目21个，其中1亿元以上项目2个。物美超市、泰禾影院、迪卡侬等新项目落户大通商业综合体。华润、中粮、星河、融创等重点项目落户天穆镇，总投资超过300亿元。年内，新增注册企业486家，新增个体工商户586家。开展“双万双服促发展”活动，为515家企业实现平台登录，解决疑难问题464个。

【科技 服务业】 全年认定科技型中小企业38家，申报科技“小巨人”企业1家，认定专利试点企业4家，认定国家级高新技术企业10家，帮助企业获得创新型政策扶持资金400余万元。百特医疗腹膜透析液项目主体车间建设完成。亿元楼宇天物大厦开业运营，天穆镇综合便民服务中心进驻办公。星河国际、融创璟园、中储城邦等地产开工建设，全镇服务业占比连年增长。

【城市化建设】 闫街、刘房子地块实现清零，拆平郭辛庄还迁地块，全面启动还迁房建设。全年完成拆迁3.43万平方米，刘房子二期顺利还迁。拆除巧王食品、乾恒搅拌站点位，核心区17号地、一商地块、柳滩粮库地块拆迁清零。全年移交土地42.1公顷，出让土地27.5公顷。拆除原天穆纸箱厂地块28户1.1万平方米，完成天穆村综合市场建设拆违任务。清除积弊多年的千里堤占路市场和王庄老市场。清理辰永路、邯郸道、纸箱厂等多个重点道路违建，全年累计拆除违建1056处6.9万平方米。

【基础设施建设】 全年拆除地上物6.6万平方米，保障潞江东路、朝阳路等重点道理顺利施工。拆除油漆厂宿舍52户、9600平方米，打通朝阳路关键节点。拆违顺义西道70户、7085平方米，保障顺义西道路面整修和07、08地块配套管线的铺装进场。南仓、闫马、天穆、吴嘴、王庄、刘房子6个村级卫生室实现医保联网。投入830万元，完成21个老旧小区远年住房安全整治任务和21个小区的安全排险，惠及群众2万余户。综合整治天重道、顺义道等道34条路，提升改造蓝岸森林菜市场、普天东里菜市场，建成王庄临时市场。

【环境治理】 全年垃圾运输量3.5万吨，生活垃圾无害化处理率超过97%。规范商铺门脸1980户次，取缔占路摊贩3650人次。拆除违规户外广告设施1861处、布标1250块，封堵私开门脸120户；修复路面1.5万平方米，安装隔离护栏2635米，设置围挡374米；苫盖裸露地块72万平方米，清理僵尸车184辆；拆除大通绿岛、蓝岸森林、桃香园、方舟、佳宁里、沁芳里等社区违建、圈占719余处1.8万平方米。粉刷蓝岸森林、方舟、金玫家园、桃香园、天穆东苑楼道26.7万平方米。推进区域污染治理网格化，排查治理产废企业，搬迁改造“散乱污”企业16家。治理增产渠、陈家洼南北渠沿线黑臭水体。

【社会事业】 创新举办首届天穆镇文艺轻骑兵小分队深入基层宣传十九大精神文艺演出、首届“优秀中华传统文化”精品节目展演季和首届“非遗嘉年华”系列讲座、展演，组织第二届村居优秀文艺节目展演、第四届村居文艺节目会演和第二十三届广场舞蹈大展演，全年开展公益性演出110场，举办公益培训55期；开展成人教育培训6355人次，急救员培训141人，普及性应急救护培训565人。柳滩、吴嘴、马庄、张兴庄、东于庄、刘房子、闫街7个村完成农村集体产权制度改革工作。在3座清真寺开展“国旗、宪法和法律法规、社会主义核心价值观和中华优秀传统文化”“四进”活动，举

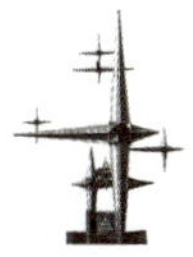

办首届卧尔兹演讲交流活动。

【社会保障】 全年新增就业1382人，完成保险扩面征缴1.5万人。新增低保84户，调增484户，调减270户，停发582户，现有低保和特困供养732户，发放各类资金1877万元。新办、转入、补办残疾证316个，为78名残疾人进行无障碍改造，发放救助资金413万元。新增严重精神障碍患者41人，减少21人，现有重精患者416名，发放监护资金97万元。全年办理住房补贴41户，限价房收入审查25余户。为因病、因灾造成重大变故家庭申请区临时救助61万元。受理审核发放丧葬补贴20万元。扶贫基金用于困难救助52人次；关爱资金用于失独家庭40余万元，受益80户132人。落实退役军人“两站一协会”建设，完成1397名退伍军人信息采集工作，发放优抚资金283万元。完成家庭医生签约服务30862人。

【综治维稳】 落实“七五”普法规划，投入20万元，打造天穆东苑长效法治宣传阵地，全年开展法治宣传60场，开展法治讲座70场。招募平安志愿者1064名，全年通过邻里守望推送治安警情176条，防范提示200余次。严厉惩治黑恶势力违法犯罪，抓获犯罪嫌疑人10名。建立“心灵驿站”，规范社区戒毒康复工作站建设，加强对邪教痴迷人员、在矫服刑、刑满释放等特殊群体的教育管控。深化“双百行动（100%排查、100%化解）”，通过访调对接，化解潜在矛盾纠纷135件。做好党的十九届三中全会和全国“两会”等重要时点的信访稳控工作。全年办理“8890”便民服务、政民零距离、区长热线、行风坐标等群众舆情3306件，回复率100%。

【安全监管】 全年为企业开展安全培训12场，发送安全宣传资料6000余份，制作下发安全生产责任手册1000本。检查企业1244家次，整改隐患1570处。代表北辰区迎接国务院和市安全督查。推进“国家食品安全示范区”创建工作，持续开展食品安全专项整治行动，巡查商户6724户次，查扣肉类食品800千克。加大对非法收售药品行为的惩治力度，依法取缔“黑窝点、黑作坊”，查扣非法药品570盒，确保居民群众“舌尖上的安全”。

（刘　星）

北仓镇

【概况】 2018年，北仓镇镇域面积32.2平方千米，辖13个行政村、10个社区居委会。户籍人口19491户、49271人。

2018年，工业总产值完成21.2亿元，销售额完成209.99亿元，零售额完成1.19亿元，镇本级财政收入2.85亿元。

【经济发展】 天辰三期、磐赢电力、潭建科技项目开工建设；龙洲道188号、189号项目完成施工许可证办理，并开工建设；推进御龙湾E座教育城规范化手续办理。信誉楼百货开业运营。全年引进千万元项目15个，亿元项目3个，首都资源项目5个。开展“双万双服促发展”活动，实现269家企业账户100%开通登录，7个项目账户100%开通登录。利用政企互通平台收集梳理企业问题275条，办结率100%。开展第四次经济普查清查及入库工作，清查单位2248个，个体户5423个，新增入库单位23家。认定市级科技型中小企业42家，组织15家企业申领区级创新券，92家企业参加市级科技型中小企业年检，31家企业申报区级专利试点，其中15家企业申报结项。对接市、区各项帮扶政策，为信誉楼百货项目申请绿色能源补贴192万元，为晨虹科技申请股改挂牌资金补贴70万元，为泵业集团申报“互联网+螺杆泵智能仿真分析检测和运维服务平台”项目，为金星空气压缩机申报军工资质证补贴15万元。

【城市化建设】 完成拆迁2.27万平方米，还迁安置区A-G7个地块60万平方米还迁房基本封顶，其中F地块7.8万平方米还迁房具备入住条件，出让区F地块13.67公顷土地地上物清理完毕，发布挂牌出让公告。启动拆迁，三义村、丁赵庄、桃花寺村基本清零。京津城际提升改造累计拆迁16.74万平方米，其中，核心区（北辰道以南）、华同等4个地块完成全部拆迁任务，并履行完土地收储征转手续；朝阳路、核心北、堆山公园等地块稳步推进。完善基础设施建设，高峰路拓宽（延吉道—盛仓北道）、运河东路、滕泰道均开始施工建设。加快还迁房资格证办理进度，取得资格证421件，完成阳光卡蒂尔小区还迁房办证前期规划验收、测绘、首登等工作。

【环境清整】 开展市容环境排查治理，清理占路经营1600余处，占路加工作业560处，清理广告灯箱、牌匾、布标等320处，清除窗贴、违法小广告2500余处。开展王秦庄“大棚房”违法占地专项治理，清拆172处点位、违法用地面积15.38万平方米。对刘园地铁场站违法建设进行专项整治，清理160余个经营户和住户，拆除违法建设面积14.6万平方米。开展社区违章棚亭专项治理，拆除各类违章棚亭面积3200余平方米。全年拆除卫星遥感违法建设1.3万平方米。

完成“散乱污”企业集中整治，对排查出的113家“散乱污”企业进行关停取缔、搬迁改造或原地提升，对新入驻关停取缔后空余厂房的纯仓储型企业办理环评备案登记手续。完成全部253家企业纸质表数据采集。加快推进工业聚集区企业红线内雨污改造工作，完成屈店工业园49家工业企业及京宝工业区47家工业企业雨污分流切改验收。建立镇、村两级河长管理体系，对镇域内所有河道、坑塘、沟渠的日常巡查。开展黑臭水体治理，投入500万元，深度治理10个村的37条沟渠和8个坑塘。

【社会保障】 召开大型人才招聘会，安置就业1475人。开展创业培训30人，小额贴息贷款19人，贷款金额380万元。加强社保扩面政策宣传力度，城乡医疗保险参保18310人。规范救助帮扶审核流程，开展低保、低收入家庭复核。关爱弱势群体，全年发放低保、低收入救助金803.5万元，发放救助款105.4万元。成立北仓镇关爱退役军人协会，完成信息采集1287人。完成年度征兵和民兵整组、训练任务。完成9个村农村集体产权制度改革。桃花寺村和董新房村在全区率先成立经济合作社和股份经济合作社。丁赵村450平方米底商集体经营性资产在天津农村产权交易所挂牌交易成功，属全区首例。

【社会事业】 创建国家第三批公共文化服务体系示范区完成验收，建成北仓镇文体中心并投入使用。实施文化惠民工程，组织开展万民同乐大联欢北仓镇花会展演、和谐文化大舞台北仓镇专场、迎国庆书画剪报展等文体活动。投资119万元，提升改造北仓小学附属幼儿园、富锦华庭幼儿园。定期对全镇17所托幼园（点）进行安全大检查，保证托幼园（点）安全。规范校外教育，治理镇域内100余家校外教育机构。抓好公共卫生服务项目，开展大肠癌筛查、慢病管理、妇女儿童保健等服务，持续开展家庭责任医生签约，全年签约居民14578人。投入140余万元，开展特扶人员扶助金发放，独生子女费发放，失独、困难家庭帮扶慰问等活动。完成2018年流动人口动态监测入户调查工作。

【安全维稳】 投入近130万元，在鑫发花园、鸿泰园小区建成全覆盖视频监控系统。加大“扫黑除恶”“涉枪涉爆”等专项工作宣传力度，组织开展《宪法》《中华人民共和国未成年人保护法》等各类法律知识宣传，聘用法律顾问。全年签订安全生产责任书5768份。开展安全生产大检查和持续深化隐患大排查大整治等各项检查工作。全年检查生产经营单位514家次，排查出隐患1421项，完成整改1378项。建立健全安全生产应急预案，落实人员、装备和物资储备要求，开展应急演练51次。完成天阳公寓管网整改，苍生大厦完成隐患整改预算评估，启动鸿仓工业区管网提升改造。

（刘晓文）

双街镇

【概况】 2018年，双街镇镇域面积42.21平方千米，辖15个行政村，6个社区居委会。户籍人口14648户、39691人。

2018年，实现地区生产总值30亿元，本级公共财政收入2.2亿元，固定资产投资15.5亿元，内资到位5585万元，外资到位84万美元。经济发达镇行政管理体制改革在全市率先完成，并通过市级验收。

【招商引资】 全年引入1000万元以上项目15个，其中1亿元以上项目2个，完成“四个一批”项目17个，其中在谈项目6个，签约落地项目3个，开工建设项目2个，达产达效项目6个。直通硅谷创新创业大赛37个获奖项目全部落户中关村可信产业园，全年新增市场主体602家。喜来登酒店主体结构完成封顶，国耀·上河城购物中心完成招商引资工作，正在内部装修

【科技创新】 强化科技创新政策引领，实施创新驱动，新增市级科技型中小企业132家，国家级科技型中小企业40家，科技“小巨人”企业2家，市级高新企业12家，新增国家级高新企业8家、区级专利试点企业34家。申报专利461件，4家企业申报区农业科技计划和社会发展计划，申报科普中国e站2家。累计取得市、区科技资金扶持1194万元。全年完成17家企业创新转型，双街、双源工业区引入东具机电、赢洲机械、诺莱金恩电梯、佰利金金具4家企业，腾换厂房面积约2万平方米，新增投资额1.1亿元，产值3亿元，税收1000万元。

【“双万双服促发展”活动】 落实“津八条”“辰十条”，坚持“三级包联”工作机制，全年举办各类政策宣讲会10次，53名帮扶干部对182家企业实地走访701次，解决实际问题187个，企业账户开通率、问题收集率、解决率、满意率均为100%。

【新农村建设】 全力推进农村人居环境整治、全域清洁化工作，加大村容村貌整治力度，新建移动式水冲厕所3座，实施村庄水环境治理项目4个，完成雨污分流改造单位87家，完成水源转换工程3项，清理河道沟渠3千米。发展高效优质现代农业，投资3000万元，建成全国首个蚯蚓工厂化养殖车间，推进绿圣蓬源蘑菇基地、草莓园、葡萄园规模化和网络化经营，完成牡丹园200公顷油用牡丹种植工作。承办全国和天津市都市现代农业现场交流会，举办北辰区首届农民丰收节、第五届双街葡萄旅游文化节，提升知名度和影响力。统筹北运河综合改造和复垦地块整合，初步完成双街都市绿谷田园综合体规划。推进农村集体产权制度改革，8个行政村完成改革任务。

【新市镇建设】 上蒲口、下蒲口、下辛庄65户剩余房屋全部拆除，拆旧复垦区实现全部清零；启动胡园、汉沟村庄拆迁，与650余户群众签订拆迁协议；轧二职工宿舍进入国有征拆程序。张湾还迁区E、F、K、L地块62.24万平方米的还迁房全部建成，配套工程全部完工并具备使用功能；下蒲口、下辛庄村完成群众选房，上蒲口村完成两轮选房工作。二期A地块土地征转手续报市国土局审批，B、D地块完成土地征收手续。完成上蒲口、下蒲口、下辛庄剩余12.57公顷复垦土地场地平整覆土、沟渠修建等基础工程，开展土壤监测、面积测量及图纸变更工作。对郎园出让地块开展土地整理，郎园2、郎园4地块13.73公顷土地实现挂牌。

【环境清整】 推进“双违（违法建设、违法占地）”治理。开展北运河河道沿线专项治理行动，拆除违法建筑19处。拆除朗园、小街出让地块，青水源、大港物探等历史违法建设215处，面积10万余平方米。打造无违章社区，拆除万源星城、城际美景违章176处，拆除面积4800平方米，恢复绿地面积3000平方米。开展“大棚房”及违规占用农用地清理整治，清理违章“大棚房”83处，总面积4000余平方米，恢复种植面积1.1万平方米。

引进“环保管家”服务模式，指导20余家重点产废单位提升危险废物规范化管理水平，8家废酸产生单位完成视频监控设施建设。清理整治镇域内42家“散乱污”企业。迎接中央环保督察16轮次。配合完成万源供热有限公司1台80蒸吨燃煤供热锅炉达到燃煤电厂超低排放水平改造任务。配合开展全国第二次污染源普查工作。完成镇域内10个裸地点位的苫盖，总面积18.72万平方米。完成镇域内8个国企宿舍，513户的煤改电任务。全镇5条主干道路全部实现机扫水洗。在京津公路、双江道等区域整理画线，新增停车位500余个。采购配置雾炮车、机扫车，启动7000平方米临时垃圾堆存点建设，增设果皮箱、垃圾桶600余个。开展绿化美化，造林绿化20公顷。集中清理滨保高速公路、京山铁路沿线、京津公路等道路垃圾点位17处，清理垃圾500余吨。加快推进清洁社区建设，清理社区及周边工业垃圾、各类堆物1500余车，修复安装护栏432处，维修更新垃圾箱桶100余个。

【社会保障】 落实优抚、社会救助政策，全年发放各类保障金342.7万元，惠及1199人。发放残疾人生活护理等各类补贴65.35万元。开展各类职业技能培训，累计培训3800人次。举办110家企业大型招聘会，达成就业意向490人。推进保险扩面工作，全年参保人数14827人。为第一批113名民办代课教师发放补贴30.69万元。建立镇村退役军人服务站，成立关爱退役军人协会，为1045户军人家庭颁发军人光荣牌，完成1069人信息采集工作。代表天津市基层武装部接受中央军委国防动员部检查验收。

【社会事业】 加大教育投资力度，全年学前教育、义务教育、成人教育投资总额为81.26万元。累计完成成人教育培训7995人次。中小学义务教育阶段入学率、残疾儿童入学率、流动人口适龄儿童入学率均达到100%。模范小学、第二模范小学均获得北辰区千分考核一等奖、文明校园、卫生安全先进单位等荣誉。加强公共文化服务体系示范区建设，建成2000平方米镇级综合文体服务中心并投入使用。举办“第二十五届万民同乐大联欢花会展演”“北运河之夏和谐大舞台双街镇专场演出”、“浓情中秋、幸福相伴”、纪念改革开放四十周年等文艺演出和公益活动82场。开展4次电影周活动，放映公益电影70部。妇女孕前免费优生筛查完成率全区第一。

【安全维稳】 开展消防安全隐患大排查大清理行动。排查建成区13个社区、177栋建筑物所有楼道的消防安全隐患，排查走访地下室2272个，清理杂物堆物610余车，清理各村煤炉具30余个、物品回收点和易燃品仓库15处。持续开展对幼儿园、托幼点、校外培训机构、学校及周边联合安全检查18次，确保全年校园安全“零事故”。开展安全环保和事故隐患排查和专项整治工作，累计检查企业789次，排查问题1946个，整改率99%。年内，办理行政审批事项200余件，服务事项2.4万余件。检查镇域内823部电梯，开展食品安全“双安双创”工作。

开展矛盾纠纷排查化解“双百行动”和信访积案攻坚化解工作，全年接待处理来信来访150件，办结率100%。登记平安志愿者2079人，建立基层“邻里守望”微信群22个。打造技防“天网”，完成双街、柴楼等4个区域性防控中心与镇综合指挥中心联网对接，在重点部位新增监控点位398个。推进社区禁毒工作，建立海河阳光爱心家园戒毒工作站。开展反邪教警示教育，完成4名重点人教育转化攻坚，清缴社会面邪教宣传品5870份。小街村获“全国民主法治示范村”称号。

（苏少青）

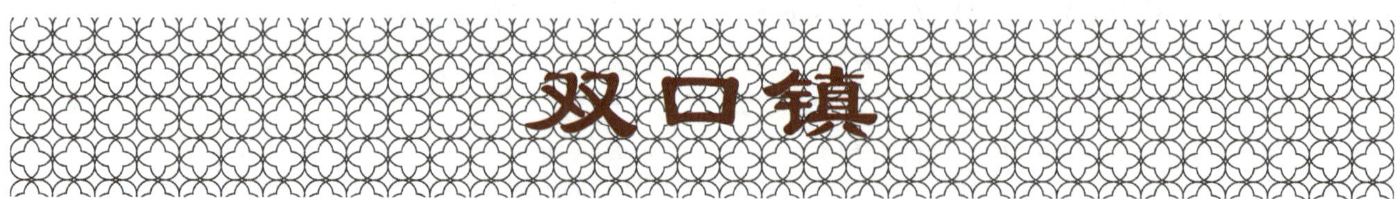

双口镇

【概况】 2018年，双口镇镇域面积72.40平方千米，耕地面积3896公顷，辖21个行政村。户籍人

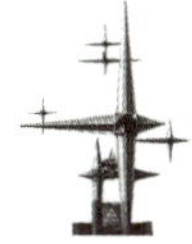

口14674、户40374人。为津西北果品基地、全市最大镇级奶牛养殖基地，建有天津市爱国主义教育基地——安幸生故居。

2018年，全年实现规模以上工业总产值18.83亿元，本级财政收入8500万元，固定资产投入2.3亿元。

【工业 服务业】 加大招商引资力度，全年引进1000万元以上工业、服务业项目11个，其中亿元项目1个，引进首都资源项目7个。完成企业转型升级26家，其中关停落后产能13家、电子商务转型1家、精益管理创新转型2家、专利提升9家、设备升级1家。实行联控联防机制，持续开展“地条钢”排查整治行动。推进第四次全国经济普查工作，上报率位居全区9镇首位。

【农业】 发展特色农业产业，冬冠蔬菜良种创新基地成为全国最大黄瓜研发中心，育种规模位居国内首位。发展乡村旅游，新开发冠林国跤馆、暴雨越野公园等一批旅游项目，先后举办山药养生节、“徐堡大枣”采摘节、葫芦文化节等系列旅游主题活动15场，吸引游客4.5万人，带动农民增收。整建制完成农村集体产权制度改革，确认经济组织成员14531户、37975人；清核经营性资产21004.54万元，非经营性资产26208.75万元，资源性资产5856.68公顷，下辖21个行政村成立经济合作社。完成警备区“全停”任务，成为全市典型。做好非洲猪瘟防控工作，建立健全生猪养殖档案，对生猪养殖户开展拉网式排查和定期消杀工作。

【城镇化建设】 引进上海绿地集团和北辰开发区作为双口示范小城镇合作主体，签订开发建设协议，成立平台公司，投资总额135亿元。双口片区示范小城镇规划调整方案，获市政府正式批复。启动高铁还迁房建设，桩基工程全部完工并通过承压测试，止水帷幕工程全部完成。完成双青500千伏变电站、新104国道和双青污水处理厂二期征拆任务，重新启动医药园区“530地块”征拆工作，完成征拆10.54万平方米。双河路、双三大胡同、南大道、郝堡路、后堡联络线等乡村路网建设全部建成，杨河桥梁修建工程实现通车。全年拆除违法占地31宗、4.23公顷；治理“大棚房”1处，拆除硬化地面4000平方米、超标看护房1300平方米；拆除设施农业违规项目3处、0.45公顷；清理拆除河工大东围墙历史非法餐饮网点和违章棚亭400平方米。

【社会保障】 城乡居民养老参保24914人，完成社会保险扩面6598人，总体排名位居全区第一。全年完成就业培训306人、安置就业1335人。举办春季大型就业招聘会，吸引参会企业136家，提供就业岗位1500余个，达成就业意向658人，现场签约161人。加大低保、低收入家庭、困难群体帮扶救助力度，全年累计发放各类帮扶救助资金2640万元。

【环境整治】 实施全域清洁化工程，组织开展庭院大扫除144户，集中清理房前屋后柴草堆物200余处，粉刷村庄立面5000平方米，清理小广告6000条，新修、改造公厕11处，治理畜牧养殖户7家、物回点位110处，清理垃圾废物380吨。集中治理黑臭水体7处2.6万平方米，清淤河道25千米。镇域主干道路两侧商户签订门前三包协议600户，清理道路沿线灯箱牌匾500余处、布标360余幅、堆物38车次；完成秸秆还田及综合利用133.33公顷，清理田间地头荒草246.67公顷。

【社会维稳】 全年接待群众来信来访123件次，办结率100%；化解积案4件，化解率100%开展扫黑除恶专项斗争，核查处置涉黑涉恶问题线索13件。开展“12348天津法网”“12•4”国家宪法日、“法律六进”等普法宣传活动25场，累计接待法律咨询、法律援助68人次，办理人民调解案件184件，新接收社区矫正人员25人、解除矫正26人，新接收安置帮教人员39人、解除帮教24人，重新犯罪率为零。

【社会事业】 加快学前教育发展，全年晋升市一级园1所、二级园3所、三级园1所、民办二类园2所、区一级园2所。完成河工大和附属学校合作共建项目10余个。开展群众性精神文明创建活动，评选“天津好人”2名，“北辰新乡贤”1名。完成创建国家公共文化服务体系示范区验收工作，启动镇社区卫生服务中心项目建设。完成计生免筛131对，申报奖扶27人、特扶272人。开展群众性文体活动，举办“盛世筑梦十九大”演出、第四届乡村文化节等文体活动52场。

【安全生产】 开展“散乱污”企业专项整治，新关停取缔“散乱污”企业36家，推进散煤清洁化治理工程，实施“煤改电”攻坚行动，完成12个村、2

个家属院9984户“煤改电”任务，累计立杆4034基，安装变压器308台、取暖设备20006台，铺设线路418千米。完成34处、29.9万平方米裸地治理任务，整治露天烧烤点位44处。开展“大排查大整治”“涉爆粉尘”“有限空间作业”等专项排查整治行动，累计检查企业1896家次，整改安全隐患2167处。加强安全生产宣传教育，先后举办“三类人员”专题培训会6场，新增取证人员600余人；开展“防灾减灾宣传周”“安全生产月”等主题宣教活动，覆盖企业360余家、员工1万余人。加大消防安全工作力度，排查出租房屋、低端商贸市场等重点点位2342家次，整改消防隐患3688处；3支镇级消防队累计出警240余次，挽回经济损失300余万元。落实食品药品安全监管责任，组织开展食品药品安全联合检查行动7次，累计检查餐饮、养殖、农副产品、食品加工生产及经营单位2888家次，取缔食品药品黑窝点26处。

【新媒体建设】 打造“微双口”官方微信平台，开设“双口好人”“图说价值观”“家风微课堂”等多个板块，全年发布156期，发送各种工作信息、便民资讯等500余条。全年阅读量累计100000余次。

（白　杨）

青光镇

【概况】 2018年，青光镇镇域面积41.61平方千米，辖6个行政村和1个社区居委会。户籍人口10210户、27985人，其中乡村人口21517人。2018年，实现生产总值本级财政收入1.13亿元，农村常住居民人均可支配收入2.7万元，外贸进出口额1.6亿元，固定资产投资3.7亿元。

【招商引资】 制定出台鼓励招商引资政策措施。全年引进项目23家、总投资1.63亿元，1000万元以上项目5家，1亿元以上项目1家；在谈项目6家、总投资约30亿元。协同京津冀发展，引进首都资源3家，落地投产“京冀”项目8家、总投资1500万元。

【“双万双服促发展”活动】 推进“双万双服促发展”活动，成立专业服务组对接企业和项目，“一对一”帮扶企业87家，组织政策宣讲会5场和专场招聘会2场，实地走访企业314家次，发放宣传材料690余份，收集企业融资、用工、环境等8类问题、93个，问题收集率、解决率、满意率均为100%。

【科技创新】 推动科技与产业、市场、资本对接，完成3家科技型企业股改备案，广大纸业“新三板”成功上市，实现“新三板”上市企业零突破。发放科技补贴244.46万元，认定科技型“小巨人”1家，国家级科技型中小企业38家，市级科技型中小企业35家，国家高新技术企业7家。申领科技创新券10家，申报市高企资质9家、区级专利试点项目7家。

【城中村改造和新市镇建设】 加快城中村改造步伐，推动剩余点位拆迁进度。加快新市镇重点地块建设进度，韩家墅4号地块主体封顶，李家房子二期主体封顶。做好新市镇拆迁复垦，完成刘家码头2个点位和李家房子37个点位7.3万平方米拆迁，加快韩家墅和李家房子8公顷复垦地块的验收进度。推进百利装备等多家国有地块的收储。

【基础设施建设】 原址重建铁锅店公园，完成老旧小区（瑞顺、瑞通）提升改造，修缮青光中学东路和青光村东路，加固检修津霸公路、京福公路沿线路灯，推进李家房子碧水蓝湾小区居民燃气入户项目，修补桃园别墅供热管道。协助推进飞翔路建设进度。

【环境清整】 开展第二次全国污染源普查，清查工业源188家；拓展“散乱污”治理成效，对483家治理企业开展回头看；治理工业园区围城问题，对6个工业园区进行分类治理，基本完成李家房子园区拆迁取缔；完成环外3个片区、4112户煤改电，拆改燃煤锅炉125台。治理裸露地块55处30万平方米，推动11家工业企业错峰生产。推进水污染防治，落实河长制，完成青光片区雨污分流改造，集中治理黑臭水体25条，清理河面漂浮物

10万余平方米，铺设管道2000余米。开展“大棚房”专项清整，整治279个大棚，清整土地面积43.9万平方米；整改红光龙源马场1500余平方米违法占地，拆除铁锅店等6处违章建筑、6700平方米。

【综治维稳】 完成3个市级帮扶困难村的“平安村”创建。落实属地和属事责任，中共十九届二中全会、全国“两会”等重要敏感节点维稳值守320人次。全年累计接待来信来访193件次，信访信息系统交转办理68件，调处矛盾纠纷123件次。通过8890、政民零距离等网络热线推动解决百姓诉求733宗，

【社会事业】 全面落实低保、“五保”、困难救助和补贴政策，发放低保、救助、优抚等资金486万元。组织大型招聘会3场，新增就业1041人，解决劳动纠纷6起，为7人讨回工资3.5万余元，结案率100%。完成育龄妇女免费查体4000余人次，免费孕前优生健康检查118人。举办各类演出8场，建成2143平方米的青光镇文体中心。强化退伍军人服务管理，成立关爱退役军人协会，为退役军人和其他优抚对象进行信息采集，为烈属、军属和退役军人等家庭悬挂光荣牌783块。

【安全生产】 开展各类安全生产排查整治，检查企业215家次，发现并整改隐患831项，整改率100%。落实消防网格化监管，启动“三分钟救火圈”建设。完善食品安全三级监管网，强化“大片区+小网格”责任，查处黑窝点19处，销毁酒瓶10万个、伪劣原材料1000余千克。排查各类井3692座，消除坠井隐患。严控严禁严查非洲猪瘟，清理违法畜禽屠宰饲养点位8处。

（闫学立）

宜兴埠镇

【概况】 2018年，宜兴埠镇镇域面积22.72平方千米，耕地面积578公顷。辖10个街（村），9个社区居委会。户籍人口14126户、29180人。2018年，完成镇本级财政收入1.92亿元，固定资产投资13.30亿元，外贸进出口总额20.45亿元，到位内资11.47亿元，规模以上工业总产值58.07亿元，限额以上商品销售总额138.23亿元。

【经济社会】 全年开发投入1000万元以上新项目13个，其中工业4个、服务业9个；1000万元以上工业技改项目完成6个；引进首都资源项目4个。加大科技型企业资金扶持力度，认定市级科技型中小企业40家、国家级科技型中小企业42家、“小巨人”企业1家。推进“双万双服促发展”，走访企业1000余家，收集并解决问题267个，平台接办率、解决率均为100%。完成17家企业转型升级，申报专利试点企业15家、认定国家级高新技术企业7家。开展“散乱污”专项治理取缔工作，对辖区600余家企业进行全覆盖摸排检查，逐家建立档案。完成名录库479家工业企业普查登记和信息采集工作，全国第二次污染源普查取得阶段成效。投入140余万元，聘请环保专业公司，探索建立“环保管家”监管方式。完成城中村、旧村地块裸地苫盖131万平方米，搭建围挡4600米，加大道路机扫水洗力度。对行洪河道实现专业化管护，实施全过程动态监督。投资100余万元，改造南十排干，污水全部引入污水管网，完成黑臭水体整改。投资500余万元，对二五四干渠实施截污治理工程。累计投资400余万元，治理纳入河长制监管的43条各类沟渠，编制“一河一策”综合治理方案。推进雨污分流改造，治理企业200余家。全面完成引滦占压治理工作，拆除占压14万平方米。

【城市化建设】 提前实现4A、5A、5B、8B及宜兴路5个重点地块清零，累计拆迁住宅1100户、公建40处，完成旧村项目拆迁总量的90%。加快实施还迁房及配套设施建设，完成1A宜鹏园地块竣工验收，3、6、19号楼完成砌筑；9号地二期还迁房完成开槽；5号地还迁房完成户型设计。全年办理外购普东新苑、富锦华庭、蓝岸森林、辰发花园产权资格证1200余件；办理普润家园、普泽家园、辰庆家园产权资格证2600余件；完成8A、

8B、9号地1500余户被拆迁房屋土地证批量注销。年初，启动第四批选房工作，将新购置的518套房屋纳入旧村改造总房源，待选房源1412套，完成569户选房1146套。

【社会维稳】 落实信访维稳责任制，推进信访积案化解，市交办的9件信访积案提前一个半月全部办结，化解率100%。加大政务公开力度，主动公开政府信息214条。按时接办处理“8890”民生热线，梳理“政务一网通”公共服务事项71项、办事指南57项。完成市“两会”，十九届二中、三中全会，全国“两会”及中非合作论坛、达沃斯论坛的维稳任务。累计发放扫黑除恶宣传彩页2万余份，利用新媒体资源及时发布动态信息30余条。全年拆除违章建筑、违法建设300余处、9.6万平方米。成立关爱退役军人协会，完成退役军人信息采集和悬挂光荣牌工作。做好原民办代课教师教龄补贴发放，启动第二轮原代课教师身份、教龄认定工作。完成农村集体经济产权制度改革任务，10个街全部成立农村集体经济股份合作社，成为全区第一个整建制完成改革任务的镇。

【社会保障】 新增城乡、城职、养老、医疗保险2700余人，组织各类职业技能培训7150人次，安置就业人员1300余人，发放失业金近44万元。全年累计发放各类救助款1800余万元。开展育龄妇女两癌筛查及妇女病查体，推进流动儿童免疫接种工作。镇卫计办被评为“2015年至2017年市级计划生育先进集体”。教育教学水平稳步提升，区“六升七”考试3所小学全科及格率均超全区平均水平，分别受到表彰奖励。镇成校申报的“新时代城镇化进程中新市民素质提升研究实验”获市社区教育项目二等奖，“武术进校园传递正能量项目”被评为市终身学习品牌。完成镇文体中心建设，举办13场大型演出，组织文体活动55次，完成70场电影放映。参加全民健身系列赛事，卡丁车、台球比赛均获全区第二。做好“非遗”的传承和保护，完成5项“非遗”纪录片的录制。

（孟宪冬）

小淀镇

【概况】 2018年，小淀镇镇域面积43.12平方千米，辖5个行政村，2个社区居委会。户籍人口9090户、23940人。

2018年，实现镇级公共财政收入2.4亿元，固定资产投资51亿元，城镇常住居民人均可支配收入3.45万元，实际利用内资18.5亿元，实际利用外资262万美元。

【转型升级】 新增科技型企业82家、1亿元以上科技型企业1家；培育国家级高新技术企业11家、区级专利试点22个。24家企业完成创新升级，3个1000万元以上技改项目竣工投产，恒丰达塑业股份有限公司在新三板挂牌。

【服务企业】 开展“双万双服促发展”活动，建立“一企一策”“双周推动会”“一口受理、一站办结”等机制，走访企业1200家次，解决问题178个，线上服务平台企业登录率、提问率、办结率均为100%。协助110余位艺术工作者入驻小淀现代国际艺术区，举办文化创意活动10余次。

【城市化建设】 全年累计完成各类拆迁17万平方米，温家房子安置区29栋、24万平方米住宅竣工验收，小贺庄15.9公顷B1B2地块成功出让，北辰东道城市管廊项目工建清零。万发变电站完成红线范围内2400平方米地上物拆迁和界外地带地上物的征前告知，站址部分进场施工。

【环境保护】 配送清洁煤6802吨，清理“散乱污”企业128家，取缔非法排污企业8家，开展“地条钢”排查600余家次，整改各类问题552个。苫盖裸地21万平方米，清除荒草266.67公顷，新增绿化56公顷。治理农村沟渠7条，实施企业内部雨污分流改造112家，完成小淀工业区和居住区雨污分流改造工程，拆除引滦水源占压物2.5万平方米。镇域全年未发现动物疫情和乱捕乱杀情况。完成秀河

园、嘉阳花园社区环境整治和中学西路翻修工程，解决小淀秀林里、秀林园居住区饮水问题。

【社会保障】 举办就业招聘会2场，转移就业1000人。城乡居民社会养老保险和城乡居民基本医疗保险扩面新增2000人。完成低保专项整治和调标工作，累计发放各类救助金750余万元。成立退役军人管理服务站和关爱协会，启动退役军人信息采集和光荣牌悬挂工作。启动农村集体产权制度改革，5个村全部完成资产清查，2个村申领组织机构代码证。

【社会事业】 建立城乡居民健康档案3.3万份，落实家庭责任医生签约服务8300余人，应急救护知识宣传培训覆盖1000余人；组织惩治“两非”专项行动4次，药具市场清查4次。投资290余万元，建成3000平方米的小淀镇文体中心，举办小淀好声音巡演、和谐文化大舞台、龙腾狮跃闹元宵等各类文体活动52场。

【安全维稳】 检查商户3000余家次，查处无证无照经营商户140余家次，取缔“黑作坊”17家。对出租房、人员密集场所和物流园区进行专项排查整治，隐患整改率100%。整改安全隐患4000余处，清理乙炔气生产“黑作坊”1处，无害化处理乙炔气瓶100余个，全年未发生重特大安全事故。开展各类主题宣教活动59次，发放宣传资料2万余份。组建100余人的平安志愿者队伍，利用“邻里守望”四级微信群，发布各类防范预警信息500余条。排查矛盾隐患12次，调处矛盾纠纷173起，提供法律咨询170件。接待来信来访162件，办结157件，化解市交办7件信访积案。

（管树桐）

大张庄镇

【概况】 2018年，大张庄镇镇域面积98.15平方千米，耕地面积4790公顷。辖31个行政村，户籍人口14322户、35068人。

2018年，实现生产总值90亿元；本级公共财政收入1.1亿元；农村常住居民人均可支配收入23291元；固定资产投资1.18亿元；实际利用内资0.4亿元。

【农业农村】 推广使用农业新技术、引进新项目，万亩小麦喜获丰收。完善农田水利设施，维修清淤桥涵、泵站、沟渠、机井9处，完成鼎牛养殖场粪污治理工程建设。做好重大疫病防疫，免疫畜禽12万羽，排查生猪12.2万头，消毒面积5.2万平方米，严防非洲猪瘟发生。推进农村集体产权制度改革，完成21个村人员资格认定，31个村全部完成清产核资，16个村完成改革任务。推进新一轮困难村帮扶，落实“一村一策”，为8个困难村购置经营性房屋，每个村集体年收入增加22.5万元。发展现代都市型农业，建成李辛庄千亩稻田，种植首年实现丰收，精准脱贫初见成效。津围公路安装交通信号灯1处，新修乡村公路3.1千米。完成小诸庄、大吕庄95.33公顷土地开发整理项目。大双污水处理厂二期地上物征补工作完成，进场施工。

【转型升级】 开展“双万双服促发展”活动，解决江铜华北、金锚集团等重点企业涉及的环评审批、厂房建设等问题，全年为企业解决各类问题142件。伟星新材、华信机械等规上企业实现总产值150亿元，比上年增长12.7%。完成华北电缆、美昌幕墙等20家企业转型升级工作，豪维电器进行股份制改革，累计2家企业实现天交所挂牌。

【产业优化】 加大“散乱污”企业治理，新排查取缔“散乱污”企业24家，提升改造重点企业32家，实施异地搬迁企业8家。新认定国家级高新技术企业8家，累计达到24家。完成国家级科技型中小企业评价35家；完成市级科技型中小企业评价33家，累计达到610家。博众运动器材、三木森电炉等13家企业被认定为区专利试点企业，申请各类专利300项。

【载体建设】 实施工业园区围城治理工作，万发、意达等8个园区全部建档，实行“一园一策”治理模式。完成张献庄和飞龙工业园区的取缔任务。2个园区累计拆除企业40家，拆除地上物建筑面积16.2万平方米，完成万发、意达等4个工业园区雨污分流管网改造2.3万米，修缮园区道路10.6万平方米。启动意达工业园区规划编制工作。

【招商引资】 贵和华涛产业园、江铜华北二期项目投产。伟星天津产业园二期项目初步达成建设意向，投资5亿元的华北集团精品铜项目、投资6000万元的先知邦与中铁研究院合作项目立项选址。新引进1000万元以上项目11个，1亿元以上项目2家，首都资源项目2家。成立大张庄镇商会，会员企业31家。启动第四次经济普查，完成清查阶段工作。

【新市镇建设】 启动北区8个村拆迁安置工作，大兴庄、张五庄等6个村、1086栋住宅顺利拆迁，拆迁面积13.5万平方米。完成栖凤小镇20公顷土地出让，收回土地出让金5亿元。完成新市镇北区27万平方米还迁房建设修详调整。启动南区还迁地块拆迁扫尾，实现A、B地块民宅“清零”。南区92万平方米还迁房项目进行土地征转、建设工程规划许可证办理。朱唐庄、小杨庄等5个村拆迁民主程序履行完毕。

【重点工程】 联合区12个委局，开展外环东北部调线工程拆迁扫尾攻坚行动，一个月内完成线上70余处民宅等地上物共9500平方米拆迁硬任务。外环国道功能外迁项目杨北公路段全线施工，九园公路段除大兴庄民宅、兴果农药厂外全线施工。产城融合示范区5.9平方千米核心区项目完成273.47公顷集体土地征补，签订拆迁补偿协议30户，拆迁面积4万平方米。新光道等3条配套道路开工建设。京滨城际铁路项目完成地质勘探，正在进行核量测量。启动京津塘高速九园公路开口工程拆迁建设。外环东北部调整线工程全线进场施工，开展九园公路东扩和杨北公路拓宽工程。

【还迁区建设】 深化社区服务管理，解决群众反映的各类问题230余件。启动还迁区15栋高层外檐整修工作，维修空置还迁房600余套，粉刷靓化164个楼门墙面，解决一、二期77套还迁房漏雨问题，维修验收电梯12部，维修热力管道4160米，改善居住环境。提升改造喜凤花园市场摊位132个，门脸1800平方米。新建微型消防站4座，组建社区消防队。完成喜凤花园小区雨水管网改造5806米，维修路面3.9万平方米。

【环境治理】 解决各类环境问题161个，全年PM2.5平均浓度改善17.8%。强化环境污染巡查，核销治理裸地46处，整理渣土堆30余处。排查整治工业挥发性污染企业4家，全部整改合格。开展秋冬季大气污染防治攻坚行动，清理取缔储煤企业2家，完成北八村1800余户“腾迁”工作，大张庄、李辛庄等4个村“煤改电”工程全部完成，为3456户村民安装取暖设备9763台。投入400余万元，集中清理沟渠荒地杂草，处理着火点位80余处，1600公顷秸秆粉碎还田。将4条一、二级河道和55处坑塘沟渠纳入管护范围，10条河道签订保洁工作协议，黑臭水体基本消除。填埋引滦红线占压鱼池12个、2万平方米，拆除面积3372平方米，饮用水源地水质达标率100%。

【社会保障】 举办就业招聘会5场，实现就业1200人次。提高村民参保率，新增参保人员7580人。累计为拆迁村民发放土地供养金、养老补贴金等2.1亿元。解决劳资纠纷4起，保障企业职工合法权益。加大困难群体救助，发放低保金、补助金、优抚金、临时救助金等1200余万元。做好退役军人服务，成立关爱退役军人协会，完成信息采集1255人。开展全民教育，农民大专班累计毕业164人，名列全区首位。举办农民画班、吉他班培训215期。实施文化、图书总分馆制，投资200余万元完成3000平方米文体中心提升改造工程。建成基层图书服务网点7个。举办儿童文化艺术节、广场舞大赛等文体活动100余场。全区首家社区疼痛门诊落户镇卫生服务中心。家庭责任医生签约1.5万人，免费查体8900人次。

【社会治理】 推进扫黑除恶专项斗争，完成全国“两会”、达沃斯论坛等特殊时期维稳任务。排查化解各类矛盾纠纷223件，初信初访一次性办结率超过98%，市级信访积案按期化解。深化“全国禁毒示范城区”创建工作，戒毒康复工作站建成并投入使用。完善安全生产责任体系，开展安全生产大检查，检查企业613家次，整改问题隐患1874项。强化食品安全监管，清理取缔黑作坊4家。规范管理车辆运输，整改道路安全隐患136处，做到一车一档。

（刘 建）

西堤头镇

【概况】 2018年，西堤头镇镇域面积89.65平方千米，耕地2820公顷，辖10个行政村，户籍人口15261户、38615人。

2018年，完成本级财政收入9015万元，全社会固定资产投资完成9200万元，实际利用内资5000万元，常住居民人均可支配收入（农村）24000元，常住居民人均可支配收入（城镇）33500元，规上工业总产值完成76亿元，商品销售总额69.3亿元，进出口总额2.64亿元。

【招商引资】 全年引进1000万元以上项目1个，新认定科技型企业16个，国家级高新技术企业3个，获得专利47项，审批新建和扩建项目11个。累计走访企业417家次，平台收集问题162个均得到解决。成立西堤头镇商会，为全镇各产业统筹业界资源、促进产业提升提供平台。

【城乡建设】 推动农村集体产权制度改革工作，发放明白纸1万余份，制定《西堤头镇新型村集体经济组织成员身份分类参考》等5个示范文本。完成10个村新型经济组织成员身份确认和清产核资工作，5个村组建经济合作社。完成4个村、6条乡村公路的修建、翻新。完善农村电力基础配套，规范化梳理2013年以来所有违法建设电子档案。制止双违问题98宗，拆除各类违章建筑7个，违法用地7块。全面拆除109处违规大棚房，整治还耕违法占地5000余平方米。清除渤海职业技术学院周边违法棚亭20余处，500余平方米。治理村台欺街占道、私搭乱建。

【重点工程】 外环线国道功能外迁项目除民宅外基本完成拆迁工作，完成新区污水处理厂和配套管网工程项目地上物拆迁补偿任务。京津第二输油管线工程基本完成征拆工作。完成陆路港园区芦新河村坟茔迁移工作。燃气管道工程、外环东北部调整线与津蓟快速路立交工程完成地上物的放线、核量工作。

【四清一绿】 完成10个行政村垃圾收运系统的改造。完成赵庄子村900吨、姚庄子村200吨污水处理站及配套管网建设。完成芦新河、东堤头、刘快庄、辛侯庄、韩盛庄5个村的煤改电工作，安装暖风机、空气源热泵等取暖设备13673台套。巡查“散乱污”企业，清除点位55处。完成26家化工企业搬迁改造，完成原地提升改造企业17家验收并恢复生产。处理环保污染信访件59件，回复8890转办252件。完成全镇养殖水域滩涂规划，确定禁养区、限养区、养殖区的划分；完成全镇农业污染源普查；完成饮用水源保护区违法问题专项排查。增设河长制公示牌37块，镇级河长巡河累计420次。针对15处不达标沟渠、坑塘水体，实施“一点一策分类施治”，治理黑臭水体。完成西堤头村、刘快庄村、姚庄子村、赵庄子村和辛侯庄村造林绿化11.6公顷，栽植树木10850株。加强林业有害生物防控和护鸟巡查，在重要点位设立禁止捕猎宣传牌，发放野生鸟类宣传页80余份。

【社会保障】 举办2场大型招聘会，3期创业培训班，向区职介公众平台推送60家企业和250名求职者，实现新增就业1209人。社会保险扩面完成6187人，完成劳动合同备案929份，完成劳动监察企业年检310家。居民医疗保险参保缴费2.2万人，城乡养老保险参险累计8627人。化解上访案件20件，涉及工人39人，解决工资29.43万元。全年累计发放低保、特困供养、优抚金、春节慰问、临时救助、殡葬补贴、义务兵家属优待金、残疾人各类救助资金3018.58万元，2991人受益。加快推进结对帮扶困难村工作，帮联单位先后为5个困难村各配备450平方米生计用房。

【社会事业】 修整河道路面11140米、植树700余棵、新建垃圾池2座、污水处理设施1处，翻修建设党员活动室、村幼儿园、设备厂房各1座，为村民安装安全饮水设备1套。组织幼儿园、托幼点“互比互学互看”活动，组织小学青年教师说课比赛和教学设计大赛；开展“六一”慰问活动；召开全镇教职工大会，展示各校特色办法成果，东堤头中学在全区中考综合考评排名第一，霍庄中学被评为2018年度全国国防教育先进校。推进成人教育工作，自主开办串珠、钩织、剪纸、布艺等技能培训及干部礼仪、茶与健康讲座50余场。农民大专学历教育累计招生370人，累计毕业132人，位居全区前列。

【社会维稳】 确立企业月例会制度，宣讲安全环保法规政策，全年培训1000余人次。聘请专业公司在全镇范围内开展3轮次安全环保大排查大整治，排查企业2019家次，检查隐患问题5822项，整改消除隐患5241项。启用超融合平台智能监管体系，实现对全镇10个村、50个重点点位、29家危化企业、3家燃油企业、2家重大危险源企业以及其他17家重点企业的实时监控。

健全完善农药残留快检站2个、食品药品监控点10个，配备村级协管员22名。开展食药品安全宣传63次，发放各类宣传材料2600份。开展大型食品药品巡查、检查、专项整治行动12次，取缔食品生产加工黑窝点6处，销毁、查封相关原料、成品、半成品838千克。

组建专职交通劝导员队伍协助交警完成疏导交通拥堵。协调相关部门安装3个信号灯电表、5处减速带，14个防撞桶和15个行车指示牌。开展交通安全演练，签订116份道路货物运输企业安全生产责任书和治理非法超限载责任书。

组建50人镇级治安巡逻队和112人村级巡逻队。推动扫黑除恶专项斗争，发放宣传材料3万份，制作横幅展牌220个，处理群众直接和协同办理信访来件66件，镇主要负责人接待上访人员276人次。聘请2家律师所承担法律顾问，人民调解案件75件，服务困难民工120余人次。

【社会事业】 投资200余万元，新建面向村民免费开放的2300平方米文体活动中心。完成区文化馆、图书馆西堤头镇分馆挂牌，新增通借通还图书600余册。为5个村配置电子阅读机5台，设置季庄子、辛侯庄、韩盛庄村为流动图书车服务点。开展各类文艺演出、戏曲演唱会、传统节日庆祝演出20余场，举办文化惠民下基层演出6场，公益电影放映70场，指导各村综合文化服务中心开展文体活动30余场，服务群众2万余人次。举办西堤头镇首届全民健身广场舞蹈大赛、首届全民健身足球联赛和西堤头镇第一届女职工趣味运动会3个镇级文体活动，在姚庄子村文体活动室举办全民健身系列乒乓球比赛。出台《西堤头镇群众文体团队奖励管理办法》，指导各村建立文化团队45个。

（苑　超）

果园新村街道

【概况】 2018年，果园新村街道街域面积3.67平方千米。下辖12个社区居委会。户籍人口19311户、30205人，是北辰区的政治、金融、文化、商贸及行政服务中心。

2018年，街道实现财政收入4033万元。

【环境建设】 提升改造朝阳、丹凤、东升里等10个社区的远年及老旧社区，涉及建筑面积65.17万平方米、116幢楼、10170户居民。加强日常道路秩序管理，坚持每日对街域内20条道路进行6次以上机扫水洗作业。打造果园北道、果园东路、果园南道创文示范路，提升城市家具配置、公益广告宣传制作、道路洁净度整体水平。做好天重平房及苗圃宿舍冬季取暖后期保障，搬迁或改造升级街域内13家涉及“散乱污”企业。创建无违建社区10个，市级美丽社区1个。

【社会维稳】 加强社会治理创新。优化配置大党委、大工委资源力量，构建完善“社区—网格—楼门”三级网格化党组织体系。开展“四带四走”活动，组织全体党员干部包片包楼包户搭建党群“连心桥”。开展安全生产大检查大排查大整治行动和各类安全宣传教育活动。开展全民国防、人防和爱国主义教育，推进民兵队伍建设，组建街、社区两级军人事务管理站和关爱退役军人协会，落实军人优抚相关政策，注册退役军人走访慰问实现全覆盖。

【民计民生】 引入“绿邻居”“一米阳光”和“清晨问候”3个项目，开展邻里互助、陪伴助成、电话问候等社区活动。开展技能培训、创业培训，安置下岗失业人员950人。全年收集民计民生问题23件，全部解决。

【社会事业】 推进全民教育全民阅读，完成新华里、旭日里、东升里3个社区科普e站的创建。举办果园新村街第六届时尚达人秀、北辰区第二十五届万民同乐大联欢花会展演新村街专场、纪念改革开放40周年系列文艺活动之戏曲和综艺演出等各类专题文艺演出和文体活动200余场，各类培训100余次。开展“十项文明”系列创建，举办“心向党”主题演讲15场。提升街域内的公益广告面。创建健康饮食一条街和诚信经营一条街。成立街志愿服务总队、社区特色志愿服务分队，社区志愿者注册总人数618人。开展“草根宣讲”50场，受教育人2.5万余人次。

（马建虹）

集贤里街道

【概况】 2018年，集贤里街道街域面积0.84平方千米。辖10个社区居委会。户籍人口10759户、26724人。

2018年，实现街级财政收入2345万元。开展“双万双服促发展”活动，搭建招商引资平台，新增注册企业85家注册资金总额超过3.7亿元。有100万元以上企业39家。分批分期对党员、干部培训100余场。成立社区社会组织联合党支部，扩大两新组织领域党建覆盖范围，排查企业158家，员工400余人，转入企业党员3人。

【民计民生】 2018年，新批低保、低收入家庭48户，变更低保户50户，撤销103户。累计特困户7户7人，低保、低收入359户、553人，发放保障金567万元。全年接访395次，临时发放救助金28.7万元。扩大保障住房保障受益范围，办理住房租房补贴24户，经济租赁房租房补贴23户，限价商品房5个，公租房27个，廉租住房租房补贴年审11户，经济租赁房租房补贴年审9户，房补变更6户。举办春、秋两场用工招聘会，200余家企业进场招聘，提供岗位2200个，1200余人次与企业达成用工意向。

【双拥工作】 完成“三供一业”移交工作。全年为优抚对象发放优抚金50.62万元。为退伍军人发放“八一”慰问金3.73万元，慰问品610份，悬挂光荣牌300余户，完成信息采集工作。

【安全维稳】 签订《安全生产责任书》488份，全年累计出动检查人员700人次，摸底排查各类生产经营单位场所1200个，现场检查1200户，填写检查记录单、摸底排查表1340份，留存影像资料1200多张。完成街域内10072户出租房屋信息采集。开展食药品专项检查3次，完成食药品安全电子监管系统巡查信息录入工作，对185户商户累计巡查检查6040户次。新增消防设施160个，新建3处微型社区消防站，排除隐患213处。预防化解矛盾纠纷，全年受理来访群众30件，办结率100%；开展各类排查80余次，稳控150余人次，排查调处各类矛盾纠纷95件，化解矛盾纠纷103件。全年发生刑事案件2起，治安案件3起，比上年下降35%。

【社会事业】 建成电子图书阅览室、书画室、剪纸工作室、体育健身室4个功能室。全年组织居民和儿童开展阅读推广活动12次，新购置图书2500册。组织社区开展各类文体活动、红十字博爱宣传救护培训等活动共220余场；举办文艺演出15场；开展群众共同参与的全民健身、技能培训、书画展览等活动45场。

【环境治理】 落实大气污染防治管理制度，治理燃煤散烧、道路扬尘等空气污染行为，开展巡查

800余人次，现场处理问题50余次。清理违章点位250余处，清理堆物垃圾420余车，僵尸车16辆，整改问题573个。出动湿扫作业车400余台次，洒水车400余台次，用水1200余吨。

（宋　起）

普东街道

【概况】 2018年，普东街道街域面积3.49平方千米，辖23个社区居委会。

2018年，实现街级税收收入1613万元。

【经济发展】 开展“双万双服促发展”活动。确定26家服务企业，全年组织座谈11次，实地走访29次，电话联系两轮，帮助企业解决各类问题26个，企业走访率、上线率、问题收集率、解决率均未100%。启动普东街全国第四次经济普查工作，至年底，清查2049个体户、732户法人单位。

【基础设施建设】 投资150万元，改造街行政服务中心，实现民生服务事项一站式办理、一次性办结。自筹1000万元，完成辽河南道、安悦园地面、秋怡党建文化广场等6大基建项目，完成13个小区提升改造，打造美丽社区等特色社区4个。投入27万元，建成2个警务站和天主教堂技防系统。投入30余万元，在红荔花园建成综治宣传长廊、禁毒宣传教育基地以及LED彩色电子屏。

【环境治理】 综合整治老城区3条道路，拆除临街违建180余户、6000余平方米；解决老小区违建问题，拆除社区内违建违占280余平方米，21个小区实现零违建。投入700万元，购买保安、保洁服务。全年累计治理占路经营行为6000余次，规范里空外卖商铺5000余次。治理扬尘污染，强化工地扬尘、道路扬尘、裸露土地污染防治等治理，清理脏乱点位1000余处。开展均胜路、均强路及国宜道沿街违建拆除工作，其间，街道社区干部入户走访1000余人次，街领导接待群众来访170多人次。共计拆除600平方米，顺利完成3条道路的拆违任务，街域内南片主要道路实现违建清零。

【民生保障】 推进精准救助，发放各类救助金250万元，帮扶困难群众348人。做好为老服务，发放敬老卡241张，更新独居孤寡老人建立服务档案。提升社保服务水平，办理住房保障58户，安置就业891人，向1万人提供社险保障，向5000户提供计生健康服务。完成城乡居民医疗保险征缴2920人；完成城乡居民养老保险参保42人；受理居民垫付医疗费报销76人次，累计发生金额64余万元。办理社会保障卡593张，受理就失业金签章2463人次，发放就失业金银行卡174张。在田园广场举办大型春季招聘会，1000余名求职者到场应聘，达成就业意向311人。全年实现安置就业915人，举办创业培训班1期。利用12355平台，开展青年志愿服务。

【社会维稳】 开展普东法治宣传教育大讲堂系列活动，宣传《中华人民共和国宪法修正案》《中华人民共和国民法总则》《中华人民共和国劳动法》《中华人民共和国食品安全法》等法律法规4期共8讲，受教育人数400余人。投入22万元，配齐社区法律顾问，新建法治示范点2处，开展法治宣传88场。全年处理“8890”网络热线1253件，信访件79件，开展各类排查12次。加强平安志愿者队伍建设，平安志愿者巡逻5万余人次，评选表彰9支优秀队伍。

【安全排查】 联合属地派出所、市场所、执法队，封停健身房1处、取缔企业4家；对28户违规住人房屋进行强制断电；清理企业木材堆物1处、查扣油漆稀料5桶；责令2家单位停业整顿；封停4S店烤漆房3个、调漆室3个；督促4家4S店完成职业病申报工作；督促1个占路市场提升改造；解决保障房小区楼道内消防隐患，拆除二道门300余处，清理各类社区堆物1935处。开展安全生产隐患大排查大整治，联合公安、消防、市场监管等职能部门，对辖区重点单位开展监管，检查各类企业单位3304家次，排查隐患1443处，整改

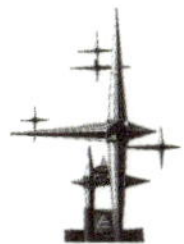

1379处。做好安全防范，组织应急演练30次，对408部电梯督促维护，为独居老人安装烟感报警器。开展食品“双安双创”工作，以3大菜市场为重点，对辖区内各类餐饮服务单位、食品制售单位进行治理，全年检查单位826家次，查处非法收药点位5处、查没药品276盒；清理无检验检疫票据肉类商户2户；取缔卫生条件不达标食品加工户1户。以辽河南道为试点，推行餐饮单位“明厨亮灶”工作。

【社会事业】 举办文化管理员业务培训10期。开展文化示范区档案互查互评及培训5次。举办主持人大赛等各类文化活动300余场。开展32届科技周、全国科普日系列活动，组织制作专题海报、文艺展演、集中宣传、科普参观、讲座展览等活动。举办百名专家进社区活动23期。组织社区开展跳绳踢毽、乒乓球等全民健身系列活动，参加区全民健身运动会游泳、跳绳踢毽、羽毛球、乒乓球、射箭等比赛项目获得奖项31个，其中冠军2个，亚军5个，季军5个。加大对托幼点的日常检查力度，逐步规范托幼点的办园行为。每季度组织相关科室对托幼点普查一遍，至年底已有5个托幼点按规定备案，取缔2个根本达不到办园要求的托幼点。用好学雷锋宣教基地和普德讲堂两大载体、《普东工作通讯》和《普东廉政教育》两个月刊、“普东之窗”公众号，开展理论宣讲58期。

2018年普东街道在中央级媒体上发表文章情况表

表1

序号	媒体	刊登时间	稿件名称	版面	作者	通讯员	社区
1	2017年科普中国——百城千校万村行动优秀典型案例汇编精选	2018	科普中国e站进社区开启居民幸福美好生活	—	刘　玲	刘　玲	红荔花园
2	《人民日报》	2018年10月17日	重阳敬老日　情意满神州	2要闻	叶　子 叶　紫 杨婧妍	叶　子 叶　紫 杨婧妍	宸欣家园
3	《经济日报》	2018年10月17日	玩玩重阳糕　绵绵敬老情	4综合	武自然 商　瑞	武自然 商　瑞	宸欣家园

（普东街道党办）

瑞景街道

【概况】 2018年，瑞景街道街域面积2.92平方千米，辖11个社区居委会。户籍人口4362户、9876人，常住人口56995人。

2018年，实现本级公共财政收入1054万元，社会消费品零食总额3608.5万元，销售额1.28亿元；城镇居民人均可支配收入5.86万元。

【服务企业】 开展“双万双服促发展”活动，线上线下帮扶企业17家，与企业电话沟通110余次，对10家企业提出的19项问题及时进行跟踪解决，办结率100%。开展政策宣传活动10次，印发政策宣传材料300余份。

【民计民生】 投资279.9万元，大修瑞盈园19部电梯。举办春季招聘会，参会企业80余家，累计参会1000余人次，达成就业意向200余人；完成就业安置任务881人，认定各类就业困难群体417例；组织创业培训班一期，培训学员31人次；审批创业贷款两例，提供60万元；社会保险扩面结算2100人；办理城乡居民基本医疗保险参险手续1661人，社会保险卡申领业务800例；支付个人垫付医疗费79例、91.23万元。发放和补发敬老卡89张；办理低保、低收入16户，为20人办理残疾证，为8户困难家庭发放临时救助金29780元；春节走访慰问社区困难家庭59户，发放慰问品200余件。

【社会事业】 举办第八届和谐人口“邻居节”活动30余场，参与人数3000余人；开展第五届计划生育“幸福家庭”创建评选活动，评选出区级“幸福家庭”61户，街级“幸福家庭”20户。举办正月正文化惠民演出、第二届民俗节、“空中文化大讲堂”进社区培训、社区文化擂台赛、“消夏纳凉——红色电影进社区放映”活动、第七届群众歌咏大赛、第三届社区趣味运动会等文体活动200余场，举办科普宣传讲座40余场。新建党员远程教育网点4处，教育培训3200人次。

【环境治理】 拆除违规户外广告牌匾3处，治理占路摆卖2000余人次，规范商铺门脸400余次，清理乱堆乱放80余处、小广告3500余处、布标横幅220余块。依法拆除各类违法建设72处，面积3320平方米。取缔流动烧烤摊贩12处，罚没违规炉具30余个。加强社区治理，依法拆除违建72处，面积3320平方米。投资40余万元，完成奥园邮局南广场2600余平方米提升改造。完成龙岩道、辰达路绿化补植并安装800余米护栏，为社区更换垃圾桶400余个。加强病媒防制工作，为17个自然小区安装1291个毒饵盒，441个捕蝇笼，每周开展不少于3次的日常消杀作业。全年排查生活源锅炉、工业源、伴生放射性矿源60家；处理问题点位750余处，出动980辆洒水降尘车；清理社区楼道、阳台垃圾、堆物堆料2000余处；清理污损垃圾箱桶4140个，清理垃圾3100车。

【社会维稳】 与街域内生产经营单位签订安全目标责任书327份，排查单位401家次。投入3万余元，安装烟感报警器302个。设义务消防志愿者52人，向生产经营单位发放消防提示卡1200个、消防知识宣传页3500余张，与1家危化纸面办公企业建立周联系制度。开展扫黑除恶工作，张贴海报60余张，制作宣传展板50块，发放宣传材料40余份；投入30万元，聘用专职网格员10名，成立社区兼职网格员队伍11支。投入150万元，更换所有监控，增设52个摄像头，改造5个社区、6个警务室。开展普法讲座68场次，调处纠纷40件。开展专项矛盾排查37次，排查隐患74个，化解74个。

（赵学静）

佳荣里街道

【概况】 2018年，佳荣里街道街域面积2.26平方千米，辖11个社区居委会，新建顺通社区。户籍人口4801户、13889人。

2018年，全街招引各类企业133家，其中注册资金1000万以上的7家、100万以上的97家。完成本级税收1799万元。

【市容环境】 完成瑞秀园、瑞贤园2个保障房社区拆违治理，拆除各类违法建设269处、10762平方米。拆除佳宁道烧烤一条街违章建筑2100平方米，与青光镇共同治理瑞顺市场，恢复菜市场原有功能。规范道路环境秩序。取缔延续10年之久的佳宁道夜间违法占路夜市和对居民生活造成长期困扰的龙武道占路市场，清理非法占路经营摊点750余处。

【民计民生】 完成就业安置任务802人，社会保险扩面1106人。举办大型招聘会1次，100余家企业入场招聘。办理发放老年证和老年免费乘车证近600个。办证残疾人申请28例。为街域内34名残

疾人申请无障碍用品用具和康复器材。组织500余名妇女查体。开展惩治非法行医工作2次。组织“文化有约、快乐北辰”7场下基层演出。完成90场数字电影进社区放映工作。组织策划以“花香海棠、美丽佳欣”为主题的佳荣里街首届海棠文化节暨创建全国文明城区百日攻坚启动仪式，征集区内创文类题材作品300余个，其中摄影作品200余张，征文作品50余篇，书画类作品30余幅，评选出60个获奖作品。

【社会事业】 落实旧楼区长效管理机制，调整物业服务企业考核管理办法，提升社区精细化管理水平。推行“四位一体”老旧社区服务管理模式加强版，即“一居一品”的“4+N”服务管理模式，实现创新管理模式全覆盖。对佳宁道南侧进行整体绿化施工；完成佳宁道菜市场提升改造工程；建成“海河阳光爱心家园”社区戒毒、康复工作站。

【社会维稳】 开展矛盾纠纷排查化解“双百行动”，实现摸清情况底数、排查矛盾纠纷、开展稳控工作、化解属事信访全部100%的工作目标。举办10期社区“两委班子”及社区工作者培训。推进社区综治警务网格建设，指导社区配备综治网格员20名，全街共安装技防监控探头318个。完成佳荣里、井田公寓2个消防安全社区示范典型单位创建工作以及佳园新里、瑞达里、佳安里3个消防安全社区创建工作。对273家各类企事业单位和门脸商铺检查1527次。持续开展食品药品“双清”工作，检查食品药品经营商户606户次，出动执法人员359人次。

（熊　新）

青源街道、广源街道

【概况】 2018年，青源街道、广源街道辖10个社区居委会，现有荣康、荣居、荣溪、荣馨、荣雅、荣翔、盛康、盛安、盛泰、荣翠10个社区办理居民入住。入住居民17415户、37189人。

【社区建设】 全年完成社区装修改造面积1056平方米，社区修缮工程13处，完成预算投入163万余元。组织和审核国考社工23人，市考社工7人，完成市、区两级民政、残联、红十字会等学习培训和参观交流活动社工66人，完成居委会主任学习100学时，社区科业务学习160学时。累计完成孤寡老人清晨问候25人、410次，各社区成立为老服务组织和队伍新增2支，项目3类。办理和发放老年证12人，敬老卡2人。

【劳动就业】 全年办理城乡居民医疗保险征缴745人次；申报医疗垫付报销36人次，报销医疗费用36.9万余元；指导218名居民申办即时卡；办理灵活就业人员缴纳社会保险58人次；办理异地领取养老金资格认证40人次，发放失业保险金27人次、3.3万余元；办理异地及该市高龄老人领取养老金资格认证40人。举办两场大型就业招聘会，举办社区专场招聘会14场次，累计提供岗位3800余个，达成意向累计760余人，发放宣传资料1万余份，提供用工信息1800余条，寻求适宜岗位1100余个；达成就业意向176余人次。

【计生服务】 全年办理一孩生育登记207例、二孩46例，流动人口生育登记4例，孕情跟踪回访500余次。完善信息补充74例。新增申请严重精神病看护补贴10例，在管重度精神病患者17人。慰问计生困难家庭、失独家庭、计生专干，总计1万余元。发放灭蝇虫药品50千克。全年开展宣传讲座及活动30次，发放宣传折页、手册2000余份。

【文体活动】 青源街文体中心、广源街文体中心投入使用。2个图书馆各自通借通还图书2000册，可阅读图书1000册。健身房健身器材共24件。组织参加区开展的羽毛球、台球、篮球等健身活动共10项。街域文体团队有33支，近500余人，开展舞蹈、模特、京剧等各类型培训45次。开展大型文化活动共12场，组织居民近200人参加北辰区第十三届和谐大舞台镇街展演。举办文化活动共164场次，共放映90场电影。承办北辰区第32

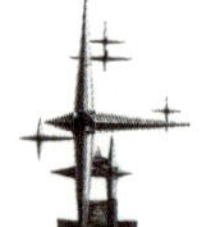

届北辰区科技周启动仪式。开通微双青、双青党建、文化双青、双青劳服以及各社区微信公众号共13个。在北辰区微信公众号影响力榜单中区级政务媒体200余个公众号中，连续多月排名前10，稳居镇街公众号前3名。

【环境整治】 全年累计洒水仅2.2万吨，清理扫保道路上建筑、生活垃圾800余吨。督促其他单位苫盖裸地16余万平方米。全年投入20万元，自行苫盖裸地面积20余万平方米，除草5万余平方米。清整杂物及垃圾、公共圈占、装修渣土、僵尸车等问题点位700多个。完成荣居园西侧面积3万平方米的黑臭水体治理工作，清污3700余吨。全年各工地项目累计巡查3000余次，拍摄巡查记录照片6800余张，督促整改事项768条。召开大气污染防治工作会议3次，签订环境目标责任书15份。治理工地周边问题点位60余处；清理建筑、生活垃圾30余吨。开展社区环境大清洁活动30次。清理毁绿破绿100余起，违规横幅50条、违规灯箱30个，违规地锁8处。种植海棠、国槐、金叶榆等树木700余株；安装晾衣竿108个，休闲座椅27个；协调3个物业服务公司建设电动车棚各1处。规范社区内所有垃圾桶的放置位置和数量，更换垃圾桶100余个，定期对垃圾桶进行清洗。开展20余次全面消杀，投放鼠饵站486个、捕蝇笼75个。

【安全维稳】 召开安全专干周例会24次，季度安全工作会议4次，专题安全工作会议8次；签订承诺书22份；组织开展集中专项检查186组次、出动检查人员744余人次；制作宣传板报40期、组织居民观看安全警示片64场、组织居民参加消防演习、讲座60余次、建设社区微型消防站6个、培训消防站队员60人、悬挂安全宣传条幅90余条、张贴警示标语80余张、发放宣传品3.5万余份。

处置荣翔园疑似水污染，调解荣雅园住户拆违纠纷；招录平安志愿者121名；清缴反宣品1184张、光盘121张、期刊12册、反宣币2588张；开展综治、反邪教、禁毒宣传活动55余次，禁毒专题讲座2次，悬挂横幅50余幅，发放各类宣传品3000余份。接收社区戒毒社区康复人员5名，定期对其进行毒品监测。成立扫黑除恶专项斗争领导小组，全域内开展黑恶势力排查，做好扫黑除恶举报途径宣传工作，做到行动知晓率100%。

（赵凤琴）

人物·荣誉

北辰年鉴
2019

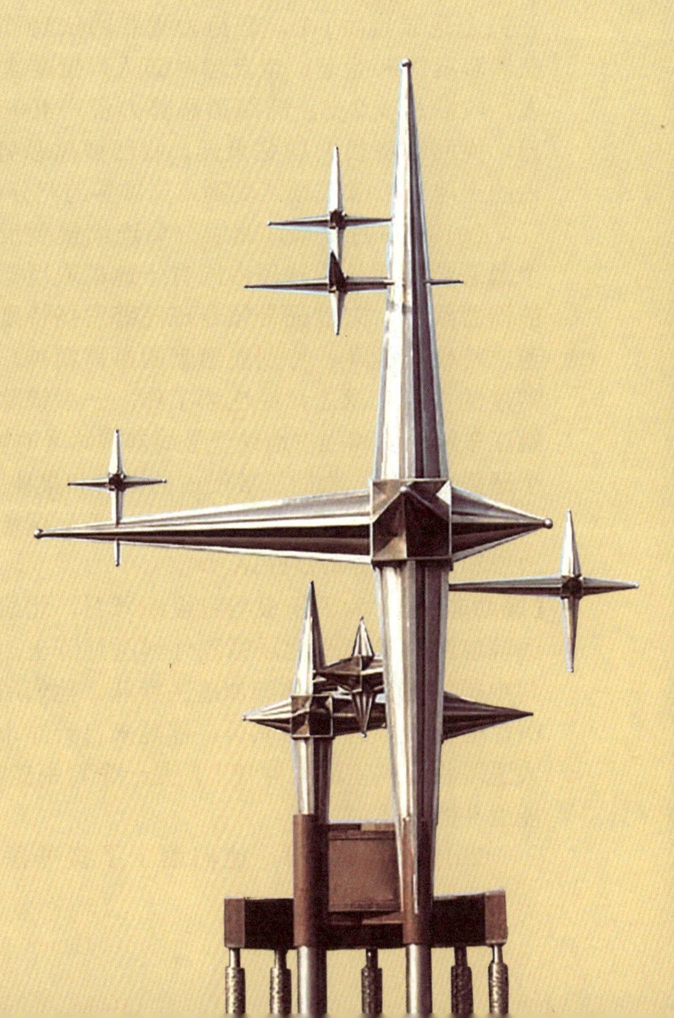

年度人物

【一等功】 宋世强，男，1971年6月22日出生，中共党员，研究生文化。1993年7月，参加公安工作，曾任北辰分局小淀派出所政委。2018年1月，任北辰分局扫黑专班负责人。2018年11月，任“扫黑除恶敢死队”队长。曾先后立个人三等功2次，个人嘉奖9次。2018年8月，带领专案组成员成功侦破臧XX等人组织、领导、参加黑社会性质组织案件，立集体二等功。

宋世强担任分局扫黑专班负责人和“扫黑除恶敢死队”队长以来，忠诚担当、履职尽责，带领专班民警坚决落实市委、市局党委指示要求，在分局党委的领导下，以打造“无黑北辰”为目标，严厉惩治各类黑恶势力。累计抓获各类犯罪嫌疑人106人，其中侦破具有黑社会性质犯罪组织1个，恶势力犯罪集团1个，恶势力犯罪团伙10个，破获黑恶案件90余起，审查起诉65人，批准逮捕53人，收获枪支2支，冻结黑恶势力资产4000余万元，挽回经济损失10亿余元，收回被黑恶势力强占的土地166.67公顷，受到市局领导的充分肯定。

2018年9月以来，北辰分局连续接到反映多个黑恶势力团伙大肆侵占国有土地牟取巨额利益的涉恶线索。宋世强带领专班民警发扬特别能吃苦、特别能战斗、特别能奉献的拼搏精神，以超常规的决心和意志，经连续工作，一举铲除强占姚江东路地块和强占地铁一号线刘园站区地块等7个恶势力团伙，收回了被侵占的国有和集体土地，保障了有关重点工程的正常施工，受到区委、区政府和社会各界群众好评。

【援助非洲】 为了积极响应组织号召，北辰中医医院麻醉师杜健和北辰医院外科医师陈玉涛加入到中国第19期援助非洲加蓬医疗队。他们所在的医疗分队一共有13名队员，都是来自天津市各个大医院临床科室的业务骨干，是一个特别能吃苦、能战斗的集体。

2016年11月1日，他们踏上了援非医疗之路。初到非洲，当地的恶劣条件和真实的医疗现状还是让两位医生暗自吃惊：天气酷热，污水肆意，垃圾遍地，鼠患严重，蚊蝇滋生，蟑螂肆虐；疟疾、艾滋病、霍乱、伤寒时刻威胁着当地百姓的生命与健康；当地医护人员医疗卫生意识淡薄，外科手术基本没有无菌观念；网络建设落后，信号质量差，断网一两天也是家常便饭；蔬菜品种单一价格昂贵，断水一周只得每人每天一小桶生活用水，节省着用。这样的艰苦条件也并没有影响两位医生，他们很快进入角色，并投入到紧张的工作中去。

初到手术室，让杜健医生大跌眼镜。空调坏的，遥控器没有电池；手术室里蜘蛛网挂满墙角；麻醉用药种类单一，药品严重过期；打听完知道了，这个手术室已经因为各种原因六年没有做过手术了，这一切让身为麻醉师的杜健心情沉重了很久。经过几天清理准备，杜健医生划分了严格的无菌区，半限制区，限制区。并跟黑人同事讲好无菌的原因，当知道这是为了减少术后感染，降低术后并发症时候，他们都很积极得配合工作。杜健医生清楚地记得：2016年11月11日，到达弗朗斯维尔驻地仅一星期，医疗基础设施刚刚准备得差不多，一个急诊阑尾炎的病人急需手术，这在国内是最普通不过的手术，而在缺医少药的非洲，无疑是极大的挑战；不管怎样，充分的准备和细致入微的措施，保证了这次阑尾炎手术的顺利完成，让这间手术室连续六年多无手术成为历史。据杜健回忆，当外科手术急诊嵌顿疝进行中，大家各司其职，手术室只有监护仪的声音在嘀嗒地响着。突然，手术室没电了，这个在国内基本上是零概率的事情，在这儿却发生了。还有一个印象深刻的事情，一个病人大出血，估计出血量2200毫升，需要输血治疗，当杜健医生仔细核查时却发现血袋日期竟是过期的。当地护士一直在说没有问题，但输血无小事，杜健态度坚决，绝

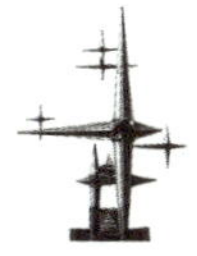

对不能用过期血液给病人治疗。

作为一名外科医生，陈玉涛为了尽快给当地人民提供最好的医疗服务，解救患者的病苦，与其他医疗队员团结合作，克服重重困难，重新改造上下水管道，筛选清洗手术器械，分类规整手术设备，制定规范手术室无菌操作流程，以最快的速度使手术室焕然一新。同杜健医生描述一样，陈玉涛医生和队友们顺利完成了援非后第一例阑尾切除手术。虽然阑尾手术在国内是最常见的手术，但这是当地医院近6年来的第1例普外科手术。开诊第3天还成功为一位84岁高龄的腹股沟嵌顿疝患者完成疝还纳手术。工作近2年来他已完成阑尾切除术、腹股沟疝修补术、脐疝修补术、肠坏死肠切除术、睾丸鞘膜翻转术和体表肿物切除术等常见普外科手术近300例。手术患者最小年龄3岁，最大年龄近100岁。此外，还指导当地医生进行脓肿切开引流术、清创缝合术、复杂伤口换药和四肢闭合性骨折石膏外固定等近200例。日均门诊量20余人。同时积极参加医疗队组织的各种义诊活动，服务于当地百姓、华人和中资机构。陈玉涛医生曾因为当地医院停水，在搬运水桶清洗器械的时候，不慎扭伤腰部，旧疾复发，当时腰部疼痛难忍，无法站立，只能平卧休息输液。但考虑到还有很多患者需要诊疗和换药，腰痛稍有好转就围上护腰和拄拐继续坚持工作。

两年来，为了加蓬人民的健康，杜健、陈玉涛和战友们努力工作，以积极乐观的心态去面对，在医院领导和家人朋友的默默支持下，他们不仅坚持下来了，而且还圆满完成了祖国交给他们的任务。不仅如此，最令他们自豪的就是，他们的医疗团队荣获了加蓬授予医疗队的最高荣誉，即加蓬共和国骑士荣誉勋章。

2018年8月13日，两人顺利回国。

国家级先进称号

2018年北辰区全国性先进单位、集体情况表

获奖单位	获奖时间	荣誉名称	授予单位	上报单位
天津市天方清真食品有限公司	2018	全国民族团结进步创建示范单位	国家民族事务委员会	民委
小街村	2018.07	全国民主法治示范村	司法部、民政部	双街镇
霍庄中学	2018	全国国防教育先进校	教育部	西堤头镇
赵庄子村	2018	全国生态文化村	中国生态文化协会	西堤头镇
北辰区	2018.04	公立医院综合改革真抓实干成效明显地方	国务院办公厅	区卫健委
北辰区	2018.09	全国基层中医药工作先进单位	国家中医药管理局	区卫健委
北辰医院	2018.04	国家心血管病中心高血压专病医联体北辰区分中心	国家心血管病中心 中国医学科学院阜外医院 高血压专病医联体天津市中心	北辰医院
北辰医院	2018.01	全国构建和谐关系示范医院	国家卫计委	北辰医院
北辰医院	2018.01	2018年全国医院物联网大会《时代轨迹》摄影大赛三等奖	全国医院物联网大会	北辰医院

续表

获奖单位	获奖时间	荣誉名称	授予单位	上报单位
北辰医院	2018	中国创面修复专科建设培育单位	中国医师协会	北辰医院
北辰区中医医院	2018.10	《健全危急重症救治体系》案例获得华北赛区十大价值案例奖	国家卫生健康委员会医政医管局	北辰区中医医院
北辰区中医医院	2018.10	授予颅内血肿微创清除术《推广先进单位》	全国脑血管病防治研究办公室、脑出血杂志社及颅内血肿微创清除技术全国研究与推广协作组	北辰区中医医院
北辰法院	2018.08	2018年度全国法院司法宣传先进单位	最高人民法院	北辰法院

2018年全国性先进个人情况表

姓 名	性 别	获奖时间	获奖名称	授予单位	上报单位
田 蒙	男	2018	全国康复辅助器具大赛一等奖	中国残联	区残联
吕超越	女	2018	2017年度全国优秀共青团干部	共青团中央	团区委
崔建磊	男	2018	全国最美家庭	全国妇联	区妇联
吕德俊	男	2018	全国五好家庭	全国妇联	区妇联
于忠生	男	2018	全国五好家庭	全国妇联	区妇联
刘 昀	女	2018.11	全国法院系统司法警察教练员教学技能竞赛思想政治教育类三等奖	最高人民法院	北辰法院
周永军	男	2018.12	纪念改革开放40周年全国法制书画摄影展暨"法治文化与法治中国"论坛摄影作品《暖》获优秀奖	法制日报社、中华全国法制新闻协会	北辰法院
王雨濛	女	2018.03	2017年度全国检察宣传先进个人	检察日报社	区检察院

市（局）级先进称号

2018年北辰区各单位获天津市先进单位、集体情况表

获奖单位	获奖时间	荣誉名称	授予单位	上报单位
民族中专	2018	天津市民族团结进步创建示范单位	市民委	区民委
津张清真肉类有限公司	2018	天津市民族团结进步创建示范单位	市民委	区民委
区残联	2018.06	庆祝第二十八次“全国助残日”天津市第十届残疾人歌唱大赛优秀组织奖	市残联、天津广播电视台生活广播	区残联
	2018.08	天津市第二届残疾人辅助器具服务技能大赛技能比赛三等奖	市残联	区残联
	2018.08	天津市第二届残疾人辅助器具服务技能大赛竞技比赛优胜奖	市残联	区残联
	2018.08	“康复健身、展示风采、促进融合、共奔小康”天津市第八届“残疾人健身周”活动一等奖	市残联	区残联
	2018.08	康复健身、展示风采、促进融合、共奔小康天津市第八届“残疾人健身周”活动优秀组织奖	市残联	区残联
	2018.10	第三届天津市社区残疾人文艺展演优秀组织奖	市残联	区残联
区残联	2018.11	天津市第二届残疾人专职委员知识竞赛二等奖	市残联	区残联
	2018.11	2018年天津市残疾人聋人组陆地冰壶比赛中三等奖	市残联	区残联
	2018.12	“习近平新时代中国特色社会主义思想在津沽大地扎实实践”征文活动中优秀组织奖	市残联	区残联
宜兴埠镇卫计办	2018	2015年至2017年市级计划生育先进集体	市卫计委	宜兴埠镇
瑞景街道办事处	2018.10	2015—2017年度计划生育工作先进集体奖	天津市人民政府	瑞景街道办事处
宝翠花都社区党总支	2018.06	天津市“维护核心、铸就忠诚、担当作为、抓实支部”主题教育实践活动先进基层党组织	中共天津市委员会	瑞景街道办事处
北仓镇卫计办	2018	2017—2018年度天津市青年文明号	共青团天津市委员会	北仓镇

续表

<table>
<tr><th>获奖单位</th><th>获奖时间</th><th>荣誉名称</th><th>授予单位</th><th>上报单位</th></tr>
<tr><td>天穆镇</td><td>2018.10</td><td>2016-2017 年度天津市安康杯竞赛活动优胜乡镇街</td><td>天津市总工会、天津市安全生产监督管理局</td><td>天穆镇</td></tr>
<tr><td rowspan="2">区妇女儿童保健和计划生育服务中心</td><td>2018.01</td><td>天津市节约型公共机构示范单位</td><td>天津市机关事务管理局
天津市工业和信息化委员会
天津市财政局</td><td rowspan="2">区妇女儿童保健和计划生育服务中心</td></tr>
<tr><td>2018.12</td><td>天津市绿色公共机构</td><td>天津市机关事务管理局</td></tr>
<tr><td rowspan="2">北辰医院</td><td>2018.03</td><td>天津市政府 2017 年度节水型单位</td><td>天津市政府</td><td rowspan="2">北辰医院</td></tr>
<tr><td>2018.03</td><td>2015-2017 年度天津市文明单位</td><td>天津市精神文明建设委员会</td></tr>
<tr><td rowspan="2">北辰区中医医院</td><td>2018.01</td><td>天津市护理学会 2017 年度组织建设先进单位</td><td>天津市护理学会</td><td rowspan="2">北辰区中医医院</td></tr>
<tr><td>2018.01</td><td>天津市护理学会 2017 年度继续教育优秀单位</td><td>天津市护理学会</td></tr>
<tr><td>疾病预防控制中心健教科</td><td>2018.03</td><td>天津市健康教育专业工作优秀奖</td><td>天津市健康教育中心</td><td>疾病预防控制中心健教科</td></tr>
<tr><td>青光镇社区卫生服务中心</td><td>2018.07</td><td>2018 年天津市基层卫生技能竞赛护理乙组第三名</td><td>天津市卫健委</td><td>青光镇社区卫生服务中心</td></tr>
<tr><td>区教育局</td><td>2018.01</td><td>获得天津市职工汉字书写大赛优秀组织奖</td><td>天津市总工会</td><td>区教育局</td></tr>
<tr><td rowspan="4">区教育局</td><td>2018.05</td><td>获得天津市学生“学宪法讲宪法”演讲比赛优秀组织单位</td><td>市教委</td><td rowspan="4">区教育局</td></tr>
<tr><td>2018.12</td><td>天津市第四届内高班少数民族学生普通话比赛优秀组织奖</td><td>市教委 市民族和宗教事务委员会</td></tr>
<tr><td>2018.07</td><td>天津市第四届少儿学国学诵经典才艺展示大型公益活动优秀组织奖</td><td>市教委 天津市精神文明建设委员会办公室</td></tr>
<tr><td>2018</td><td>天津市中华优秀传统文化艺术传承校名单 1（12 月 18 日）</td><td>市教委</td></tr>
<tr><td>北辰区瑞景街瑞益园社区居委会</td><td>2018</td><td>2017 年天津市三八红旗集体</td><td>天津市妇联</td><td rowspan="2">北辰区妇联</td></tr>
<tr><td>北辰区人民法院天穆人民法庭</td><td>2018</td><td>2017 年天津市三八红旗集体</td><td>天津市妇联</td></tr>
<tr><td rowspan="2">北辰法院</td><td>2018.01</td><td>天津法院 2017 年度学术研讨会组织工作先进集体</td><td>天津市高级人民法院</td><td rowspan="3">北辰法院</td></tr>
<tr><td>2018.01</td><td>天津法院 2017 年度司法标准化示范法院</td><td>天津市高级人民法院</td></tr>
<tr><td>刑事审判庭</td><td>2018.01</td><td>天津法院系统集体三等功</td><td>天津市高级人民法院</td></tr>
</table>

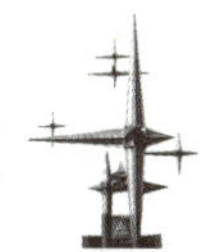

续表1

获奖单位	获奖时间	荣誉名称	授予单位	上报单位
宜兴埠人民法庭	2018.01	天津法院系统集体三等功	天津市高级人民法院	北辰法院
天穆派出所	2018	天津市模范公安基层单位	天津市人民政府	公安北辰分局
侦破4•3特大涉税案件专案组	2018	集体二等功	天津市公安局	
巡警支队	2018	集体三等功	天津市公安局	
果园新村派出所	2018	集体三等功	天津市公安局	
指挥室指挥调度科	2018	集体三等功	天津市公安局	
法制支队二大队	2018	集体三等功	天津市公安局	
国保支队三大队	2018	集体三等功	天津市公安局	
打击犯罪侦查支队三大队	2018	集体三等功	天津市公安局	
集贤里派出所指挥调度室	2018	集体三等功	天津市公安局	
分局扫黑除恶敢死队	2018	集体三等功	天津市公安局	
区检察院	2018.05	2017年度天津市五四红旗团支部	共青团天津市委员会	区检察院

2018年北辰区获天津市先进个人情况表

姓名	性别	颁发时间	称号	授予部门	上报单位
田　蒙	男	2018	天津市第二届康复辅助器具大赛三等奖	市残联	区残联
田志高	男	2018	2012-2017年度先进工作者	天津市统计局　国家统计局天津调查总队	西堤头镇
刘　尧	男	2018	天津市第32届科技周活动优秀组织者	天津市科技周活动组织委员会办公室	
魏俊强	男	2018	全市人力资源社会保障系统先进工作者	天津市人力资源和社会保障局	
张瑾	女	2018	“习近平新时代中国特色社会主义思想在津沽大地扎实实践”征文一等奖	天津市残疾人联合会	
穆德凤	女	2018	天津市最美家庭	市妇联　市委宣传部　市总工会	天穆镇
彦　燕	女	2018	天津市最美家庭	市妇联　市委宣传部　市总工会	

续表

姓名	性别	颁发时间	称号	授予部门	上报单位
张　蓉	女	2018	天津市最美家庭	市妇联　市委宣传部　市总工会	天穆镇
刘福颖	女	2018	2017 年天津市三八红旗手	天津市妇联	北辰区妇联
李玉坤	女	2018	2017 年天津市三八红旗手	天津市妇联	区妇联
林则银	女	2018	2017 年天津市三八红旗手	天津市妇联	
赵志云	女	2018	2017 年天津市三八红旗手	天津市妇联	
张英明	男	2018	天津市最美家庭标兵户	天津市妇联	
刘桂莲	女	2018	天津市最美家庭标兵户	天津市妇联	
崔建磊	男	2018	天津市最美家庭标兵户	天津市妇联	
刘爱民	男	2018	天津市最美家庭标兵户	天津市妇联	
张　娜	女	2018	2016-2017 年度天津市五好家庭	天津市妇联	
吕德俊	男	2018	2016-2017 年度天津市五好家庭	天津市妇联	
于众生	-	2018	2016-2017 年度天津市五好家庭	天津市妇联	
杨贵贤	女	2018	2016-2017 年度天津市五好家庭	天津市妇联	
王　蕊	女	2018.01	天津法院系统个人三等功	天津市高级人民法院	北辰法院
张　磊	男	2018.01	天津法院系统个人三等功	天津市高级人民法院	
王传来	男	2018.01	天津法院系统个人三等功	天津市高级人民法院	
杨玉惠	女	2018.01	天津市政法系统“人民满意的政法干警”	天津市委政法委	区委政法委
宋世强	男	2018	个人一等功	天津市公安局	公安北辰分局
鲍　盛	男	2018	个人三等功	天津市公安局	
王　刚	男	2018	个人三等功	天津市公安局	
佫尔静	男	2018	个人三等功	天津市公安局	
马　辉	男	2018	个人三等功	天津市公安局	
闫　旺	男	2018	个人三等功	天津市公安局	
付金辉	男	2018	个人三等功	天津市公安局	
李胤田	男	2018	个人三等功	天津市公安局	
牛海峰	男	2018	个人三等功	天津市公安局	
刘建明	男	2018	个人三等功	天津市公安局	
刘智勇	男	2018	个人三等功	天津市公安局	
郭志龙	男	2018	个人三等功	天津市公安局	

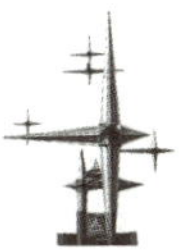

续表1

姓名	性别	颁发时间	称号	授予部门	上报单位
穆　全	男	2018	个人三等功	天津市公安局	公安北辰分局
运坤宇	男	2018	个人三等功	天津市公安局	
闫　涛	男	2018	个人三等功	天津市公安局	
王立朋	男	2018	个人三等功	天津市公安局	
吴　楠	男	2018	个人三等功	天津市公安局	
王维仑	男	2018	个人三等功	天津市公安局	
范　瑞	男	2018	个人三等功	天津市公安局	
刘志清	男	2018	个人三等功	天津市公安局	
刘清雨	男	2018	个人三等功	天津市公安局	
赵　祥	男	2018	个人三等功	天津市公安局	

区级先进称号

2018年北辰区各单位获区级先进单位、集体情况表

获奖单位	获奖时间	荣誉名称	授予单位	所属单位
中共南仓村委员会	2018.06	北辰区“维护核心、铸就忠诚、担当作为、抓实支部”主题教育实践活动先进基层党组织	中共天津市北辰区委员会	天穆镇
中共吴嘴村总支部委员会				
中共方舟社区委员会				
中共北仓村委员会				北仓镇
中共御龙湾社区委员会				
中共双街村委员会				双街镇
中共双街镇综合执法局委员会				
中共天津九州通达医药有限公司委员会				双口镇
中共天津市国大电动自行车有限公司北辰分公司委员会				
中共韩家墅村委员会				青光镇
中共宜兴埠镇第一街委员会				宜兴埠镇
中共宜兴埠镇第六街总支部委员会				
中共赵庄村委员会				小淀镇
中共南麻疙村委员会				大张庄镇
中共李辛庄村总支部委员会				

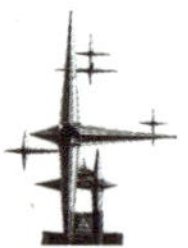

续表

获奖单位	获奖时间	荣誉名称	授予单位	所属单位
中共赵庄子村总支部委员会	2018.06	北辰区“维护核心、铸就忠诚、担当作为、抓实支部”主题教育实践活动先进基层党组织	中共天津市北辰区委员会	西堤头镇
中共辛侯庄村委员会				
中共新华里社区委员会				果园新村街道
中共果园里社区总支部委员会				
中共安达里社区委员会				集贤里街道
中共泰来东里社区委员会				
中共红荔花园社区总支部委员会				普东街道
中共强宜里社区委员会				
中共瑞益园社区总支部委员会				瑞景街道
中共奥园社区委员会				
中共佳荣里社区委员会				佳荣里街道
中共瑞秀园社区总支部委员会				
中共盛康园社区委员会				青源街道
中共纪律检查委员会机关总支部委员会				区纪检
中共区人大常委会机关支部委员会				区人大
中共区政协机关支部委员会				区政协
中共北辰区东堤头中学支部委员会				区教育局
中共北辰区实验小学总支部委员会				
中共北仓幼儿园支部委员会				
中共北辰区司法局机关第二支部委员会				区司法局
中共北辰区建设工程质量安全监督管理支队支部委员会				区建委
中共北辰区环境卫生管理服务中心支部委员会				区市容委
中共北辰区排灌所支部委员会				区水务局
中共北辰区疾病预防控制中心支部委员会				区卫计委
中共北辰区中医医院脑病科支部委员会				
中共北辰区统计局机关支部委员会				区统计局
中共建科机械（天津）股份有限公司支部委员会				开发区管委会
中共天津盛耀置业有限公司支部				
中共北辰区人民法院机关委员会第一支部委员会				区法院
中共北辰区人民检察院机关民法控联合支部委员会				区检察院
中共北辰分局西堤头派出所支部委员会				公安北辰分局
中共北辰分局集贤里派出所支部委员会				
中共北辰区天穆镇市场和质量监督管理所支部委员会				区市场监管局
中共北辰区国家税务局第二税务所支部委员会				区国税局
中共北辰区地方税务局征收所支部委员会				区地税局

统计资料

国民经济主要指标

指标	单位	2018年	2018年比2017年（±%）
北辰区生产总值（在地口径）	万元	9448820	-0.4
财政收入	〃	1485037	-3.1
其中：区级财政收入	〃	778715	-7.4
其中：区级一般预算收入	〃	572225	-28.7
区级一般预算支出	〃	802101	-24.9
区级基金预算支出	〃	505205	85.7
常住居民人均可支配收入	元	36980	6.1
全区外贸出口额	万元	1674945	2.3
实际利用外资额（新口径）	万美元	18157	
实际利用内资	亿元	205.3	
全社会固定资产投资完成额	万元		23.5
规模以上工业总产值	〃		0.0
批发、零售业商品销售额	〃	28284690.3	-10.3
社会消费品零售额	〃	2145298	-6.7
人口出生率	‰	6.67	-1.45
人口自然增长率	〃	0.20	-1.77

说明：1. 地区生产总值为快报数据，增长速度按可比价格计算。
2. 批发、零售业商品销售额，社会消费品零售额为快报数据。
3. 财政收入、支出相关数据，由财政局提供。
4. 常住居民人均可支配收入，由调查队提供。
5. 实际利用外资额，由商务局提供。
6. 实际利用内资，由合交办提供。
7. 人口出生率、自然增长率由卫健委提供

农作物播种面积和产量

项目	播种面积（亩）	构成（%）	构成（%）	比上年同期增、减（%）	播种亩产（千克）	总产量（吨）	比上年同期增、减	
							数量（吨）	（%）
农作物总播种面积	142910	100.00		-17.7	881	125943	-32325	
一、粮食作物	118955	83.2	100.0	-10.3	386	45878	-8796	-16.1
（一）夏收谷物	25645	17.9	21.6	-8.1	405	10398	-1725	-14.2
1. 冬小麦	20346	14.2	17.1	-11.9	398	8088	-2201	-21.4
2. 春小麦	5300	3.7	4.5	10.6	436	2310	476	25.9
（二）秋收谷物	83133	58.2	69.9	-15.8	402	33385	-7619	-16.6
1. 稻　谷	10434	7.3	8.8	64.6	628	6557	2714	70.6
2. 玉　米	72419	50.7	60.9	-21.7	369	26730	-10431	-28.1
3. 其他谷物	280	0.2	0.2		350	98	98	
（三）豆　　类	7314	5.1	6.1	124.6	102	749	346	-14.2
其中：大豆（青黑黄）	7314	5.1	6.1	124.6	102	749	346	-14.2
（四）薯类（鲜薯）	2863	2.0	2.4	6.2	470	1346	202	17.7
其中：甘薯	2863	2.0	2.4	32.9	470	1346	333	32.9
二、油　　料	586	0.4	100.0	-70.6	360	211	-499	-70.3
其中：花生	512	0.4	87.4	-70.1	396	203	-482	-70.4
芝麻	64	0.0	10.9	-74.0	109	7	-18	-72.0
三、棉　　花	1278	0.9	100.0	-75.0	50	63	-251	-79.8
四、中草药材	400	0.3	100.0	100.0	385	154	64	71.1
五、蔬　　菜	18044	12.6	100.0	-26.7	3344	60336	-18689	-23.6
六、食用菌						15479	-3705	-19.3
其中：蘑菇						15479	-3705	-19.3
七、瓜果类	2036	1.4	100.0	-29.4	1877	3822	-449	-10.5

续表

项目	播种面积（亩）	构成（%）	构成（%）	比上年同期增、减（%）	播种亩产（千克）	总产量（吨）	比上年同期增、减	
							数量（吨）	（%）
其中：西　瓜	1491	1.0	73.2	-17.8	1913	2852	-779	-21.5
香　瓜（甜瓜）	376	0.3	18.5	97.9	2133	802	412	105.7
草　莓	163	0.1	8.0	306.3	502	82	2	2.0
八、其他农作物	1500	1.0	100.0					
其中：青饲料	1500	1.0	100.0					
九、花卉	111	0.1	100.0					

主要农业机械化水平

单位：百亩

乡镇名称	机耕面积	机播面积	其中：小麦机播	机收面积	其中：小麦机收
合　　计	1186	1186	253	1173	253
天穆镇					
北仓镇	9	9		9	
双街镇	122	122	18	122	18
双口镇	239	239	18	238	18
青光镇	53	53	14	53	14
宜兴埠镇	1	1		1	
小淀镇	111	111	23	111	23
大张庄镇	251	251	69	250	69
西堤头镇	400	400	110	388	110

说明：此表数据由农机局提供

规模以上工业经济效益情况（一）

	企业个数（个）	总资产贡献率	资产负债率	流动资产周转率	成本费用利润率	产品销售率
总　　计	456	7.4	55.7	1.5	4.6	101.4
一、分区域	—	—	—	—	—	—
（一）各镇合计	291	6.3	66.4	1.6	2.7	101.8
天穆镇	25	0.6	69.3	0.8	-2.0	98.5
北仓镇	19	10.5	48.1	1.5	3.4	100.2
双街镇	37	1.7	76.5	0.8	-2.1	98.4
双口镇	40	6.8	44.9	1.4	3.0	98.4
青光镇	19	4.2	68.3	1.4	1.3	99.6
宜兴埠镇	48	9.2	46.4	2.1	4.0	103.9
小淀镇	40	4.5	61.4	1.1	1.7	101.7
大张庄镇	24	6.0	63.1	3.8	1.4	104.6
西堤头镇	39	20.9	83.5	1.9	13.2	100.1
（二）开发区	165	8.1	48.9	1.4	6.4	101.1
二、分登记注册类型	—	—	—	—	—	—
内资企业	343	7.5	57.6	1.3	5.2	101.5
国　有	0	—	—	—	—	—
集　体	3	3.8	46.1	1.6	-1.0	98.6
股份合作	5	2.1	65.1	1.1	0.5	99.1
私营企业	215	6.1	67.5	1.5	2.6	100.9
股份有限公司	29	11.7	34.7	0.9	20.4	95.1
有限责任公司	91	5.8	66.7	1.4	3.1	103.9
国有独资公司	4	2.6	56.8	0.5	6.1	99.2
联营企业	0	—	—	—	—	—

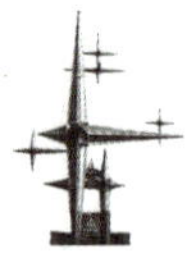

续表

	企业个数（个）	总资产贡献率	资产负债率	流动资产周转率	成本费用利润率	产品销售率
集体联营	0	—	—	—	—	—
其　他	0	—	—	—	—	—
港、澳、台商投资企业	19	6.8	53.6	1.3	3.2	96.8
外商投资企业	94	7.1	49.3	2.3	3.3	101.8

规模以上工业分行业大类主要经济指标表（二）

单位：万元

三、分行业大类	企业个数（个）	总资产贡献率	资产负债率	流动资产周转率	成本费用利润率	产品销售率
农副食品加工业	5	1.1	81.9	0.9	0.1	101.8
食品制造业	9	4.5	91.7	2.3	0.1	101.7
酒、饮料和精制茶制造业	4	2.6	63.8	0.6	-9.8	99.6
纺织业	3	9.2	23.0	1.5	6.4	119.2
纺织服装、服饰业	1	2.8	8.4	0.6	4.9	100.0
木材加工和木、竹、藤、棕、草制品业	5	9.9	38.2	2.6	3.3	102.7
家具制造业	6	11.7	79.9	1.2	8.5	100.0
造纸和纸制品业	14	6.6	39.0	1.6	2.6	103.5
印刷和记录媒介复制业	4	2.5	57.2	2.0	-0.7	101.7
石油、煤炭及其他燃料加工业	2	3.0	77.8	0.8	1.0	98.8
化学原料和化学制品制造业	20	6.5	53.3	1.0	6.4	100.9
医药制造业	9	15.8	40.9	0.9	28.3	98.9
橡胶和塑料制品业	37	8.6	40.9	2.6	3.6	105.4
非金属矿物制品业	33	4.8	58.2	1.2	1.0	99.1
黑色金属冶炼和压延加工业	16	13.0	98.9	1.4	9.8	100.4
有色金属冶炼和压延加工业	14	1.5	67.9	4.6	0.2	104.9
金属制品业	43	2.5	62.8	1.0	-0.1	96.2
通用设备制造业	57	7.6	55.7	1.4	5.1	101.5
专用设备制造业	26	5.4	40.2	0.6	12.4	93.6

续表

三、分行业大类	企业个数（个）	总资产贡献率	资产负债率	流动资产周转率	成本费用利润率	产品销售率
汽车制造业	24	8.0	41.1	2.2	5.1	98.7
铁路、船舶、航空航天和其他运输设备制造业	51	7.4	57.1	2.3	2.1	106.0
电气机械和器材制造业	53	3.1	61.9	2.1	0.9	103.6
计算机、通信和其他电子设备制造业	9	6.7	43.0	2.6	0.5	101.3
仪器仪表制造业	7	11.0	40.7	1.0	11.4	98.6
其他制造业	1	13.6	59.6	2.5	0.9	100.0
电力、热力生产和供应业	3	-1.3	93.1	0.7	-7.4	98.9

批发、零售业销售额和住宿、餐饮业营业额

单位：万元

项　　目	2018 年
批发、零售业销售额	**28284690**
限额以上单位	17004794
限额以下单位	11279896
住宿、餐饮业营业额	**494027**
限额以上单位	23457
限额以下单位	470570

说明：该页中数据为快报数据

固定资产投资完成情况

单位：万元

单位及项目名称	增　速	单位及项目名称	增　速
固定资产投资完成额	23.5	二、按构成分	—
一、按产业分	—	（一）房地产完成投资	28.3
第一产业	7.2	（二）项目投资完成投资	12.1
第二产业	34.5	1. 计划总投资	14.0
第三产业	21.5	2. 本年完成投资	12.1

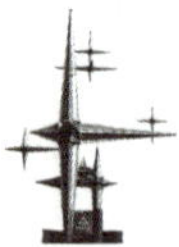

续表

单位及项目名称	增　速	单位及项目名称	增　速
建筑安装工程	-8.2	④利用外资	—
设备工器具购置	83.3	⑤自筹资金	-32.4
其他费用	19.3	⑥其他资金来源	236.2
土地使用权	443.5	8. 各项应付款合计	-11.4
(1)上年末结余资金	-6.7	3. 本年新增固定资产	-56.6
(2)本年资金来源小计	-12.8	4. 房屋施工面积	37.3
①国家预算资金	-57.8	5. 房屋竣工面积	154.8
②国内贷款	129.8	6. 房屋竣工价值	150.3
③债券	—	7. 本年资金来源合计	-11.7

说明：此表为在地口径数据

房地产开发项目经营情况

指　标	计量单位	总计	同期	同比	指　标	计量单位	总计	同期	同比
一、项目投资完成情况	—	—	—		其他	万元	164878	106150	55.3
计划总投资	万元	13914681	12207580	14.0	本年新增固定资产	〃	731637	195413	274.4
自开始建设累计完成投资	〃	8145866	6765200	20.4	二、项目房屋面积施工、销售及待售情况	—	—	—	—
本年完成投资	〃	1874466	1460453	28.3	房屋施工面积	平方米	11657119	8356754	39.5
按构成分：	—	—	—	—	其中：本年新开工面积	〃	1895034	2188700	-13.4
建筑工程	万元	719368	637830	12.8	本年房屋竣工面积	〃	2324607	480571	383.7
安装工程	〃	17062	8143	109.5	其中：不可销售面积	〃	79752	0	—
设备工器具购置	〃	4451	1194	272.8	本年住宅竣工套数	套	24286	3720	552.8
其他费用	〃	1133585	813286	39.4	本年房屋竣工价值	万元	691404	138530	399.1
其中：旧建筑物购置	〃	41994	8418	398.9	房屋出租面积	平方米	0	0	—
土地购置费	〃	785827	558125	40.8	本年商品房销售面积	〃	1033493	1428906	-27.7
按工程用途分：	—	—	—	—	本年商品房销售额	万元	1748577	2317794	-24.6
住宅	万元	1630072	1183940	37.7	本年商品住宅销售套数	套	10131	13743	-26.3
办公楼	〃	4854	9773	-50.3	待售面积	平方米	243514	126684	92.2
商业营业用房	〃	74662	160590	-53.5					

说明：此表数据为在地口径

保险业务情况

项　　目	单 位	数 量	保险金额（千元）	保 险 费（千元）	赔 款（千元）	赔款件数（件）
合　　计	—	—	66484811	341078	201712.52	26680
一、企财险	笔	128	10450753	3661	22854	79
二、机动车险	辆	114538	35611416	317667	150089	24133
三、货运险	笔	720	836845	583	8915	24
四、家财险	户	1672	919485	211	278	143
五、责任险	笔	387	2711599	3920	3028	189
六、工程险	〃	73	281342	384	30	1
七、保证险	〃	10	26298	112	0	0
八、农业险	〃	104	191601	7134	8328	981
九、人身意外伤害险	〃	33063	14928347	6164	2635	966
十、其他险	〃	3254	527125	1242	5555	164

说明：本表是财险情况，由平安财险和北辰人民财险提供

社会保险情况

项　　目	缴费人数（人）	征收基金（千元）	支付人数（人次）	支付基金（千元）
养老保险	152803	2111170	1399100	2674000
医疗保险	164659	1086755	—	833462
城乡医疗保险	270328	284875	—	171244
工伤保险	144549	50276	7969	53280
生育保险	148235	39915	—	55281
失业保险	143437	75508	—	

说明：一个企业有 1000 多人 2018 年迁出北辰了，工伤保险就不归北辰支付了

户籍人口年龄构成

单位：人

年龄分组	人口数		男	女	性别比（女=100）
	合计	比重			
总　计	431902	100.00	213311	218591	97.6
0—4 岁	22729	5.26	11678	11051	105.7
5—9 岁	20262	4.69	10325	9937	103.9
10—14 岁	17826	4.13	9273	8553	108.4
15—19 岁	19068	4.41	9810	9258	106.0
20—24 岁	24229	5.61	12242	11987	102.1
25—29 岁	29131	6.74	14239	14892	95.6
30—34 岁	39526	9.15	19316	20210	95.6
35—39 岁	36550	8.46	18403	18147	101.4
40—44 岁	30586	7.08	15265	15321	99.6
45—49 岁	34094	7.89	16956	17138	98.9
50—54 岁	32934	7.63	16373	16561	98.9
55—59 岁	33682	7.80	16713	16969	98.5
60—64 岁	30788	7.13	14915	15873	94.0
65—69 岁	25311	5.86	12137	13174	92.1
70—74 岁	15719	3.64	7054	8665	81.4
75—79 岁	9821	2.27	4097	5724	71.6
80—84 岁	5989	1.39	2864	3125	91.6
85—89 岁	2569	0.59	1191	1378	86.4
90—94 岁	834	0.19	367	467	78.6
95 岁以上	254	0.06	93	161	57.8

说明：1. 此表数据由公安北辰分局提供；
　　　2. 此表数据为 2019 年 3 月底数据

人口民族构成

单位：人

民　　族	合　计	男	女
合　　计	431902	213311	218591
其中：汉　　族	407385	201147	206238
回　　族	18278	9214	9064
满　　族	3542	1680	1862
蒙 古 族	1209	531	678
朝 鲜 族	587	307	280
壮　　族	179	76	103
土 家 族	160	86	74
维吾尔族	174	86	88
苗　　族	83	46	37
彝　　族	33	16	17
侗　　族	28	12	16
锡 伯 族	35	14	21
布 依 族	14	3	11
达斡尔族	38	16	22
瑶　　族	25	15	10
藏　　族	16	11	5
哈萨克族	14	11	3
黎　　族	12	5	7
白　　族	18	8	10

其他民族：穿青人、鄂温克族各 7 人，畲族、傣族，土族各 6 人，水族、仡佬族各 4 人，哈尼族、拉祜族、柯尔克孜族、东乡族各 3 人，毛南族、乌孜别克族、傈僳族、裕固族、京族、鄂伦春族、赫哲族各 2 人，撒拉族、仫佬、 羌族、高山族、佤族、俄罗斯族各 1 人。

说明：1. 此表数据由公安北辰分局提供；
　　　2. 此表数据为 2019 年 3 月底数据

体育事业发展情况

项目	单位	数量	项目	单位	数量
一、业余体校情况			五、社会体育指导员情况		
在训人数	人	1384	业余指导员合计	人	148
其中：田　径	人	153	其中：二　级	人	50
游　泳	人	207	三　级	人	98
武　术	人	93	职业指导员合计	人	—
棒　球	人	55	六、体育业务活动情况		
国际式摔跤	人	105	举办综合运动会次数	次	1
柔　道	人	51	举办单项比赛次数	次	12
体　操	人	—	举办全民健身活动次数	次	150
中国式摔跤	人	141	其中：1000人以上的活动	次	1
足　球	人	153	参加全民健身活动人次	万人	5
乒乓球	人	41	七、新建全民健身活动设施情况	—	
羽毛球	人	90	室外全民健身公园、广场	个	33
拳　击	人	2	青少年体育俱乐部	个	—
跆拳道	人	228	八、运动成绩统计		
散　打	人	15	全国比赛	—	—
篮　球	人	124	金牌	枚	2
二、传统项目布局学校	所	12	银牌	枚	2
三、等级裁判员、运动员发展情况			铜牌	枚	2
等级运动员发展人数	人	39	省级比赛	—	—
其中：二　级	人	39	金牌	枚	56
等级裁判员发展人数	人	—	银牌	枚	45
其中：二　级	人	—	铜牌	枚	44
四、国家级体育先进县	个	—			

说明：1. 此表数据由北辰区文广局提供。
2. 业余体校情况指少年儿童业余体校，不含体育中学数。
3. 在训人数为实际训练人数，各分项数据为注册人数，含兼项数据，特别是摔跤和跆拳道兼项人数比较多。
4. 室外全民健身公园、广场含健身设施情况和室内全民健身中心

公共图书馆情况

项　　目	单位	数量
一、图书馆	个	1
二、工作人员	人	29
三、藏　　书	千册	316
其中：新书	〃	60
四、书架单层总长度	米	19116
五、发放借书证	个	15820
六、图书流通人次	千人次	200
七、图书流通册次	千册次	400
八、为读者服务举办各种活动	次	70
其中：参加人次	人次	10850
九、本年新购图书	册	60370
十、公共房屋建筑面积	平方米	5040
其中：书　　库	〃	1400
阅 览 室	〃	1400
十一、阅览室座席	个	502
十二、藏书价值	千元	2942

说明：此表数据由图书馆提供

文化馆情况

项　　目	单位	数量
一、文化馆数	个	1
二、工作人员	人	22
三、举办展览数	次	32
四、举办讲座、报告会	〃	39
五、组织文艺活动	〃	142
其中：省市级以上的	〃	
六、举办培训班	班次	570
其中：结　　业	人次	21600
七、出版文学书籍	部	
八、出版文学刊物	种	

续表

项　　目	单位	数量
九、供应演唱宣传材料	〃	
十、公共房屋建筑面积	平方米	3562
其中：演出排练用房	〃	2000
十一、集体经营文化站机构	个	13
职　工	人	
其中：农村集镇文化中心	个	13
十二、业余文化社团	〃	150
社　　员	人	10000

说明：此表数据由文化馆提供

农村村级卫生组织情况

乡镇名称	村数	村设置医疗点（个）	乡村医生（人）	在岗乡村医生（人）
合　计	126	58	330	121
天穆镇	15	6	43	19
北仓镇	13	1	24	1
双街镇	15	4	30	6
双口镇	21	19	51	32
青光镇	6	6	49	3
宜兴埠镇	10	0	13	0
小淀镇	5	4	21	8
大张庄镇	31	8	51	19
西堤头镇	10	10	48	33

说明：1. 此表数据由卫健委提供。
2. 村设置医疗点情况，由于近期部分村拆迁，数据较去年有所变化。
3. 乡村医生包括有乡医证的人员和实际从事乡医工作的人员

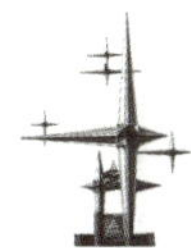

档案馆情况

项　　目	单 位	数 量
一、馆藏档案		
全　　宗	个	124
案卷总计	卷	316485
案卷总长度	米	3881
录音、录像、影片档案	盒	1457
照片档案	张	9304
以件为保管单位档案	件	217626
以件为保管单位档案长度	米	600
利用档案合计	卷、件、次	189237
	人次	3942
其中：编史修志	卷、件、次	180798
工作查考	〃	6183
其　　他	〃	2256
三、该年接收档案		
案　　卷	卷	108113
以件为保管单位档案	件	9130
四、馆藏资料	种	71
馆藏册数	册	7561
五、档案馆总面积	平方米	7017
其中：库　　房	〃	2308

说明：此表数据由档案局提供

卫生机构、床位、人员情况

机 构 分 类	机构数（个）	床位数（张）	人 员（人）	其中：卫生技术人员（人）
总计	65	2207	5598	4572
一、医院、卫生院	34	2207	4768	3926
㈠医　　院	20	1992	3318	2646
其中：综合医院	15	1112	2030	1520
中医医院	3	667	1153	1011
专科医院	2	213	135	115

续表

机构分类	机构数（个）	床位数（张）	人员（人）	其中：卫生技术人员（人）
㈡社区卫生服务中心	14	215	1450	1280
二、卫生防疫站	1		77	58
三、卫生监督所	1		38	36
四、妇幼保健所	1		164	136
五、卫生进修学校	1		9	2
六、门诊部合计	27		542	414

说明：此表数据由卫健委提供

医疗机构工作情况

项目	单位	数量
诊疗人次	千人次	4564
平均每天诊疗	人次	12504
入院人数	人	50245
出院人数	〃	50126
治愈率	%	34.1
病死率	〃	0.6
实际开放总床日数	天	720437
平均开放病床数	张	1973
平均病床周转次数	次	25.5
平均病床工作日	天	251.3
实际病床使用率	%	68.8
出院者平均住院日	天	9.1
住院病人手术总人次数	人次	25032

说明：门急诊人数，为人次数，每刷卡一次为一人次

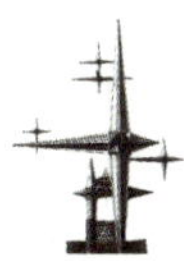

职业中学基本情况

项 目	单位	合计
国家级重点中职校	所	3
占地面积	平方米	80166
其中：绿化用地面积	平方米	13485
运动场地面积	平方米	19000
在校学生	人	4508
其中：住宿生	〃	1336
预计毕业生	〃	1969
招生数	〃	1258
毕业生	〃	1835
其中：获得职业资格证书	〃	1350
其中：资源环境类	〃	31
加工制造类	〃	271
交通运输类	〃	38
信息技术类	〃	320
医药卫生类	〃	485
财经商贸类	〃	535
教育类	〃	155
教职工总数（人）	301	
其中：女教职工	209	
教职工中行政人员	20	
教辅人员	16	
工勤人员	7	
专任教师	258	
其中：硕士生毕业	53	
本科毕业	201	
专科毕业	4	

说明：1. 此表数据由教育局提供。
2. 独立设置学校分别为民族职专、北辰区中等职业技术学校、天津市药科中等专业学校。基础教育专任教师数

基础教育专任教师数

	合计	其中：女教师	按区域分			按学历分				
			城区	镇区	乡村	研究生毕业	本科毕业	专科毕业	高中阶段毕业	高中阶段以下毕业
总计	4601	3758	3211	792	598	359	3408	791	40	3
幼儿园	1180	1169	912	117	151	11	486	675	6	2
义务教育	2909	2211	1898	625	386	272	2486	116	34	1
小学	1903	1479	1215	364	324	142	1626	104	30	1
小学	1679	1313	1046	364	269	126	1424	98	30	1
九年一贯制学校	143	101	88		55	14	124	5		
十二年一贯制学校	81	65	81			2	78	1		
初中	1006	732	683	261	62	130	860	12	4	
初级中学	633	469	413	210	10	88	534	8	3	
九年一贯制学校	127	81	75		52	26	99	2		
十二年一贯制学校	115	88	115			7	108			
完全中学	131	94	80	51		9	119	2	1	
职业初中										
高中	477	350	366	50	61	74	403			
完全中学	183	135	133	50		21	162			
高级中学	280	204	219		61	49	231			
十二年一贯制学校	14	11	14			4	10			
特殊教育	35	28	35			2	33			

说明：此表数据由教育局提供

附录

北辰年鉴
2019

文件存目

2018 年北辰区人民政府文件目录

发文日期	发文序号北辰政发[2018]号	标题或内容
1 月 12 日	2	关于公布北辰区规范性文件清理结果的通知
1 月 22 日	3	北辰区人民政府关于禁止限制燃放烟花爆竹的通告
1 月 24 日	4	关于北辰区人民政府领导班子分工方案的通知
2 月 27 日	5	天津市北辰区人民政府关于印发天津市北辰区人民政府工作规则的通知
2 月 27 日	6	天津市北辰区人民政府关于印发北辰区人民政府领导班子关于加强自身建设的规定的通知
指挥部	7	天津市北辰区人民政府印发关于进一步完善北辰区设施农用地建设的实施意见
4 月 28 日	8	关于禁止燃放烟花爆竹的通告
5 月 23 日	9	天津市北辰区人民政府关于我区开展第四次全国经济普查工作的通知
7 月 9 日	13	天津市北辰区人民政府关于区长、副区长工作分工调整的通知
6 月 26 日	14	天津市北辰区人民政府关于印发北辰区 2018—2019 年环外农村地区居民冬季清洁取暖工作实施方案的通知
8 月 28 日	18	天津市北辰区人民政府关于设立市级及以上工业园区分园的决定
8 月 28 日	19	关于撤销取缔北辰区市级以下工业园区（集聚区）的决定
8 月 28 日	21	天津市北辰区人民政府关于调整区政府议事协调机构组成人员的通知
10 月 8 日	23	天津市北辰区人民政府办公室关于印发天津市北辰区打好污染防治攻坚战七个作战计划的通知
11 月 1 日	24	天津市北辰区人民政府关于区长、副区长工作分工调整的情况报告
11 月 2 日	25	天津市北辰区人民政府关于印发北辰区市政公用基础设施配套费（基金）征收使用管理办法的通知
11 月 15 日	27	天津市北辰区人民政府关于印发北辰区公立医院综合改革实施方案的通知
11 月 29 日	29	天津市北辰区人民政府关于进一步加强创建“全国禁毒工作示范城区”组织领导的通知
12 月 11 日	31	天津市北辰区人民政府关于印发北辰区工程建设项目审批制度改革工作方案的通知
12 月 27 日	32	天津市北辰区人民政府关于印发赋予天穆镇部分区级经济社会管理权限目录的通知

2018年北辰区人民政府办公室文件目录

发文时间	发文序号北辰政办发［2018］号	文件标题
1月16日	1	关于转发北辰区关于推进镇村卫生服务一体化的实施方案（试行）的通知
1月22日	3	印发关于进一步加强烟花爆竹安全监督管理工作实施方案的通知
3月26日	5	天津市北辰区人民政府办公室关于转发区文广局拟定的北辰区鼓励和引导社会力量参与公共文化服务工作意见等五个文件的通知
4月8日	6	天津市北辰区人民政府办公室关于转发区文广局拟定的北辰区关于培育和扶持文化类社会组织发展的工作意见的通知
4月10日	7	天津市北辰区人民政府办公室关于印发《北辰区保障农民工工资支付工作考核办法》的通知
4月24日	8	天津市北辰区人民政府办公室关于调整北辰区全民科学素质工作领导小组的通知
5月16日	12	天津市北辰区人民政府办公室关于转发区金融工作局拟定的北辰区促进企业信用贷款及知识产权质押贷款实施办法（试行）的通知
6月11日	13	天津市北辰区人民政府办公室关于转发区科学技术委员会拟定的天津市北辰区专利工作三年行动方案（2018—2020年）的通知
7月3日	14	天津市北辰区人民政府办公室关于转发区文广局拟定的北辰区公共文化服务组织培育中心建设发展实施意见的通知
7月3日	15	天津市北辰区人民政府办公室关于转发区文广局拟定的北辰区2018—2019年度公共文化服务创投推广实施方案的通知
7月3日	16	天津市北辰区人民政府办公室关于调整北辰区爱国卫生运动委员会（健康促进委员会）成员的通知
6月21日	17	天津市北辰区人民政府办公室关于印发《北辰区2018年大气污染防治攻坚战实施方案》《北辰区2018年水污染防治计划实施方案》《北辰区2018年清洁土壤行动实施方案》三个实施方案的通知
7月4日	20	天津市北辰区人民政府办公室关于转发区商务委员会拟定的首届中国国际进口博览会天津市交易团北辰区分团工作方案的通知
7月2日	21	天津市北辰区人民政府办公室关于印发北辰区加快推进智能科技产业发展若干政策的实施细则的通知
7月31日	22	天津市北辰区人民政府办公室关于转发区科学技术委员会拟定的天津市北辰区科技计划管理办法的通知
8月23日	23	天津市北辰区人民政府办公室关于转发区行政审批局拟定的北辰区“政务一网通”改革方案的通知
8月29日	25	天津市北辰区人民政府办公室关于印发北辰区2018年关于进一步加强无证无照经营综合治理工作的实施方案的通知
9月5日	26	天津市北辰区人民政府办公室关于印发北辰区关于实施农村全域清洁化工程的工作方案的通知

续表

发文时间	发文序号北辰政办发［2018］号	文件标题
9月18日	27	天津市北辰区人民政府办公室关于2017年度计划生育目标管理责任制考核结果的通报
9月21日	28	天津市北辰区人民政府办公室关于印发北辰区深入推进供应链创新与应用的实施方案的通知
8月20日	30	天津市北辰区人民政府办公室关于2017年度保障农民工工资支付工作情况考核结果的通报
10月24日	31	天津市北辰区人民政府办公室关于印发天津市北辰区国民营养计划（2017—2030年）实施方案的通知
10月25日	32	天津市北辰区人民政府办公室关于印发天津市北辰区2018-2019年采暖季工业企业错峰生产工作方案的通知
11月2日	33	天津市北辰区人民政府办公室关于印发北辰区落实天津市进一步推进供给侧结构性改革降低实体经济企业成本政策措施的实施意见的通知
11月9日	34	天津市北辰区人民政府办公室关于印发天津市北辰区区属国有企业违规经营投资责任追究试行办法的通知
11月13日	36	天津市北辰区人民政府办公室关于转发民政局拟定的明确街镇属地管理责任主体的通知
11月22日	37	天津市北辰区人民政府办公室关于转发区环保局拟定的北辰区畜禽养殖禁养区划定方案（2018年修订）的通知
11月23日	40	天津市北辰区人民政府办公室关于印发北辰区2018—2019年秋冬季大气污染综合治理攻坚行动方案的通知
11月30日	41	天津市北辰区人民政府办公室转发区工信委拟定的北辰区关于园区建设项目“多评合一”实施意见（试行）的通知
11月26日	42	天津市北辰区人民政府办公室关于废止北辰政办发〔2016〕9号文件的通知
11月30日	43	天津市北辰区人民政府办公室关于印发北辰区“十三五”老龄事业发展和养老体系建设规划的通知
12月24日	45	天津市北辰区人民政府办公室关于印发北辰区示范小城镇出让区土地整理储备出让工作实施意见的通知
12月24日	46	天津市北辰区人民政府办公室关于印发北辰开发区工业用地项目土地储备工作实施意见的通知
12月25日	47	天津市北辰区人民政府办公室关于印发北辰区改革完善全科医生培养与使用激励机制实施方案的通知

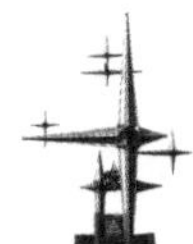

重要文件摘要

天津市北辰区人民政府办公室关于转发北辰区关于推进镇村卫生服务一体化的实施方案（试行）的通知

各镇人民政府、街道办事处，各委、办、局，区直各单位：

区卫计委拟定的《北辰区关于推进镇村卫生服务一体化的实施方案（试行）》已经区人民政府同意，现转发给你们，请遵照执行。

2018年1月16日

北辰区关于推进镇村卫生服务一体化的实施方案（试行）

为贯彻落实《天津市人民政府办公厅转发市卫生计生委市发展改革委市人力社保局市财政局关于进一步加强我市乡村医生队伍建设实施意见的通知》（津政办发〔2015〕56号）及《中共天津市北辰区委天津市北辰区人民政府关于印发〈北辰区关于加强基层医疗卫生服务能力推进分级诊疗制度建设的实施方案〉的通知》（津辰党发〔2016〕46号）等文件精神，提高基层服务能力，为农村居民提供优质、便捷的基本医疗和公共卫生服务，现结合我区实际制定本实施方案。

一、总体目标

按照“保基本、强基层、建机制”的要求，以为农村居民提供普惠可及、安全有效、方便价廉的基本医疗和公共卫生服务为目标，明确村卫生室职责，改善就医环境，加强村卫生室和卫生技术人员队伍建设，合理规划配置镇村卫生资源，推进镇村卫生服务一体化，完善村级卫生技术人员经费保障政策，健全培养培训制度，规范执业行为，提高村卫生室医疗卫生服务水平，提高基层首诊率，使百姓的常见病、多发病在村卫生室能够得到及时有效的治疗、康复。

二 、工作原则

（一）坚持政府主导。各级政府加大对村卫生室的投入，充分体现村卫生室公益性质，保障村卫生室的基础设施建设、房屋维修、水电采暖、网络通信及基本诊疗设备配备等日常运营经费，完善村级卫生技术人员经费保障政策。

（二）坚持资源统筹。按照服务人口和服务半径合理配置医疗资源，合理规划村卫生室布局和配备医务人员。

（三）坚持一体化管理。强化镇村卫生服务一体化，村卫生室作为镇社区卫生服务中心派出机构，实行机构统一设置，人员统一聘用，药品、财务、业务统一管理。

（四）坚持绩效考核分配。镇社区卫生服务中心对村卫生室实行统一绩效考核，从服务数量、服务质量、群众满意度等方面进行绩效综合考核并与薪酬挂钩。

三、主要工作任务

（一）完善村卫生室管理机制。

村卫生室作为镇社区卫生服务中心派出机构，社区卫生服务中心主任作为村卫生室法人代表，对人员、业务、财务、药品等实行统一管理，定期对村级卫生技术人员进行绩效考核，实行绩效分配。村卫生室实行社区卫生服务中心领导下的室长负责制，室长由社区卫生服务中心任命。

（二）统一机构设置。

综合考虑服务人口以及地理条件等因素，合理设置村卫生室。原则上每个行政村都设1所标准化的村卫生室，在服务半径不超过1.5公里、步行不超过15分钟的相邻行政村，可共建1所村卫生室。实施农村小城镇规划建设以及“撤村改居”的地区，要按照城市社区卫生服务机构设置有关要求，预留和建设社区卫生服务站，不再设置村卫

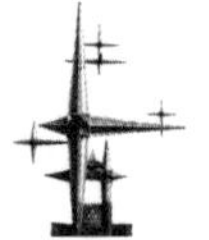

生室，社区卫生服务站按照村卫生室的有关政策予以保障。村卫生室建设应符合天津市《关于进一步加强我市乡村医生队伍建设的实施意见》中的村卫生室建设标准。

（三）统一人员配置。

区卫生计生委总体考虑合理设置的村卫生室和服务人口等因素，设置村卫生室卫生技术人员岗位，原则上按照每千人口配备1名卫生技术人员的标准设置岗位。为弥补村卫生室卫生技术人员不足的问题，招录具有医学学历的人员充实村卫生室，采用区招、镇用镇管的方式管理。社区卫生服务中心按照村卫生室岗位设置，统一聘用卫生技术人员。完善乡村医生退出机制，乡村医生年满60岁原则上不再聘用。未被聘用和不愿在村卫生室工作的乡村医生，鼓励取得执业医师资格后依法开办个体诊所。对于“撤村改居”的地区，符合聘用条件的乡村医生可聘用在城市社区卫生服务站工作。

（四）统一薪酬管理。

村卫生室卫生技术人员收入由基础工资、绩效工资、社会保险三部分组成，经考核后发放，逐步实现与编制内职工同工同酬。收入主要来源包括医疗收入、公共卫生服务经费、家庭医生服务费用。区政府按照村卫生室每个岗位4000元/月的标准，以购买服务的方式给予补贴，全年合计4000元/月 ×12月 = 48000元。

村卫生室卫生技术人员可参加城镇职工社会保险，具体包括：养老保险、医疗保险、失业保险、工伤保险和生育保险，由社区卫生服务中心统一投保，并按规定负责缴纳单位负担部分。

（五）统一财务收支管理。

村卫生室的财务由镇社区卫生服务中心统收统支，单独设账，实行另账管理。村卫生室收入扣除成本后主要用于人员绩效分配。严格财务管理制度，做到收费有单据、账目有记录、支出有凭证，村卫生室不得截留挪用和坐收坐支。诊疗收费标准由中心按照物价部门规定统一定价，村卫生室主动公开医疗服务项目、药品品种以及收费价格。中心要建立村卫生室固定资产管理制度，加强固定资产管理，防止固定资产流失。

（六）统一规范药品购销。

社区卫生服务中心根据居民用药习惯合理确定村卫生室的用药目录，村卫生室药品及医疗器械由社区卫生服务中心统一采购和管理，严禁从非法渠道购进。完善村卫生室药品的出入库管理，做到账物相符。村卫生室要坚持合理用药，社区卫生服务中心定期开展村卫生室合理用药培训，加大日常监管力度，保证患者用药安全。以大张庄镇、西堤头镇社区卫生服务中心为试点，在村级卫生机构实行基本药物制度，作为医保定点单位联网结算。试点成功后，在全区推广。

（七）统一业务管理。

社区卫生服务中心明确村卫生室工作职责和目标任务，合理安排村卫生室的基本医疗、公共卫生和家庭医生签约服务工作，加强对村卫生室的质控管理，严格落实村卫生室各项技术规范。村卫生室人员应严格遵守国家及我市有关法律法规、规章及各项医疗安全制度，按要求完善各种医疗登记。社区卫生服务中心定期开展专业技术培训，提高村级卫生技术人员水平。

（八）统一绩效考核。

社区卫生服务中心制定以服务数量、服务质量和群众满意度等内容为核心的绩效考核办法，逐步实现村卫生室基本医疗和基本公共卫生服务的信息化管理，依托信息技术对村卫生室服务行为和任务完成情况进行绩效考核，绩效考核结果与职称评定和薪酬分配挂钩，根据绩效考核结果发放绩效工资。

四、组织实施

（一）准备阶段（2016年11月）。成立领导机构和工作组织，广泛征求意见，做好宣传发动工作，调动广大医疗单位和医护人员的积极性，统一思想认识，形成改革合力。

（二）试点阶段（2016年12月—2017年12月）。启动镇村卫生服务一体化试点工作，制定和完善试点单位相关方案、措施，建立健全绩效考核体系，落实各项改革任务。

（三）医保联网试点阶段（2017年7月 -2017年12月）。在大张庄镇、西堤头镇村卫生室实行基本药物制度，作为医保定点单位实行联网结算，对试点工作情况进行定期督查评估。

（四）推广阶段（2018年1月开始）。在总结试点工作成功经验的基础上，不断完善、建立科学的村级卫生机构管理长效机制。调整、充实和完

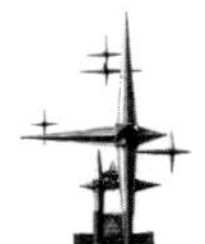

善改革的相关政策措施，将有关改革政策系统化、制度化，在全区范围内推广实施。

五、保障措施

（一）加强组织领导。

区成立镇村卫生服务一体化改革工作领导小组，区卫生计生委主要领导任组长，区发改委、人社局、编办、财政局等相关部门为成员单位，领导小组负责政策制定和组织推动工作。各相关部门要建立分工协作、密切配合、合力推进的工作机制。各镇政府成立相应领导组织，加强对镇村卫生服务一体化改革的组织和推动。

（二）完善村卫生室的保障措施。

根据《天津市人民政府办公厅转发市卫生计生委市发展改革委市人力社保局市财政局关于进一步加强我市乡村医生队伍建设实施意见的通知》（津政办发〔2015〕56号）文件要求，建立村卫生室运行保障机制，加大对村卫生室的财政投入。村卫生室的基础设施建设、房屋维修由财政予以保障。区财政每年每个村卫生室补助1万元运行经费，主要用于村卫生室水、电、采暖、通信、工本费用、常规诊疗设备的购置维修、房屋小型修缮、基本医疗及公共卫生服务宣传等项目。经费由社区卫生服务中心统一申领，统筹使用。服务人口多，卫生室规模大，运行经费不足部分由镇财政给予保障。

对实行药品零利率的村卫生室，以镇为单位，按照每个岗位每年1万元的标准给予定额补助。村卫生室统一投保医疗责任险，增强村卫生室抗医疗责任风险能力。村卫生室执行居民用电价格。

（三）加强宣传引导。

利用各种形式加大对改革政策的宣传，使居民和医务人员理解改革政策，形成支持和积极参与镇村卫生服务一体化工作的良好社会氛围。

（四）试点先行。

为稳步推进镇村卫生服务一体化改革，以大张庄镇、西堤头镇为我区改革的试点单位，积极探讨出一套符合实际、管理高效、群众满意的镇村卫生服务一体化管理模式，并在全区范围内推广实施。

天津市北辰区人民政府办公室
关于印发2018年北辰区政务公开重点工作安排的通知

各镇人民政府、街道办事处，各委、办、局，区直各单位：

《2018年北辰区政务公开重点工作安排》已经区人民政府同意，现印发给你们，请遵照执行。

2018年7月10日

2018年北辰区政务公开重点工作安排

2018年政务公开工作的总体要求是：全面贯彻党的十九大和十九届二中、三中全会精神，以习近平新时代中国特色社会主义思想为指导，以习近平总书记对天津工作提出的“三个着力”重要要求为元为纲，围绕扎实推进“五位一体”总体布局、“四个全面”战略布局在天津的实施，按照《天津市人民政府办公厅关于印发2018年天津市政务公开工作要点的通知》（津政办函〔2018〕40号）部署和要求，坚持统筹兼顾、突出重点，大力推进决策、执行、管理、服务、结果公开，不断提升政务公开的质量和实效，推动转变政府职能、深化简政放权、创新监管方式，促进经济社会持续健康发展，助力建设人民满意的服务型政府。现就我区2018年政务公开重点工作安排如下：

一、切实加强公开解读回应工作

（一）围绕建设法治政府全面推进政务公开。

1. 推进政府决策公开。坚持以公开为常态、不公开为例外，政府全体会议和常务会议讨论决定的事项、政府及其部门制定的政策，除依法需要保密的外应及时公开，以公开促进依法行政和政策落地见效，充分保障人民群众的知情权。制定出台涉及公共利益、公众权益的政策文件，要对公开相关信息作出明确规定，使政策执行更加阳光透明。（各镇街、区政府各部门负责落实）

2. 做好权责清单调整和公开。结合政府机构改革和职能优化，做好政府工作部门权责清单调

整和公开工作，强化对行政权力的制约和监督，推动政府部门依法全面规范履职。（区编办牵头落实）

3. 推进建议提案办理结果公开。按照“谁承办、谁公开、谁发布”的原则，对建议提案办理结果进行公开和保密审查，对社会广泛关注、关系国计民生的建议提案，在门户网站及时公开办理结果，同时公开办理工作总体情况，更好回应社会关切，接受群众监督。（区督查办、各镇街、区政府各部门负责落实）

4. 全面实施“双随机、一公开”监管。多渠道全方位及时公开综合监管和执法检查信息，提高监管效能和公正性，增强监管威慑力和公信力。以“双随机”抽查为抓手，强化执法检查的事前公示和事后公示，促进社会公众对执法检查行为和市场主体经营行为的双向监督，推进随机抽查事项公开、程序公开、结果公开，实行“阳光执法”，减轻市场主体负担，优化市场环境。（区市场监管局牵头落实）

（二）围绕重点领域加大主动公开力度。

1. 推进财政预决算领域政府信息公开。推动区政府及其部门全面公开财政预决算信息，继续通过区政府或财政部门网站专栏集中公开政府预决算、部门预决算，并编制目录，对公开内容进行分级、分类，方便公众查阅和监督。各部门预决算公开时，一并公开本部门的职责、机构设置情况、预决算收支增减变化、机关运行经费安排以及政府采购等情况的说明，并对专业性较强的名词进行解释。依法依规向社会公开政府一般债券、专项债券的举借、偿还等情况。在市财政局下达我区政府债务限额内，提出全区政府债务分配方案（草案），经区人民政府同意后报区人大常委会批准并向社会公开。（区财政局牵头，各镇街、区政府相关部门负责落实）

2. 推进重大建设项目批准和实施领域政府信息公开。按照《北辰区重大建设项目批准和实施领域政府信息公开实施方案》（北辰政办函〔2018〕16号）要求，结合实际确定本区、本系统的重大建设项目范围。在重大建设项目批准和实施过程中，重点公开批准服务信息、批准结果信息、招标投标信息、征收土地信息、重大设计变更信息、施工有关信息、质量安全监督信息、竣工有关信息等8类信息。（各镇街、区政府相关部门负责落实）

3. 推进公共资源配置领域政府信息公开。按照《北辰区推进公共资源配置领域政府信息公开实施方案》（北辰政办函〔2018〕15号）要求，重点做好住房保障、国有土地使用权出让、政府采购、国有产权交易、工程建设项目招标投标等领域信息公开工作。各类依法应当公开的公共资源交易公告、资格审查结果、交易过程信息、成交信息、履约信息以及有关变更信息等在指定媒介发布的同时，通过系统对接方式与市公共资源交易平台实时交互共享，并实时交互至全国公共资源交易平台。（各镇街、区政府相关部门负责落实）

4. 推进社会公益事业建设领域政府信息公开。按照《北辰区社会公益事业建设领域政府信息公开实施方案》（北辰政办函〔2018〕28号）要求，着力推进社会救助和社会福利、结对帮扶、教育、基本医疗卫生、环境保护、灾害事故救援、公共文化体育等领域政府信息公开。稳妥推进社会公益事业建设领域信息共享和数据开放，注重运用技术手段实现公开信息可检索、可核查、可利用，便于群众知晓、理解和监督。（各镇街、区政府相关部门负责落实）

5. 切实抓好重点领域信息公开工作的落实。各镇街、各部门要切实抓好财政预决算、重大建设项目批准和实施、公共资源配置、社会公益事业建设等领域政府信息公开制度的贯彻落实；把重点领域信息公开纳入主动公开基本目录，持续加以推进；在政府信息公开工作年度报告中公布重点领域信息公开情况，接受社会监督。（各镇街、区政府各部门负责落实）

（三）围绕扩大开放推进公共信息资源数据开放。

1. 建立统一开放平台。大力推动政府部门数据共享，稳步推动公共数据资源开放，充分发挥公共信息资源的整体开发利用价值，促进大数据产业发展。（区网信办牵头落实）

2. 编制公共信息资源开放目录。参照市级公共信息资源开放目录，编制我区公共信息资源开放目录，并根据我区政务信息资源共享管理的相关要求，整理可开放的信息资源，通过统一的开放平台对外发布。（区网信办、区审批局牵头

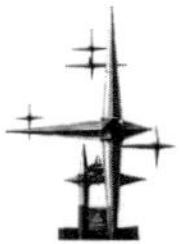

落实）

3. 依托平台稳步开放数据。在保障安全的前提下，从与社会公众生产生活密切相关、社会需求最迫切、国际上普遍开放的信息资源入手，按照增量先行的方式，优先开放人民群众迫切需要、商业增值潜力显著的高价值数据集，保证数据的完整性、及时性，方便公众在线检索、获取和利用，并逐步扩大开放内容，以信息流带动技术流、资金流、人才流、物资流。（区网信办、区政府办牵头落实）

（四）围绕稳定市场预期加强政策解读。

1. 明确解读重点。牢牢把握推动高质量发展的根本要求，围绕推进供给侧结构性改革、建设创新型城市、深化基础性关键领域改革、实施乡村振兴战略、推进区域协调发展战略、扩大消费和促进有效投资、推动形成全面开放新格局、提高保障和改善民生水平等重大部署，解读好相关政策措施、执行情况和工作成效，赢得人民群众的理解和支持。重点抓好我区落实防范化解重大风险、精准脱贫、污染防治三大攻坚战的相关政策措施解读工作，密切关注市场预期变化，把握好政策解读的节奏和力度，主动引导舆论，为推动政策落实营造良好环境。（各镇街、区政府各部门负责落实）

2. 落实解读责任。按照“谁起草、谁解读”的原则，做到政策性文件与解读方案、解读材料同步组织、同步审签、同步部署。各单位主要负责人要履行好“第一解读人”的职责，通过参加新闻发布会、发表解读文章、接受媒体采访和政务访谈等方式，深入解读政策背景、重点任务、后续工作考虑等，及时准确传递权威信息和政策意图。对一些专业性较强的政策，牵头起草部门要注重运用客观数据、生动实例等，进行形象化、通俗化解读，把政策解释清楚，避免误解误读。（各镇街、区政府各部门负责落实）

（五）围绕社会重大关切加强舆情回应。

1. 加强舆情收集和协调联动。切实增强舆情风险防控意识，密切监测收集苗头性舆情，特别是涉及我区经济社会重大政策、影响党和政府公信力、冲击社会道德底线等方面的政务舆情，做到及时预警、科学研判、妥善处置、有效回应。建立完善与宣传、网信、公安、通信管理等部门的快速反应和协调联动机制，加强与新闻媒体的沟通联系，提高政务舆情回应的主动性、针对性、有效性。（区网信办、各镇街、区政府各部门负责落实）

2. 强化回应实效和约束机制。重点做好就学就医、住房保障、安全生产、防灾减灾救灾、食品药品安全、养老服务等民生方面的热点舆情回应，准确把握社会情绪，讲清楚问题成因、解决方案和制约因素等，更好引导社会预期。稳妥做好突发事件舆情回应工作，及时准确发布权威信息。开展政务舆情应对工作效果评估，建立问责制度，对重大政务舆情处置不得力、回应不妥当、报告不及时的涉事责任单位及相关责任人员，要予以通报批评或约谈整改。（区网信办、各镇街、区政府各部门负责落实）

二、切实提升政务服务工作实效

（一）推进网上办事服务公开。

1. 提高网上办理事项占比。按照国家对加快推进“互联网＋政务服务”工作的部署和《天津市“政务一网通”改革方案》（津政发〔2018〕14号）要求，积极推行行政审批和公共服务事项网上办理，大幅度提升网上办理事项占比率。加强大数据综合应用，大力推进全区各单位做好网上审批服务工作，实现事项咨询、申报、预审、受理、审查、办结、反馈等环节全程网上办理，推进线上线下融合发展、功能互补。建立完善网民留言、咨询的受理、转办和反馈机制，及时处理答复，为群众提供更好服务。（区审批局牵头落实）

2. 公开网上服务事项清单。梳理区、乡镇（街道）、社区（村）行政审批和公共服务事项，确定网上办事清单，编制网上办事指南，统一网上网下办事流程，并录入行政审批服务系统，做到统一标准、统一编码、统一发布，实现事项发布清单化、管理目录化、办事智能化、调整动态化，让群众办事更明白、更便捷。（区审批局牵头落实）

（二）优化审批办事服务。

1. 全面推进行政审批标准化。按照“一事项一规程”原则，编制行政许可事项和公共服务事项操作规程。对向社会公开的群众和企业办事需要提供的各类证照、证明材料，没有法律法规依据的一律取消。进一步规范和完善办事指南，办事指南之外不得增加其他要求；办事条件发生变化的事项，应在完成审批程序后1个工作日内公开变更后的相关信息和具体实施时间。实行网上政务服务平台与实体政务大厅办事服务信息同源管理，建设和使用统一的咨询问答知识库、政务服务资源库，确保线上线下服务信息准确一致。（区审批局牵头落实）

2. 推进“五减”改革。减事项，进一步取消、下放、合并行政审批和公共服务事项；减要件，降低准入门槛，依法减少申请材料、申请表格；减环节，取消没有法律法规规章依据的现场踏勘、专家评审等环节；减证照，清理各类没有法律法规依据的证明，取消整合各类证照，加大“多证合一”整合力度；减时限，单个事项的承诺办理时间在法定时限基础上平均减少60%以上。（区审批局、区编办牵头落实）

（三）提升实体政务大厅服务能力。

1. 加强各类实体政务大厅建设管理。着力加强行政许可、医保社保、公安交管、办税服务、不动产交易登记、住房公积金、公证服务等各级各类实体政务大厅的建设和管理。不断完善各类政务大厅的服务功能，切实提升服务保障能力，推动线下线上融合，统筹服务资源，统一服务标准，理顺工作机制，强化部门协调，群众和企业必须到现场办理的事项力争“只进一扇门”、“最多跑一次”。推广“一窗受理、并行办理”模式，实行前台综合受理、一表填报登记、后台分类审批、统一窗口出件、纸件邮寄到家。全面推行“一次办结”服务，在政务门户网站公布“一次办”事项清单和办事指南。将简单事项决定权直接下放到窗口，凡是申请材料齐全且符合法定形式的，即来即办，立等可取。做到一次性告知、一次性受理、一次性审核、一次性决定、一次性出具决定文书或证照结果。（各镇街、区审批局、区人力社保局、国土分局、区房管局、公安分局、区司法局、区国税局、区地税局、区公积金管理中心等区政府相关部门负责落实）

2. 加强各类实体政务大厅软硬件设施配备。要高度重视实体政务大厅的服务作用和服务功能，以服务人民群众为根本目标，加大投入力度，切实做好人员、设施、经费保障。要进一步优化力量配置，结合群众办事需求灵活设立综合窗口，避免不同服务窗口“冷热不均”现象。加强工作人员管理，规范服务行为，强化人员培训，切实提高办事人员服务能力和服务质量。（各镇街、区审批局、区人力社保局、国土分局、区房管局、公安分局、区司法局、区国税局、区地税局、区公积金管理中心等区政府相关部门负责落实）

三、切实推进政务公开平台建设

（一）强化政府网站建设管理。根据《天津市政府网站管理办法》（津政办发〔2017〕100号），落实分级管理责任，优化考核指标，开展具有行政职能事业单位网站普查，推进区政府网站规范管理。加强区政府及下属网站日常监测，继续做好常态化抽查通报，不断提高政府网站管理服务水平。开展全区政府网站规范建设专项检查，推进各级各类政府网站内容建设，丰富信息资源，强化信息搜索、办事服务等功能，提升管网办网水平。大力推进政府网站建设集约化，建立健全站点建设、内容发布、组织保障等体制机制。完善政府网站安全保障机制，做好防攻击、防篡改、防病毒等工作。建立健全政府网站用户信息保护制度，确保用户信息安全。（区政府办、区网信办牵头落实）

（二）用好“两微一端”新平台。充分发挥政务微博、微信、移动客户端灵活便捷的优势，做好信息发布、政策解读和办事服务工作，提高信息内容可用性、实用性、易用性，进一步增强公开实效，提升服务水平。按照“谁开设、谁管理”的原则，落实主体责任，建立信息发布审核机制，严格把关发布内容，不得发布与政府职能没有直接关联的信息，信息发布失当、造成不良影响的要及时整改。加强“两微一端”日常监管和维护，对维护能力差、关注用户少的可关停整合。（区政府办、区网信办负责落实）

（三）加强便民服务专线管理。根据《天津市便民服务专线管理规定》和《天津市便民服务专线管理规定实施细则》（津政办发〔2015〕48号）要求，充分运用好便民服务专线平台，逐步细化管理制度，完善管理规范，建立管理标准，优化管理流程，强化员工培训，提升工作人员业务能力，加强日常值守和督办考核，力争做到电话接通率、服务办结率和评价回访率均达100%的目标。（区审批局牵头落实）

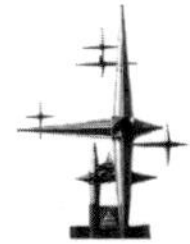

四、切实推进政务公开制度化规范化

（一）贯彻落实政府信息公开条例。结合修订后的政府信息公开条例，对相关配套制度进行调整完善，做好新旧条例衔接过渡工作。全面梳理应当主动公开的政府信息，未公开的要及时向社会公开。按照新条例的要求进一步规范依申请公开工作，建立健全接收、登记、办理、答复等流程，依法保障公民、法人和其他组织获取政府信息的权利。结合条例实施10周年和新修订的条例出台，组织开展形式多样的宣传活动，营造社会公众充分知情、有序参与、全面监督的良好氛围。（各镇街、区政府各部门负责落实）

（二）加强政府信息公开审查工作。政府信息公开前要依法依规严格审查，落实公开属性源头认定机制，特别要做好对公开内容表述、公开时机、公开方式的研判，避免发生信息发布失信、影响社会稳定等问题。要依法保护好个人隐私，除惩戒公示、强制性信息披露外，对于其他涉及个人隐私的政府信息，公开时要去标识化处理，选择恰当的方式和范围。（各镇街、区政府各部门负责落实）

（三）推行主动公开基本目录制度。对照国务院部门的主动公开基本目录，结合本单位职责任务，编制本单位的主动公开基本目录。目录编制要充分体现“五公开”、政策解读、舆情回应、公众参与等要求，并根据职责任务变化对目录进行动态更新调整。（各镇街、区政府各部门负责落实）

（四）健全公共企事业单位信息公开制度。教育、生态环境、文化、旅游、卫生健康、住房保障、社会救助和社会福利等主管部门要履行监管职责，加强分类指导，组织编制公共企事业单位公开事项目录，建立完善公开考核、评议、责任追究和监督检查具体办法，切实推进公共企事业单位信息公开工作。（区教育局、区环保局、区文广局、区卫计委、国土分局、区房管局、区民政局、区人力社保局等区政府相关部门负责落实）

五、切实提高公开质量和实效

（一）加强组织领导。各单位要把政务公开工作纳入重要议事日程，主要负责人亲自抓，明确一位分管负责人具体抓。主要负责人每年至少听取一次政务公开工作汇报，研究部署推动工作。要按照2018年工作安排抓好工作部署，将任务落实到具体部门和单位，明确工作责任。各牵头部门要对牵头任务进行细化分解，明确具体要求、落实措施，加强工作指导，确保公开工作落实到位。

（二）加强业务培训。各单位要根据实际工作需要，围绕新条例、政策解读、政务舆情回应等，精心安排培训科目和内容，有针对性地开展业务培训，不断提高政府工作人员做好政务公开工作的能力和水平。

（三）加强督查考核。区政府要将政务公开工作纳入区绩效考评范围，适时对各单位政务公开工作落实情况进行考核，定期开展自查和督查，对发现的问题及时进行整改。

天津市北辰区人民政府
关于设立市级及以上工业园区分园的决定

北辰政发〔2018〕18号

各镇人民政府、街道办事处，各委、办、局，区直各单位：

根据《天津市工业园区（集聚区）围城问题治理工作实施方案》（津政办发〔2018〕16号）精神，区委、区政府制定了《北辰区工业园区（集聚区）围城问题治理工作实施方案》（津辰党〔2018〕5号）。按照方案要求，经区政府研究，决定将屈店工业区等16个园区设立为邻近的市级及以上园区的分园，实现园区整合提升。其中，天津滨海高新区北辰科技园环东片区设立天津滨海高新区北辰科技园环东分园；屈店工业园设立为天津市北辰区双口镇工业区屈店分园；京宝工业区设立为天津医药医疗器械工业园京宝分园；鸿仓产业园设立为天津北辰经济技术开发区鸿仓分园；双街工业区设立为天津北辰经济技术开发区双街分园；双源工业区设立为天津北辰经济技术开发区双源分园；汉沟工业区设立为天津北辰经济技术开发区汉沟分园；青光工业区设立为天津医药医疗器械工业园青光分园；韩家墅工业区设立为天津医药医疗器械工业园韩家墅分园；宜兴埠镇工业区设立为天津滨海高新区北辰科技园宜兴埠分园；温家房子村工业区设立为天津滨海高新区北辰科技园温家房子分园；小淀村工业区设立为天津滨海高新区北辰科技园小淀分园；刘安庄村工业区设立为天津滨海高新区北辰科技园刘安庄分园；万发工业区设立为天津高端装备制造产业园万发分园；意达工业区设立为天津高端装备制造产业园意达分园；西堤头工业区北区设立为天津陆路港物流装备产业园西堤头分园。

其中，对于现状或未来规划为建设用地的且未占压生态红线、永久性生态保护区的12个园区（京宝工业区、天津滨海高新区北辰科技园环东片区、宜兴埠镇工业区、汉沟工业区、万发工业区、意达工业区、双街村工业区、双源工业区、温家房子村工业区、鸿仓产业园、屈店工业园、西堤头工业区北区），由属地镇政府（天津滨海高新区北辰科技园环东片区由开发区负责管理）负责管理，成立、完善管理机构，依据批复文件组织编制完善园区城市总体规划、土地利用总体规划、工业布局规划、城市设计、区域环评等相关手续，做到手续完善、三规合一。全面排查整治园区内“散乱污”企业，确保全部落实“两断三清”。同时，按照绿色、智能、聚集、高效的发展定位，属地镇政府、开发区要推动园区内质量不高、效益不佳的企业拆除搬迁，实现腾笼换鸟。按照属地镇政府主导、引进第三方合作开发的模式开展园区整治提升，重点引导央企、国企以及有实力的社会资本、社会基金参与园区建设，提高项目入驻标准，实现园区高标准建设、高水平管理、高质量发展。

对于现状或未来规划为非建设用地的或占压生态红线、永久性生态保护区的4个园区（刘安庄村工业区、小淀村工业区、青光工业区、韩家墅工业区），由属地镇政府负责管理，成立、完善管理机构，提升企业品质和园区面貌。全面排查整治园区内“散乱污”企业，确保全部落实“两断三清”。园区按照“维持现状，控制发展”的原则暂时保留，后期随城镇化建设逐步搬迁取缔。

2018年8月31日

天津市北辰区人民政府办公室
关于转发区行政审批局拟定的
北辰区“政务一网通”改革方案的通知

北辰政办发〔2018〕23号

各镇人民政府、街道办事处，各委、办、局，区直各单位：

区行政审批局拟定的《北辰区“政务一网通”改革方案》已经区人民政府同意，现转发给你们，请遵照执行。

2018年8月27日

北辰区“政务一网通”改革方案

为深入贯彻党中央、国务院决策部署，按照我市“政务一网通”改革方案精神，为深化我区“放管服”改革，以深入推进“互联网+政务服务”，使更多事项在网上办理，通过网上服务倒逼网下改革，加快转变政府职能，提高服务效能，营造良好营商环境，特制定北辰区“政务一网通”改革方案。

一、总体要求

（一）指导思想。全面贯彻党的十九大精神，以习近平新时代中国特色社会主义思想为指导，以习近平总书记对天津工作提出的“三个着力”重要要求为元为纲，贯彻新发展理念，坚持以人民为中心的发展思想，按照推进质量变革、效率变革、动力变革的要求，加快承接全市一体化网上政务服务平台，提供内容齐全、功能集成、办事便捷高效、网上网下融合的“一站式”服务，推动我区政务服务网上办、群众办事零跑腿，着力打造“宽进、快办、严管、便民、公开”的审批服务模式，为市场主体添活力，为人民群众增便利。

(二)改革目标。“政务一网通”改革从群众和企业需求出发，坚决打通信息孤岛，推进数据整合共享，使群众和企业办理行政审批事项和公共服务事项，做到最多跑一次或一次都不跑，实现“办事服务一次结、执法监管一次清、咨询投诉一号通”，让数据多跑路、群众少跑腿，进一步改善营商环境，使群众和企业的获得感明显增强。到2018年底，“政务一网通”事项占行政审批和公共服务事项的90%以上，使更多事项在网上办理。

——在办事服务方面，群众和企业在全区范围内办理行政审批事项和公共服务事项，通过服务大厅或互联网申报，在申请材料齐全、符合法定形式的条件下，做到审批服务办一次，推动零跑动办事。

——在执法监管方面，减少多头执法、重复检查，健全信用体系，实现部门联合、随机抽查、按标监管、联合惩戒查一次，做到执法不重复、监管不扰民。

——在咨询投诉方面，健全统一接收、按责转办、限时办结、分别督办、评价反馈的机制，做到投诉举报打一次，有求必应、有应必果。

(三)实施范围。区各有关部门、镇、街、承担行政职能的事业单位和其他提供公共服务职能的部门。

二、重点任务

(一)推进“政务一网通”服务

1. 梳理“政务一网通”事项，开展减事项、减要件、减环节、减证照、减时限的“五减”改革。编制事项清单、办事指南并向社会公布。进一步清理取消区、镇(街道)及基层单位要求群众和企业提供的各类办事证明材料，待市级部门审核通过后，编制证明清单并向社会公布。(区审批局牵头，区各有关部门、镇、街、承担行政职能的事业单位和其他提供公共服务职能的部门落实)

2. 提高网上办理事项占比。依托市“一网通”平台，推行行政审批和公共服务事项网上办理，全部开通网上办理功能，不断提高实际发生的网上办理占比率。通过引导群众和企业线上申请、快递寄送申请材料与办事结果，实现事项咨询、申报、预审、受理、审查、办结、反馈等环节全程网上办理。(区审批局牵头，区各有关部门、镇、街、承担行政职能的事业单位和其他提供公共服务职能的部门落实)

(二)构建“政务一网通”系统

1. 配合市级部门实时自动归集用好政务服务大数据。按照“一数一源、多源采集、集中管理”的原则，将各部门管理和履职过程中产生的数据，实时自动归集整合，互联互通共享。梳理群众和企业需求，提出应用建议，为服务政府决策和全市经济社会发展提供数据支撑。(区网信办牵头，区各有关部门、镇、街、承担行政职能的事业单位和其他提供公共服务职能的部门落实)

2. 利用“政务一网通”办事平台。配合建设全市统一的电子政务外网，实现区域范围内网络全覆盖。对接融合各部门、各单位办事系统，在“政务一网通”平台开设网上市民中心栏目，将各部门已有的网上便民办事内容统一纳入。(区网信办牵头，区各有关部门、镇、街、承担行政职能的事业单位和其他提供公共服务职能的部门落实)

3. 打通信息孤岛。政务数据是国有资产，各部门都有归集提供完整数据的责任。要加快政府信息系统互联互通，统一明确各部门信息共享的种类、标准、范围、流程，加快推进部门信息联通共用。(区网信办牵头，区公安分局、区市场监管局、区规划局、区发改委等有关部门分别组织实施)

4. 提高办事电子化程度。推动电子证照、电子印章、电子签名等电子政务系统建设应用，加快实现企业CA(认证机构)电子认证、市民身份电子认证。利用统一的“政务一网通”数据接口推动实施办事实名制，实现互联互通、信息共享、结果互认、远程办事，为网上申报、网上受理、网上审核、身份认证、电子签章、电子归档的全程电子化办事提供支撑。(区网信办牵头，区各有

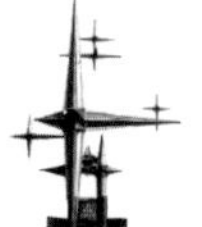

关部门、镇、街、承担行政职能的事业单位和其他提供公共服务职能的部门落实）

5．加强运行基础建设。配合市有关部门，建设"政务一网通"门户及应用系统。（区网信办牵头，区各有关部门、镇、街、承担行政职能的事业单位和其他提供公共服务职能的部门落实）配合建设统一的公共资源交易电子服务平台，实现平台赋码、信息归集、全程跟踪，推进公共资源交易全流程电子化。（区发改委牵头，区各有关部门、镇、街、承担行政职能的事业单位和其他提供公共服务职能的部门落实）配合开发实体大厅一窗受理系统，与各部门、各单位业务系统对接，实现数据共享、互换互用。（区网信办牵头，区各有关部门、镇、街、承担行政职能的事业单位和其他提供公共服务职能的部门落实）

（三）提升"政务一网通"成效

1．加强综合服务场所建设。加强各镇街综合便民服务中心建设并向网上延伸，做到无缝衔接、合一通办，确保第一时间受理、第一时间办结，马上就办、办成办好。明确区、镇（街道）、社区（村）三级便民服务平台管理职责，适时推动社区（村）各便民服务站点建设。使各类服务事项实行集中办理，"一站式"办结。在重点服务大厅设置自助服务终端，为企业和群众提供事项指南查阅、网上申报、进度查询等服务。（区政府办牵头，区各有关部门、镇、街、承担行政职能的事业单位和其他提供公共服务职能的部门落实）

2．提高行政审批和公共服务效率。推行一窗受理、接办分离，实行前台一窗综合受理、后台分类办理、统一窗口出件的服务模式。推行24小时预约审批服务。推动教育、医疗卫生、户籍、社会组织登记、不动产登记、职业资格、医保社保等重点领域改革，规范提升供水、供电、供气、供暖、公共交通等与群众生活密切相关的公共企事业单位的服务质量和效率。（区审批局牵头，区各有关部门、镇、街、承担行政职能的事业单位和其他提供公共服务职能的部门落实）

3．完善项目审批办理方式。推进投资项目联合审批机制，落实"三类项目、一口受理、五个阶段、五联并进、两验终验"办理机制和"一口进件、一口出件"制度，推行"容缺后补、先办后补"和"以函代证、函证结合"等措施。（区审批局牵头，区各有关部门、镇、街、承担行政职能的事业单位和其他提供公共服务职能的部门落实）

4．清理涉企证照事项。进一步放宽市场准入，推行企业登记全程电子化，进一步精简前后置审批，推进"多证合一""多项合一"改革，减少相关许可证照。推行"证照分离"改革，重点是照后减证，各类证能减尽减、能合尽合，进一步压缩企业开办时间，建立涉企证照改革目录管理机制。推进医疗、养老、教育培训、餐饮服务等领域的"证照联办"改革。（区市场监管局牵头，区各有关部门、镇、街、承担行政职能的事业单位和其他提供公共服务职能的部门落实）

（四）加强"政务一网通"监管

1．强化事中事后监管。把更多行政资源从事前审批转到加强事中事后监管，利用天津市市场主体信用信息公示系统和天津市市场主体联合监管系统，全面深化信用信息公示、信用风险分类、"双随机、一公开"、监督检查双告知、联合激励惩戒等监管机制，做到监管标准互通、违法线索互联、处理结果互认，全程记录，全程可追溯，实现"事前管标准、事中管检查、事后管处罚、信用管终身"。（区市场监管局牵头，区各有关部门、镇、街、承担行政职能的事业单位和其他提供公共服务职能的部门落实）

2．深化基层治理"四个平台"建设。推进基层治理镇（街道）综治工作、市场监管、综合执法、便民服务"四个平台"建设，进一步提高镇（街道）响应群众诉求和为民服务的能力。（区政府办牵头，区各有关部门、镇、街、承担行政职能的事业单位和其他提供公共服务职能的部门落实）推进行政综合执法改革，健全执法监督平台功能，加强对行政执法部门的监督指导，发挥执法监督平台作用。（区法制办牵头，区各承担行政执法职责的部门落实）

3．加强全流程管理。依托"政务一网通"平台，加强网上办事全过程监控，将网上办理情况纳入电子监察，确保服务过程可追踪、可监督。加强对服务大厅的监督管理，推进与群众和企业生产生活密切相关的各类事项进驻同级服务大厅集中办理，纳入网上审批大厅，建立健全统筹协调和监督考核制度，规范行政审批和公共服务行为，切实提高办事效率和服务质量。（区审批局牵

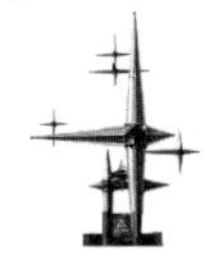

头，区各有关部门、镇、街、承担行政职能的事业单位和其他提供公共服务职能的部门落实）

三、实施步骤

（一）2018年6月底前，配合市级部门全面梳理并集中公布第一批“政务一网通”事项目录，“政务一网通”事项占行政审批和公共服务事项的70%以上。

（二）2018年9月底前，配合市级部门建成全市一体化网上政务服务平台，公布第二批“政务一网通”事项目录。配合市级部门做好“政务一网通”改革的专项督查。

（三）2018年12月底前，配合市级部门总结评估“政务一网通”改革成效，持续提升服务效能，“政务一网通”事项占行政审批和公共服务事项的90%以上。

四、职责分工

区政府办负责组织推动、协调督促区级各部门、各镇街统筹推进“政务一网通”改革工作。

区网信办负责推进信息网络系统规划，做好覆盖全区域的电子政务外网系统，并提供计算、存储、灾备、网络等基础性支撑，建立统一身份认证、电子支付平台、信息交换平台、个人和企业电子证照库信息系统和信息安全保障体系。推动全区统一的“政务一网通”平台建设，并与部门业务系统互联互通、信息共享和业务协同，为“政务一网通”改革提供技术支撑。

区审批局负责做好全区深化行政审批制度改革工作，推行信用承诺审批制、行政审批标准化、组织梳理公布行政审批和公共服务事项目录、制定办事指南等工作。推进投资项目审批方面的改革，优化并全面应用投资项目在线审批监管平台功能，组织维护更新企业投资项目“政务一网通”事项、全面落实投资项目统一代码制和审批监管事项，推进投资项目办件信息同步共享。便民专线服务中心负责专线平台的建设和完善，做好咨询、投诉、举报、转办处理工作。

区编办负责做好深化权责清单制度建设、事业单位法人登记一次性办理工作。

区发展改革委负责推进投资项目审批方面的改革，优化并全面应用投资项目在线审批监管平台功能，组织维护更新企业投资项目“政务一网通”事项、全面落实投资项目统一代码制和审批监管事项，推进投资项目办件信息同步共享。

区公安分局负责推进个人身份认证、电子印章，户口办理、出入境证照办理以及相关资格资质证明、各种缴费等便民服务事项的“政务一网通”改革工作。

区财政局负责政府非税收入接入统一公共支付平台推进工作，构建网上网下一体化收缴体系，建立完善促进各区、各部门加快推进平台实施和平稳运行的长效机制。

区民政局负责推进社会组织登记、养老、救助、婚姻登记等服务事项的“政务一网通”改革工作。

区人力社保局负责推进职业资格制度改革，全面梳理职业资格资质事项，清理我区自行设置的职业资格，建立全区职业资格正面清单制度，向社会公开职业资格制度实施情况，建立职业资格制度规范实施的长效机制，推进职业技能鉴定机构认定、医保社保办理等方面的“政务一网通”改革工作。

区市场监管局负责推进商事制度改革，梳理工商登记前后置审批事项，推进企业“多证合一、一照一码”登记制度改革，推行市场主体登记全程电子化，推进材料在线填报、电子实名确认、在线生成自助打印、档案在线保存等工作。

区建委负责推进房屋建筑和市政基础设施项目开工许可“政务一网通”改革工作。

区交通运输局负责推进交通基础设施建设“政务一网通”改革工作。

区国土分局负责推进不动产登记和国有土地出让“标准地”试点等“政务一网通”改革工作。

区环保局、区工业和信息化委、区规划分局负责推进相关功能区、工业园区的区域规划环评、区域能评“多评合一”等工作。

区统计局负责对“政务一网通”改革效果跟踪调查。

区法制办负责对有关责任部门提出的行政审批事项、其他权力事项和公共服务事项适用法律意见进行合法性审查，为“政务一网通”改革提供法制保障。

区政府办督查室负责推进“政务一网通”改革督查工作。

其他区级相关单位根据各自职责做好本单位

加快推进“政务一网通”改革相关工作，加强对本系统的督促指导。

五、工作要求

（一）加强组织领导。成立北辰区“政务一网通”改革领导小组，区长任组长，分管副区长任副组长，相关部门主要负责同志为成员，区政府办公室负责协调推进。各部门要制定具体实施方案，明确时间节点，层层压实责任。明确责任主体，谁主管、谁负责，谁牵头、谁协调。牵头部门要切实履行主体责任，细化目标任务，落实责任分工，建立工作台账，完善工作跟踪机制。配合部门要主动作为，积极协作，服从统一调配指挥，形成改革合力。

（二）强化检查考核。建立工作协调机制，定期通报改革进展情况，研究推进重点任务，确保改革工作落实到位。将“政务一网通”改革工作任务纳入年度绩效考核，采取定期检查、重点抽查等形式加强检查，对改革落实进展情况开展专项督查。结合不担当不作为问题专项治理，对设置障碍、落实不力的单位和责任人要严肃问责。

（三）加强宣传引导。切实做好“政务一网通”改革的宣传工作，正确引导社会舆论，充分运用电视、网络、报刊及手机终端、宣传专栏等新媒体、新网络、新载体加强宣传，及时准确发布改革信息和政策解读，引导社会预期，回应社会关切，凝聚各方共识，为深化“政务一网通”改革营造良好的社会舆论环境。

附件:“政务一网通”改革重点任务分解表（略）

天津市北辰区人民政府关于印发北辰区公立医院综合改革实施方案的通知

各镇人民政府、街道办事处，各委、办、局，区直各单位：

《北辰区公立医院综合改革实施方案》已经区人民政府同意，现印发给你们，请遵照执行。

2018年11月23日

北辰区公立医院综合改革实施方案

为全面落实《关于确定公立医院综合改革首批国家级示范城市和第二批国家级示范县的通知》（国医改办函〔2017〕116号）有关要求，加快推进我区公立医院综合改革，根据《国务院办公厅关于全面推开县级公立医院综合改革的实施意见》（国办发〔2015〕33号）、《国务院办公厅关于城市公立医院综合改革试点的指导意见》（国办发〔2015〕38号）、《天津市人民政府关于推进公立医院综合改革试点工作的若干意见》（津政发〔2015〕4号）和《天津市深化医药卫生体制综合改革方案》（津党办发〔2016〕30号）等文件精神和工作要求，结合我区实际，制定本实施方案。

一、总体要求

（一）指导思想

高举习近平新时代中国特色社会主义思想伟大旗帜，深入贯彻落实党的十九大和全国卫生与健康大会精神，以改革创新为动力，把公立医院综合改革作为保障和改善民生、提高全民健康水平的重要举措，将公平可及、群众受益作为改革出发点和立足点，加快推进公立医院改革。充分发挥公立医院公益性质和主体作用，切实落实政府办医责任，着力推进管理体制、补偿机制、价格机制、人事编制、收入分配、医疗监管体制机制改革等方面的综合改革。统筹优化医疗资源布局、构建合理就医秩序、推动社会办医、加强人才培养等各项工作。

（二）基本原则

1. 坚持公益方向，落实政府责任

按照政事分开、管办分开、医药分开的要求，强化政府基本医疗卫生服务责任，坚持基本医疗卫生服务公益性质，确保人民群众得实惠，医务人员受鼓舞、资金保障可持续。

2. 坚持整体联动，统筹协调推进

推进医疗、医保、医药联动，加强内外联动、上下联动、区域联动，统筹推进医疗保障、医疗服务、药品供应、公共卫生、监管体制综合改革，发挥政策叠加效应，增强改革的系统性、整体性、协调性。

3. 坚持重点突破，创新体制机制

围绕医改的重点领域和关键环节，引入市场机制，重点在公立医院改革、医药价格形成机制、

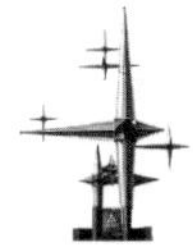

分级诊疗制度，医保管理改革、药品供应保障机制等方面探索创新，激发活力，努力建设人民满意的医疗卫生事业。

（三）基本目标

巩固我区深化医药卫生体制综合改革经验与成果，深入推进北辰医院和北辰区中医医院（以下简称“医院”）综合改革工作，全面落实政府领导责任、保障责任、管理责任、监督责任。破除公立医院逐利机制，发挥市场机制作用，建立起维护公益性、调动积极性、保障可持续的运行新机制。2018年底，现代医院管理制度初步建立，医疗服务体系能力明显提升，基本建成全覆盖、保基本、多层次、可持续的基本医疗卫生制度，就医秩序有效改善，患者与医务人员满意度明显提升，群众就医负担减轻，有效缓解群众看病难、看病贵问题。

二、重点改革任务

（一）加快推进现代医院管理制度建设

1. 完善医院管理制度

（1）制定医院章程。医院要以章程为统领，建立健全内部管理机构、管理制度、议事规则、办事程序等，规范内部治理结构和权力运行规则，提高医院运行效率。（区卫计委、区委组织部、区人力社保局负责。排在第一位的部门为牵头部门，下同）

（2）健全医院决策机制。院长全面负责医疗、教学、科研、行政管理工作。院长办公会议是医院行政、业务议事决策机构，对讨论研究事项作出决定。充分发挥专家作用，组建医疗质量安全管理、药事管理等专业委员会，对专业性、技术性强的决策事项提供技术咨询和可行性论证。（区卫计委、区委组织部、区编办负责）

（3）健全各项管理考核制度。健全民主管理制度、医疗质量安全管理制度、人力资源管理制度、财务资产管理制度、绩效考核制度、人才培养培训管理制度、科研管理制度、后勤管理制度、信息管理制度等。（区卫计委、区委组织部、区委网信办、区发改委、区科委、区编办、区财政局、区人力社保局、区市场监管局负责）

（4）加强医院文化建设。树立正确的办院理念，持续深入开展职业道德教育，全心全意为人民健康服务，促进形成良好医德医风。加强医院制度文化建设。营造良好的视觉环境和人文环境，创造利于学科发展、人才培养的外部环境。建设培养医术精湛、医德高尚、医风严谨的医务人员队伍，塑造行业清风正气。（区卫计委、区委宣传部负责）

（5）全面开展便民惠民服务。医院要完善门诊自助服务和诊间结算系统，大力推进预约诊疗服务，建立预约号源统一管理信息平台，全部号源向患者开放预约；合理调配门诊资源，对挂号、收费、取药等窗口实行动态调整，简化就医程序，方便患者就诊；建立患者用药咨询中心，指导患者合理用药；推进日间手术服务模式，将部分住院服务转变为日间医疗服务，优化诊疗服务流程，提高医疗服务效率；推行分级分类管理，建立危重患者“先救治、后缴费”服务模式，继续加强我区急性心脑血管疾病区域化协同医疗救治体系建设；进一步规范患者出、入院服务流程，提升护理服务质量，延伸护理服务；成立住院患者服务中心，为患者提供住院咨询指导、办理住院出院手续和结算、住院医保登记、患者出院后随访、复诊预约、满意度调查等一站式服务；充分发挥中医药在疾病防治中的作用，加强中医临床科室和中药房建设，将中医医院的院内制剂在医联体内推广使用。发挥“三调解一保险”机制作用，妥善化解医疗纠纷，构建和谐医患关系。（区卫计委、区人力社保局负责）

2. 建立健全医院治理体系

（1）明确政府对公立医院的举办职能。积极探索公立医院管办分开的多种有效实现形式，统筹履行政府办医职责。政府行使公立医院举办权、发展权、重大事项决策权、资产收益权等，审议公立医院章程、发展规划、重大项目实施、收支预算等。（区卫计委、区发展改革委、区编办、区人力社保局、区财政局负责）

（2）明确政府对公立医院的监管职能。建立综合监管制度，重点加强对医疗质量安全、医疗费用以及大处方、欺诈骗保、药品回扣等行为的监管，建立“黑名单”制度，形成全行业、多元化的长效监管机制。对造成重大社会影响的乱收费、不良执业等行为，造成重大医疗事故、重大安全事故的行为，严重违法违纪案件，严重违反行风建设的行为，要建立问责机制。强化对医院经济运行和财务活动的会计和审计监督，完善医院内部审计监督机制，建立健全内部结构或配备专职内部审计人员。（区卫计委、区发展改革委、区财政局、区人力社保局、区市场监管局负责）

（3）落实医院经营管理自主权。医院要依法依规进行经营管理和提供医疗服务，行使内部人事管理、机构设置、中层干部聘任、人员招聘和人才引进、内部绩效考核与薪酬分配、年度预算执行等经营管理自主权。（区卫计委、区财政局、区人力社保局负责）

（4）加强社会监督和行业自律。加强医院信息公开，重点公开质量安全、价格、医疗费用、财务状况、绩效考核等信息。发挥行业协会、学会等社会组织在行业自律和职业道德建设中的作用，引导医院依法经营、公平有序竞争。改革完善医疗质量、技术、安全和服务评估认证制度。探索建立第三方评价机制。（区卫计委负责）

（二）深入推进医院运行机制改革

1. 破除以药养医机制

医院所有药品（中药饮片除外）实行零差率销售，按实际采购价格销售一次性医用耗材（耗材打包费和基准价管理除外）。促进因病施治，合理使用药品和一次性医用耗材。医院因取消药品和一次性医用耗材加成而减少的收入，85%通过调整医疗服务价格进行补偿，10%由区财政通过以奖代补的办法统筹考核补助，其余5%通过医院降低运行成本等办法消化解决。进一步完善用药管理，严格控制高值医用耗材的不合理使用，避免不必要的检查和化验。规范药品耗材使用行为，优先使用基本药物和低价药物。（区卫计委、区市场监管局、区人力社保局、区财政局负责）

2. 完善药品和耗材采购机制

制定并完善药品、耗材采购管理办法，加强对药品、医疗设备、高值耗材和一次性医疗用品的采购管理和合理使用评价。推进谈判参考价为基准的医用耗材挂网采购，落实药品采购“两票制”。完善用药目录，规范药品的配送管理，组织开展药品集中采购工作。在不高于集中采购价格的前提下，鼓励医疗机构与生产经营企业进行价格谈判，议价的差额部分由医疗机构留用，提高医疗机构议价动力和采购低价药品和耗材的积极性，进一步降低医疗成本，减轻患者负担。实施重点药品监控，对收取回扣的医务人员和医疗机构，依法追究有关责任。将有回扣的药品和医用耗材生产经营企业，列入商业贿赂不良记录企业黑名单，并纳入我区市场主体信用信息公示系统予以公示。（区卫计委、区市场监管局负责）

3. 理顺医疗收入结构和服务价格体系

医院要加强成本核算控制，实施全面预算管理，进行财务风险评估和经济运行分析，调整医院收入结构，提高收入中技术性收入的比重。按照“总量控制、结构调整、有升有降、逐步到位”的原则，在保证正常运营和患者就医整体负担不增加的条件下，合理调整医疗服务收费标准，逐步形成科学合理的医疗服务价格体系和医疗单位收入结构。进一步加强医疗监管，控制公立医院医疗费用不合理增长，根据市卫计委控费指标要求和我区实际情况科学合理确定我区年度医疗费用控制指标，北辰医院和北辰区中医医院的医疗费用增长幅度控制指标为6.5%。严格控制门急诊患者、住院患者次均费用。（区财政局、区卫计委、区发改委负责）

4. 落实政府投入责任

落实政府在医院基本建设和大型医用设备购置、人才引进和培养、重点学科建设、离退休人员费用、信息化建设等方面的经费投入政策，以及对医院承担的公共卫生任务给予专项补贴，保障政府指定的紧急救治、救灾、支农、支边和支援社区等公共服务经费补偿。研究制订医院债务化解的政策措施，逐步解决医院的基本建设和大型设备等因事业发展所产生的相关债务问题。（区财政局、区卫计委、区委组织部、区委网信办、区人社局负责）

5. 推进人事薪酬制度改革

落实医院用人自主权。医院可根据自身事业发展需求，科学核定人员编制和结构比例，自主制定招聘计划，自主进行人员招聘，自主进行岗位设置、岗位聘任、合同管理等。探索实行编制备案制管理。优化公立医院薪酬结构。探索建立适应我区医疗行业特点的公立医院薪酬制度，合理核定医院绩效工资总额，建立薪酬水平与岗位职责、工作业绩、控费降耗、成本控制、医德医风和患者满意度紧密联系的分配激励新机制，探索院长年薪制。全面落实医院收入分配自主权，

坚持多劳多得、优绩优酬，体现医务人员技术劳务价值，科学合理的提高医务人员薪酬水平，调动医务人员积极性。（区人社局、区委组织部、区编办、区卫计委负责）

6. 改革医保支付制度

积极推进按人头付费、按病种付费、按床日付费、总额预付等多种付费方式相结合的复合型付费方式，鼓励实行按疾病诊断相关分组付费（DRGs），探索符合中医药服务特点的支付方式。（区人社局、社险北辰分中心、区卫计委负责）

7. 完善绩效考核机制

建立以公益性为导向，以合理诊疗为核心，涵盖社会评价、公共卫生、医疗质量与服务、经济运行和党风廉政建设等维度的公立医院绩效考核体系，由量化考核指标和一票否决指标构成。区卫计委定期组织公立医院绩效考核，及时向社会公布，并逐步将考核结果作为财政专项补助、医疗保险支付、绩效工资总额、医院领导班子和干部考核、任免、奖惩等的重要依据。（区卫计委、区人社局、区委组织部、区财政局负责）

（三）进一步完善分级诊疗制度建设

1. 加强区域医联体建设

加强区域医联体组织管理，完善各项管理制度，定期召开医联体联席会议，畅通医联体成员单位间沟通渠道，对重点任务、重点环节进行交流、讨论，促进各项工作有效开展。明确医联体各成员单位功能定位和职责分工，进一步拓展合作形式和服务内涵，充分发挥北辰医院、北辰区中医医院的龙头作用，指派专人到基层医疗机构担任业务副院长，对基层医联体工作进行统一规范管理，保障区域医联体高效、有序运行。（区卫计委负责）

2. 提升基层医疗服务能力

北辰医院、北辰区中医医院定期选派专家到基层开设“医联体门诊”，为基层提供会诊巡诊、教学查房、临床带教、培训讲座、义诊健教、质控管理等业务指导，基层定期选派人员到上级医院进修轮训，提升基层医务人员专业技术水平。开展医联体师带徒工作，三级医院与基层医师按照“双向选择”的原则建立师生关系，通过跟师学习为基层培养医学人才。三级医院根据基层实际服务需求开展特色专科共建工作，扶植基层打造服务能力强、技术水平高的特色科室，有效提高基层医疗机构对常见病、慢性病和老年病等患者的诊疗服务能力，真正实现“小病在基层、大病进医院、康复回社区”的管理模式。（区卫计委负责）

全面推行镇村卫生服务一体化工作。改善村级卫生机构诊疗环境和基础设施，优化服务流程，实行药品“零差率”销售，落实村卫生室医保联网结算全覆盖。转变村卫生室工作职能，由以基本医疗为主转变为以居民健康管理为核心的新型服务模式。加大村卫生室医务人员专业培训力度，提高医疗保健和健康管理服务水平。落实村卫生室岗位薪酬政府补偿机制。制定以公共卫生和家庭医生签约服务等内容为重点，以服务数量、服务质量和群众满意度为核心的绩效考核方案，对村卫生室工作情况进行绩效考核。（区卫计委负责）

3. 深化家庭医生签约服务

（1）丰富家医签约服务内涵　。落实我市民心工程任务要求，为60岁以上失能、半失能人员提供入户医疗、家庭病床等医疗护理服务。根据签约患者实际需求，制定多种“VIP健康管理服务包”，明确服务条件、服务内容和收费标准，为签约患者提供个性化健康管理服务。探索对签约患者实行“包干制管理服务，合理提高签约服务费标准，在减轻患者医疗负担的同时提高医务人员待遇水平。做好辖区困难群众，特别是结对帮扶困难村的家庭医生签约服务，推动落实残疾人、计划生育特殊家庭和养老人员的签约服务。强化居民健康第一责任人意识，鼓励开设签约患者俱乐部和慢病自我管理小组。（区卫计委负责）

（2）规范家庭医生签约服务行为。坚持团队服务模式，北辰医院、北辰区中医医院要安排指派专科医生参与基层家庭医生签约服务工作，为签约居民提供针对性的治疗、康复方案，指导家庭医生开展连续的基本医疗、公共卫生和健康管理等服务。通过规范协议、明确责任、优化流程、加强培训、建立家庭医生签约服务工作信息平台等方式，提高家庭医生签约服务质量，确保签约后履约践诺。（区卫计委负责）

（3）完善考核激励机制。建立以签约知晓率、药品保障情况、预约就诊率、家医就诊率和服务满意度等内容为核心的签约服务评价考核指标体系。制定更加合理、更能激励医务人员工作热情

的差异化的签约服务费用分配方案，充分体现家庭医生为签约患者提供精细化、个性化服务的特点，综合考虑入户服务时间、服务内容的技术含量，服务效果等因素，切实发挥正向激励作用，奖优罚劣，推动签约服务工作健康持续发展。（区卫计委负责）

4. 进一步完善双向转诊工作流程

深入落实分级诊疗和双向转诊制度，各单位要严格按照转诊要求开展双向转诊工作，建立健全管理制度，优化细化服务流程。进一步完善医联体上下级单位间的沟通反馈机制，开具转诊单的医疗机构要及时将转诊患者信息进反馈给接诊的医疗机构，实现三级医院与基层单位在患者流转工作中的无缝对接。上级医院为基层医疗机构上转患者开通绿色通道，预留号源，优先安排就诊和住院；畅通向下转诊通道，鼓励诊断明确的慢性病患者、康复期患者等到基层进行后续治疗。建立下转患者追踪回访制度，及时对患者后续诊疗、愈后等情况进行随访追踪。（区卫计委负责）

5. 加强区域会诊中心建设

在做好医疗质量控制的基础上，大力推进医联体内医疗机构检查、化验结果互认工作。利用区级远程临床会诊中心、影像会诊中心、检验会诊中心、心电会诊中心，鼓励开展远程会诊业务，实现医疗资源共享，有效带动基层医疗卫生机构医疗服务能力和服务水平的全面提升。（区卫计委负责）

6. 建立绩效考核与财政补助工作机制

探索建立符合我区医联体实际的财政补助机制和绩效考核制度，政府安排专项资金对三级医院帮扶基层工作进行补偿。医联体内上级医院医师参与基层家庭医生团队，开展签约服务或业务指导等，可按照规定参与团队的家医签约服务费用分配。探索医联体内实行医保总额付费方式，在医联体内实行医保基金打包支付或相互调剂使用。以利益为纽带，推动医联体成为服务、责任、利益、管理共同体。两家医院要建立奖优罚劣、多劳多得的医联体绩效考核制度，使医务人员由被动服务向主动服务转变，提高服务效率，保证服务效果，使基本公共卫生和基本医疗服务目标落实到位。（区卫计委负责）

（四）强化医疗服务监管

1. 建立健全指标监测体系

加强对实施临床路径管理病种的质量管理与控制，不断提高临床路径管理病例入组率和完成率，动态监测变异率。完善抗生素分级管理制度，建立警示制度，加强处方点评制度，提高处方点评质量，提高抗菌药合理应用水平，抗菌药物处方合格率达到95%以上，降低临床输液使用率，通过多种手段控制医疗费用不合理增长。（区卫计委负责）

2. 加强医疗质量管理与控制

建立医疗质量安全预警和责任追究制度，严格执行《重大医疗过失和医疗事故报告制度》和做好医疗事故、医疗安全（不良）事件、医疗器械临床使用安全、临床用药安全信息报告、收集和分析工作，建立医疗质量安全告诫谈话制度。（区卫计委负责）

（五）抓好医院党建工作

公立医院党委要抓好对医院工作的政治、思想和组织领导，讨论和决定本单位重大事项，把方向、管大局、保落实。落实市委办公厅《关于进一步加强和改进卫生计生系统党的建设工作的意见》，加强和完善党建工作领导体制和工作机制，建立科学有效的党建工作考核评价体系，进一步落实管党治党主体责任，推进党组织和党的工作全覆盖，建立健全医院内设机构党支部，选优配强党支部书记，充分发挥基层党组织战斗堡垒作用，不断增强基层党组织的创造力、凝聚力、战斗力。坚持把党组织活动与业务工作有机融合，积极推进活动创新、思想政治工作内容和载体创新，防止“两张皮”。（区卫计委、区委组织部负责）

（六）加强行风建设工作

落实《医疗机构从业人员行为规范》、《加强医疗卫生行风建设“九不准”》等行风建设规范要求，以创建无“红包”医院为抓手，将行风建设与深化党风廉政建设、开展不担当不作为专项整治、“以改善医疗服务质量 提升患者就医感受百日行动”结合起来，进一步落实“三个亲自”、抓好“三个关键”、实施“三个合理”、做好“三个动作”，逐级压实行风建设主体责任，坚决打击收受红包、回扣、欺骗患者、骗取医保、侵害患者人身权益、不遵守医疗质量安全规定等违反相关法律、法规行为，继续完善专项督查和明察暗访机制，根据

检查的结果适时予以行业内通报，加大追责问责力度，驰而不息，久久为功，持续深入推进整肃行风工作。（区卫计委、区人社局负责）

（七）加强公立医院信息化建设

加强区域卫生信息化平台和云数据中心的信息整合，完善区域电子健康档案、电子病历、全员人口及卫生资源四个信息资源库，实现全区医疗、公共卫生及计生等健康信息的互联互通，医疗机构检查检验结果共享与互认。提升医院在医疗服务、运营管理、医疗技术、医疗保障和业务运行等方面的信息化管理水平，推进医院智慧门诊建设，提供更加优质的便民惠民服务。（区卫计委、区委网信办负责）

三、实施步骤

（一）准备阶段（2018年1月至6月）

建立健全公立医院改革领导体制和组织推进机制，制定改革实施方案，广泛征求各有关部门和医疗单位意见，做好相关测算和风险评估，制定相关配套政策，做好宣传发动工作，调动广大医疗单位和医护人员的积极性，统一思想认识，形成改革合力。

（二）实施阶段（2018年7月至11月）

启动北辰区公立医院综合改革工作。研究制定公立医院债务化解方案，制定和完善相关配套政策，建立健全绩效考核体系和监测体系，全力推动各项改革任务的实施。

（三）阶段性评估阶段（2018年12月）

对各项工作任务落实情况进行阶段性评估，总结经验、查找不足，结合改革任务，调整、充实和完善公立医院改革的相关政策、措施。

（四）深入推进阶段（2019年1月至6月）

对照改革各项任务，通过阶段性调整，明确下一步工作方向，着力抓住体制机制改革的重点环节，将公立医院综合改革工作向纵深推进。

（五）总结阶段（2019年7月）

对各项工作落实情况进行考核评估、统计分析，总结改革经验，将有关改革政策系统化、理论化，努力使各项改革措施相互配套和协同衔接，形成可复制、可推广的北辰区公立医院综合改革试点经验。

（六）持续推进阶段（2019年8月至长期）

在前期工作取得的经验和成效的基础上，结合国家和我市的有关要求，进一步深化管理体制改革，优化运行机制，改革医保支付制度，推进分级诊疗，加强信息化平台建设，进一步强化对医疗服务的监管和约束机制，控制医疗费用不合理增长。

四、保障措施

（一）加强组织领导，落实相关责任

成立由区长王宝雨任组长，常务副区长钟学军、副区长刘金刚、马希荣任副组长，区委组织部、区发改委、区卫计委、区编办、区网信办、区财政局、区人社局、区市场监管局、社险北辰分中心等相关部门主要领导为成员的北辰区公立医院综合改革工作领导小组（以下简称“领导小组”），负责改革工作的统筹协调、指导监督、考核评估等。领导小组办公室设在区卫生计生委，办公室主任由区卫生计生委主要领导担任，负责开展具体工作，加强行业管理，强化政策法规、行业规划、标准规范的制定和监督指导，定期向领导小组汇报工作进度，及时发现问题、解决问题，确保按时保质完成工作任务。

（二）细化改革任务，强化考核评估

各成员单位要严格执行领导小组的各项改革决策，按照各自承担的工作任务，及时制定改革相关配套文件，进一步深化、细化、实化重点改革任务和相关政策措施，层层分解目标，精心组织实施，履行好管理与监督职能。要将公立医院改革工作纳入年度政府绩效考核，严格把握示范方向，定期开展督导检查，加强跟踪分析，协调解决制约示范工作深入开展的体制机制问题，确保工作稳步推进。

（三）做好宣传培训，优化改革环境

做好改革成效和典型经验的宣传，引导新闻媒体深入基层、深入一线，突出宣传好经验、好做法和改革成效，凝聚改革共识，增强改革信心，合理引导社会预期。组织开展政策培训，加强政策解读。深入细致做好医务人员的宣传发动工作，充分发挥其改革主力军的作用。

天津市北辰区人民政府办公室关于印发北辰区2018—2019年秋冬季大气污染综合治理攻坚行动方案的通知

各镇人民政府、街道办事处，各委、办、局，区直各单位：

《北辰区2018—2019年秋冬季大气污染综合治理攻坚行动方案》已经区人民政府同意，现印发给你们，请遵照执行。

2018年11月28日

北辰区2018—2019年秋冬季大气污染综合治理攻坚行动方案

为坚决贯彻全区生态环境保护大会精神和《北辰区打赢蓝天保卫战三年作战计划（2018—2020年）》，认真落实《天津市2018—2019年秋冬季大气污染综合治理攻坚行动方案》各项任务，进一步强化目标、细化措施，切实做好2018-2019年秋冬季（2018年10月至2019年3月）大气污染防治工作，制定本方案。

一、总体要求

（一）主要目标。完成《北辰区2018年大气污染防治工作方案》各项目标任务。2018年10月至2019年3月，全区PM2.5平均浓度控制在61微克/立方米以下，重污染天数控制在10天以内，环境空气质量同比改善3.2%以上。各镇、街、开发区秋冬季空气质量改善目标见附件。

（二）基本思路。深入实施秋冬季大气污染综合治理攻坚行动。坚持问题和目标导向，加快推动产业、能源和运输结构优化调整，大力推进农村居民散煤清洁能源替代、重点行业运输“公转铁”、柴油货车污染治理，全面实施工业炉窑和挥发性有机物专项整治，巩固“散乱污”企业综合整治成果，有效应对重污染天气，狠抓环保监管执法，严格督察考核问责，实现秋冬季空气质量持续改善。

二、主要任务

（一）调整优化产业结构

1. 严控“两高”行业产能。配合做好生态保护红线、环境质量底线、资源利用上线、生态环境准入清单编制工作，明确禁止和限制发展的行业、生产工艺和产业目录。2018年12月底前，配合做好生态保护红线划定相关工作。全区钢铁产能严格控制在市要求范围内。

2. 巩固“散乱污”企业综合整治成果。不断完善“散乱污”企业动态管理机制，在新一轮排查登记的基础上，2018年12月底前，完成全区“散乱污”企业关停取缔、搬迁或原地提升改造，严防“死灰复燃”。

3. 深化工业污染治理。确保全区钢铁、化工、有色（不含氧化铝）、水泥行业以及在用锅炉稳定达到大气污染物特别排放限值要求。继续推进工业企业无组织排放治理，在安全生产许可条件下，实施封闭储存、密闭输送、系统收集。对照地方标准要求全面实施提标改造，完成全区33家55台生物质锅炉企业治理或关停，完成26家铸锻企业治理改造。深化工业园区提升改造，2018年12月底前，确保完成9个工业园区（集聚区）整合和2个工业园区（集聚区）撤销取缔。

4. 加快推进排污许可管理。2018年12月底前，落实国家排污证管理要求，完成有色（含再生金属）等行业排污许可证核发工作，将错峰生产措施纳入排污许可管理要求。加大依证监管执法和处罚力度，强化信息公开和公众监督，严厉依法打击无证排污违法行为。

（二）加快调整能源结构

5. 有效推进清洁取暖。坚持从实际出发，统筹兼顾温暖过冬与清洁取暖，因地制宜确定改造技术路线，确保完成2.7万户农村居民散煤清洁能源替代。坚持先立后破，对于以电代煤等替代方式，在电源未落实情况下，原有取暖设施不予拆除。严格落实市高污染燃料禁燃区区划调整方案，将全面完成以电代煤的地区划入高污染燃料禁燃区范围。

对未实施清洁取暖的，做好无烟型煤招标、生产、供应工作，确保无烟型煤替代全覆盖。其中，采暖期前完成大规模集中配送，采暖期做好

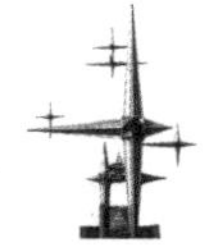

零散配煤。突出抓好煤质监管，监督煤炭经营企业建立购销台账，禁止销售不符合本市煤炭经营使用地方质量标准的劣质煤，通过加大抽检频次、强化信息公开、严格资质管理、坚决依法查没等手段，保持严厉打击劣质煤流通、销售和使用的高压态势，2018年12月底前，实现散煤实际经营户清零。严格落实市有关部门要求，确保全区不再设立经营性储煤场地，加强监管。

6．开展锅炉综合整治。持续开展供热、工业、商业和农业燃煤锅炉治理，巩固2017年改燃关停整治成果，确保不反弹，严禁以燃烧醇基燃料等为名掺烧化工废料。完成双街镇万源供热有限公司1台80蒸吨／时燃煤锅炉达到燃煤电厂超低排放水平改造任务。生物质锅炉应采用专用锅炉并配套高效袋式除尘设施，禁止掺烧煤炭等其他燃料；重点地区禁止燃烧生物质成型燃料；完成2家5台燃气锅炉低氮改造。

（三）积极调整运输结构

7．配合做好提升铁路货运比例工作。严格落实市运输结构调整三年行动方案，新改扩建涉及大宗物料运输的建设项目，应采用铁路、水路或管道等绿色运输方式，根据审批权限做好相关配合工作。

8．加快车船结构升级。落实市营运车辆结构升级三年行动方案，国家第三阶段及以下排放标准营运中重型柴油货车、采用稀薄燃烧技术或“油改气”老旧燃气车辆提前淘汰计划，以及建成区新能源公交车更换实施方案。城市建成区新增和更新的公交、环卫（不含垃圾运输车）、邮政车辆等基本采用新能源或清洁能源汽车。大力推进充电基础设施建设，在物流园、产业园、工业园、大型商业购物中心、农贸批发市场等物流集散地及公共停车场建设集中式充电桩、快速充电桩数量和全区充电桩总量达到市下达指标要求。加快淘汰国家第三阶段及以下排放标准的营运中重型柴油货车、采用稀薄燃烧技术或“油改气”的老旧燃气车辆。配合市有关部门逐步消除铁路内燃机车冒黑烟现象。配合市有关部门严格落实新生产船舶发动机第一阶段排放标准。根据国家要求，依法强制报废超过使用年限的船舶。

（四）强化面源污染防控

9．加强扬尘综合治理。按照9吨／月•平方公里标准，每月进行降尘量考核并公布考核结果。建立施工工地动态管理清单并定期更新。各类施工工地要严格落实工地周边围挡、物料堆放覆盖、土方开挖湿法作业、路面硬化、出入车辆清洗、渣土车辆密闭运输“六个百分之百”污染防控措施。对全区110个建筑工地安装在线监测和视频监控，基本实现土石方作业建筑工地全覆盖，并与市级主管部门联网。对各类长距离的市政、城市道路、水利等线性工程，实行分段施工，并同步落实好扬尘防控措施。持续开展道路扫保“以克论净”考核，提高道路机械化清扫率。

10．强化烟花爆竹禁放。执行《天津市人民代表大会常务委员会关于禁止燃放烟花爆竹的决定》，落实禁止销售、燃放烟花爆竹要求。严格落实全区全域禁止燃放烟花爆竹要求。

11．严控秸秆等露天焚烧。强化各镇、街、开发区秸秆禁烧主体责任，建立全覆盖网格化监管体系，用好用足高架视频等技术手段，实现科技化监管全覆盖。加强“定点、定时、定人、定责”执法管控，开展秋收阶段秸秆禁烧专项巡查。全面落实禁止焚烧垃圾、落叶、枯草要求。坚持疏堵结合，因地制宜大力推进秸秆机械化还田和秸秆饲料化、基料化、能源化等综合利用，到2018年底，全区秸秆综合利用率达到97%以上。宣传引导群众不在道路及社区非指定区域内焚烧花圈、纸钱等。

（五）实施柴油货车污染治理专项行动

12．严厉查处机动车超标排放行为。2018年12月底前，对新生产、销售的车（机）型系族全面开展抽检工作。严格新注册登记柴油车排放检验，排放检验机构在对新注册登记柴油货车开展检验时，要通过国家机动车排污监控平台逐车核实环保信息公开情况，查验污染控制装置，开展上线排放检测。

建立健全环保部门检测、公安交管部门处罚、交通运输部门监督维修的联合监管常态化工作机制，加大路检路查力度，依托超限超载检查站点等，开展柴油货车污染控制装置、车载诊断系统（OBD）、尾气排放达标情况等监督抽查。对物流园区、货物集散地、涉及大宗物料运输的工业企业、公交场站、长途客运站、施工工地等车辆集中停放、使用的重点场所，采取“双随机、一公开”等方式，开展入户监督抽测，同步抽测车用燃油、车用尿素质量及使用情况。开展在用汽车排放检测与强制维护制度（I/M制度）建设工作。通过随机抽检、远程监控等方式加强对排放检验机构的监管，做到年度全覆盖。配合做好排放检验机构高清视频实时公开柴油车排放检验全过程及检验结果试点相关工作。重点核查超标车、异地车辆、注册5年以上的营运柴油车的检测过程数据、视频图像和检测报告等，严厉打击排放检验机构弄虚作假行为，涉嫌犯罪的移送司法机关。

推动高排放车辆深度治理。按照政府引导、企业负责、全程监控模式，配合实施柴油车安装污染控制装置、配备实时排放监控终端、有关部门联网远程监控试点工作，实时监控油箱和尿素箱液位变化，以及氮氧化物、颗粒物排放情况。

13．加强非道路移动机械和船舶污染防治。2018年12月底前，完成非道路移动机械摸底调查和编码登记，建立分行业非道路移动机械使用监管机制，划定并公布低排放控制区。低排放控制区等重点区域禁止使用冒黑烟等高排放非道路移动机械，对出现冒黑烟的地区，向社会通报，责成整改，并依法追究法律责任。对低排放控制区内使用的工程机械定期开展抽查。以施工工地为重点，推进柴油施工机械和作业机械清洁化，加快老旧工程机械淘汰力度。每季度抽查在用非道路移动机械施工工地达到50%，攻坚行动期间实现全覆盖。重污染天气预警期间，除涉及安全生产及应急抢险任务外，停止使用非道路移动机械。

14．强化车用油品尿素监督管理。开展打击黑加油站点专项行动。建立常态化管理机制，实行多部门联合执法。以城乡接合部、国省公路和物流车队等为重点，通过采取接收举报、随机抽查和重点检查等手段，严厉打击违法销售车用油品的行为，涉嫌犯罪的移送司法机关。对黑加油站点和黑移动加油车，一经发现，坚决取缔，严防死灰复燃。

开展对储油库、加油（气）站和企业自备油库的常态化监督检查，实现油品质量监督抽检覆盖率100%，同时对抽检结果进行通报，对不合格产品依法进行后处理，严厉查处生产、销售、存储和使用不合格油品行为。

加强车用尿素质量监管。对车用尿素生产企业抽检覆盖率达到100%；对不合格产品依法进行后处理，对抽检结果进行通报；抽检合格率达到98%。配合相关部门，辖区内高速公路、国省公路沿线加油站点持续全面销售符合产品质量要求的车用尿素，保证柴油车辆尾气处理系统的尿素需求。

（六）实施工业炉窑污染治理专项行动

15．全面排查工业炉窑。以钢铁、有色、建材、化工等为重点，对照国家要求相关行业及9类工业炉窑类型，紧密结合第二次污染源普查工作，开展拉网式排查。建立详细管理清单，按照“淘汰一批，替代一批，治理一批”的原则，分类提出整改要求，明确时间节点和改造任务，推进工业炉窑结构升级和污染减排。未列入管理清单中的工业炉窑，一经发现，立即纳入秋冬季错峰生产方案。

16．加大落后工业炉窑淘汰力度。严格执法监管，促使一批能耗、环保、安全、质量、技术达不到要求的产能，依法依规关停退出。对热效率低下、敞开未封闭，装备简易落后、自动化水平低，布局分散、规模小、无组织排放突出，以及无治理设施或治理设施工艺落后的工业窑炉，加大淘汰力度。

17．加快清洁燃料替代。对以煤、石油焦、渣油、重油等为燃料的加热炉、热处理炉、干燥炉（窑）等，加快使用清洁能源以及利用工厂余热、电厂热力等进行替代。禁止掺烧高硫石油焦。2018年12月底前，取缔燃煤热风炉、钢铁行业燃煤供热锅炉；有色行业淘汰燃煤干燥窑，燃煤反射炉，以煤为燃料的熔铅锅和电铅锅；基本淘汰热电联产供热管网覆盖范围内的燃煤加热、烘干炉（窑）；高炉煤气、焦炉煤气实施精脱硫改造，煤气中硫化氢浓度小于20毫克／立方米。

18．实施工业炉窑深度治理。铸造行业烧结、高炉工序污染排放控制，参照钢铁行业相关标准要求执行。全区各类工业炉窑须严格执行行业标准及地方标准限值要求，不能稳定达标排放的，一律依法责令停产整治。全面淘汰环保工艺简易、治污效果差的单一重力沉降室、旋风除尘器、多管除尘器、水膜除尘器、生物降尘等除尘设施，水洗法、简易碱法、简易氨法、生物脱硫等脱硫设施。

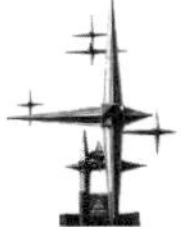

（七）实施挥发性有机物综合治理专项行动

19．深入推进重点行业挥发性有机物专项整治。在已全面完成全区206家挥发性有机物排放重点企业综合整治及提标改造的基础上，实现全区涉挥发性有机物排放工业企业配套环保设施全覆盖，未按期完成治理改造的，依法责令停产整治并纳入错峰生产方案。按计划完成餐饮油烟深度治理和机动车维修行业涂漆作业综合治理年度任务。

20．强化源头控制。禁止新改扩建涉高挥发性有机物含量溶剂型涂料、油墨、胶粘剂等生产和使用的项目。积极推进工业、建筑、汽修等行业使用低（无）挥发性有机物含量原辅材料和产品。自2019年1月1日起，汽车原厂涂料、木器涂料、工程机械涂料、工业防腐涂料即用状态下的挥发性有机物含量限值分别不高于580克/升、600克/升、550克/升、550克/升。严格执行《建筑类涂料与胶粘剂挥发性有机物含量限值标准》要求，加强建筑类涂料和胶粘剂产品质量监督检测，2018年12月底前，在生产及流通领域抽检58批次，公开通报抽检结果，对不合格产品依法开展后处理。积极推进汽修行业使用低挥发性有机物含量的涂料，在全区一类机动车维修企业已改用水性环保型涂料的基础上，2018年12月底前，全区涉及涂漆作业的机动车维修企业基本改用水性环保型涂料，其中汽车修补漆全部使用即用状态下挥发性有机物含量不高于540克/升的涂料，底色漆和面漆不高于420克/升。

21．强化挥发性有机物无组织排放控制。开展工业企业挥发性有机物无组织排放摸底排查，包括工艺过程无组织排放、动静密封点泄漏、储存和装卸逸散排放、废水废液废渣系统逸散排放等，建立重点行业挥发性有机物无组织排放改造全口径清单，加快推进挥发性有机物无组织排放治理工作。严格落实国家要求，加强工艺过程无组织排放控制，全面推行泄漏检测与修复（LDAR）制度。

22．推进治污设施升级改造。企业应依据排放废气的风量、温度、浓度、组分以及工况等，选择适宜的技术路线，确保稳定达标排放。对工业企业挥发性有机物治污设施开展一轮治污效果执法检查，严厉打击未安装或未正常运行治污设施违法行为；对于不能稳定达标排放的简易处理工艺，督促企业限期整改。鼓励企业采用多种技术组合工艺，提高挥发性有机物治理效率。低温等离子体技术、光催化技术仅适用于处理低浓度有机废气或恶臭气体。采用活性炭吸附技术应配备脱附工艺，或定期更换活性炭并建立台账。

23．全面推进油品储运销挥发性有机物治理。所有加油站、储油库、油罐车按照国家有关规定完成油气回收治理工作。积极推进储油库和加油站安装油气回收自动监测设备。

（八）有效应对重污染天气

24．加强重污染天气应急联动。配合市有关部门推进空气质量预测预报能力建设，建立快速应急联动响应机制，当预测到区域将出现大范围重污染天气时，根据上级部门通报信息，及时发布预警，按相应级别启动应急响应措施。

25．夯实应急减排措施。按期完成重污染天气应急预案减排措施清单编制，报市环保局备案。在黄色、橙色、红色预警级别中，二氧化硫、氮氧化物、颗粒物等主要污染物减排比例分别不低于全社会排放总量的10%、20%和30%，挥发性有机物减排比例不低于10%、15%和20%。

细化应急减排措施，落实到企业各工艺环节，实施清单化管理。优先调控产能过剩行业并加大调控力度；优先管控高耗能、高排放行业；同行业内企业根据污染物排放绩效水平进行排序并分类管控；优先对重点区域的高污染企业、使用高污染燃料的企业等采取停产、限产措施。企业应制定“一厂一策”实施方案，优先选取污染物排放量较大且能够快速安全响应的工艺环节，采取停产限产措施，并在厂区显著位置公示，接受社会监督。创新监管方式，利用电量核实、视频监控、物料衡算等手段，核实企业各项应急减排措施落实情况。

（九）实施工业企业错峰生产与运输

26．因地制宜推进工业企业错峰生产。实施差别化错峰生产，严禁采取“一刀切”方式。重点对钢铁、建材、铸造、有色、化工等高排放行业，实施采暖期错峰生产；根据采暖期月度环境空气质量预测预报结果，适当缩短或延长错峰生产时间。

对污染物不能稳定达标排放，未达到排污许可管理要求，或未按期完成2018-2019年秋冬季大

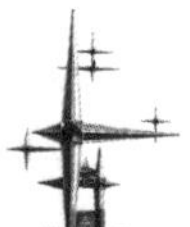

气污染综合治理改造任务的，全面采取错峰生产措施。对属于《产业结构调整指导目录》限制类的，要提高限产比例或实施停产。对行业污染排放绩效水平明显好于同行业其他企业的环保标升企业，可不予限产，包括：钢铁企业有组织排放、无组织排放和大宗物料及产品运输全面达到超低排放的，采用电炉短流程炼钢生产线的；焦炉炉体加罩封闭、配备焦炉烟囱废气脱硫脱硝装置，且达到特别排放限值的；铸造熔炼设备颗粒物、二氧化硫排放浓度稳定达到20毫克／立方米、100毫克／立方米（冲天炉必须安装烟气排放自动监控设施）的；陶瓷、砖瓦、玻璃棉、石膏板、岩棉、矿物棉等建材企业，使用天然气、电、电厂热力等清洁能源作为燃料或热源，且稳定达标排放的。错峰生产企业涉及供暖、协同处置城市垃圾或危险废物等保民生任务的，应保障基本民生需求。

落实市有关部门制定的重点行业差异化错峰生产绩效评价指导意见要求。结合产业结构和企业污染排放绩效情况，同步制定错峰生产方案，细化落实到具体生产线、工序和设备，并明确具体的安全生产措施。按时将错峰生产方案报市工信委、市环保局备案。错峰生产清单一经确定，不得随意调整，如确有必要调整的，需报请在市政府网站公开并报工业和信息化部、生态环境部、国家发展改革委。

27. 实施大宗物料错峰运输。针对钢铁、建材、有色、化工等涉及大宗物料运输的重点用车企业，制定错峰运输方案，纳入应急预案中，在橙色及以上重污染天气预警期间，原则上不允许重型载货车进出重点用车企业厂区（保证安全生产运行、运输民生保障物资或特殊需求产品的除外）。重点企业和单位在车辆出入口安装视频监控系统，并保留监控记录三个月以上，秋冬季期间每日登记所有柴油货车进出情况，并保留至2019年4月30日。

（十）加强基础能力建设

28. 加强污染源自动监控能力建设。严格落实排气口高度超过45米的高架源安装自动监控设施、数据传输有效率达到90%的监控要求，未达到的依法责令停产整治。持续扩大在线监测覆盖范围，2018年12月底前，全面完成20蒸吨／小时及以上燃气锅炉和10蒸吨／小时及以上生物质燃料锅炉，以及天津市天重江天重工有限公司符合自动监测设施安装技术条件烟气排放口主要大气污染物在线监测系统安装工作。

对照生态环境部挥发性有机物在线监测技术规范要求，将化工、包装印刷、工业涂装等挥发性有机物排放重点源，以及排放速率大于2.5千克／小时或风量大于6万立方米／小时的其他涉挥发性有机物排放源，纳入重点排污单位名录，加快安装废气排放自动监控设施，并与环保部门联网。企业在正常生产以及限产、停产、检修等非正常工况下，均应保证自动监控设施正常运行并联网传输数据。2018年12月底前，钢铁、水泥等重点企业厂区内布设空气质量监测微站点，监控颗粒物等管控情况。

建设“天地车人”一体化监控系统。2018年12月底前，完成2套固定垂直式、1套移动式遥感监测设备建设工作，配合市环保局完成机动车排放检验信息系统平台和遥感监测、定期排放检验数据三级联网体系建设，实现监控数据实时、稳定传输。配合市环保局推进工程机械排放监控平台建设。

29. 强化科技支撑。有效利用市级部门大气污染成因与控制技术研究重点专项等科技项目技术成果的转移转化和推广应用，专项落实好相关工作。

30. 加大环境执法力度。依托国家PM2.5热点网格监管体系，全面实施大气污染热点网格监管工作，推动环境监管关口前移，落实各镇、街、开发区和区级相关部门的环境监管职责，切实提升大气污染监管工作水平。坚持铁腕治污，综合运用查封扣押、按日计罚、限产停产、移送司法等强制执法手段，加大案件查办力度。将烟气在线监测数据作为执法依据，严肃查处不正常运行自动监控设施及逃避监管等违法行为。加强环保部门、公安机关和检察机关的协作，持续保持严厉打击环境违法行为的高压态势。

三、保障措施

（一）加强组织领导。各属地党政部门和区级有关部门要把秋冬季大气污染综合治理攻坚行动放在重要位置，作为打好污染防治攻坚战和打赢蓝天保卫战的关键举措，切实履行党政同责、一岗双责。要按照管发展的管环保、管生产的管环

保、管行业的管环保原则，全面落实属地管理责任、部门监管责任、企业主体责任，做到人员到位、任务到位、措施到位、落实到位，形成上下联动、条块结合、齐心协力抓环境治理的整体合力，确保上级部门部署和要求的各项目标任务有力有序完成。

（二）加强指挥协调。污染防治攻坚战指挥部要加强对攻坚行动的组织领导和推动落实，加大指挥协调力度，严格对区有关部门和各属地政府的监督考核，督促治污减排和监管执法责任落地落实。各级各部门要牢固树立“一盘棋”思想，切实发挥组织协调、指导推动、监督考核的作用，既要守土有责，又要加强协作，切实形成工作合力，坚决防止推诿扯皮。

（三）加强执法监管。各镇、街、开发区和区有关部门要按照“谁主管谁负责、谁牵头谁协调”的原则，加强日常环境监管执法，创新执法机制和方式，加大打击力度，综合运用经济、法律等手段，依法依规查处环境违法行为，同时积极做好蓝天保卫战重点区域强化督查和秋冬季大气污染防治强化专项督查的配合工作。

（四）加强调度考核。污染防治攻坚战指挥部要责成监测部门对各属地空气质量改善和重点任务进展情况进行月调度、月排名、月考核，每月向空气质量改善幅度达不到时序进度或重点任务进展缓慢的属地政府发送工作建议。定期对空气质量排名靠后和综合指数、PM2.5浓度不降反升的属地进行公开约谈；每月对任务进展滞后、专项整治不实、监管处罚不力的区级相关部门，在全区范围通报批评，累计通报3次的，实施组织问责。充分运用经济奖惩、区域限批、公开约谈、组织追责等措施，严肃查处大气污染防治责任不落实、工作不到位、污染问题突出、空气质量恶化等情形，以及在秋冬季攻坚行动中的不作为、慢作为、乱作为问题。

（五）加强宣传引导。严格落实好市级秋冬季攻坚行动宣传工作方案。密切关注舆情走向，主动回应社会关切，形成正确舆论导向。配合做好相关播报工作，引导、鼓励公众自觉参与大气污染防治工作，形成全社会关心、支持攻坚行动的良好氛围。

（六）加强信息公开。将信息公开作为推动大气污染防治工作的重要抓手，严格落实好环保信息强制公开制度。重点排污单位及时公布自行监测和污染排放数据、污染治理措施、重污染天气应对、环保违法处罚及整改等信息。已核发排污许可证的企业按要求及时公布执行报告。机动车和非道路移动机械生产、进口企业依法向社会公开排放检验、污染控制技术等环保信息。鼓励有条件的区和企业通过电子显示屏等方式向社会公开环境信息，接受社会监督。

天津市北辰区人民政府办公室
关于印发北辰区“十三五”老龄事业发展和养老体系建设规划的通知

北辰政办发〔2018〕43号

各镇人民政府、街道办事处，各委、办、局，区直各单位：

《北辰区“十三五”老龄事业发展和养老体系建设规划》已经人民政府同意，现印发给你们，请照此执行。

2018年12月4日

北辰区“十三五”老龄事业发展
和养老体系建设规划

为积极开展应对人口老龄化行动，推动老龄事业全面协调可持续发展，健全养老体系，根据《中华人民共和国老年人权益保障法》《天津市实施〈中华人民共和国老年人权益保障法〉办法》和《天津市“十三五”老龄事业发展和养老体系建设规划》，结合我区实际，制定本规划。

规划背景

（一）“十二五”期间取得的主要成绩。截至“十二五”末，我区60岁以上户籍老年人口7.27万人，占18.8%(38.7万人)，其中80岁以上高龄老人7684人，失能老人5002人。“十二五”期间，我区养老事业快速发展，形成了以居家为基础、社区为依托、机构为支撑的养老服务体系。养老机构建设方面，“十二五”期间新增养老机构4所、床位1175张，截至目前全区共有养老机构14所，床位2858张，每千名老人拥有床位40张，已超出“十二五”规划要求的每千名老人拥有养老床位30张的标准，养老床位数位居全市第三。14所养老机构中，区办养老院1个（光荣院）、社会办养老院13个，入住老人1505人，入住率达到53%。养老机构现有工作人员352人，其中管理人员175人，护理人员177人，能够满足养老机构需求。“十二五”期间，我们积极推进养老机构标准化建设，规范养老机构的收费、服务、运行标准，养老机构的规范化水平有所提高，一些新兴的异地旅游式养老、田园式养老、“医养结合”等养老模式得以发展。爱馨老年公寓被中国老龄事业发展基金会授予“全国爱心护理工程建设基地”称号。凯达老年公寓开展异地旅游式和田园式养老，多次被市级媒体报道。区光荣院引入经营团队，提升了养老硬件水平，能够发挥“托底”作用，为区内优抚对象、困难老人提供便利服务。红光老年公寓2013年引进了双江医院，爱馨老年公寓今年8月份引进瑞景街社区卫生服务中心，大张庄镇社区卫生服务中心专门安排了83张“医养结合”托老床位，养老服务水平不断提高。居家养老服务方面，我区已建成并投入使用的老年日间照料服务中心（站）40个，为近4万名居家老人提供“生活照料、就餐送餐、文化娱乐”等服务；建成社区食堂14个，为1500余名高龄、空巢和失能、半失能老人提供配送餐服务。2014年，在全市率先建立了独居孤寡老人清晨问候制度，由居委会、社区社会组织、志愿者组成服务团队，为2581名老人提供清晨问候服务。年内以集贤街泰来东里社区和新村街新华里社区为试点，依托有线电视网络，为老人提供电视点餐、清晨问候、社区广播等服务，打造“智慧养老”社区。此外，全区享受居家养老政府补贴服务的老人87名，政府每月给予150、200和400元的居家养老服务券。全区拥有百岁老人9名，政府给予每人每月1300元的营养补贴。

（二）“十三五”期间养老事业面临的形势。“十三五”时期是全面建成小康社会决胜阶段，也是养老事业改革发展和养老体系建设的重要战略窗口期。随着人口老龄化的加速，人口老龄化进程与养老服务业发展滞后的矛盾日益突出，人口老龄化、高龄化、空巢化、家庭小型化“四化”叠加，产生放大效应，给应对人口老龄化增加了难度。近年来，我市涌现出一批像南开养老中心、津南颐养园、武清第一、第二养老院、养老护理中心和居家养老服务中心等投入高、服务优的公建民营养老服务品牌，全市老龄化程度居全国第三位。同时，我区老年人口也呈快速增长的态势，预计到2020年60岁以上户籍老年人口将达9.2万人，占总人口的20%左右（50万人）。与优秀养老服务品牌相比，我区养老服务还存在着区民政对养老事业的统筹功能不强，养老事业发展规划滞后、服务手段单一、专业人才匮乏和政策资金不足等问题：

1. 养老规划滞后。一是现有养老机构起点低，13所养老机构中只有区养老院（光荣院）按照养老设施规划1991年建设，其他都由经营者租用或改建学校、企业办公用房、厂房和自住房屋建成。从规模上看，200张床位以上的4所，100～200张的5所，100张以下的4所。硬件水平较好的4所：爱馨老年公寓、区光荣院、凯达老年公寓和红光养老院。从管理团队看，经营者大多是个体经商户、民营企业负责人改行做养老事业，绝大多数不是养老专业科班出身。二是缺乏对养老事业的顶层设计。养老服务设施停留在开发土地规划要求配套上，特别是配套养老院，属于经营性公建，开发商挪作他用的风险特别大，并且缺乏强有力的制约手段。缺少对高档养老院和示范性公办养老机构的规划设计，不能满足多层次老人的养老服务需求。三是社区养老资源发展不平衡。我区建立了居家养老服务信息平台，但服务需求较多的集中各街道和北仓、双街等镇，离中心城区较远的西堤头、大张庄等镇社区养老需求尚未开发，服务资源匮乏。四是农村老人养老方式单一。我

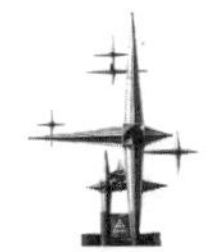

区农业户籍老人入住养老院的仅为114人，农村老人收入低，机构养老收费高，老人大多选择在家养老，儿女大都在外打工，空巢化现象日益严重，养老方式单一成为农村养老的主要难题。

2. 资金来源单一。社区居家养老服务的资金主要依靠政府补贴，各养老机构也是经营者投入+政府补贴的模式，缺少融资平台，没有大型养老服务企业，吸引资金渠道窄，制约了我们争取相关优惠政策。

3. 专业人才培养滞后。一方面缺少管理方面的专家和人才，导致养老机构服务理念滞后，管理色彩大于服务，过分突出“机构特性”，缺乏个性化、亲情化的管理理念，造成老年群体对机构养老的刻板印象。另一方面缺乏专业护理人才，养老机构招聘的护工，专业知识缺乏，招聘的相关专业大中专毕业生，职业期许高，跳槽频率高，社会认同感低，难以留住人才。

综上所述，扶持鼓励养老事业发展，使我区养老事业跻身于全市先进行列已成为当前我区经济社会发展的重要任务。

指导思想和指标体系

（一）指导思想。高举中国特色社会主义伟大旗帜，全面贯彻党的十九大精神，深入学习贯彻习近平新时代中国特色社会主义思想，以习近平总书记对天津工作提出的“三个着力”重要要求为元为纲，认真落实党中央、国务院决策部署，围绕扎实推进“五位一体”总体布局、“四个全面”战略布局的天津实施，牢固树立和贯彻落实新发展理念，坚持党委领导、政府主导、社会参与、全民行动，健全养老服务体系，推动我区老龄事业发展，进一步提升老年人获得感和幸福感。

（二）基本原则。1. 以人为本，共建共享。坚持保障和改善老年人民生，逐步增进老年人福祉，大力弘扬孝亲敬老、养老助老优秀传统文化，为老年人参与社会发展、社会力量参与老龄事业发展和养老体系建设提供更多更好支持，保障全体老年人参与社会发展和共享发展成果的权利，实现不分年龄、人人共建共享。

2. 补齐短板，提质增效。坚持问题导向，注重质量效益，着力保基本、兜底线、补短板、调结构，不断健全完善社会保障制度体系，合理配置公共资源，强化薄弱环节，加大投入力度，注重提升养老服务有效供给和品质保障水平。

3. 改革创新，激发活力。坚持政府引导、市场驱动，深化简政放权、放管结合、优化服务改革，不断增强政府依法履职能力，从供给导向转向以老年人需求为导向，加快形成统一开放、竞争有序的市场体系，支持创业创新，激发市场活力。

4. 统筹兼顾，协调发展。坚持把应对人口老龄化与促进经济社会发展相结合，促进老龄事业发展和养老体系建设城乡协调、区域协调、事业产业协调，统筹做好老年人经济保障、服务保障和精神关爱等制度安排，满足老年人多层次、多样化的健康养老服务需求，实现协调可持续发展。

（三）指标体系。“十三五”期间，我们按照深化体制改革、坚持保障基本、注重统筹发展、完善市场机制的原则，多措并举，淘汰一批规模小、质量差的养老机构，新建一批档次高、专业化、智能化的养老设施，实现休闲养老、文化养老、智慧养老、健康养老。到2020年每千名老人拥有床位不低于40张，25%以上的养老机构实现智能化管理，托老所和老年日间照料中心实现镇街全覆盖，享受居家养老政府补贴人数2000人以上。

主要任务

（一）科学规划，完善养老服务设施。把养老事业发展和养老服务设施建设纳入全区经济和社会发展“十三五”规划，发挥北辰区地域文化特色，在临近运河、公园、果园、学校、商场等配套完善、交通便利的区域选址规划建设养老机构，推动建成一批环境优美、设施便利、服务智能、老人满意的养老机构。

是本着“品质化养老、专属化生活、便捷化设施”的规划原则，利用现有资源，建设1至2所档次较高的社会办老年公寓（或老年社区），满足高收入人群养老需求。二是专配专用，按照《天津市居住区公共服务设施配置标准》规定，新建居住区级（5-8万人）公共服务设施配套公建养老院一处，建筑面积达到4500平方米；小区级（1-1.5万人）公共服务设施配套公建托老所一处，建筑面积达到1000平方米。近期，在我区已列入规划建设养老院有6处。三是在社区，适应居民需求，发挥爱馨老年公寓的专业优势，发展邻近幼儿园、医疗机构的爱馨社区连锁“微型养老院”（托老所）。

按照“政府搭建平台、专业化管理、市场化经营、志愿者参与”的思路，依托专业养老机构为在院老人提供生活照料、医疗康复、精神慰藉等服务，上门为居家老人提供助餐、助浴、助洁、助急、助医等定制服务。四是在农村，适应村民需求，建设农村“普惠式老年公寓”。结合示范镇、城中村发展规划，在农村还迁社区建设时，设置专门用于村中老人养老的一栋或两栋多层建筑，专门为村内高龄、失能、空巢老人提供照料、康复、娱乐等服务。

（二）积极探索，夯实养老服务基础。一是大力发展居家社区养老服务。支持城乡社区定期问候独居、空巢老年人家庭，帮助老年人解决实际困难。引导老年日间照料中心创新服务模式，为老年人提供精准化、个性化和专业化服务。鼓励老年人参加社区邻里互助养老。鼓励有条件的地方推动扶持残疾、失能、高龄等老年人家庭开展适应老年人生活特点和安全需要的家庭住宅装修、家具设施、辅助设备等建设、配备、改造工作。二是推进照料中心运营机制改革。新建的照料中心全部实行由养老机构和企业承包运营服务，原有的照料中心逐步实现。对符合条件的社会化运营照料中心给予运营补贴。延伸照料中心服务功能，向居家的行动不便、空巢和失能老年人延伸服务，将有条件的照料中心升级为社区老年服务中心，使其成为政府搭台、企业运营、居民受益的嵌入式社区养老服务机构，推进社区养老服务社会化。三是提升养老机构服务质量。建立以质量和效益为导向的养老机构服务发展机制，塑造养老机构安全、诚信、优质的服务品质。加强养老机构服务质量监管，建立健全养老机构分类管理和养老服务评估制度，引入第三方评估，实行评估结果报告和社会公示。加强养老服务行业自律和信用体系建设。依法依规从严惩处欺老、虐老行为。

（三）改革创新，拓展养老服务手段。一是发展智能养老产业。积极贯彻落实“互联网＋行动计划”，依托天津市养老服务信息平台、北辰区居家养老服务运营平台，对全区机构养老和居家养老服务进行信息化管理；改善老年服务设施设备和方法技术，引进科学有效的智能系统，为老人提供实时监测、远程互动、医疗等服务，实现智慧养老。二是激发养老市场活力。拓宽养老融资渠道，明确一家区属企业，作为争取政策的融资平台。推广公建民营管理运营模式。支持社会力量举办养老机构，鼓励个人举办家庭化、小型化的养老机构，社会力量举办规模化、连锁化的养老机构。鼓励民间资本对企业厂房、商业设施及其他可利用的社会资源进行整合和改造，用于养老服务。推进老年日间照料服务中心的社会化运营。三是按照全市统一标准，进一步完善养老机构分类管理制度，评定养老机构等级，合理确定收费标准、满足不同层次市场需求，推进养老机构“优胜劣汰”。四是发展特色养老模式。推动“医养结合”，加强卫生服务机构与养老机构的融合，支持老年病康复、护理、临终关怀等医疗服务进养老机构。发展特色养老，支持田园式、候鸟式等新型养老模式，为老年人提供多种养老服务选择，提高老人晚年生活质量。五是探索老年人保险保障制度。完善养老床位综合责任险、老年人意外伤害商业保险，通过完善制度、丰富险种、扶持引导，扩大老年人保险保障受益面。

（四）拓宽渠道，培养专业养老人才。一是加强养老机构管理人员培养。强化养老机构负责人职业资格和管理方面的培训，定期组织交流、观摩和游学活动，培育一批养老行业“专家”。二是加强与大专院校合作，为专业学生提供实习基地，跟进培训，提高养老护理员收入待遇，吸引专业护理人才到区内养老机构工作。探索制定养老服务从业人员岗位补贴和社会保险补贴支持政策，培养壮大养老服务人才队伍。同时，注重吸纳营养师、康复师和部分信息技术人才。三是健全社工和志愿者队伍联动服务工作机制，开发养老服务公益性岗位，推进“邻里互助”养老模式，发展壮大养老服务志愿者、社工队伍，强化社会力量对养老事业的参与支持。

（五）完善政策，提速养老事业发展。在区委区政府领导下，区民政部门发挥统筹作用，调动社会各界参与养老、发展养老的热情，把养老事业提上重要的议事日程。政策方面，编制《北辰区养老事业布局专项规划》，鼓励发展养老服务业，协调规划、土地、税务等部门，落实好养老事业的相关优惠政策，对养老设施挪作他用的给予处罚，积极与市级部门沟通协调，用足用好市民政、

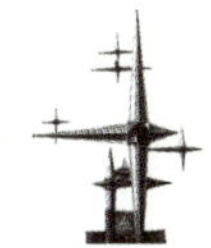

市财政相关政策。资金方面，设置养老事业专项资金，建议区政府“十三五”期间每年拿出一定资金列入预算，促进全区养老事业快速健康发展。

保障措施

（一）加强组织领导。建立由主管区长、相关部门参加的养老服务工作协调机制，统筹协调养老服务工作。建立养老服务设施规划建设工作协调机制，制定年度计划，明确工作任务，对养老服务设施建设全程跟进，确保专配专用。

（二）加大财政投入。由财政部门牵头，建立健全经济困难的高龄、失能等老年人补贴制度。安排专项财政资金支持养老服务体系建设，并随老年人口的增加逐步提高投入比例。

（三）确保土地供应。由国土房管部门牵头，将各类养老服务设施建设用地纳入城镇土地利用总体规划和年度用地计划，确保养老服务设施用地需求。

（四）强化督促考核加强养老工作绩效考核，各有关部门依照职责分工对养老服务业实施监督管理，确保责任到位、任务落实。发改委、民政局加强对养老事业发展规划执行情况的监督检查，并及时向区政府报告。

高质量发展就是最大机遇

原载于2018年8月9日《人民日报》

时间：2018年8月7日

地点：天津市北辰区

立秋，阵雨收卷了暑热。迎着雨，天津市四大班子成员走进北辰区双青新家园，现场办公。

双青新家园是天津最大的保障房片区，370万平方米，规划人口12万人，已入住3.3万。盛康园3号楼住着赵金棒一家三口。“54平方米，两居室，独立卫生间，装修不用管，还分三档补贴租金，咱从心底里感激！”

“目前的问题是配套公建滞后。应建两所中学、5所小学，11所幼儿园，只交了两个幼儿园。没有菜市场，居民买菜得倒好几趟车。”北辰区委书记冯卫华说，“还有，编制缺口大。之前按户籍人口配备，这么大个社区，派出所只有一个所长，三个干警。”

“公建关系千家万户，我们全力加速，争取今年全部开工，明年全部建成。”市国土房管局局长蔡云鹏回应。

“后续项目做了调整，不管谁开发，交房之前先交公建。”市住宅集团董事长康庄补充。

“编制红线不能碰，天津9.8万行政事业编，这个数框死了。我们加强统筹，力争市里减一点，向基层倾斜。”市编办主任高中启说，“一般性服务岗位可以通过改革，比如政府购买服务，多渠道化解。”

“人员缺口问题，市国土房管局和民政局抓紧协商，物业管理、社区管理相结合，拿出个具体意见。民政过去归我管，这个问题研究过，但没出结果，我先道个歉。”副市长孙文魁说。

“我们不要怕讲问题。现场办公会就是奔着问题来的，发现问题，正视问题，才能解决问题。”市委书记李鸿忠说。

“北辰是天津的老工业基地，全区一二三产比重为0.8：55：44.2。4900多家工业企业，纳税

5000万元以上的只有58家。去年我们关停散乱污企业1938家，但园区围城仍未解决，环境脏乱依然突出。”北辰区长王宝雨说。

“不要光看数字。关键结构要优化，质量要上去，把工业大区真正变成工业强区。”市人大常委会主任段春华说。

“我说一点，生态宜居就是好的营商环境，而且是第一位的营商环境，抓生态就是抓发展，而且是高质量的发展。贵阳、成都、昆明，过去物流成本高，现在软资产、轻资产的项目快速集聚，为什么？产业跟着环境走。今天搞发展，得有这个意识。”市长张国清说。

“同意国清市长意见，绿色决定生死。甘肃省甘南藏族自治州是天津的对口帮扶地区，甘南有四个天津大，州委书记说，要做到见不到一片垃圾。在这点上，我们在人家面前矮一头啊。近代天津以工商业立市，制造业是我们的特色和优势，要下决心在保生态、保绿色的前提下，优布局、优结构。北辰是国家级产城融合示范区，可以先行先试。”李鸿忠总结说，“新时代是贯彻新发展理念、推动高质量发展的时代，高质量发展就是最大机遇。抓住机遇需要理念，也需要解决问题的能力，要学会在新发展理念下思考问题，解决问题。要加强顶层设计、科学统筹，拿编制问题来说，不要一人一个大盘子，都占上了，事权变了，归属也要随之变化，用海河水洗海河泥。”

（记者：胡果）

老旧小区也能变身“美丽家园”

原载于2018年2月27日《光明日报》

【新春走基层】

城市发展得好不好，不能只看高楼、广场这些“面子”，更要看老旧小区这种不起眼的“里子”。天津市北辰区为了让老旧小区变身居民安居乐业的“美丽家园”，在下大力量提升改造硬件设施的同时，探索出一套社区自治、和谐共管、保障民生的管理模式，赢得居民群众的赞许。日前，经天津市清洁社区行动分指挥部综合评定，北辰区旧楼区长效管理工作总体优良率100%，年度综合管理工作得分91.7分，被评定为“2017年度天津市旧楼区长效管理工作示范区”。

社区自治让居民成为主人翁

近日，记者来到佳荣里街道社区活动中心，正赶上社区工作人员、志愿者和独居老人们围聚在一起，一边包着饺子，一边唠家常，房间里笑语喧哗，洋溢着欢乐温馨的气氛。

这种邻里之间的亲和力与凝聚力，与社区自治管理模式的创新密不可分。佳荣里社区地处北辰区与红桥区交界处，建于20世纪90年代初，过去，老旧小区本身配套设施不齐全、基础设施较薄弱，是周边出了名的“脏乱差”，许多居民纷纷选择“逃离”。2012年，这个社区被纳入北辰区重点提升改造老旧小区之一，区里投入专项资金，下大力气全面整治，社区面貌自此发生翻天覆地的变化。“当时我从闺女家搬回来住，进小区大门时差点没认出来这是自己家。”今年74岁的王大娘是佳荣里第一批住户，短时间内社区发生的巨大变化着实令她惊讶。

旧楼区提升改造面貌一新，可如何进一步维护好、巩固好？由于老旧小区管理成本高、收益低，市场化的物业公司都不愿接手，仅靠社区力量又力不从心。“我们通过激发住户的参与热情，尝试走‘党支部、居委会、楼门栋长、服务队’四位一体的自治管理模式。”社区居委会主任滕玉琴告诉记者，所谓“四位一体”，就是党员带头服务，成为居民的主心骨；居委会成员将18个楼栋分为6个责任区，分片包干、网格管理；每个楼栋选出一名得力楼门长，反映问题、宣传政策、协助收费，延伸管理服务的工作触角；成立24人组成的服务队，解决热点难点问题，提供社区专业化服务。

“我们这支服务队分保安、保洁、绿化、维

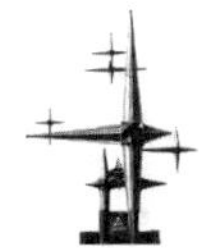

修、家政五大部门，由外聘人员和社区志愿者组成，每栋楼的楼道、扶梯天天有人擦扫，生活垃圾日日清，小区大门24小时有人看守。”滕玉琴介绍说，“社区服务收费每户每月才十几块钱，居民都说真不贵！”

如今，这里越来越多的居民自觉加入到小区志愿者队伍中，65岁的崔省宽就是其中之一。“记得我刚搬来这个社区的那个冬天下了一场大雪，早晨推开窗户一看，男女老少都主动走出家门扫雪，这件事对我触动很大，从那以后我也积极参加社区各项公益活动。”崔省宽说。

“前几年，我们在全区推广过‘四位一体’自治管理模式，这一模式确实夯实了旧楼区提升改造成果，也为摸索市场化管理积累了有益的经验。”北辰区民政局基层政权建设科科长李云荣说。

和谐共管获居民齐点赞

走进北辰区天穆镇普庆里社区，路面平坦整洁，车辆停放有序，红白相间的居民楼外墙在冬日的阳光下格外明亮。如果不是提前打听，看不出这是有着15年以上房龄的老旧小区。

普庆里社区是在2014年完成提升改造工程的。当时，社区引入了一家物业管理公司，没想到一开始就遭到大多数居民的排斥。原来，一些居民难以接受像新建社区那样按面积缴纳物业费，更多的居民担心被“坑”——在政府接管之前，普庆里社区更换过多家物业，可是由于管理水平差，业主抱怨不断，甚至出现过物业公司“不辞而别”的情况，因而物业管理成了这一社区居民心中的“痛点”。

“一开始的确很难收缴物业费，我们就采取‘先尝后买’的方法，先为居民提供服务，满意了再交物业费。”小区物业公司负责人王鑫告诉记者，为确保服务质量，他们严格管理，制定了详细的服务规范和奖罚制度，并公之于众，让居民们心明眼亮。物业人员勤恳敬业，居民群众满意在心。“楼道的地面擦得比我家里都干净！”刘秀娥大娘赞叹。经过几个月的“考察”，物业公司终于得到了居民的认可。

“小区的事，居民说了算。”居委会工作人员杨昆告诉记者，在普庆里社区，居委会与物业公司和谐共管。“我们每季度都会挨家挨户发放调查问卷，进行物业满意度调查，并定期邀请居民代表召开物业联席会，听取居民的意见和建议，尽最大努力满足大家的要求。”

建章立制让“美丽家园”有标准

“这几天，我们的重点任务就是对全区106个老旧小区逐一巡查走访，主要围绕治安、消防和环境卫生等方面，对不达标点位的问题，直接向镇街通报。”春节刚过，记者在北辰区民政局采访，恰遇工作人员温家昆带着巡查队伍从外面赶回来。

据了解，北辰区自2012年开始启动两轮旧楼区综合提升改造工程，完成对辖区所有老旧小区的综合整治，先后制订出台《北辰区旧楼区综合提升改造小区接管实施方案》《北辰区旧楼区提升改造后长效管理实施意见》《北辰区旧楼区改造后长效管理服务标准》，对验收接管、管理模式、职责分工、扶持政策、经费来源、“以奖代补”办法等作出明确规定。

为确保小区改造后长效管理措施落到实处，北辰区建立了旧楼区长效管理抽查巡查、考评台账和考核结果通报制度，各相关职能单位定期召开联席工作会，解决旧楼区管理中的疑难问题。“各镇街每月都要进行自查，对辖区内的老旧小区打分，并将自查结果上报。另外，我们和区考核办、房管局、市容园林委等成员单位组建了联合考核小组，定期对老旧小区进行暗访抽查。”李云荣介绍说，“考核项目十分详细，服务内容共涉及8个大项和38个子项。”

北辰区实施“以奖代补”的奖励激励政策，考核结果直接与补贴资金挂钩。2017年该区共发放补贴1360.47万元。位于集贤里街的泰来东里社区是实行社区自治管理的老旧社区之一，居民每户每月仅需缴纳较低的服务费，就可享受完善的准物业管理服务。“去年我们在天津市的综合考核得到90分，获得了市区两级奖金，这部分钱用于15名聘用制服务人员的工资发放以及社区配套设施、设备等改善，一定程度上弥补了社区管理的资金不足。”泰来东里社区党委书记李兰珍说。

发展现代农业 建设美丽乡村

——北辰区加快现代都市型农业发展步伐

原载于2018年3月23日《天津日报》

2018年中央一号文件中指出，要提升农业发展质量，培育乡村发展新动能。北辰区充分发挥城郊特点和资源优势，大力发展设施、观光、种源等现代都市型农业，推动农业与精深加工、休闲体验、旅游观光等产业进一步融合，成为壮大区域经济、促进农民增收的重要途径。

农业产业化快速发展

日前，记者走进北辰区双街现代农业示范园蘑菇基地，便被眼前这个7万平方米的现代化食用菌类生产车间所吸引。整洁明亮的出菇房内，一排排4米高的金属架被足足分成7层，使得车间空间得以最大限度利用。架子上满满当当摆放着培养瓶，一簇簇洁白、鲜嫩的真姬菇探出瓶口，场面颇为壮观。

现场，绿圣蓬源农业科技开发有限公司副总经理林祥津正张罗着和工人们一起将新鲜的真姬菇从金属架搬到传送带上。“它们可以随着自动化流水线直接传送到包装车间，那里有工人再进行包装、装箱。”林祥津告诉记者，厂区面积虽大，不过借助于几十公里长的传送带，将原料库、灭菌房、出菇车间和包装车间等各功能区连接了起来，可实现对生产的闭环控制。

与传统的蘑菇大棚不同，这里从菌种培养到包装贮藏整个过程基本都实现了机械化、智能化，可以像生产工业产品一样，在完全可控制的环境下按照批量和规格生产食用菌。而这有赖于公司运用目前国内最先进的瓶栽栽培技术。

“以前，我们和大多数食用菌企业一样，把菌种放在一次性的塑料袋中进行种植，2011年以后，我们开始投入大量资金建设现代化的厂房和设备，光购买培养瓶就花了几千万元。”林祥津说，成本投入高，带来的收益也是无穷的。与以前相比，瓶栽技术的机械化程度大幅提高，既节省了大量劳动力，又大大提升了生产效率，此外，温度、湿度也可精准控制。“现在采用工厂化的生产模式，可不受季节限制，天天出菇，全年上市，一改从前‘看天吃饭’的尴尬。”

从人工种植到食用菌工厂，北辰区跳出传统种植模式，通过龙头企业工厂化“种菇”实现了点“菌”成金。由于采用无污染种植方式，工厂化栽培出来的食用菌安全级别很高，产品达到无公害标准，不仅带来销量质的提升，还获得海外市场认可，食用菌产品得以走出国门，打响天津现代农业品牌。“我们的产品主要面向国内的一级经销商，今天早上一个经销商还给我发微信，说这边有多少货就要多少货，我们完全不愁销路。”公司副总经理蒲靖辰自信满满，“目前公司新鲜菇的年产能力达到12000吨左右，年产值2.1亿元，累计出口美国、泰国等海外市场2000多吨。”

企业做好了，投资人主动找上门。2017年5月，绿圣蓬源完成A轮融资1.6亿元。虽然公司现已发展成为国内食用菌行业中的领军企业，生产技术和规模也已走在国内前列，但公司董事长陈启永并不打算止步于此，“把传统农业与资本结合起来，我们公司在同行里还是比较靠前的。引入资本，要进一步破解公司产业做强做大的瓶颈，我们还专门聘请职业经理人对公司进行专业化精细化管理，公司不再像从前只着眼于一亩三分地。其实食用菌这个行业是大有潜力的。”

作为大都市的农业区县，北辰区农业发展面临着转型压力。北辰区坚持走“高效富农、产业兴农、科技强农、政策惠农”之路，农业布局调整成效显著，逐步形成以都市渔业园区、益多利水产品为代表的东部生态水产养殖区；以双街现代农业科技园、龙顺庄园为依托的中部精品农业休闲观光区；以岔房子山药、后丁庄无花果种植为代表的西部特色农业区。截至目前，全区现代农业园区达到20家。与此同时，农业规模化、产业化经营水平进一步提高，目前全区新建和提升农业龙头企业15家，市级农民专业合作社示范社22家。

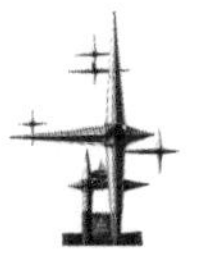

休闲农业成靓丽名片

3月18日，正值周末，坐落于大张庄镇的鼎牛农业采摘园内一派热闹景象。草莓采摘大棚里，绿叶间一颗颗鲜红饱满的草莓散发着诱人的清香，家长们带着孩子一边采摘互动，一边拍照留念，在明媚的春光里尽情享受田园的悠闲和惬意。

鼎牛农业采摘园是北辰区农业重点项目，总投资1200万元，占地77亩，现有63个标准化温室大棚。依托这里土壤肥沃、水源好等优势，园内可供游客采摘的果蔬种类丰富，水灵透亮的黄瓜、萝卜，鲜嫩色青的辣椒、茴香，色泽鲜亮的西红柿、南瓜、茄子……早中晚熟品种搭配，可满足游客不同时期的采摘需求。

随着天气转暖，前来旅游休闲、观光采摘的游客逐渐增多，其中有大批来自市区及周边地区的市民，缘何受到如此青睐？“我们与天津农科院密切合作，根据市场需求不断更新水果蔬菜的品种，也在不断摸索改进种植技术，缩短水果的生长期，物以稀为贵嘛！”园区农业技术负责人刘广江向记者举例子说，“比如我们引进的‘世界一号’苹果、‘圣诞红’草莓等，这些优良产品去年销量都不错，价格虽贵了些，但很受欢迎。”

记者来到园区专门设立的检测中心，工作人员汪湘桂正在对一批水果、蔬菜进行检验，动作十分娴熟。她告诉记者，园区内种植的都是无公害绿色果蔬，每周都会进行抽样检测、巡查，只有产品检测合格后，才会对大棚开放采摘。“除了确保食用安全之外，还会对甜度等进行检测，保证口感好。我们对检测设施和环境条件要求都很高，比如检测室必须开空调，只有温度适宜才能确保检测结果的准确性。”

据了解，这里的果蔬之所以品质好，还得益于现代化的信息技术成果在农业中的应用。借助于农业温室智能控制系统，每个大棚中当前的二氧化碳浓度、土壤温湿度、空气温湿度、光照度等与作物生长息息相关的数据一目了然，并可根据农作物生长需求进行远程调节，增加了对温室大棚环境的可控性，控制精度也更高。

刘广江介绍，下一步农业园内将开设餐厅，将北辰区的美食融入旅游产品中。此外，作为产业链的延伸，园区将开辟DIY休闲区、垂钓园，增强游客的互动性与参与性，完善配套项目。“以前游客来了，到中午没地儿吃饭，玩儿得不够尽兴。我们去年找了北京创行合一规划设计院，为园区长远发展进行了规划设计，我们公司的定位是把这里打造成集特色餐饮、农业观光、农事体验、商务休闲等功能于一体的休闲农庄。”刘广江信心十足地说。

随着市民生活水平的提高，周末近郊游成为旅游业一大热点。北辰区在大力推进农业综合开发项目的同时，将现代农业旅游业深度融合，走出农业供给侧改革的制胜一棋。目前北辰区拥有国家3A级旅游景点、全国休闲农业与乡村旅游5星级企业等农业休闲旅游观光景点9处，年接待游客突破120万人，旅游收入1亿多元。

（作者：霍云龙）

王清立“生态对账”记

原载于2018年4月19日《天津日报》

天津市北辰区青光镇刘家码头村村民王清立去年自掏腰包退赔租金，劝退了此前租用自家3亩地的租户，他家当年土地收入因此锐减一半。然而当记者与他攀谈起此事时，他却掰着手指头肯定地告诉记者说“对得过账（值得）”。

习近平总书记指出，“生态文明建设同每个人息息相关，每个人都应该做践行者、推动者。”对年过花甲的王清立来说，要落实这一要求，却不那么简单。

他告诉记者，该村以当地的码头而得名。20世纪90年代以来，因为位于津霸公路南侧，紧邻天津外环线的交通便利被大量“散乱污”及废品回收企业相中，并通过租用村民土地“入驻”村里。这2000亩土地让刘家码头村成了远近闻名的“垃圾”村、“废品”村和“臭气”村。

九河下梢天津卫，春日风暖送香来。但多年来，刘家码头村的“一年之计”却是从“臭”开始的：垃圾急速腐败散发出的恶臭、各类废旧家电加速氧化释放出的异味、露天“垃圾猪”排泄物的气味混杂在一起，让村民无法忍受。

“顶风还臭八百里，这要是一起小南风，那个味儿，简直了（受不了）!”王清立的津味“吐槽”让人忍俊不禁。

逐臭而来的蚊蝇更麻烦。在村里生活70多年的刘景山老人说，那些年的春天，村里是“人人受不了，户户喷蚊药”，使用杀蚊蝇喷剂成了村民唯一的选择。

和“垃圾”一道发臭的，是村子的名声，男婚女嫁都受到影响。村里的老人、孩子也因气味难闻、环境脏乱经常得病，深受其害。很快，这块地成了刘家码头村人的“禁地”。“除了收租金我绝对不来。”王清立说。

刘家码头的村民人人心头有本小账。在王清立家的5亩地中，有3亩地租给“散乱污”类经营者，每年收租过万元。另外2亩地自种，能赚3000多元。尽管饱受污染之苦，但为了那些租金，在政府排查时，不少村民仍时常为租户们“打马虎眼”。

“断了这笔收入，大家都觉得对不上账啊！”说到底，大家还是舍不得这到手的租金。

2017年，天津市北辰区委区政府及相关部门对刘家码头村垃圾集中点和废品回收处理聚集地清理整治。

据天津市北辰区副区长胡学春介绍，在原来治理的基础上，2017年4月以来，当地党委政府清理废品回收摊点900余家、垃圾及工程渣土40余万方，治理水体9万余吨，正在加紧实施雨污分流、土壤修复工程试点和春植绿化工作。

当地政府工作人员几次找到王清立，希望他不再将土地出租给“散乱污”企业。

渐渐地，他发现，女儿一家也越来越不愿意回村了。出嫁的女儿原本就因村里垃圾散发的恶臭和蚊蝇不常回村，小外孙出生之后，她唯恐孩子染病便不再回娘家。

他知道女儿是怨他糟践了村子。“多赚点钱有什么用？在孩子面前都抬不起头来。”王清立苦在心里，却无言以对。

不久，王清立从村委会主任刘勇处得知，退租原租户后，自己的土地将加入流转，每亩地每年补贴保底1000元。“我们的土地流转给政府种树，政府给我们补贴。听说这儿未来要发展观光旅游，甜头还在后头呢！”王清立颇为兴奋地说。

村里的喜人变化，他更是看在眼中。曾被垃圾覆盖的2000亩土地被整理出来，检验合格后已投入新规划中；村里从前“黄汤冒泡”的污水河如今清澈重现“鱼影”；连片成行的国槐、金叶榆成为新的风景。短短几年，村子重焕生机。

“我们就是要通过政策引导，帮助村民对上生态文明的大账”，胡学春说。

王清立下定决心退了租。他说他想给小外孙女留一个如自己童年般干净美丽的村庄。

离开刘家码头村时，王清立把记者送到村口，说要在这曾经的“禁地”再遛一遛，吹吹风，看看已经开工的滑雪场。此时的刘家码头村上空，蓝天白云，风暖味香。

全面助力“双创” 建设美丽北辰

原载于2018年7月12日《天津日报》

北辰区市容园林委围绕“美丽北辰”建设，开展多项惠及民生的市容综合整治工作，为北辰区创建全国文明城区和国家卫生区提供助力。

整治京津城际铁路沿线环境

区市容园林委全面开展京津城际铁路沿线环境综合整治，截至目前，已完成前进村、三义村西侧等16处问题点位整改。区市容园林委发挥自身职能优势，集合所属的市政、环卫、绿化、市容四个科室，全面清理生活垃圾，出动环卫工人2250余人次、垃圾清运车辆34部，累计清理垃圾

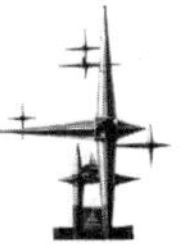

1675吨；提升改造原有路面，更换面包砖、侧石、缘石等设施，铺设沥青路面405.3平方米，沿线种植花草树木；清理水塘内水草、水藻41000平方米；平整沟坡、清理沟渠18000平方米。

全面提升街景立面市貌

区市容园林委以“美化环境、精准创文”为目标，对延吉道、北辰道、京津路、辰昌路等道路的户外广告设施进行巡查，及时与属地对接，对不合法的户外广告予以拆除。将深入宣传党的十九大精神与街容景观提升相结合，在北辰道两侧布置工艺广告画面236幅，在京津路和北辰道的9个车流量较大路口设置大型城市雕塑13个，提升市容市貌品质。

绿化美化道路环境

区市容园林委实施精细化管理，打造精品道路，栽植花卉、整理绿地、冲洗护栏。从细节入手，将北辰道小路口的花砖改为柏油路面，更换调整人行便道的花砖、侧石等，方便市民出行，营造整洁、靓丽的街容景观。

解决居民出行难题

瑞景居住区建成初期，周围绿化大多连片栽植。随着近几年配套设施逐步完善，该地区的人口密度大幅提高。环瑞路是瑞景街的主干环形路，行人来往密集，但道路周边绿地环绕，便道出口较少，居民出行不便。区市容园林委与瑞景街积极协调，聘请专业人员设计绿荫步道，并在便道两侧精心栽植树木，营造观赏景观，为居民营造良好的出行和生活条件。

深入推进大绿工程

区市容园林委集中力量，更新佳宁道、辰昌路、北辰道、京津路、铁东北路等道路草坪6万平方米，栽植应季花卉20余万株，补植行道树260余株。推动高峰路、第二儿童医院等重点区域的绿化新建与提升改造，在高峰路施工过程中，区市容园林委打破常规，分段实施，针对高峰路地下水位高的情况，将路边行道树由国槐改为白蜡，在中间隔离带栽种根系较浅的花卉，适应生长条件，科学美化环境。

下一步，区市容园林委将继续发挥“双创”主力军的作用，主动进位，切实为老百姓解决问题，以实际行动贯彻落实以人民为中心的发展思想，助力“双创”工作全面开展。

（记者：王嫱，通讯员：杨朝）

北辰召开廉洁文化创建现场展示推动会暨廉洁文化建设成果展

原载于2018年8月30日《天津日报》

为深入落实《中共天津市北辰区委建设风清气正良好政治生态宣传教育工作意见》要求，大力弘扬廉洁文化，传播廉洁理念，8月28日，北辰区召开廉洁文化创建现场展示推动会暨廉洁文化建设成果展。区委常委、区纪委书记、区监委主任周承光参加。

展览以“廉洁”为主题，主要展示全区各镇街的书画、泥塑、剪纸、摄影、微视频等廉政作品。推动会上，小淀镇、集贤街负责人结合自身工作实践作了典型发言。

周承光要求，各相关部门要充分认识廉洁文化教育在发展党内政治文化中的重要作用，进一步增强做好廉洁文化建设的自觉性；创新思路，突出重点，积极探索开展廉洁文化建设的形式和途径；加强领导，完善机制，确保廉洁文化建设取得实效，推动北辰区党风廉政教育不断取得新进展，营造风清气正的良好政治生态。

（记者：付语，通讯员：赵婧 袁巍）

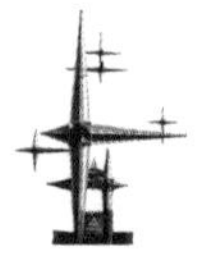

牢固绿色发展的“生命线”

——北辰区以生态为先走高质量发展之路

原载于2018年9月27日《天津日报》

北辰区牢固树立新理念、新思维，把握重大发展机遇，进一步解放思想、扎实苦干，推动重点难点问题解决，努力实现绿色高质量发展。

通过设立审批“绿色通道”，创新“容缺后补”“以函代证”等举措，提升审批服务水平，北辰区全力打造亲商、安商、富商的良好投资环境。全面启动引滦输水渠沿线综合整治，利用20天拆除引滦全线18.7公里、17万余平方米占压建筑物，并协调市水务部门建立后期管护长效机制；推进“北辰生活垃圾与餐厨垃圾协同处理PPP项目”建设，联合市级相关部门赴企业调研，加速解决垃圾处理能力不足问题；建立市级层面协调机制，多次举行市、区现场对接会议，推动双青新家园配套公建实施进度，简化审批手续、压缩审批时间、加快移交速度，保证工程项目按目标节点完成……

8月7日，市委、市政府在北辰区召开现场办公会议。会后，北辰区以现场会上提出的问题为导向，积极与市级相关部门主动对接，层层压实责任、逐一进行协调解决。一系列问题得到推动和落实，北辰区在绿色高质量发展之路上迈出了更加坚定的步伐。绿色决定生死，北辰区自觉践行绿色发展理念，像对待生命一样对待生态环境，严守生态红线，绝不让步，以保护绿色生态倒逼发展方式转变，力求实现经济质量效益与生态环境质量同步提升。

严守红线引滦违建清零

九河下梢的天津，依水而建，因水而兴，也曾饱受缺水之困。35年前，引滦入津工程正式通水。清澈甘甜的滦河水，绵延234公里，进入津城。引滦水渠纵贯北辰区，其中引滦暗渠全长18.7公里，明渠与其并行，长约8.6公里。宜兴埠泵站是引滦入津的重要中转站，滦河水就是从这里经过加压提升输送到市区各大水厂，最终流入千家万户。

初秋时节，微风和煦。记者驱车前往引滦入津水源厂——宜兴埠泵站。途经一处苫盖着严密防护网的拆迁空地时，随行的北辰区引滦水源占压建筑物拆除工作指挥部副指挥赵学利说：“这里原先是几幢楼房，是这次引滦水渠沿线综合整治中拆除的第一处占压建筑。从那以后的20多天，我们集中拆除了生态红线内的17万余平方米的占压物，实现了引滦明渠、暗渠沿线违建全面清零。”

引滦入津工程结束了天津人喝苦咸水的历史，对津城百姓来说是一条不折不扣的“生命线”。然而，随着城市化进程的发展，水源厂及输水管道周边遍布了各类企业厂房和违章建筑，引滦水渠占压问题愈发突出。中央第一环境保护督察组向天津市反馈督察情况时，就曾明确提出了这一问题。

“生态红线是守住绿水青山、保障生态环境安全的底线。它既是发展的生命线，也是一条带电的高压线。筑牢这条底线，要坚持铁态度，拿出铁手段。”北辰区委书记冯卫华说。

北辰区委、区政府下定决心彻底解决这一难题，启动了引滦水源保护工程。今年6月，填埋了引滦暗渠生态红线范围内的17个鱼池；完成了对沿线土地的权属核查；出台了《北辰区牵头负责中央环境保护督察反馈意见第57项整改内容专项整改方案》《北辰区引滦水源保护综合治理工作方案》等一系列文件。随后，一场集中拆除占压建筑物的攻坚战全面打响……

走进引滦水源占压建筑物拆除工作指挥部，墙上悬挂着引滦明渠、暗渠全线的高清卫星图，上面醒目地标注出了一条生态红线。“输水方渠宽

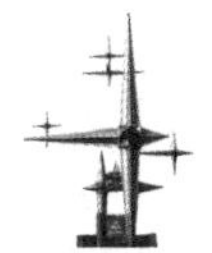

度10米，方渠左右各10米，这条30米宽的区域就是生态红线区。这里面的建筑物一个不留，全部拆除。”指挥部办公室负责人宋亚臣手持激光笔，向记者详细分析了拆除前后的对比图。

7月10日，由区分管领导任总指挥，区水务局领导任副总指挥，宜兴埠镇、小淀镇、大张庄镇、西堤头镇以及公安北辰分局、综合执法局为成员的“北辰区引滦水源占压建筑物拆除工作指挥部”正式成立，随即建立起了“日调度、周例会”机制，监督协助各镇开展拆除工作。

出动工作人员7600余人次，开展入户宣传动员2700余次，2次大型助拆行动、7次集中拆除，派出执法拆迁工作人员2700余人次……凝视着张贴在墙上的工作进度时间表和路线图，当时拆迁奋战的画面历历在目。“那时指挥部的夜晚总是灯火通明，各部门协同作战，大家聚在一起研究拆迁难点。”宋亚臣回忆说。历经20天，超过17万平方米的建筑物全部拆除，18.7公里的引滦生态红线内实现零占压。

市委、市政府在北辰区召开现场会议后，市水务局、市水务集团、引滦市区分公司相关负责人又先后两次赴北辰区，与区水务局、环保局、规划北辰分局、国土北辰分局等部门相关负责人进行现场对接，协商引滦水源沿线占压建筑物拆除后的管理和保护工作，探讨建立长效管理保护机制。“今后，引滦输水暗渠生态红线将加设拦护网、警示牌、界桩及绿化等，并建立巡查机制，防止违建回潮。”赵学利说。目前，由市级相关部门牵头制定的长效管护方案正在抓紧制定，北辰区将配合做好巡查和维护工作，为全市百姓守好这条输水“生命线”。

着眼规划实现生态宜居

北辰与“水”渊源深厚，境内河道多达14条，其中一级河道就有7条。京杭大运河北段古道，自西北向东南贯穿该区，它不仅是通往北京的重要漕运河道，也是引滦输水的一条重要明线。“北运河流经北辰3个镇32个村。我们将在这条20公里的河道旁打造一带三区十八景。一带是休闲旅游景观带；三区是生态湿地区、历史文化区、民族风情区；结合现状和历史规划十八处景观。”市规划局北辰区规划分局副局长杨春余说。

秋天的北运河，水清岸绿，风光旖旎。河畔的滦水园，经过重新修葺，如今已成为运河休闲旅游景观带上的“世外桃源”，是市民休憩放松的好去处。毗邻喧闹的京津公路，滦水园内流水潺潺，一派静谧，尽现生态之美。长廊、凉亭、石路、水榭……错落有致、曲径通幽。造型各异的雕塑，仿佛诉说着北运河的沧桑和引滦入津的历史。此时，树木开始染红或泛黄，初秋的滦水园宛如一幅天然画作。

绿水青山就是金山银山。守住了生态红线，更要筑起坚固的生态屏障。借助自身生态环境资源优势，北辰区在深挖运河文化、漕运文化等方面下功夫，以北运河提升改造为契机，高水平推动城市建设管理体制改革，着力塑造“京津绿心”“田园都市”“运河古郡”三张名片，实现旅游、文化、休闲、生态相结合，打造全方位的生态宜居环境。“现场会后，我们按照市领导提出的狠抓环境治理、生态建设和高质量发展的要求，进一步提升优化了相关规划方案。其中，工业园区转型升级规划方案已修改完成，并已报区政府批复。运河景观设计、海绵城市、多元化公共空间规划、生态城区规划研究等都在稳步推进中。”杨春余说。

服务先行做强营商磁场

“这份清单是我们在北辰区即将开展的39个项目，希望审批局的工作人员帮助梳理一下，看看哪些要件需要提前准备，哪些手续能够简化？”几天前，在北辰区行政审批局二楼会议室，一场企业咨询对接会正在进行。会上，国网天津市电力公司城东供电分公司发展策划部副主任杨得博，带来一份罗列详细的项目清单。审批局环保、城管、建设交通等部门的工作人员，对照清单一一认领了各自职责，并对要件准备、流程梳理、简化措施等给出详细解释。

对于杨得博来说，已经不是第一次参加这样的对接会了。早在数月前，该公司上河头110千伏输变电工程就曾通过“以函代证”的新方式，在短短3天内拿到了由北辰区行政审批局发放的“前期工作函”，提早进入项目后续程序，行政审批时间比原先缩短近一年。“电网项目设计周期长，前期立项手续多。等规划部门完成正式的规划选址意见书，往往需要一年甚至更长时间。”杨得博说，有了“以函代证”服务，企业只需提供规划方案意见函，便可申请“前期工作函”，促进项目早日开工。这一举措为企业带来了实实在在的便利。

今年以来，北辰区行政审批局深入推进“放管服”改革，“放”出红利、“管”出水平、“服”出效果，积极做强服务磁场，优化营商环境。一系列绿色通道的开辟，为行政审批不断“拓路”。对政府投资的公共服务类建设项目，推出了“以函代证、函证结合”的服务新举措，为项目单位开具“前期工作函”，待具备条件后再办理正式审批手续。这一举措使得项目建设进度大幅提速。目前，“以函代证”的适用范围已扩大至国有或国有控股房地产公司建设项目、总投资1亿元以上工业项目以及非政府投资类公共服务建设重点项目。

“容缺后补”是北辰区行政审批局推出的另一项新机制。申请人通过书面承诺，即可对部分事项实行非主审要件后补审批。乐金电子（天津）电器有限公司就是这一新机制的受益者之一。作为中韩合资企业，该公司需要定期变更法人，手续烦琐，周期较长。正值新一轮法人变更期间，公司一重大投资项目急需进行立项审批。没有营业执照，如何立项？当时，这个难题让该公司工务部主任王丽娜很头疼。

“当我打电话到审批局咨询时，工作人员主动邀请我到局里面谈。”王丽娜说，这个邀请让她既感到意外，又觉得贴心。在对接会上，审批局牵头组织了规划局、建委、消防支队等单位相关负责人，一起讨论立项的各个环节，“打通”了审批难点。通过对非主审要件“容缺后补”的审批机制，项目很快获得了立项，抓住了最佳的投资时机。目前，该项目已进入二期投资阶段。良好的营商环境、贴心周到的服务，让企业对在北辰区投资和发展更加充满信心。

“除了把企业请进来，我们还积极走出去，深入企业调研，为企业问诊把脉，现场开方抓药，帮助企业解决规划、环评、消防等审批问题，助推了项目早开工、早投产，打通政策落实的最后一公里。”北辰区行政审批局副局长李伟说。针对区内重大项目，行政审批局实行领导包项目制度，对企业遇到的问题亲自过问，主动组织审批科室和进驻部门进行帮助指导，为企业提供“保姆式”服务。区行政审批局针对重点项目建立台账，逐个记录、摸清底数，先后帮助朝亚、长荣等20余家企业解决了项目备案等前期手续问题。

（记者：王音）

津城首个公证远程服务平台上线 “互联网+公证”让群众少跑路

原载于2018年11月12日《天津日报》

“刘大爷，您的公证材料已经通过审核，随时可以来办理公证手续了。”北辰区公证处公证员牛淼电话通知了刘大爷这个好消息。日前，北辰区推出我市首个“公证远程服务平台”，通过网络远程接待群众咨询和提交材料，让很多像刘大爷这样行动不便的人少跑路。

家住西堤头镇刘快庄村的刘大爷年过七旬。不久前，他到镇司法所咨询财产分配事宜，得知需要到公证处做公证。“这一趟不近，万一材料带不齐，来回要跑几趟，我这腿脚可吃不消啊。”想到这里，刘大爷心里犯起了嘀咕。在和工作人员沟通后，刘大爷得知了“公证远程服务平台”。他在平台上远程提供了身份证、户口本、老伴儿死亡证明和子女亲属证明等材料。人还没到公证处，刘大爷的公证材料就已经在网上全部审核通过了，随时都可以前往公证处办理手续，不用跑冤枉路。

公证远程服务平台是北辰区根据区域特点在我市公证行业率先上线的服务平台，已经初步在全区各镇街17个司法所安装完毕，通过“互联网+公证”新模式，打造“一站式”便民法律服务咨询平台，打通服务群众的“最后一公里”。

（记者：王音）

索引

北辰年鉴
2019

索 引

一、条目

D

F

G

H

J

K

L

M

N

P

Q

R

S

T

W

X

Y

Z

二、附

三、表

《天津市北辰年鉴（2019）》供稿人名单

（按姓名笔画排序）

丁　静　马　娜　马　艳　马庚雪　马建虹　王　讲　王　莹（运管局）
王　莹（研究室）　王　萌　王　斌　王　静　王　璐　王文慧
王玉娟　王冬丽　王丽程　王雨濛　王孟瑶　王美图　王海川
王海泉　牛馨雅　从　瑞　孔昊楠　叶炳恒　田　晖　史　悦
付树珍　白　杨　邢秋阳　庄倩倩　刘　建　刘　星　刘　莉
刘　超　刘凡靖　刘风雷　刘文刚　刘泽江　刘宝泉　刘玲珊
刘秋香　刘振刚　刘晓文　齐群生　闫立春　闫学立　关膺红
许　腾　孙增顺　苏少青　杜双鸿　杜海霞　李　龙　李　丽（机关工委）
李　丽（担保中心）　李　拓　李　英　李　娜　李　毅　李云娜
李文娟　李啸宇　杨　静　杨艺云　杨立赏　杨立鹏　吴　芃
吴雪婷　宋　起　宋力革　宋学婷　张　弛　张　岩　张　雯
张轶楠　张冠羽　苑　超　周永军　郑　洋　孟宪冬　尚志伟
赵凤琴　赵明珠　赵欣媛　赵学静　郝英杰　胡曰钢　姚　婷
袁亦晗　耿　钧　高　奇　高　威　高　原　郭晓蕾　曹泽宇
韩　超　韩爱民　管树桐　熊　新　滕晓雨　霍　然　魏　然